FELIX THRUN

Rechtsfortbildungsgleichheit

Schriften zum Öffentlichen Recht

Band 1552

Rechtsfortbildungsgleichheit

Richterliche Rechtsfortbildung als Gebot des allgemeinen Gleichheitssatzes (Art. 3 Abs. 1 GG)

Von

Felix Thrun

Duncker & Humblot · Berlin

Die Rechtswissenschaftliche Fakultät der Universität zu Köln
hat diese Arbeit im Jahre 2023 als Dissertation angenommen.

Bibliografische Information der Deutschen Nationalbibliothek

Die Deutsche Nationalbibliothek verzeichnet diese Publikation in der Deutschen Nationalbibliografie; detaillierte bibliografische Daten sind im Internet über http://dnb.d-nb.de abrufbar.

Satz: L101 Mediengestaltung, Fürstenwalde
Druck: CPI books GmbH, Leck
Printed in Germany

ISSN 0582-0200
ISBN 978-3-428-18965-6 (Print)
ISBN 978-3-428-58965-4 (E-Book)
Gedruckt auf alterungsbeständigem (säurefreiem) Papier
entsprechend ISO 9706 ♾

Internet: http://www.duncker-humblot.de

Für Annika

Vorwort

Die vorliegende Arbeit wurde im Wintersemester 2022 von der Rechtswissenschaftlichen Fakultät der Universität zu Köln als Dissertation angenommen. Für die Drucklegung wurde sie geringfügig überarbeitet.

Mein herzlichster Dank gilt meinem Doktorvater Herrn Professor Dr. Wolfram Höfling, M.A., für die stetige Unterstützung, die zahlreichen zielführenden und hilfreichen Anregungen sowie insbesondere auch für die Freiheit und das Vertrauen, welche mir im Rahmen meines Dissertationsprojektes entgegengebracht wurden. Bei Herrn Professor Dr. Burkhard Schöbener bedanke ich mich für die zügige Erstellung des Zweitgutachtens und die anregende Diskussion.

Bedanken möchte ich mich auch bei den Menschen, die mich während meiner Promotionszeit begleitet haben, unter anderem den Mitarbeiterinnen und Mitarbeitern des Instituts für Staatsrecht und des Seminars für Staatsphilosophie und Rechtspolitik sowie den Mitgliedern des Graduiertennetzwerkes Öffentliches Recht an der Universität zu Köln.

Schließlich möchte ich meinen Eltern danken für die jahrelange Unterstützung und vor allem für jene Befähigungen, ohne die diese Arbeit nie begonnen und erst recht nie vollendet worden wäre: Selbstvertrauen und Hingabe.

Köln, im Februar 2024 *Felix Thrun*

Inhaltsverzeichnis

A. Einleitung

Die sich stetig verändernde Wirklichkeit stellt die Rechtsordnung vor eine Herausforderung. Ständig muss das Recht weiterentwickelt und einer neuen Realität angepasst werden. Ursprünglich einmal angemessene Gesetze drohen mit der Zeit durch Wandel ihrer Entwurfsbedingungen an Adäquanz zu verlieren.

Dieser in erster Linie rechtspolitische Modifikationsbedarf findet über den allgemeinen Gleichheitssatz des Art. 3 Abs. 1 GG[1] auch eine verfassungsrechtliche Ausgestaltung. Neue, bisher ungeregelte Fälle müssen – soweit sie bereits geregelten Fällen hinreichend ähnlich sind – gleichbehandelt werden. Gesetze können insofern durch Zeitablauf[2] in Konflikt mit dem Gleichheitssatz geraten.

Dieser Herausforderung des „ewigen Flusses", aus welcher sich immer neue Gleichbehandlungsansprüche ergeben, stehen Rechtsanwender und Rechtssetzer zunächst gemeinsam gegenüber, allerdings nehmen sie verschiedene Rollen bei dem notwendigen Veränderungsprozess ein. Es ist der Rechtsanwender – und für den hier relevanten Zusammenhang vor allem der Richter – auf den im Zuge seiner Tätigkeit immer neue Fälle „zuströmen". Er bekommt den Modifikationsbedarf unmittelbar und in Anbetracht einzelner Fälle zu spüren, denn er hat das Gesetz auf tatsächliche Lebensverhältnisse anzuwenden und dabei eine gesetzmäßige Entscheidung zu treffen.

Der Gesetzgeber nimmt demgegenüber eher eine Position ein, die ihn das Gesamtbild überschauen und größere Entwicklungslinien und Zusammenhänge erkennen lässt. Gesetzliche Modifikationsbedarfe stellen sich ihm insofern ganz anders dar als dem Richter; nicht als praktische Probleme bei der Entscheidung konkreter Fälle, sondern eher als ein Auseinanderfallen von politisch Gewolltem und tatsächlich Erreichtem.

---

[1] Im Folgenden wird der besseren Lesbarkeit halber von „dem Gleichheitssatz" gesprochen. Dabei soll nicht verkannt werden, dass im Einzelfall spezielle Gleichheitssätze vorrangig anzuwenden oder auch andere Gleichheitssätze (insbesondere Art. 20 EuGRCh) einschlägig sein können. Für die hier angestellte Untersuchung der Fortbildung deutscher Gesetze durch die deutsche Fachgerichtsbarkeit ergeben sich daraus aber keine Unterschiede.

[2] Zum „Wandel der Normsituation" *Larenz*, Methodenlehre der Rechtswissenschaft, S. 350.

In einem durch Gewaltenteilung geprägten Rechtsystem sind die Rechtsmodifikationskompetenzen unterschiedlich verteilt. Der Gesetzgeber führt Gesetzesänderungen im abstrakt-generellen Sinne herbei, wohingegen der Richter in erster Linie im Wege seiner Gesetzesanwendung auf Besonderheiten des konkreten Falles reagiert. Da das Gesetz lediglich als Text vorliegt,[3] kommen dem Richter Interpretationsspielräume zu, die er im Sinne einer „zeitgemäßen Auslegung“ nutzen kann. Der Gesetzgeber kann die Grenzen dieser Spielräume durch die in Bezug auf das Gesetz gewählte Formulierung beeinflussen.

Darüber hinaus ist es jedoch auch stets als richterliche Aufgabe begriffen worden, zu der Weiterentwicklung des Rechts (und nicht bloß zu seiner richtigen und zeitgemäßen Konkretisierung im Rahmen der durch den Gesetzgeber eröffneten Spielräume) beizutragen. Dazu bedient sich die Rechtsprechung des Instrumentariums der Rechtsfortbildung. Die richterliche Weiterentwicklung des Rechts geschieht aus der praktischen Entscheidungssituation heraus und ist insofern auf eine konkrete Wirkung ausgerichtet (z. B. die analoge Rechtsanwendung, welche eine praktische Anwendung von Rechtsfolgen auf gesetzlich nicht erfasste Fälle ermöglicht). Im Ergebnis kann damit eine (aus Sicht des Richters) erforderliche Modifikation im Rahmen der Gesetzesanwendung sofort vorgenommen und in dem von ihm zu entscheidenden Fall auch sogleich zur „Geltung“ gebracht werden, ohne dass es zuvor eines ändernden Gesetzgebungsakts bedürfte.

Unklar ist, ob diese überkommene Rollenverteilung den Vorgaben des Grundgesetzes entspricht, insbesondere dem Bild eines streng an das Gesetz gebundenen Richters, wie es in Art. 20 Abs. 3, Art. 97 Abs. 1 GG zum Ausdruck kommt. Wenn der Richter am notwendigen Wandlungsprozess des Rechts beteiligt ist, erscheint seine Bindung an das Gesetz paradox.[4] Mehr noch: er wendet in dem zu entscheidenden Fall nunmehr eine modifizierte Variante des vormals ergänzungsbedürftigen Gesetzes an, sodass seine Entscheidung gerade nicht dem „alten“ Gesetz entspricht, welches überdies seine Geltung durch die richterrechtliche Modifikation nicht verloren hat. Dass die grundsätzliche Legitimität richterlicher Rechtsfortbildung heute insbesondere in der Praxis nicht mehr in Frage gestellt wird und sich auch die verfassungsrechtliche Diskussion im Wesentlichen mit den Grenzen, aber kaum mit dem

---

[3] Zum Text als „notwendigem Platzhalter“ der Norm *Jestaedt*, ZÖR 2000, 133 (156); vgl. zur Abgrenzung von Norm und Normtext auch *Reimer*, Juristische Methodenlehre, Rn. 24.

[4] Siehe zur Paradoxie richterlicher Gesetzesbindung insb. *Christensen*, in: Lerch, Recht verhandeln: Argumentieren, Begründen und Entscheiden im Diskurs des Rechts, S. 1 (92) – „Es zeigt sich nämlich das Paradox, dass Juristen an das gebunden sind, was sie selbst produzieren.“

„Ob" der Rechtsfortbildung beschäftigt, sollte nicht darüber hinwegtäuschen, dass die Legitimationsfrage keineswegs geklärt ist.

Im Rahmen einer verfassungsrechtlichen Betrachtung ist zugunsten der richterlichen Rechtsfortbildung gleichwohl zu berücksichtigen, dass dabei eine nach Art. 3 Abs. 1 GG gebotene Gleichbehandlung praktisch verwirklicht werden kann, welche der Gesetzgeber wegen seiner der Praxis weitgehend entrückten Position sowie seiner reglementierten Zugriffsmöglichkeiten herzustellen kaum in der Lage ist. Rechtsfortbildung kann insofern gleichheitsrechtlich geboten und verfassungsrechtlich legitim sein. Die vorliegende Arbeit versucht, unter Berücksichtigung der richterlichen Bindungen an das anzuwendende Gesetz sowie an den allgemeinen Gleichheitssatz ein Konzept der richterlichen Rechtsfortbildung zu entwickeln, welches mit den verfassungsrechtlichen Anforderungen in Einklang steht.

Bedeutsam ist dabei die angesprochene Textförmigkeit der Gesetze als Kommunikationsakte zwischen Legislative und Judikative,[5] denn diese wirkt sich erheblich auf die Beschaffenheit der richterlichen Gesetzesbindung aus und ist zugleich der designierte Bezugspunkt der notwenigen Entscheidungsbegründung. Die Verknüpfbarkeit von Text und Entscheidung bestimmt letztlich die Zuordnung des Judikats in den Bereich der Rechtsfortbildung oder der Auslegung.

Die Rechtsprechung als Empfänger und Transmitter gesetzgeberischer Kommunikation befindet sich in einer besonderen Lage; sie soll den Gesetzestext anwenden und außerdem daran gebunden sein. Beides stellt sich als schwierig dar,[6] denn Texte kann man eigentlich nur lesen, aber nicht wie ein Werkzeug praktisch anwenden. Erst recht kann niemand an einen Text wirklich gebunden sein. Das Gesetz, seine Anwendung und seine Bindungswirkung sind nur rechtliche Vorstellungen, die lediglich teilweise durch den Text zu vermitteln sind.

Um von einem Text zu einer rechtlichen Vorstellung zu gelangen, mit deren Hilfe dann eine konkrete Rechtsfrage gelöst werden kann, braucht es mehr als den Text selbst. Dieser muss durch den Richter erst semantisch und pragmatisch entschlüsselt werden.[7] Dabei konstruiert er die Norm auch insofern, als

---

[5] Vgl. *P. Kirchhof*, in: Bumke, Richterrecht zwischen Gesetzesrecht und Rechtsgestaltung, S. 71 (71): „[Der Gesetzgeber] spricht im geschriebenen Text."

[6] Siehe *Chr. Schönberger*, in: VVDStRL 71, S. 296 (300) – „Die Bindung an Texte hat sich insgesamt als ungesichert erwiesen."

[7] Zum Kommunikationsmodell nach *B. Badura* siehe *ders.* Sprachbarrieren, S. 25 ff.; *ders.* in: Burkart/Hömberg, Kommunikationstheorien, S. 11 ff.; vgl. zu dem klassischen Kommunikationsmodell nach *Shannon/Weaver Schützeichel*, Soziologische Kommunikationstheorien, S. 20 ff.

sie nur in seinem Kopf überhaupt existieren kann.[8] Er ist dabei insbesondere auf Konzepte und Interpretationsregeln angewiesen, die sich dem Gesetz nicht entnehmen lassen und der Gesetzgeber gewissermaßen stillschweigend vorausgesetzt hat. Eine juristische Ausbildung, bei welcher ja im Wesentlichen konsensuale rechtliche Vorstellungen vermittelt werden, und die Gesetzgebungsmaterialien können bei der Annäherung helfen, aber letztlich wird die richterliche Interpretation niemals der „Vorstellung" des Gesetzgebers entsprechen, schon weil diese aus vielen mehr oder weniger divergenten Einzelvorstellungen zusammengesetzt ist. Das Sinnbild der singulären „gesetzgeberischen Entscheidung" überdeckt den juristisch schwer zu verarbeitenden Umstand, dass es sich dabei um ein im Nachhinein nicht zu durchschauendes Konglomerat vielfältiger Kommunikationsakte handelt, deren Vereinfachung immer eine politische Akzentuierung voraussetzt.

Der Richter ist also Teil eines problembehafteten Kommunikationsprozesses (er selbst soll ja auch das Recht „sprechen")[9]. Das Gesetz liegt ihm als entschlüsselungs- und interpretationsbedürftiger Text vor, dessen Bedeutung er selbst autoritativ feststellen soll.[10] Vor diesem Hintergrund erscheint es illusionär, wenn Art. 97 Abs. 1 GG formuliert: „Die Richter sind unabhängig und nur dem Gesetze unterworfen." Wenn überhaupt, so scheint es, sind die Gesetze den Richtern unterworfen.[11]

Allerdings gewährleistet die richterliche Begründungspflicht zumindest eine Bindung in dem Sinne, dass der Richter sein Urteil in der oben angedeuteten Weise mit dem Gesetzestext verknüpfen muss.[12] Er muss erklären können, warum der Text so zu verstehen sein soll, dass er die getroffene Entscheidung anordnet. Damit wird die juristische Argumentationstheorie zu einem wichtigen Aspekt richterlicher Gesetzesbindung. Welchen Voraussetzungen

---

[8] Zu der Normerzeugung durch den Richter insb. *Müller*, Juristische Methodik, S. 95, 266 ff.

[9] *P. Kirchhof*, in: Bumke, Richterrecht zwischen Gesetzesrecht und Rechtsgestaltung, S. 71 (71).

[10] Zu der spezifisch autoritativen Funktion in Abgrenzung zu den anderen Gewalten siehe *Hesse*, Grundzüge des Verfassungsrechts der Bundesrepublik Deutschland, Rn. 551.

[11] Vgl. *Forsthoff*, DÖV 1959, 41 (44) – „Darüber, wann er an das Gesetz gebunden ist, wann er unter Berufung auf das Recht von der Gesetzgebundenheit frei ist, entscheidet heute der Richter selbst. Diese Tatsache ist für die Gesamtstruktur der Bundesrepublik von zentraler Bedeutung. Sie erweist die Überlegenheit der Rechtsprechung über Gesetz und Gesetzgebung."

[12] Zu der verfassungsrechtlichen Begründungspflicht ausführlich *Brüggemann*, Die richterliche Begründungspflicht, S. 175 ff.; *Kischel*, Die Begründung, S. 63 ff.; *Müller/Christensen*, Juristische Methodik, Rn. 223 f.; *Möllers*, Juristische Methodenlehre, S. 13 ff., der aber Ausnahmen für die höchstrichterliche Rechtsprechung anerkennen will (Rn. 41 m. w. N.).

muss ein richterliches Argument genügen, um eine Entscheidung zu einem gesetzmäßigen Urteil zu machen? Dies ist eine verfassungsrechtliche Frage, weil die Begründbarkeit letztlich darüber entscheidet, ob der Richterspruch sich innerhalb oder außerhalb der Gesetzesbindung nach Art. 20 Abs. 3, 97 Abs. 1 GG bewegt.

Ob die in der Praxis herrschende juristische Methodik den Richter dabei wirklich diszipliniert oder nicht vielmehr vom Text emanzipiert, ist fraglich,[13] für die hier vorgenommene Untersuchung aber nicht von Interesse. Denn die Fälle der Rechtsfortbildung, um die es in dieser Arbeit gehen soll, zeichnen sich dadurch aus, dass es dort auch unter Ausschöpfung der juristischen Interpretationsregeln und -möglichkeiten nicht mehr gelingt, die richterliche Entscheidung direkt mit dem Gesetz zu begründen (Fälle der sogenannten „offenen Rechtsfortbildung“[14] etwa in Form der Analogie oder der Restriktion[15]).

Diese Fälle sind aus verfassungsrechtlicher Sicht besonders interessant, weil der Richter hier gewissermaßen offen einräumt, dass der Gesetzestest nicht so verstanden werden kann, wie er ihn anwendet, dass dieser seine Entscheidung also nicht trägt. Analoge Anwendbarkeit ist eben keine direkte. Friedrich Müller hat diese Modifikation als Erschaffung von „Quasi-Normtexten“ beschrieben:

> „Wo nach den Kriterien rechtsstaatlicher Methodik die Rechts- und Entscheidungsnorm nicht einem Wortlaut des geltenden Rechts zugerechnet werden können, sondern wo ein solcher vom Gericht erfunden, als Quasi-Normtext erstellt worden ist, dort und nur dort liegt ein Fall von Richterrecht vor.“[16]

Dem liegt wiederum ein ganz typisches Kommunikationsproblem zu Grunde; manchmal passt eine Anweisung nicht auf die Situation, in der man

---

[13] Kritisch *Chr. Schönberger*, in: VVDStRL 71, S. 296 (300); *Esser*, Vorverständnis und Methodenwahl in der Rechtsfindung, S. 7, wo deutlich formuliert wird: „Die Praxis […] geht nicht von doktrinären ‚Methoden‘ der Rechtsfindung aus, sondern benutzt sie nur, um die nach ihrem Rechts- und Sachverständnis angemessenste Entscheidung lege artis zu begründen.“ (Hervorhebung im Original); siehe dazu auch *Jestaedt*, in: Bumke, Richterrecht zwischen Gesetzesrecht und Rechtsgestaltung, S. 49 (49).

[14] Im Gegensatz zu einer verdeckten, nicht als solcher ausgewiesenen Fortbildung. Siehe zu den Begriffen der offenen und verdeckten Rechtsfortbildung etwa *Larenz*, Methodenlehre der Rechtswissenschaft, S. 366 f.; *Fischer*, Topoi verdeckter Rechtsfortbildungen im Zivilrecht, S. 221 ff.; *Möllers*, Juristische Methodenlehre, S. 472 f.

[15] Im Folgenden wird für das tatbestandsverengende Gegenstück der Analogie allein der Begriff „Restriktion“ verwendet. Üblich ist auch die Bezeichnung als teleologische Reduktion, die allerdings wegen der begrifflichen Ausrichtung auf den teleologischen Aspekt abzulehnen ist. Den Begriff „Restriktion“ verwendend etwa *Zippelius*, Juristische Methodenlehre, S. 57; zu der teleologischen Reduktion auch *Möllers*, Juristische Methodenlehre, S. 244 ff.

[16] *Müller*, Richterrecht, S. 96.

sie ausführen soll. Das weiß jeder, der schon einmal für einen anderen einkaufen war. Wenn es heißt: „Kauf eine Tomate.“, das letzte Stück im Supermarkt aber verschimmelt ist, so wäre es wohl aus Sicht der allermeisten Menschen die richtige Entscheidung, keine Tomate zu kaufen. In der zwischenmenschlichen Kommunikation ist es essentiell, unausgesprochene Inhalte zu ergänzen, d.h. eine Nachricht situativ zu encodieren.[17] Wer eine Aussage zu wörtlich nimmt, versteht sie oft gerade falsch. Anweisungen werden regelmäßig erst unter Hinzunahme nicht mitkommunizierter Informationen überhaupt versteh- und ausführbar. Je nach Situation kann es sogar erforderlich sein, genau das Gegenteil von dem zu tun, was eigentlich aufgegeben wurde.

Dieser Ergänzungsprozess wird für den Richter aber problematisch, vor allem dann, wenn (nach seiner Ansicht) das Gesetz gerade in seinem Fall ganz anders „gemeint“ war, als es der Text suggeriert. Er hat nicht nur zu berücksichtigen, wie der Text in Wahrheit gemeint ist, sondern auch, wie ihn die Regelungsunterworfenen verstehen mussten. Der Richter muss sich gewissermaßen in den Gesetzgeber und den Regelungsunterworfenen zugleich hineinversetzen. So wie bei der verschimmelten Tomate im Supermarkt sprechen auch bei der Gesetzesanwendung zwar oft gute Gründe dafür, eine Anweisung in einen bestimmten Fall nicht durchzuführen. Wenn der Text diese Nichtanwendung aber nicht „hergibt“, sie dem Text allein nicht zurechenbar ist, steht der Richter vor einem Begründungsproblem: Seine Entscheidung lässt sich dann nicht mehr auf den Text zurückführen, sondern lediglich darauf, wie der Text (nach seiner Ansicht) eigentlich gemeint gewesen ist. Seine Entscheidung steht dann im Wiederspruch zu der rechtsstaatlichen Anforderung, dass allein das Gesetz „Ausgangspunkt und Zurechnungsgröße der Entscheidung“[18] sein muss.

Das Problem mit der richterlichen Gesetzesbindung ist gleichwohl komplexer, als es zunächst den Anschein hat, denn der Richters ist nicht allein an das einfache, auf den konkreten Fall anzuwendende Recht, sondern an die gesamte geschriebene Rechtsordnung gebunden.[19] Dazu gehört selbstverständlich auch die Bindung an das Verfassungsrecht. In Art. 1 Abs. 3 GG wird die Bindung an die Grundrechte und damit an den Gleichheitssatz[20] explizit formuliert. Die Bedeutung des Gleichheitssatzes für die richterliche Entschei-

---

[17] Zu der pragmatischen Dimension in der Kommunikationstheorie *Schützeichel*, Soziologische Kommunikationstheorien, S. 25 f., zu den zwei Seiten des hermeneutischen Zirkels siehe auch S. 27.

[18] Formulierung bei *Christensen*, in: Lerch, Recht verhandeln: Argumentieren, Begründen und Entscheiden im Diskurs des Rechts, S. 1 (93).

[19] Statt vieler *Sachs*, in: Sachs, Grundgesetz, Art. 20 Rn. 107 f.

[20] Für dieses umfassende Verständnis der Gesetzesbindung statt vieler: *Robbers*, in: Kahl u.a., Bonner Kommentar zum Grundgesetz, Art. 20 Rn. 3323 ff.

dungstätigkeit wird dabei von der überkommenen Formel, er hätte das Gesetz „ohne Ansehen der Person“[21] anwenden sollen, nur unvollständig zum Ausdruck gebracht. Eine Gleichheitsbindung, die jener des Gesetzgebers nicht nachsteht, verlangt gerade, Besonderheiten des Einzelfalls (als relevante Unterschiede) zu berücksichtigen. Die Gesetzesbindung kann daher für den Richter zumindest auf den ersten Blick bedeuten, dass er ein bestimmtes Gesetz zugleich anwenden muss und nicht anwenden darf.

Insofern ist mit zwei Irrtümern aufzuräumen: Dass der Rechtsfortbildung einerseits allein ein praktisches Bedürfnis vorausgeht (denn über den Gleichheitssatz wird dieses zu einem verfassungsrechtlichen); und dass der Rechtsfortbildung zum anderen stets die Gesetzesbindung des Richters entgegensteht (denn diese umfasst eben mehr als nur die Bindung an das fortgebildete Gesetz). In diesem Konflikt, der sich innerhalb der Gesetzesbindung abspielt, ist eine verfassungsrechtliche Lösung der Legitimationsfrage zu suchen.

Bei der Gesetzesanwendung kommt es regelmäßig zu dem Problem, dass eine situative Ergänzung erforderlich wird, um eine gleichheitswidrige Behandlung zu vermeiden. Allerdings ist es traditionell nicht der Gleichbehandlungsanspruch der Regelungsunterworfenen, aus dem der Modifikationsbedarf abgeleitet wird. Stattdessen bedient man sich des Narratives eines sich selbst modifizierenden Gesetzes, so als wäre das Gesetz ein selbstständiges Wesen mit einem Geist, der sich von selbst neuen Gegebenheiten anpasste und dessen stets aktualisierte Form der Richter nur zu erkennen brauche.[22] Diese bis heute wirkmächtige Vorstellung hat der Bundesgerichtshof Mitte der 50er-Jahre in fast lyrischer Verdichtung zusammengefasst:

> „Kein Gesetz verträgt eine starre Begrenzung seiner Anwendbarkeit auf solche Fälle, die der vom Gesetzgeber ins Auge gefaßten Ausgangslage entsprechen; denn es ist nicht toter Buchstabe, sondern lebendig sich entwickelnder Geist, der mit den Lebensverhältnissen fortschreiten und ihnen sinnvoll angepaßt weitergelten will, solange dies nicht die Form sprengt, in die er gegossen ist.“[23]

Damit wird der unauflösbare Widerspruch zwischen Kontinuitätsanspruch und fluidem Charakter verdeckt; dass Gesetze einerseits etwas dem Richter Vorgegebenes sein sollen, etwas „Festgestelltes und Feststehendes“,[24] sie dies andererseits aber ihrer Natur nach nicht sein können, weil sie in der situativen

---

[21] Die gebräuchliche Formulierung geht wahrscheinlich auf Römer 2:11 zurück, vgl. dazu *Stern*, Das Staatsrecht der Bundesrepublik Deutschland, Bd. IV/2, § 120, S. 1445.

[22] Vgl. dazu auch *Rückert/Steinke*, in: Rückert/Seinecke, Methodik des Zivilrechts, S. 30.

[23] BGHSt 10, 157 (159) m.V.a. RGSt 12, 371 f.; BGHSt 1, 1.

[24] *Kotzur*, in: von Münch/Kunig, Grundgesetz, Art. 20 Rn. 144 m.V.a. *Morlok/Michael*, Staatsorganisationsrecht, Rn. 914.

und pragmatischen Entschlüsselung der Normtexte erst entstehen und insofern ständigem Wandel unterworfen sind. Dieser Wandel vollzieht sich aber eben nicht selbstständig, sondern durch den Richter; und der Grund, warum ein Gesetz keine „starre Begrenzung“ verträgt, ist in der Bindung des Richters an den allgemeinen Gleichheitssatz zu verorten.

War die Formulierung des Bundesgerichtshofs noch auf eine Auslegungsfrage bezogen, bei welcher die gefundene Interpretation gut mit dem Wortlaut des streitgegenständlichen § 278 StGB zu vereinbaren war, so wendet die Rechtsprechung – sich argumentativ ebenfalls auf diesen Geist oder andere Rechtsgrundsätze[25] stützend – Regelungen auf nicht erfasste, aber gleich gelagerte Sachverhalte analog an.[26] Dass dies zugleich ihrer Bindung an den Gleichheitssatz entspricht, findet kaum Beachtung. Zwar ist durchaus anerkannt, dass die richterliche Rechtsfortbildung in einem übergeordneten Sinne als Ausprägung des Gleichheitssatzes zu verstehen ist.[27] Hinsichtlich der verfassungsrechtlichen Legitimation wird gleichwohl kaum auf die Gleichheitsbindung des Richters zurückgegriffen. Der Gleichheitssatz spielt bei der Frage der Legitimität richterlicher Rechtsfortbildung – wenn überhaupt – nur eine untergeordnete Nebenrolle.

Stattdessen kleidet etwa das Bundesverfassungsgericht in seiner Rechtsprechung zu den verfassungsrechtlichen Grenzen richterlicher Rechtsfortbildung jenes teleologische, wenn nicht sogar überpositive Argument eines sich selbst modifizierenden Gesetzes in ein verfassungsrechtliches Gewand, indem es der Bindung an das „Recht“ einen überschießenden Gehalt gegenüber jener an das „Gesetz“ in Art. 20 Abs. 3 GG zuweist.[28] Hier findet sich auch die Erzählung einer dem geschriebenen Recht übergeordneten „Rechtsidee“, wie Karl Larenz sie genannt hat,[29] wieder.

> „Richterliche Tätigkeit besteht nicht nur im Erkennen und Aussprechen von Entscheidungen des Gesetzgebers. Die Aufgabe der Rechtsprechung kann es insbesondere erfordern, Wertvorstellungen, die der verfassungsmäßigen Rechtsordnung immanent, aber in den Texten der geschriebenen Gesetze nicht oder nur unvollkommen zum Ausdruck gelangt sind, in einem Akt des bewertenden Erkennens, dem auch willenhafte Elemente nicht fehlen, ans Licht zu bringen und in Entscheidungen zu realisieren. […] Der Richter muß sich dabei von Willkür freihalten; seine Entscheidung muß auf rationaler Argumentation beruhen. Es muß einsichtig gemacht werden können, daß das geschriebene Gesetz seine Funktion, ein Rechtsproblem gerecht zu

---

[25] Dazu *Barczak*, JuS 2021, 1 (2 f.).

[26] Grundsätzlich kritisch dazu *Hillgruber*, in: Dürig u. a., Grundgesetz, Art. 97 Rn. 63 ff.

[27] Vgl. nur *Jacobi*, Methodenlehre der Normwirkung, S. 277.

[28] Vgl. nur BVerfGE 82, 6 (Rn. 2).

[29] *Larenz*, Methodenlehre der Rechtswissenschaft, S. 474; vgl. *Rauber*, Strukturwandel als Prinzipienwandel, S. 604.

lösen, nicht erfüllt. Die richterliche Entscheidung schließt dann diese Lücke nach den Maßstäben der praktischen Vernunft und den ‚fundierten allgemeinen Gerechtigkeitsvorstellungen der Gemeinschaft.‘ “[30]

Dieser Rückgriff auf außerrechtliche Maßstäbe[31] erscheint angesichts einer möglichen verfassungsrechtlichen Begründung zumindest unnötig. Wenn es die Aufgabe der Rechtsfortbildung ist, Wertvorstellungen der „verfassungsmäßigen Rechtsordnung“ zu realisieren, sollte man durchaus verlangen, dass „Lücken“ im Gesetz vor allem nach den Maßstäben dieser Verfassung und nicht anhand der „fundierten allgemeinen Gerechtigkeitsvorstellungen der Gemeinschaft“ geschlossen werden.[32]

Damit ist die Frage der allgemeinen Verfassungsmäßigkeit der Rechtsfortbildung angesprochen. Insbesondere das Bundesverfassungsgericht hat sich seit jeher kaum um eine Klärung dieser grundlegenden Frage bemüht. Es hat sich vielmehr mit dem eigentlich nachgelagerten Problem der verfassungsrechtlichen Grenzen beschäftigt.[33] Damit bleibt die verfassungsrechtliche Einhegung dieses problematischen judikativen Vorgehens bis heute unvollständig. Will man nämlich verstehen, wo die verfassungsrechtlichen Grenzen der Rechtsfortbildung zu ziehen sind, muss man zwangsläufig vorher ausgemacht haben, aus welchem Grund die Rechtsfortbildung überhaupt zulässig sein soll. Das „Wie“ der Rechtsfortbildung ist untrennbar mit dem „Ob“ verbunden. Insofern verwundert es, dass sich auch die Literatur zwar häufig und ausführlich mit dem Wie, aber vergleichsweise selten mit dem Ob beschäftigt hat.[34]

Der Zusammenhang der richterlichen Rechtsfortbildung mit der Gleichheitsbindung des Akteurs wurde bisher kaum bereichsspezifisch untersucht, genauso wenig wie die daraus folgenden Implikationen für die Methodik der Rechtsfortbildung sowie ihre verfassungsrechtliche Legitimität und Begrenzung. Zwar heißt es vielerorts, dass etwa die Analogie und die Restriktion „Ausfluss des Gleichbehandlungsgrundsatzes“[35] seien und die Rechtsfortbildung zuvörderst der Umsetzung des allgemeinen Gleichheitssatzes dienen

---

30 BVerfGE 34, 269 (287) – Soraya m.V.a. BVerfGE 9, 338 (349) – Hebammenaltersgrenze.

31 Dazu etwa *Möllers*, Juristische Methodenlehre, S. 474.

32 Zu der Kritik an der Soraya-Rechtsprechung siehe nur *Höpfner*, RdA 2018, 321 (321 f.).

33 So *Payandeh*, Judikative Rechtserzeugung, S. 321; vgl. etwa die relativ knappen Ausführungen in BVerfGE 34, 269 (287) – Soraya.

34 Siehe etwa *Möllers*, Juristische Methodenlehre, S. 17 ff.; dazu auch *Hemke*, Methodik der Analogiebildung im öffentlichen Recht, S. 138.

35 So etwa *Danwerth*, ZfPW 2017, 230 (234); vgl. auch *Reimer*, Juristische Methodenlehre Rn. 559, der von einer „inneren Rechtfertigung“ der Analogie durch Art. 3 Abs. 1 GG spricht.

soll;[36] in die Diskussion um die verfassungsrechtliche Legitimität ist diese Einsicht aber bisher kaum eingeflossen. Ein Grund dafür dürfte in der wenig überzeugenden Trennung von Rechtsanwendungs- und Rechtssetzungsgleichheit zu suchen sein, die gerade für die Rechtsfortbildung überwunden werden sollte.[37]

Die Grenzen richterlicher (und exekutiver) Rechtsfortbildung werden typischerweise über die Gesetzesbindung und den Grundsatz der Gewaltenteilung konstruiert.[38] Mit der Ausblendung der grundrechtlichen Bedeutung der Rechtsfortbildung bleibt die Diskussion um die verfassungsrechtlichen Probleme bisher überwiegend eine staatsorganisationsrechtliche, die bekanntermaßen nur wenige konsensfähige Ergebnisse erzielt hat.[39] Dies mag auch daran liegen, dass man den Blick zu wenig darauf gerichtet hat, welches verfassungsrechtliche (d. h. legitimierende) Bedürfnis es für die Rechtsfortbildung geben kann, und sich stattdessen zu leicht mit dem Argument der Tradition begnügt hat.[40]

Die umfangreiche Rechtsprechung des Bundesverfassungsgerichts zu den Grenzen der Rechtsfortbildung steht in dieser staatsorganisationsrechtlichen Tradition. Dabei wird die Legitimität der Rechtsfortbildung an sich nicht in Frage gestellt,[41] sondern vielmehr lediglich darauf abgezielt, die Rechtsfortbildung nicht zu stark von dem „Willen des Gesetzgebers" zu emanzipieren, wozu sich das Gericht insbesondere des Konzeptes der „gesetzgeberischen Grundentscheidung" und der „Regelungskonzeption" bedient.[42]

Die Schwächen dieser Herangehensweise liegen dabei auf der Hand, auch abgesehen von den allgemeinen Schwierigkeiten, die mit der gesetzgeberischen Autorenschaft und dem Konstrukt eines gesetzgeberischen Willens einhergehen;[43] denn der historische Gesetzgeber hatte regelmäßig gerade für

---

[36] *Larenz*, Methodenlehre der Rechtswissenschaft, S. 374 f.; *Zippelius*, Juristische Methodenlehre, S. 53.

[37] Vgl. *Huster*, in: Friauf/Höfling, Berliner Kommentar zum Grundgesetz, Art. 3 Rn. 19 ff. – „kein prinzipieller Unterschied" (Rn. 22).

[38] Dabei spielt es eine zentrale Rolle, inwieweit man den Vorbehalt des Gesetzes auch auf die Judikative erstreckt, dazu *Möllers*, Juristische Methodenlehre, S. 494 f. m. V. a. *Bruns*, JZ 2014, 162 (169 f.).

[39] So etwa *Chr. Schönberger*, in: VVDStRL 71, S. 296 (301) mit Verweis auf *Esser*, ZVglRWiss 1976, 67 (75).

[40] Vgl. *Payandeh*, Judikative Rechtserzeugung, S. 325; zum Traditionsargument auch *Hemke*, Methodik der Analogiebildung im öffentlichen Recht, S. 139.

[41] So beispielsweise BVerfGE 34, 269 (287) – Soraya m. V. a. BVerfGE 9, 338 (349) – Hebammenaltersgrenze; vgl. auch *Payandeh*, Judikative Rechtserzeugung, S. 321 m. w. N.

[42] BVerfGE 149, 126 (Rn. 73 f.).

[43] Dazu etwa *Strauß*, RW 2020, 191.

die fraglichen, die Rechtsfortbildung anregenden Fälle einen Willen nicht gebildet. Vielfach war ihm dies auch nicht möglich, weil die Fälle seinerzeit schlicht noch nicht auftraten. Dieser Wille muss immer im Nachhinein „ermittelt“ bzw. unterstellt werden. Eine solche hypothetische Absicht ist aber in höchstem Maße anfällig dafür, letztlich zum Platzhalter für den Willen des ermittelnden Richters zu werden und damit seinen eigentlichen Sinn – die Disziplinierung der Rechtsfortbildung – zu verfehlen. Eine Begrenzung allein durch die Figur des historischen Willens bzw. des „Gesetzesgebersinns“[44] erscheint daher nicht ausreichend.

Ein anderer Ansatz besteht darin, die Grenzen der Rechtsfortbildung nicht allein von ihren Gefahren, sondern von ihrem verfassungsrechtlich legitimen Zweck her zu denken, und von dort aus auf die Suche nach einer Begrenzung zu gehen. Der Blick sollte insofern auf das Bedürfnis gerichtet werden, das am Anfang der Rechtsfortbildung steht und sie auslöst. Dieses könnte gerade in der Widersprüchlichkeit der Gesetzesbindung zu finden sein, die sich nicht in allen Fällen sinnvoll durch eine gesetzgeberische Änderung oder eine verfassungsgerichtliche Normverwerfung auflösen lässt. Damit erhielte man einen verfassungsrechtliche Begründung für die Rechtsfortbildung, ohne auf zweifelhaftes überpositives „Recht“[45] oder eine ebenso zweifelhafte Tradition zurückgreifen zu müssen.

In diesem Sinne ist es das Ziel dieser Arbeit, ein Konzept von Rechtsfortbildung zu entwerfen, dass von der strukturellen, gleichheitsrechtlichen Problematik abstrakt-genereller Normen her gedacht wird und sich aus dieser heraus verfassungsrechtlich rechtfertigen lässt. Dazu wird im Folgenden zunächst der Begriff der Rechtsfortbildung näher betrachtet und konkretisiert (Punkt B. I.) und – davon ausgehend – die verschiedenen verfassungsrechtlichen Problemlagen aufgezeigt (Punkt B. II.). Sodann werden die bisherigen Legitimierungs- und Begrenzungsansätze untersucht (Punkt C. I.) und unter Berücksichtigung der besonderen Gleichheitsbindung des rechtsfortbildenden Richters und der speziellen Modifikationsbedarfe gleichheitswidriger Gesetze eine gleichheitsrechtliche Begründung und Begrenzung vorgeschlagen (Punkt C. II. und III.).

Der Gleichheitssatz ist in diesem Modell die „Methodennorm“ der Rechtsfortbildung.[46] Dabei muss jedoch keine neue Methodik entwickelt, sondern

---

[44] Begriff bei *Feix*, Maßstäbe für eine gelungene richterliche Rechtsfortbildung, S. 101.

[45] Argument etwa bei *Möllers*, Juristische Methodenlehre, S. 18 f.; kritisch *Hillgruber*, JZ 2008, 745 (746).

[46] Zu dem Begriff und der komparativen Struktur der Analogie *Michael*, Der allgemeine Gleichheitssatz als Methodennorm komparativer Systeme, S. 30 ff., 128 ff.; zu der Bedeutung des Vergleichs auch *Jacobi*, Methodenlehre der Normwirkung, S. 237.

lediglich die bereits vorhandene als gleichheitsrechtlich begriffen werden. Damit kann zugleich eine Beitrag dazu geleistet werden, Methodenfragen tatsächlich als Verfassungsfragen zu verstehen.[47]

[47] Vgl. zu dieser Forderung *Rüthers*, Rechtstheorie (40) 2009, 253.

B. Begriff und verfassungsrechtlicher Problemaufriss

I. Begriffsprobleme und Annäherung

Die Thematik der Rechtsfortbildung ist aus verschiedenen Gründen ein „unzugängliches Gebiet".[1] Eine wichtige Rolle spielt dabei das hohe Maß an Unklarheit des Begriffs selbst.[2] In der Debatte werden bedauerlicherweise nicht nur zahlreiche Termini für dasselbe Phänomen verwendet, sondern auch ganz unterschiedliche Phänomene mit demselben Begriff zu beschreiben versucht. In welchem Verhältnis die jeweiligen Ausdrücke stehen, lässt sich dabei oft kaum mehr verständlich erklären. Man kann schnell den Eindruck erlangen, dass jeder über „seine" Rechtsfortbildung, „sein" Richterrecht, „seine" schöpferische Rechtsfindung usw. spricht.

Was genau etwa unter dem hier verwendeten Ausdruck „Rechtsfortbildung" verstanden werden und wodurch diese sich von der „reinen" Auslegung unterscheiden soll, ist Gegenstand einer anhaltenden Debatte. Vollständig widerspruchsfreie und konsensfähige Lösungen sind bisher nicht in Sicht.[3]

Für zusätzliche Verwirrung sorgt, dass der Streit um den Begriff der richterlichen[4] Rechtsfortbildung regelmäßig mit dem Streit um die normativen Grenzen derselben vermengt wird. Es ist aber erforderlich, zwischen den Grenzen des Begriffs – also der Frage, was als Rechtsfortbildung verstanden werden soll und was nicht – und den verfassungsrechtlichen Grenzen der Rechtsfortbildung – also der Frage, wann eine Rechtsfortbildung nicht mehr

---

[1] Als Teil der richterlichen Rechtsarbeit teilt der Begriff der richterlichen Rechtsfortbildung die etwa von *Bumke*, in: Bumke, Richterrecht zwischen Gesetzesrecht und Rechtsgestaltung, S. 1 (4), festgestellte begriffliche „Strukturlosigkeit".

[2] Zu der Bedeutung einer klaren Definition für die notwendige Disziplinierung des Richterrechts siehe *Picker*, in: Bumke, Richterrecht zwischen Gesetzesrecht und Rechtsgestaltung, S. 85 (85).

[3] So auch *Kruse*, Die verfassungsrechtlichen Grenzen richterlicher Rechtsfortbildung, S. 8 f.; *Feix*, Maßstäbe für eine gelungene richterliche Rechtsfortbildung, S. 58. Es fehlt auch bereits an die Problematik ordnenden Untersuchungen, vgl. *Bumke*, in: Bumke, Richterrecht zwischen Gesetzesrecht und Rechtsgestaltung, S. 1 (5).

[4] Im Folgenden wird lediglich die richterliche Rechtsfortbildung behandelt. Viele Gesichtspunkte lassen sich aber auf die exekutive Rechtsfortbildung übertragen. Ob sich dort Besonderheiten ergeben, ist eine offene Frage, der im Rahmen dieser Arbeit nicht nachgegangen werden soll.

mit der Verfassung vereinbar ist – zu differenzieren.[5] Beide Diskurse werden darüber hinaus zugleich auf den Feldern des Verfassungsrechts und der Rechtstheorie, traditionell aber vor allem als ein Methodenstreit ausgetragen.[6] Dies bedingt eine erhebliche Zurückhaltung des Gesetzgebers, aber auch der Verfassungsgerichte. Argumente und Lösungen auf dem einen Gebiet können dabei nicht immer unbesehen auf das andere übertragen werden.

Sich dem Begriff der Rechtsfortbildung zu nähern, fällt auch aufgrund der unüberschaubaren Fülle an Rechtsprechung und literarischen Stimmen schwer.[7] Kaum eine einschlägige Monografie beginnt dabei ohne Klagen über den Begriff, der gerne als „schillernd",[8] „schwierig",[9] „problematisch"[10] oder Teil eines „Wirrwarrs"[11] beschrieben wird. Matthias Jestaedt nennt die Theorie der richterlichen Rechtsfortbildung gar „verheerend".[12] Teilweise wird in der wissenschaftlichen Literatur von verschiedenen „Bedeutungsspektren" ausgegangen.[13] Der Klarheit des Begriffs wohl kaum zuträglich ist dabei sicherlich auch, dass dieser bereits seiner Bezeichnung nach an den ja ebenfalls umkämpften Terminus des Rechts geknüpft ist.

Es kommt hinzu, dass die Rechtsfortbildung keinesfalls die einzige Form richterlicher Modifikation ist, vielmehr treten hinzu jedenfalls die verfassungskonforme Auslegung und – je nach Sichtweise – die objektive Auslegung selbst,[14] welche jeweils mit eigenen spezifischen Problemen verbunden

---

[5] Vgl. *Potacs*, Rechtstheorie, S. 152.

[6] Vgl. *Jestaedt*, in: Bumke, Richterrecht zwischen Gesetzesrecht und Rechtsgestaltung, S. 49 (55), der eine weitgreifende Ausblendung der „kompetenzrechtlichen Aspekte" beklagt.

[7] Vgl. zu der Fülle und Vielschichtigkeit des Begriffs die Einführung von *Bumke*, in: Bumke, Richterrecht zwischen Gesetzesrecht und Rechtsgestaltung, S. 1 (1 ff.).

[8] So etwa *Fischer*, Topoi verdeckter Rechtsfortbildungen im Zivilrecht, S. 34; *Di Fabio*, Grenzen der Rechtsfortbildung in Europa, S. 1.

[9] *Jocham*, Die Grenzen der richterlichen Rechtsfortbildung im Privatrecht, S. 22.

[10] So *Grosche*, Rechtsfortbildung im Unionsrecht, S. 88, siehe dort auch auf der folgenden S. Fn. 7 m. w. N. zu verschiedenen „Nuancierungen".

[11] Für die richtlinienkonforme Rechtsfortbildung *Möllers*, in: Torggler, Richterliche Rechtsfortbildung und ihre Grenzen, S. 77 (83); allg. zum Problem der „skeptischen Krise" *Bumke*, in: Bumke, Richterrecht zwischen Gesetzesrecht und Rechtsgestaltung, S. 1 (14) m. w. N.

[12] *Jestaedt*, in: Bumke, Richterrecht zwischen Gesetzesrecht und Rechtsgestaltung, S. 49 (61).

[13] Diesen Begriff verwendend *Kruse*, Die verfassungsrechtlichen Grenzen richterlicher Rechtsfortbildung, S. 10.

[14] Dazu *Picker*, in: Bumke, Richterrecht zwischen Gesetzesrecht und Rechtsgestaltung, S. 85 (89), der mit Blick auf die objektive Auslegung von einem „bewussten Bruch mit den Absichten, Zielen und Zwecken, die das Gesetz für den Interpreten erkennbar (!) zur verbindlichen Vorgabe machen wollte" (Ausrufezeichen im Original) ausgeht. Man wird der objektiven Auslegung aber zu Gute halten müssen, dass sie

sind.[15] Die rechtswissenschaftliche Untersuchung des Richterrechts erinnert an die „Solaristik", jene fiktive Planetenwissenschaft in Stanisław Lems Klassiker „Solaris",[16] die sich weniger als erkenntnisverheißende Wissenschaft denn mehr als Suche nach der eigenen Identität und den eigenen Grenzen herausstellt.

Weiter verunklart wird die Debatte durch eine Identifizierung oder Verwechslung von Entscheidungsfindung und Entscheidungsbegründung.[17] Weder die Methodenlehre noch das Verfassungsrecht wird wohl je reglementieren können, wie der Rechtsanwender zu einer Entscheidung kommt. Vielmehr werden – das zeigt die Entscheidungspsychologie – dem Individuum die seinen Entschluss bestimmenden Determinanten regelmäßig nicht einmal bewusst sein.[18] Warum sich der Richter zu einer Rechtsfortbildung entschließt, ist in dem hier maßgeblichen Zusammenhang aber auch irrelevant. Entscheidend ist allein, ob sein Tun verfassungsrechtlich begründet werden kann. Insofern ist streng zwischen den psychologischen Motiven (über die wir wenig wissen [können]) und den entscheidungstragenden rechtlichen Begründungen zu unterscheiden.[19]

Die Frage der Rechtsfortbildung ist zwangsläufig ein Austragungsort für Fundamentalkonflikte der Rechtswissenschaft, insbesondere jener um den Rechtspositivismus und die subjektive oder objektive Auslegung,[20] die – ausgehend von unterschiedlichen Rechtsbegriffen – zwangsläufig zu verschiede-

zumindest noch von dem Ziel des Normverstehens geleitet sein kann. Die Erkennbarkeit von verbindlichen „Absichten, Zielen und Zwecken" sollte nicht überschätzt werden, und nicht jede Frage danach, was ein Gesetz im Kontext der heutigen Verhältnisse bedeutet, muss zwingend eine legislative Selbstermächtigung des Richters sein.

[15] Mit *Jestaedt*, in: Bumke, Richterrecht zwischen Gesetzesrecht und Rechtsgestaltung, S. 49 (57), wird hier davon ausgegangen, dass die sogenannte verfassungskonforme Auslegung durchaus als noch problematischer als die Rechtsfortbildung bezeichnet werden kann, weil erstere die Inhaltsmodifikation schon dem Namen nach als Interpretation auszugeben versucht, vgl. dazu nachstehend auch Punkt B. II. 3.

[16] *Lem*, Solaris, Erstausgabe in polnischer Sprache von 1961, erstmals auf Deutsch erschienen 1972.

[17] Zu Entscheidungsherstellung und -darstellung *Albers*, in: VVDStRL 71, S. 257 (264 ff.); dazu auch *Jestaedt*, in: Bumke, Richterrecht zwischen Gesetzesrecht und Rechtsgestaltung, S. 49 (49).

[18] Vgl. zu Urteilsverzerrungen, Urteilsheuristiken und Urteilsfehlern nur *Effer-Uhe/ Mohnert*, Psychologie für Juristen, S. 29 ff. sowie 186 ff.

[19] Eine Differenzierung, die im Übrigen auch für den sogenannten „Willen des Gesetzgebers" vorgenommen werden sollte.

[20] Vgl. *Möllers*, Juristische Methodenlehre, S. 233 ff.; vgl. auch *Jestaedt*, in: Bumke, Richterrecht zwischen Gesetzesrecht und Rechtsgestaltung, S. 49 (54 ff.), der zu den Vertretern der subjektiven Auslegung neben sich selbst beispielhaft *Rüthers* und *Hillgruber* zählt.

nen Vorstellungen von Rechtsfortbildung gelangen.[21] Diese kann – je nach Sichtweise – mit unterschiedlichen Maßstäben „aufgeladen“ und zur Korrektur des geschriebenen Rechts anhand dieser Maßstäbe genutzt werden. Diese „paradigmatischen Konflikte“[22] scheinen mit der Rechtsfortbildung untrennbar verwoben zu sein.

Das Rechtsfortbildungsproblem ist dabei wahrscheinlich so alt wie die personelle Trennung von Rechtssetzung und Rechtsanwendung; denn zu keinem Zeitpunkt konnte das Gesetz alle Fälle zufriedenstellend erfassen, und schon immer muss sich der Rechtsanwender gefragt haben, was er dann tun soll. So ist für den einen die richterliche Rechtskorrektur gerade die vornehmste Aufgabe der Rechtsprechung, zu der schon Aristoteles in seiner Epikie-Lehre aufgerufen hat.[23] Für den anderen ist die Rechtsfortbildung dagegen eine Anmaßung, bei welcher der Rechtsanwender seine Vorstellung von Gerecht- und Billigkeit an die Stelle des Rechts setzt; eine Handlung, die schon nach einer Konstitution Kaiser Konstantins allein dem Gesetzgeber vorbehalten ist.[24]

An dieser Konfliktlinie hat sich heute wenig geändert, wenn etwa Christian Bumke zwischen „gerichtsfokussierter“ und „parlamentsfokussierter“ Sicht auf die Rechtsprechung unterscheidet.[25] Für den einen bleibt die Rechtsfortbildung eine (nunmehr durch die Verfassung) gebotene Aufgabe der Rechtsprechung,[26] für den anderen bleibt es im Kern bei der alten Kritik: „Neuerungssucht in Justizkollegien ist der erste Justizfeind, welcher an die Stelle des Gesetzes die vageste Willkür substituiert.“[27] Diese wird von modernen Rechtsfortbildungskritikern aber typischerweise in verfassungsrechtliche Argumente übersetzt. So bezeichnet etwa Karl Heinrich Friauf die steuerverschärfende Rechtsfortbildung eine „administrative oder judizielle Selbst-

---

[21] Vgl. *Hillgruber*, in: Dürig u. a., Grundgesetz, Art. 97 Rn. 66 ff.; von einer „pragmatischen Differenz“ sprechend *Bumke*, in: Bumke, Richterrecht zwischen Gesetzesrecht und Rechtsgestaltung, S. 1 (5).

[22] Begriff nach *Bumke*, in: Bumke, Richterrecht zwischen Gesetzesrecht und Rechtsgestaltung, S. 1 (5).

[23] Eth. Nicom. E 14, 1138a1; dazu *Schott*, Rechtsgrundsätze und Gesetzeskorrektur, S. 59 ff.

[24] C. 1, 14, 1: „Inter aequitatem iusque interpositam interpretationem nobis solis et oportet et licet inspicere“; vgl. dazu *Schott*, Rechtsgrundsätze und Gesetzeskorrektur, S. 60.

[25] *Bumke*, in: Bumke, Richterrecht zwischen Gesetzesrecht und Rechtsgestaltung, S. 1 (6 ff.).

[26] Vgl. zu dieser Ansicht etwa *Schultze-Fielitz*, in: Dreier, Grundgesetz, Art. 92 Rn. 41; *Papier*, in: Merten/Papier, Handbuch der Grundrechte in Deutschland und Europa, § 130 Rn. 29.

[27] *Gönner*, Handbuch des deutschen gemeinen Prozesses, S. 221; Zitat auch bei *Schott*, Rechtsgrundsätze und Gesetzeskorrektur, S. 85.

ermächtigung zu freiheitsbeschränkenden Eingriffen über den gesetzlichen Rahmen hinaus".[28]

Nicht zuletzt ist die Frage der Rechtsfortbildung eine Machtfrage, betrifft sie doch die Stellung und Kompetenz insbesondere der Judikative gegenüber dem parlamentarischen Gesetzgeber.[29] Interessant ist dabei, dass Juristen die Frage ihrer Machtbegrenzung im Wesentlichen unter sich ausmachen.[30] Versuche des Gesetzgebers, richterliche Rechtsfortbildung einzuhegen, sind zumindest in jüngerer Zeit selten und wenig erfolgreich geblieben.[31] Strukturelle Anreize zu einer Problembewältigung oder zu einer Klärung des Rechtsfortbildungsbegriffs gibt es für die Jurisprudenz kaum, bedeutet diese ihr doch ein in ihrer Reichweite nicht unerhebliches Korrektur- und damit Machtinstrument.

Dies bedeutet nun – wie bereits aufgezeigt – nicht, dass sich die Rechtsfortbildung im Rahmen des rechtswissenschaftlichen Diskurses keiner Kritik ausgesetzt sähe. Der Vorwurf vom „Richterstaat" ist durchaus laut und deutlich zu vernehmen.[32] Eduard Picker spricht gar von einem aktuellen „Zeitalter des Richterrechts", in dem „die *Unabhängigkeit* des Richters zur *Ungebundenheit* seines Stands" verändert würde.[33]

Die Debatte um die Rechtsfortbildung – sowie um jede andere richterliche Inhaltsmodifikation des Gesetzes[34] – steuert unweigerlich auf die Gretchenfrage der dritten Gewalt zu: Wie hält es der Richter mit dem Gesetz?[35] In der Annahme, dass die damit verbundenen Großkonflikte in naher Zukunft nicht

---

28 *Friauf*, in: Tipke, Grenzen der Rechtsfortbildung durch Rechtsprechung und Verwaltungsvorschriften im Steuerrecht, S. 53 (63 f.).

29 *Reimer*, Juristische Methodenlehre, Rn. 548.

30 Bezeichnend ist es insoweit etwa, wenn *Voßkuhle* zu den Grenzen der Macht des BVerfG angibt, diese seien (neben anderen Faktoren) insbesondere durch die Knappheit von Zeit und Personal gesetzt, vgl. *Voßkuhle*, BayVBl 2020, 577.

31 Vgl. etwa zu Art. 1 des Schweizerischen Zivilgesetzbuches mit einer ausführlichen Analyse darauf bezogener Urteile *Schmidt*, Richterliche Rechtsfortbildung in Deutschland und der Schweiz, 2017; siehe zu einem Entwurf des nationalsozialistischen Gesetzgebers von 1942 *Schott*, Rechtsgrundsätze und Gesetzeskorrektur, S. 96.

32 Prominent *Rüthers*, Die heimliche Revolution vom Rechtsstaat zum Richterstaat, 2016.

33 *Picker*, in: Bumke, Richterrecht zwischen Gesetzesrecht und Rechtsgestaltung, S. 85 (90), Hervorhebungen im Original.

34 Also insbesondere die sog. „verfassungskonforme Auslegung" sowie je nach Herangehensweise auch die „objektive Auslegung". Zu der Überschneidung von Rechtsfortbildung und verfassungskonformer Auslegung siehe *Jestaedt*, in: Bumke, Richterrecht zwischen Gesetzesrecht und Rechtsgestaltung, S. 49 (57).

35 Die Frage zu der „Rolle des Richters, wie er es mit den Gesetzen halte" als „Gretchenfrage" bezeichnend *Picker*, in: Bumke, Richterrecht zwischen Gesetzesrecht und Rechtsgestaltung, S. 85 (100).

zu lösen sein werden – und erst recht nicht im Rahmen dieser Arbeit – wird im folgenden Abschnitt (I.) zunächst zu beschreiben versucht, was das Phänomen der Rechtsfortbildung nach zumindest überwiegend geteilter Ansicht ausmacht.

Auf Fragen über die „Natur“ der Rechtsfortbildung soll dabei nur insoweit eingegangen werden, als es für die hier zu behandelnden Probleme erforderlich ist. So schwer sich die Rechtsfortbildung in einer abstrakten Betrachtungsweise als Richterrecht verstehen und systematisieren lässt (etwa hinsichtlich der Frage, ob und inwiefern der richterlichen Rechtsfortbildung eine abstrakt-generelle Wirkung zukommt)[36], so offen liegen doch ihre Wirkung und ihre Legitimationsbedürftigkeit im konkreten, vom Richter entschiedenen Einzelfall zutage. Fernab rechtstheoretischer Streitigkeiten um das Wesen des Richterrechts sollte nicht aus den Blick geraten, dass Rechtsfortbildung Menschen in ihren Lebensrealitäten tatsächlich und gegebenenfalls schwerwiegend betrifft. In erster Linie aus dieser konkreten Anwendungssituation – und nicht aus dem abstrakten Konflikt zwischen Judikative und Legislative – erwächst die Legitimationsbedürftigkeit richterlicher Rechtsfortbildung, um die es in dieser Arbeit gehen soll.

In einem zweiten Abschnitt (II.) wird versucht, die mit der Rechtsfortbildung einhergehenden verfassungsrechtlichen Probleme aufzuzeigen. Auf dieser Basis wird dann der Frage nachgegangen, ob und in wieweit diese Probleme lösbar sind. Dabei wird als Prämisse das folgende Dilemma[37] zugrunde gelegt: Auf der einen Seite besteht unbestreitbar ein erheblicher Bedarf an richterlicher Rechtsfortbildung.[38] Rechtsprechung und Lehre sind sich im Wesentlichen einig, dass den Ansprüchen an das Rechtssystem, vor allem die Forderung, dass die Rechtsprechung eine Antwort auf die „Gegenwartsfrage“ an das Recht bereithalten muss und sich nicht auf die Rezeption der historischen Antwort des Gesetzgebers beschränken kann,[39] ohne richterliche Modifikation nicht beizukommen ist.[40] Auf der anderen Seite steht eine Modifikationskompetenz im Widerspruch zur richterlichen Gesetzesbindung. Warum sollte der Betroffene die richterliche Modifikation akzeptieren, wenn der de-

---

36 Ablehnend etwa *Picker*, in: Bumke, Richterrecht zwischen Gesetzesrecht und Rechtsgestaltung, S. 85 (116 f.); differenzierend etwa *Payandeh*, Judikative Rechtserzeugung, S. 325.

37 Vgl. zu dem Dilemma des Richterrechts auch *Jestaedt*, in: Bumke, Richterrecht zwischen Gesetzesrecht und Rechtsgestaltung, S. 49 (50 f.).

38 Siehe nur *Esser*, Vorverständnis und Methodenwahl in der Rechtsfindung, S. 179.

39 Dazu *P. Kirchhof*, in: Bumke, Richterrecht zwischen Gesetzesrecht und Rechtsgestaltung, S. 71 (71).

40 Dies führt soweit, dass teilweise eine der Legislative gleichrangige richterliche Rechtserzeugungskompetenz postuliert wird, vgl. *Raiser*, ZRP 1985, 111 (116).

mokratisch legitimierte Gesetzgeber doch eine anderslautende, eben die unmodifizierte Regelung geschaffen hatte?

Bei allen Schwierigkeiten besteht somit ein unabweisbares, durchaus auch verfassungsrechtliches Bedürfnis nach einer gut verstandenen und disziplinierten Rechtsfortbildung, die in verschiedenen Ausprägungen in allen Rechtsordnungen zu den richterlichen Aufgaben gehört.[41] Wie jedes staatliche Handeln ist auch diese an das Gesetz und damit die Verfassung gebunden, muss sich mit dem Prinzip der Gewaltenteilung und dem Übermaßverbot in Einklang bringen lassen. Eine Vielzahl von Judikaten beruht (offen oder verdeckt – ganz oder teilweise) auf richterlicher Rechtsfortbildung.[42] Jede belastende Entscheidung stellt dabei eine potenzielle Grundrechtsverletzung dar, sollte sie die aus Art. 20 Abs. 3 und Art. 97 Abs. 1 GG folgende Gesetzesbindung missachten.[43] Die Verfassung geht von der Möglichkeit richterlicher Rechtsfortbildung aus und legt ihr besondere Grenzen auf, was insbesondere durch das Analogieverbot im Bereich des Strafrechts deutlich wird.[44] Damit diese verfassungsrechtliche Disziplinierung greifen kann, braucht es eine hinreichend klare Vorstellung von dem zu disziplinierenden Objekt.

Große praktische Bedeutung kommt insofern der Frage nach dem Verhältnis der Rechtsfortbildung zur Auslegung zu, weil für beide unterschiedliche Voraussetzungen gelten sollen. Die aktuellen Abgrenzungstheorien ermöglichen zwar regelmäßig eine Differenzierung im Einzelfall, sind aber jeweils für sich nicht restlos überzeugend.[45]

Neben der Frage der Abgrenzbarkeit von Auslegung und Fortbildung erfährt eine zweite Frage weniger Beachtung, die gewissermaßen von der anderen Seite her gestellt werden kann: Was unterscheidet die Rechtsfortbildung von der Rechtssetzung?[46] Sind die richterrechtlich erzeugten Normen iden-

---

41 *Chr. Schönberger*, in: VVDStRL 71, S. 296 (304).

42 Vgl. nur zum Arbeitskampfrecht *Engels*, Verfassung und Arbeitskampfrecht, S. 311 ff.; *Picker*, in: Bumke, Richterrecht zwischen Gesetzesrecht und Rechtsgestaltung, S. 85 (87 f.), kritisch aber zu der Bedeutung des Richterspruchs S. 113.

43 Vgl. BVerfGE 149, 129 (Rn. 72); ausdrücklich auch *Möllers*, JZ 2009, 668 (668).

44 BVerfGK 4, 261 (265); *Schulze-Fielitz*, in: Dreier, Grundgesetz, Art. 103 Abs. 2 Rn. 47 f. m. w. N.

45 Besonders das Verständnis und der Sinn der sogenannten „Wortlautgrenze" sowie „Wortsinngrenze" sind hier fraglich; vgl. nur *Depenheuer*, Der Wortlaut als Grenze; *Klatt*, Theorie der Wortlautgrenze; *Kudlich/Christensen*, ARSP 2007, 128; *Christensen/Kübbeler*, Wortlautgrenze und Wörterbuch; rechtsvergleichend *Eser*, in: Hilgendorf, Das Gesetzlichkeitsprinzip im Strafrecht, S. 259 ff.

46 Die kategoriale Unterscheidung zwischen Rechtssetzung und Rechtsanwendung sowie weiter zwischen Auslegung und Rechtsfortbildung entspricht der traditionellen Konzeption, siehe dazu nur *Bumke*, in: Bumke, Richterrecht zwischen Gesetzesrecht und Rechtsgestaltung, S. 33 (35) m. w. N. Demgegenüber greift die zustimmungswürde

tisch mit jenen, die von dem parlamentarischen Gesetzgeber stammen und deren Fortentwicklung sie darstellen? Erlangt die Rechtsfortbildung abstrakt-generelle Wirkung und wenn ja, auf welchem Wege und mit welcher Legitimität?[47]

Um in einer solchen Situation überhaupt sinnvoll mit einer Untersuchung beginnen zu können, ist der Blick zunächst auf die grundsätzlichen Punkte zu richten, über welche im Wesentlichen Einigkeit herrscht. Bereits anhand dieser lassen sich die verfassungsrechtlichen Probleme skizzieren.

Weitgehende Einigkeit besteht zumindest in der Anerkennung der praktischen Existenz von Rechtsfortbildung[48] sowie ihrer faktischen Notwendigkeit.[49] Aber auch über die „Natur" der Rechtsfortbildung können einige Dinge als im Wesentlichen gesichert gelten. Dies betrifft die folgende drei Punkte, die im Folgenden näher betrachtet werden sollen:

- Rechtsfortbildung ist mehr als „reine" Auslegung.
- Rechtsfortbildung ist weniger als genuine Rechtssetzung.
- Rechtsfortbildung setzt die Gebundenheit des Rechtsanwenders an das Gesetz voraus.

1. Mehr als Auslegung

Von Rechtsfortbildung sinnvoll sprechen kann nur, wer überhaupt einen Unterschied zu der „normalen" Auslegung, also juristischer Interpretation, anerkennt. Diese Unterscheidbarkeit wird teilweise durchaus bezweifelt und damit die verfassungsrechtliche Problematik auf die richterliche Tätigkeit insgesamt bezogen.[50] Überzeugend erklären lassen sich die erhöhten Rechtfertigungsvoraussetzungen, die auch von Verfechtern der mangelnden Unter-

---

Ansicht, dass jede rechtliche Entscheidung – ob Gesetz, Verordnung oder Urteil – zugleich eine Rechtssetzung („nach unten") und eine Rechtanwendung („nach oben") ist, erst seit in historischer Hinsicht vergleichsweise kurzer Zeit Raum, vgl. *Jestaedt*, in: Bumke, Richterrecht zwischen Gesetzesrecht und Rechtsgestaltung, S. 49 (62). Eine ausreichend handhabbare Theorie, durch welche zwischen den unterschiedlichen Kategorien von Rechtssetzungsakten (gebunden/ungebunden, modifizierend/konstituierend, vergleichend/partikulär) differenziert werden kann, scheint noch nicht gefunden zu sein.

[47] Vgl. *Payandeh*, Judikative Rechtserzeugung, S. 325.

[48] Dies gilt allerdings nicht für alle Rechtsordnungen, vgl. *Hager*, Rechtsmethoden in Europa, S. 145 ff.

[49] So etwa *Peukert*, Güterzuordnung als Rechtsprinzip, S. 87 ff.

[50] Vgl. *Kuntz*, AcP 2015, 387 (390 ff.) m. w. N.; für eine prinzipielle Unterscheidung vgl. *Friauf*, in: Tipke, Grenzen der Rechtsfortbildung durch Rechtsprechung und Verwaltungsvorschriften im Steuerrecht, S. 53 (60).

scheidbarkeit an die Rechtsfortbildung gestellt werden und die durch Rechtsfortbildung ermöglichten Judikate aber nur, wenn man Rechtsfortbildung als ein „Mehr" gegenüber der reinen Interpretation begreift.[51] Im Folgenden soll dargestellt werden, dass die Unterscheidung von Auslegung und Rechtsfortbildung eine verfassungsrechtliche Notwendigkeit darstellt, und auch tatsächlich vorgenommen werden kann, wenn der Blick auf die Begründung der einzelnen fraglichen Judikate gerichtet wird.

a) Abgrenzung von Auslegung und Rechtsfortbildung als verfassungsrechtliche Notwendigkeit?

Die Zuordnung eines Judikats in den Bereich der Rechtsfortbildung oder der Auslegung ist nicht nur ein rechtsphilosophisches Gedankenspiel, sondern eine verfassungsrechtliche Notwendigkeit. Art. 103 Abs. 2 GG verlangt eine wertende Zuordnungsentscheidung ungeachtet praktischer oder theoretischer Schwierigkeiten.[52]

Diese Anforderung hat sich für die Strafrechtswissenschaft nicht als unüberwindbares Hindernis erwiesen.[53] Wenn die Zuordnung im Strafrecht funktioniert, muss sie aber auch in der restlichen Rechtsordnung möglich sein. Strafnormen unterscheiden sich strukturell nicht von anderen Normen, vielmehr handelt es sich sogar um klassische, in Tatbestand und Rechtsfolge aufteilbare „Wenn-Dann-Regelungen".[54] Gerade die Tatbestandsmerkmale von Strafnormen haben dabei keine genuin strafrechtliche Struktur, sondern erhalten ihren strafrechtlichen Charakter erst in Verbindung mit der Rechtsfolge. Warum soll man bei der Sache i. S. d. § 242 Abs. 1 StGB wissen (oder besser: bewerten) können, welche Deutung noch Auslegung und welche schon Rechtsfortbildung ist, bei der Sache i. S. d. § 90 BGB aber nicht?

---

[51] Vgl. dazu *Potacs*, Rechtstheorie, S. 152 f.; *Feix*, Maßstäbe für eine gelungene richterliche Rechtsfortbildung, S. 56; einen anderen Weg schlägt *Picker*, in: Bumke, Richterrecht zwischen Gesetzesrecht und Rechtsgestaltung, S. 85 (118 f.) ein, der die „Geltungskraft" der Rechtsfortbildung auf ihre „materielle" Fähigkeit, andere wegen ihrer „Plausibilität, Konsensfähigkeit und Grundsätzlichkeit" zu überzeugen, reduziert. Von „Geltung" im eigentliche Sinne kann dann aber keine Rede mehr sein. Dieser Ansatz vermag die jedenfalls in Bezug auf den entschiedenen Fall vorgenommene Gesetzesmodifikation nicht verfassungsrechtlich zu legitimieren.

[52] *Wolff*, in: Merten/Papier, Handbuch der Grundrechte in Deutschland und Europa, § 134 Rn. 89.

[53] Siehe nur *Hecker*, in: Schönke/Schröder, Strafgesetzbuch, § 1 Rn. 26 ff.; *Hassemer/Kargl*, in: Kindhäuser u. a., Strafgesetzbuch, § 1 Rn. 95 ff. siehe aber *Pieroth/Aubel*, JZ 2003, 504 (506 ff.), die eine Unterscheidung für unmöglich halten.

[54] Dazu etwa *Wessels* u. a., Strafrecht Allgemeiner Teil, Rn. 17 ff.

Es ist insofern nicht einsichtig, warum sich die Regeln für diese Zuordnung zwischen den Rechtsgebieten unterscheiden sollen, zumal eine scharfe Distinktion zwischen den Rechtsgebieten ja gerade nicht erreicht werden kann.[55] Es erscheint konsequenter, von einem einheitlichen Rechtsfortbildungsbegriff auszugehen, wobei die Legitimitätsanforderungen gleichwohl je nach Rechtsgebiet variieren können.

Insbesondere ergibt sich aus Art. 103 Abs. 2 GG im Umkehrschluss nicht, dass richterliche Rechtsfortbildung abseits des strafrechtlichen Bereichs unproblematisch wäre. Die richterliche Gesetzesbindung besteht in jedem Rechtsgebiet, daher steht richterliche Rechtsfortbildung auch stets mit dieser sowie weiteren verfassungsrechtlichen Prinzipien in Konflikt[56] und ist insofern gebietsübergreifend rechtfertigungsbedürftig; allein für den strafrechtlichen Bereich kommt eine Rechtfertigung nach der Grundentscheidung „nulla poena sine lege" von vornherein nicht in Betracht. Der verfassungsrechtliche Bedarf nach einer Zuordnung von Judikaten besteht demnach allgemein.

Was die Verfassung demgegenüber nicht verlangt, ist eine abstrakte, d. h. vom konkreten Einzelfall losgelöste Abgrenzbarkeit. Die verfassungsrechtliche, aufgrund von Art. 103 Abs. 2 GG erforderliche Abgrenzung kann insofern nicht „aus sich selbst heraus"[57] entwickelt werden. Rechtsfortbildung und Auslegung lassen sich auch nicht abstrakt unterscheiden, denn sie weisen keine unterscheidbaren tatsächlichen Eigenschaften auf, sondern sind selbst bereits juristische Bewertungen. So wie sich die Kategorien „vertretbar" und „unvertretbar" nicht trennscharf voneinander abzugrenzen lassen, können auch Rechtsfortbildung und Auslegung nicht in einer abstrakten Betrachtung unterschieden werden. Beiden Begriffspaaren können gleichwohl konkrete juristische Entscheidungen zugeordnet werden.

Insofern sprechen allgemeine Schwierigkeiten bei der begrifflichen Abgrenzung nicht gegen eine Zuordenbarkeit einzelner Judikate.[58] Wie bei allen wertenden juristischen Zuordnungen existieren Grenzfälle, in denen die Zuordnung mit vertretbaren Argumenten sowohl in die eine oder in die andere Kategorie erfolgen kann. Darin unterscheidet sich das Begriffspaar Auslegung/Rechtsfortbildung nicht von anderen juristischen Zuordnungsproblemen, wie etwa der Unterscheidung zwischen abstrakter und konkreter Gefahr im

---

[55] Siehe *Krüper*, in: VVDStRL 79, S. 43 (89); *Becker*, NVwZ 2019, 1385 (1392).

[56] Dazu nachstehend Punkt B. II.

[57] Dies in Abgrenzung zu einem rechtstechnischen Begriff fordernd *Wolff*, in: Merten/Papier, Handbuch der Grundrechte in Deutschland und Europa, § 134 Rn. 89.

[58] Vgl. *Pieroth/Aubel*, JZ 2003, 504 (506), wo zurecht darauf hingewiesen wird, dass die einzelne richterliche Entscheidung im Mittelpunkt der verfassungsrechtlichen Überprüfung steht.

Polizeirecht, Vorsatz und Fahrlässigkeit im Strafrecht oder Unternehmern und Verbrauchern im Zivilrecht.

b) Ergebnisbezogene Zuordnung

Eine Bewertung einzelner Judikate als Auslegung oder Rechtsfortbildung ist stets möglich und aus verfassungsrechtlichen Gründen auch erforderlich. Über die richtige Zuordnungsmethode herrscht jedoch Uneinigkeit.

Dabei sind grundsätzlich zwei verschiedene Ansatzpunkte denkbar: eine ergebnisbezogene und eine begründungsbezogene Zuordnung. Im Sinne der ersteren kann in Anbetracht des Ergebnisses der richterlichen Tätigkeit gefragt werden, ob dieses sich überhaupt im Wege der Interpretation erreichen lässt, unabhängig davon, wie es tatsächlich zustande gekommen ist. Dieser Ansatz fragt also nach den gültigen Interpretationsregeln und der Begründbarkeit der Resultate.

Anschaulich hat diesen Ansatz etwa Michael Potacs auf den Punkt gebracht, der Rechtsfortbildung annehmen will, wenn das Ergebnis „durch überhaupt keine Regel sprachlicher Konvention (d. h. keine zulässige Auslegungsregel) begründbar ist.“[59] Nach diesem Verständnis stehen Auslegung und Rechtsfortbildung in einem Stufenverhältnis. Juristische Ergebnisse, die über die Grenzen der Auslegung hinausgehen (unabhängig davon, wie man diese Grenzen definiert) müssen zwangsläufig Rechtsfortbildung sein. Ein Auslegungsversuch kann somit abhängig von seinem Ergebnis in eine Rechtsfortbildung „umschlagen“,[60] ohne dass dem Akteur dies zwangsläufig bewusst sein muss. Hier wirkt die überkommene, aber fragwürdige Ansicht, Rechtsfortbildung sei gewissermaßen die Fortsetzung der Auslegung, eine Interpretation mit „anderen Mitteln“.[61] Mit dieser Art der Abgrenzung geht eine bestimmte Sichtweise auf die verfassungsrechtlichen Probleme der Rechtsfortbildung einher, bei welcher die Legitimierung des Ergebnisses im Mittelpunkt steht. Die meisten Abgrenzungstheorien, insbesondere die bekannten Lehren der „Wortlautgrenze“ und der „Wortsinngrenze“[62], gehen den erstgenannten

---

[59] *Potacs*, Rechtstheorie, S. 152. Dies wird sodann aber mit Blick auf das „bewegliche System der Auslegungskriterien“ eingeschränkt.

[60] Vgl. *Götz*, StudZR 2010, 21 (29); zu der verfassungskonformen Auslegung in Abgrenzung zur Rechtsfortbildung siehe *Stern*, NJW 1958, 1435 (1435).

[61] So *Larenz*, Methodenlehre der Rechtswissenschaft, S. 366.

[62] Zur Wortlautgrenze eingehend *Kudlich/Christensen*, ARSP: Archiv für Rechts- und Sozialphilosophie 2007, 128; *Christensen/Kübbeler*, ZERL 2011. Zu beiden Grenzen *Klatt*, Theorie der Wortlautgrenze, S. 343; *Becker/Martenson*, JZ 2016, 779 (780); *Danwerth*, ZfPW 2017, 230 (242); von einer „Doppelgrenze“ spricht *Feix*, Maßstäbe für eine gelungene richterliche Rechtsfortbildung, S. 101.

Weg und setzen zur Unterscheidung an den jeweilig fraglichen Ergebnissen an.

Dieser Ansatz birgt jedoch eine Schwachstelle: Sprachliche Konventionen sind nicht nur volatil, sondern auch höchst unpräzise.[63] In der juristischen Methodik schließt die sogenannte „grammatikalische" Auslegung regelmäßig keine Bedeutungsmöglichkeiten aus, sondern legt höchstens eine bestimmte Deutung nahe, etwa wenn diese dem allgemein anerkannten Verständnis eines Erklärungszeichens entspricht. Erst unter Hinzunahme weiterer Deutungsansätze ergibt sich dann eine Schnittmenge von juristisch vertretbaren Auslegungsresultaten. Allein in Hinblick auf sprachliche Konventionsregeln dürfte aber eine „Nicht-Begründbarkeit" bestimmter Ergebnisse illusorisch sein. Die Regeln der natürlichen Sprache (wie und von wem auch immer festgelegt) sind jedenfalls nicht so beschaffen, dass sie eine Unterscheidung von „richtigen" und „falschen" Ergebnissen ermöglichen.[64] Es besteht insofern gerade kein Unterschied zwischen Auslegung und Rechtsfortbildung dergestalt, dass das eine lediglich das bestehende Recht anwendet (d.h. „richtig" wiedergibt) und das andere neues Recht setzt. Vielmehr liegt in jeder Rechtsanwendung, sei es im Rahmen der Auslegung oder im Rahmen der Rechtsfortbildung, immer auch eine Rechtssetzung in dem Sinne, dass dabei eine Entscheidungsnorm auch in sprachlicher Hinsicht neu konstruiert wird.[65]

c) Begründungsbezogene Zuordnung und verfassungsrechtlicher Rechtsfortbildungsbegriff

Es erschließt sich nicht, warum gerade die sprachkonventionelle Begründbarkeit für die Rechtsfortbildung konstitutiven Charakter besitzen soll. Viel-

---

[63] Siehe zur konventionellen Zuordnungsbeziehung zwischen sprachlichen Zeichen und Bedeutung *Koch*, ARSP 1975, 27 (29. ff.).

[64] So beispielsweise *Depenheuer*, Der Wortlaut als Grenze, S. 40.

[65] Zu diesem Abschnitt insgesamt *Jestaedt*, in: Bumke, Richterrecht zwischen Gesetzesrecht und Rechtsgestaltung, S. 49 (62 ff.; insb. S. 67). Dort wird sodann mit Verweis auf Kelsen eine Abgrenzung nach der Legitimationsbedürftigkeit vorgenommen: „Die Besonderheit dieser ‚richterlichen Rechtsfortbildung' gegenüber der ordinären richterlichen Gesetzesanwendung ist vielmehr insbesondere darin zu erblicken, dass im erstgenannten Fall nachzuweisen ist, dass dem entscheidungsberufenen Richter die positiv-(d.h. verfassungs- oder gesetzes-)rechtliche Ermächtigung erteilt ist, unter näher bestimmten Voraussetzungen die heteronomen (d.h. verfassungs- oder gesetzesrechtlichen) Determinanten im Einzelfall außer Betracht zu lassen oder zu modifizieren […]." Dies hilft für die Unterscheidung gleichwohl kaum weiter, sondern setzt diese vielmehr bereits voraus. Wenn aber, wie Jestaedt darlegt, Fortbildung und Anwendung des Rechts nicht unterscheidbar sind, weil in beiden Fällen Recht erzeugt wird, wie soll man dann erkennen, wann den Richter diese besonderen „Nachweispflichten" treffen?

mehr muss die Zuordnung darauf abzielen, ob der Richter in dem konkret zu entscheidenden Fall tatsächlich nach dem Inhalt des Gesetzes entschieden, es also interpretiert und angewendet, oder ob er das Gesetz über dessen eigentlichen Inhalt hinaus modifiziert und insofern „fortgebildet“ hat. Insofern kommt es aber nicht allein auf sprachliche Konventionen an, sondern es ist in einem ersten Schritt vielmehr unter Rückgriff auf alle juristischen Interpretationsansätze zu fragen, ob der fragliche Fall von dem Anwendungsbereich des einschlägigen Gesetzes erfasst ist.

Genau dies bringt auch Art. 103 Abs. 2 GG mit der Formulierung „gesetzlich bestimmt“ zum Ausdruck. Nicht jedes sprachkonventionell begründbare Ergebnis ist in diesem Sinne „gesetzlich bestimmt“, sondern nur solche, die sich nach den anerkannten juristischen Interpretationsregeln als Norminhalt ausweisen lassen.[66] Insbesondere solche Judikate, die auf einer Ähnlichkeit, aber gerade nicht auf einer Identität eines geregelten und des zu entscheidenden Falles beruhen, wie dies bei der analogen Rechtsanwendung der Fall ist, sind als Rechtsfortbildungen einzuordnen. Nach Art. 103 Abs. 2 GG reicht es aber für die Bestimmtheit nicht aus, dass ein ungeregelter Fall einem geregelten nur ähnlich ist, er muss vielmehr unmittelbar durch das Gesetz erfasst sein.[67]

Anhand von Art. 103 Abs. 2 GG lässt sich ein verfassungsrechtlicher Begriff der Rechtsfortbildung abstrahieren, der allerdings zunächst wenig mit der sprachlichen Begründbarkeit des Ergebnisses zu tun hat. Art. 103 Abs. 2 GG schützt zunächst unterschiedslos vor jeglichen strafrechtlichen Verurteilungen, bei denen eine Strafe angeordnet wird, die nicht „gesetzlich bestimmt“ war, unabhängig davon, wie diese Entscheidung zustande gekommen ist. Vom Richter willkürlich erdachte Strafen sind demnach ebenso verfassungswidrig wie belastende Rechtsfortbildung.[68] Gleiches gilt aber auch für fehlerhafte Auslegungen. Verkennt der Richter den Inhalt einer Strafnorm und verurteilt in einem Fall, der vom dem Gesetz nicht erfasst wird, so spielt es für die Verfassungswidrigkeit keine Rolle, ob der Fall in sprachlicher Hinsicht noch irgendwie unter die gesetzlichen Tatbestandsmerkmale subsumiert werden kann.[69] Insofern gilt im Rahmen des Art. 103 Abs. 2 GG das Gleiche, was ohnehin wegen Art. 2 Abs. 1 GG gilt: das jede fehlerhafte Anwendung des Gesetzes durch die (Straf)Gerichte einen Verfassungsbruch darstellt.[70]

---

66 Zu den Auslegungsmethoden in diesem Zusammenhang *Wolff*, in: Merten/Papier, Handbuch der Grundrechte in Deutschland und Europa, § 134 Rn. 90.

67 Siehe nur *Degenhart*, in: Sachs, Grundgesetz, Art. 103 Rn. 69 ff. m. w. N.

68 *Remmert*, in: Dürig u. a., Grundgesetz, Art. 103 Rn. 80.

69 Dies am Beispiel der BGH-Rechtsprechung zur Rechtsbeugung durch Richter und Staatsanwälte der DDR aufzeigend *Schroeder*, NJW 1999, 89 (89).

70 Siehe nur *Kunig/Kämmerer*, in: von Münch/Kunig, Grundgesetz, Art. 2 Rn. 34 ff. m. w. N.; dabei auf den Zusammenhang mit der Elfes-Entscheidung (BVerfGE 6, 32) hinweisend *Walter*, in: Dürig u. a., Grundgesetz, Art. 93 Rn. 151, 153.

Wenn in Art. 103 Abs. 2 GG ein Verbot der belastenden Rechtsfortbildung enthalten sein soll, so muss diese Rechtsfortbildung demnach jedenfalls so verstanden werden, dass dabei eine Strafe (Rechtsfolge) verhängt wird, ohne dass die verschriftlichten gesetzlichen Voraussetzungen (Tatbestand) erfüllt sind. Dies ist gleichzusetzen mit dem Fall, dass eine Strafe verhängt wird, obwohl das geschriebene Gesetz entweder keine Strafe oder eine Milderung anordnet. Der Strafrichter befolgt jedenfalls das geschriebene Strafgesetz nicht mehr (nullum crimen, nulla poena sine lege scripta).

Dies lässt sich für die Rechtsanwendung in anderen Rechtsgebieten verallgemeinern: Rechtsfortbildung ist demnach die Anwendung von Rechtsfolgen bei Nicht-Erfüllung der Tatbestandsvoraussetzungen sowie die Nicht-Anwendung von Rechtsfolgen trotz Erfüllung der Tatbestandsvoraussetzungen. Ein Unterschied zwischen den Rechtsgebieten besteht dabei hinsichtlich der „gesetzlichen Bestimmtheit“ als negative Voraussetzung für die Rechtsfortbildung nicht. Soweit für die gesetzliche Bestimmtheit erhöhte Anforderungen an Strafgesetze gestellt werden, betrifft dies die legislative Ebene, nicht die Rechtsanwendung. Strafgesetze müssen durch den Gesetzgeber hinreichend klar formuliert werden.[71] Dies hat aber nichts mit dem an die Judikative gerichteten Verbot zu tun, die vorhandenen Strafgesetze ihrem Wortlaut gemäß anzuwenden.[72] Art. 103 Abs. 2 GG lässt sich somit ein rechtsgebietsübergreifend einheitlicher Rechtsfortbildungsbegriff entnehmen. Unterschiedlich fällt lediglich die Bewertung der Rechtsfortbildungsakte aus; diese werden für von vornherein unzulässig erklärt, soweit sie eine Strafbarkeit begründen oder verschärfen.

Im Ausgangspunkt ist Rechtsfortbildung somit zunächst schlicht fehlerhafte Rechtsanwendung, die sich aus Sicht des Art. 103 Abs. 2 GG nicht von einer inkorrekten Auslegung oder einem willkürlichen Judikat unterscheidet. In allen diesen Fällen wird ja eine Rechtsfolge gesetzeswidrig zur An- bzw. zur Nicht-Anwendung gebracht. Die Rechtsfortbildung hebt sich insofern nicht durch ihr Ergebnis von gesetzeswidrigen Entscheidungen ab, sondern allein durch ihre *Gründe*. Sie beruht eben nicht auf Willkür oder Irrtum des Richters, sondern auf rechtlichen Erwägungen. Diese rechtlichen Erwägungen –

---

[71] Zu der insofern gebotenen Bestimmtheit der Formulierung BVerfGE 25, 269 (285); 38, 348 (371); 47, 109 (120); 75, 329 (342); 80, 244 (256 ff.); *Wolff*, in: Merten/Papier, Handbuch der Grundrechte in Deutschland und Europa, § 134 Rn. 52 ff. m. w. N.

[72] Art. 103 Abs. 2 GG enthält insofern sowohl den Gesetzesvorbehalt als auch den Bestimmtheitsgrundsatz, dazu *Rennert*, in: Dürig u. a., Grundgesetz, Art. 103 Abs. 2 Rn. 77; siehe auch *Schulze-Fielitz*, in: Dreier, Grundgesetz, Art. 103 Abs. 2 Rn. 46, wo zwar an der „Grenze des Wortsinns“ festgehalten wird, aber in weitem Umfang auch systematische, historische und teleologische Gesichtspunkte einbezogen werden.

auf die im Folgenden noch ausführlich einzugehen sein wird[73] – gehen aber gerade über die bei der Auslegung ansonsten anzustellenden rechtlichen Erwägungen hinaus, weswegen die Rechtsfortbildung im Unterschied zu fehlerhafter Interpretation oder willkürlicher Entscheidung auch mehr als Auslegung ist.

Insofern geht die herkömmliche Zuordnung allein anhand des sprachlichen Arguments am Zweck des Art. 103 Abs. 2 GG vorbei. Sprachkonventionell nicht mehr begründbare Ergebnisse bilden nur eine Teilmenge der gesetzlich nicht bestimmten Fälle, sodass eine rein sprachkonventionelle Definition vor dem Hintergrund der verfassungsrechtlichen Probleme unzureichend ist.

Es muss streng unterschieden werden, welche Maßstäbe bei der Zuordnung einer juristischen Entscheidung in den Bereich der Auslegung oder der Rechtsfortbildung einerseits und bei der verfassungsgerichtlichen Kontrolle der Entscheidung andererseits anzuwenden sind. Sprachkonventionelle Grenzen wie etwa der „mögliche Wortsinn“ sind zwar möglicherweise notwendige, aber jedenfalls keine hinreichenden Bedingungen für das gesetzliche „Erfasst-Sein“ eines Falles und damit auch für die Zuordnung der entsprechenden Entscheidung. Die sprachkonventionellen Aspekte sind vielmehr der Punkt, auf welchen sich das Bundesverfassungsgericht bei seiner Kontrolle fachgerichtlicher (hier insbesondere strafgerichtlicher) Entscheidungen zurückgezogen hat. Innerhalb des (wie auch immer zu bestimmenden) Grenzen möglicher Bedeutungen überlässt es das Verfassungsgericht im Grundsatz den Fachgerichten, über die gesetzliche Erfasst- oder Nicht-Erfasstheit eines Falles (oder anders gesagt: über die Auslegung von Strafnormen) zu entscheiden.[74]

Dieser zurückgenommene Prüfungsmaßstab darf aber nicht zu dem konstituierenden Merkmal der Rechtsfortbildung verallgemeinert werden. Andernfalls werden alle Rechtsfortbildungen übersehen, die sich unter Zugrundelegung dieses reduzierten Kontrollmaßstabs noch als Auslegungen bewerten lassen, auch wenn sie tatsächlich keine Interpretationen sind. Die reduzierten Maßstäbe bei der Kontrolle richterlicher Auslegung gelten aber nur im Verhältnis von Fach- und Verfassungsgerichtsbarkeit und dürfen daher nicht maßgeblich sein für das, was allgemein unter Rechtsfortbildung verstanden wird.

Bei der Zuordnung einzelner Judikate kommt es ohnehin nicht auf eine hypothetische Begründbarkeit, sondern auf die tatsächlich vorgenommene

---

73 Siehe dazu nachstehend Punkt C. II.

74 Vgl. BVerfGE 126, 170 (232 f.); BVerfGK 20, 114 (121); dazu auch *Wolff*, in: Merten/Papier, Handbuch der Grundrechte in Deutschland und Europa, § 134 Rn. 27; *Schulze-Fielitz*, in: Dreier, Grundgesetz, Art. 103 Abs. 2 Rn. 48, wo im Ergebnis von einer reduzierten, auf „handgreifliche Defizite“ ausgerichteten Kontrolle ausgegangen wird.

Begründung an. Maßgeblich ist also in erster Linie die Interpretation des Rechtsfortbildenden selbst. Auch wenn das von ihm erzielte Ergebnis sprachkonventionell begründbar ist, wird es deswegen nicht zu einem Auslegungsergebnis. Und selbst wenn der zu entscheidende Fall bei verständiger Gesetzesinterpretation doch erfasst war, bleibt es dabei, dass der entscheidungsbefugte Richter zu einer anderen Interpretation gelangt ist und sich seine Rechtsfindung insofern als Rechtsfortbildung darstellt.

Es ist also nicht am Ergebnis, sondern an dem vorausgegangenen Prozess und der dabei maßgeblichen Zielsetzung und Argumentation des Interpreten anzusetzen. Es kommt darauf an, ob der Richter wirklich noch erkennen wollte, was ein Erklärungszeichen in dem gegebenen Kontext bedeutet, oder ob er sich nicht vielmehr bereits fragt, welches Erklärungszeichen der Rechtssetzer, hätte er über alle relevanten Informationen verfügt, statt des verwendeten Zeichens genutzt hätte.[75] Nur im ersten Fall hat er seine Entscheidung mit dem Text des Gesetzes so verknüpft, dass kein Richterrecht vorliegt.[76]

Dieser tatsächliche Prozess lässt sich zwar im Nachhinein nicht psychologisch ergründen, aber in normativer Hinsicht anhand der verwendeten Begründung rekonstruieren, weswegen man in Abgrenzung von der ergebnisbezogenen von einer begründungsbezogenen Zuordnung sprechen kann. Es sind insofern gerade die Argumente des Richters, die offenbaren, ob er interpretiert oder modifiziert; denn diese können sich entweder auf das beziehen, was in dem Gesetz enthalten ist, oder aber darauf, was (etwa nach einem teleologischen Maßstab) darin enthalten sein müsste.

Die Rechtsfortbildung ist nach dieser Zuordnungsmethode nicht nur ein weiterer Schritt bei der Suche nach dem Sinn eines Gesetzeswortes.[77] Vielmehr ist sie, ausgehend von der Erkenntnis, dass das Gesetzeswort unzureichend ist, die Suche nach einem sinnvolleren Wort. Die Auslegung kann nach diesem Verständnis somit auch nicht in eine Rechtsfortbildung „umschlagen“. Es handelt sich vielmehr um zwei verschiedene Prozesse, wobei die Fortbildung das Ende des Auslegungsprozesses gerade voraussetzt. Zwar ist die Rechtsanwendung stets „mehr und Anderes als Textverstehen“,[78] gleichwohl kann eben im Nachhinein bewertet werden, ob die tatsächliche Anwendung und das offenbarte Textverständnis sich widersprechen oder miteinander zu vereinbaren sind.

---

[75] Vgl. zu einem sehr weitgehenden Verständnis der interpretatorischen Intention *Larenz*, Methodenlehre der Rechtswissenschaft, S. 367.

[76] Vgl. *Müller*, Richterrecht, S. 96.

[77] Siehe zu der herkömmlichen Ansicht, die Rechtsfortbildung sei die Fortsetzung der Auslegung *Jestaedt*, in: Bumke, Richterrecht zwischen Gesetzesrecht und Rechtsgestaltung, S. 49 (59), mit Verweis auf Larenz.

[78] *Chr. Schönberger*, in: VVDStRL 71, S. 296 (300).

Unabhängig von der verfolgten Zuordnungsmethode geht die Rechtsfortbildung jedenfalls über das hinaus, was typischerweise unter dem „Auslegen" des Gesetzes verstanden wird. Es ist nicht mehr Nachdenken über den Gesetzesinhalt, sondern „Zu-Ende-Denken der maßgeblichen Interessen- und Wertungsgrundlagen".[79] Zwar mag die Rechtsfortbildung traditionell der Kategorie der Rechtsanwendung zugeordnet werden, und man wird auch berechtigterweise sagen können, dass die Rechtsfortbildung anlässlich der Gesetzesanwendung erfolgt. Gleichwohl stellt sie, auch wenn sie viele Aspekte mit der Anwendung gemein hat, ein „Mehr" gegenüber dieser dar.

d) Mehr als Interpretation

Es ist nicht das Anliegen dieser Arbeit, die rechtstheoretische Natur der Rechtsfortbildung umfassen zu beleuchten. Zahlreiche umfangreiche Arbeiten zu diesem Thema liegen bereits vor.[80] Vielmehr liegt die Annahme eines modifizierenden Elements in der Rechtsfortbildung dieser Arbeit als Vorannahme zugrunde. Es soll hier der Anschlussfrage nachgegangen werden, ob – angenommen, die Rechtsfortbildung ginge in qualifizierter Weise über die Interpretationsaufgabe der Rechtsprechung hinaus – dieses modifizierende Element aus verfassungsrechtlicher Sicht gerechtfertigt sein kann. Gleichwohl soll diese Vorannahme plausibilisiert werden.

Dass die Rechtsfortbildung ein über die übliche Interpretation hinausgehendes, modifizierendes Element beinhaltet, zeigt sich besonders klar bei dem anerkannten Rechtsfortbildungsinstrument der Analogie.[81] Dort wird das „Fehlschlagen" der Auslegung gerade zu einer Voraussetzung für die entsprechende Anwendung erklärt. Damit eine Regelung analog angewendet werden kann, darf sie – das erscheint selbstverständlich – nicht direkt anwendbar sein. Die Analogie beginnt, auch wenn dies nicht immer offengelegt wird, mit dem Eingeständnis des Rechtsanwenders, dass die Regelung den zu entscheidenden Fall gerade nicht erfasst.[82] Dies ist dann aber bereits das Ergebnis einer Interpretation. Was danach geschieht, geht also jedenfalls über das Textverständnis des Anwenders hinaus.

---

79 Mit Verweis auf Heck und Larenz so *Bumke*, in: Bumke, Richterrecht zwischen Gesetzesrecht und Rechtsgestaltung, S. 1 (21); *Heck*, Gesetzesauslegung und Interessenjurisprudenz, S. 224 ff.; *Larenz*, Methodenlehre der Rechtswissenschaft, S. 370 ff.

80 Siehe nur zur Abgrenzung von Auslegung und Rechtsfortbildung unter Berücksichtigung verschiedener rechtstheoretischer und sprachphilosophischer Aspekte *Feix*, Maßstäbe für eine gelungene richterliche Rechtsfortbildung, S. 56 ff.

81 Siehe zur Funktionsweise der Analogie etwa *Möllers*, Juristische Methodenlehre, S. 250 ff.

82 Vgl. *Danwerth*, ZfPW 2017, 230 (240 f.).

Die Feststellung der fehlenden Anwendbarkeit wird allgemein im Rahmen des sprachlichen Bilds einer „Lücke" im Gesetz getroffen, welches durch Rechtsfortbildung geschlossen werden soll, und daher eine zentrale Argumentationsfigur der Analogie ist.[83] Mit der Annahme einer Lücke, d.h. dem Fehlen einer Regelung für den regelungsbedürftigen Einzelfall, ist zugleich das Ergebnis der Interpretation dargelegt: Man kann die Norm nicht so interpretieren, dass der regelungsbedürftige Fall erfasst ist.

Von diesem Punkt aus kann es aber keine „Fortsetzung der Auslegung" als Interpretation mehr geben, auch nicht „mit anderen Mitteln".[84] Die Interpretationsmittel sind an diesem Punkt bereits ausgeschöpft. Was dann im Wege der Rechtsfortbildung fortgesetzt wird, ist die Suche nach einer gerechten (oder, wie es diese Arbeit vorschlagen möchte: verfassungskonformen) Entscheidung, aber eben nicht mehr im Wege der Interpretation, sondern durch Modifikation des Gesetzes.

Auf der anderen Seite ist jedoch anzuerkennen, dass die genauen Inhalte der Begriffe „Gesetz", „Regelung" usw., also dem, was lückenhaft sein soll, wenig gesichert sind. Aus einer objektiv-teleologischen Sichtweise, die das Gesetz tendenziell mit der „Idee" gleichsetzt, wird eher die Formulierung und nicht das Gesetz selbst lückenhaft sein.[85] Gleichwohl wird auch aus dieser Denkrichtung die Analogie ganz überwiegend nicht der teleologischen Auslegung zugeschlagen. Aus einer subjektiv-historischen Sichtweise heraus werden sich ggf. Lücken ergeben, die nach einer im modernen Wortlautverständnis verhafteten Interpretation nicht auftreten.

Die objektiv-teleologische Lehre hat dabei ein ambivalentes Verhältnis zu der Lückenhaftigkeit des Gesetzes: Einerseits wird ein strenger Gesetzespositivismus mit dem Argument abgelehnt, dieser würde wahrheitswidrig die Lückenlosigkeit des Rechts behaupten. Andererseits sollen Lücken gerade durch die im Gesetz enthaltenen Prinzipien und Werturteile geschlossen werden. Lückenhaft sind dann nur die einzelnen gesetzlichen Bestimmungen, das „Gesetz als Ganzes" erscheint durchaus lückenlos. Gerade dem objektiv-teleologischen Ansatz ist daher ein „kreativer" Anteil bei der richterlichen Aufgabe immanent.[86]

---

[83] *Canaris*, Die Feststellung von Lücken im Gesetz, S. 24 ff., 71 ff.

[84] Vgl. *Larenz*, Methodenlehre der Rechtswissenschaft, S. 366, der von „interpretativen Methoden" im weiteren Sinne spricht; zu objektiver und subjektiver Theorie siehe *Möllers*, Juristische Methodenlehre, S. 233 ff.

[85] Vgl. *Larenz*, Methodenlehre der Rechtswissenschaft, S. 334; *Reimer*, Juristische Methodenlehre, Rn. 553 ff.

[86] Vgl. zu diesem Abschnitt insgesamt *Larenz*, Methodenlehre der Rechtswissenschaft, S. 106 f.; *Ott*, in: Gosepath u.a., Handbuch der politischen Philosophie und Sozialphilosophie, S. 1087 ff.

Eine richterliche Entscheidung ist als Rechtsfortbildung einzuordnen, wenn sie tatsächlich allein noch mit Anforderungen an den Gesetzesinhalt, aber nicht mehr mit dem Gesetzesinhalt selbst begründet werden kann. Solange eine Deutung sich jedenfalls im Ausgangspunkt noch als Interpretation darstellt, das heißt begründet wird, warum ein konkreter Fall durch das Gesetz erfasst wird, führt die ergänzende Argumentation mit Anforderungen an den Gesetzesinhalt nicht zu einer Einordnung als Rechtsfortbildung. Rechtsfortbildung liegt dagegen vor, wenn eine Entscheidung allein damit begründet wird, was im Gesetz geregelt sein müsste. Besonders deutlich wird dies, wenn am Beginn der Entscheidungsbegründung die Einsicht steht, dass der zu entscheidende Fall nicht erfasst ist. Dann interpretiert der Entscheider den Gesetzestext nicht mehr, sondern modifiziert ihn.

Die bekannten juristischen Argumentationsfiguren[87] auf ihre jeweiligen interpretatorischen und modifizierenden Anteile hin zu untersuchen, böte Stoff für einen eigenen Beitrag. Aber auch ohne eine vertiefte Untersuchung lässt sich ausmachen, dass insbesondere die Argumentationsfiguren des Ähnlichkeitsschlusses (argumentum a simile), aber auch des Erst-recht-Schlusses (argumentum a fortiori) sowie auch des Umkehrschlusses (argumentum e contrario) modifizierenden Charakter besitzen, da hier nicht damit argumentiert wird, was die Regelung enthält, sondern was die Regelung enthalten müsste. Semantische Argumente beziehen sich dagegen direkt auf den Inhalt des Gesetzes.[88]

Das zeigt sich wiederum besonders klar bei dem Ähnlichkeitsschluss, der ja die rhetorische Grundlage für die Analogie ist. Basis dieses Arguments ist die Ähnlichkeit des fraglichen mit dem geregelten Fall. Juristisches Gewicht erhält der Ähnlichkeitsschluss deswegen erst unter der Prämisse, dass ähnliche Fälle gleich zu regeln sind. Dies ist aber gerade keine für den Inhalt jedes Gesetzes gültige Aussage, sondern vielmehr eine (durch Art. 3 Abs. 1 GG zu Verfassungsrecht gewordene) Gerechtigkeitsanforderung an diesen Inhalt. Auf ähnliche Weise argumentieren auch der Erst-Recht-Schluss sowie in eingeschränkter Weise der Umkehrschluss anhand von externen Anforderung an den jeweiligen Gesetzesinhalt.[89]

Insbesondere der Analogieschluss sagt streng genommen nichts darüber aus, was im Gesetz enthalten ist, sondern nur etwas darüber, was im Gesetz enthalten sein müsste. Zieht man das Ergebnis gleichwohl zur Bestimmung

---

[87] Siehe zu den Argumentationsfiguren *Möllers*, Juristische Methodenlehre, S. 180 ff., 250 ff.

[88] Zu semantischen Argumenten *Alexy*, Theorie der juristischen Argumentation, S. 289 ff.

[89] Vgl. insgesamt zu der Logik der Argumentationsfiguren und der Gefahr von Fehlschlüssen *Joerden*, Logik im Recht, S. 306 ff.

des Gesetzesinhalts heran, so besitzt die Analogie deswegen modifizierenden Charakter. Sie ist immer auch „Tatbestands-Setzung“[90] und insofern die Erschaffung neuen Rechts – zumindest in dem beurteilten Fall.

e) Mehr als Konkretisierung

Dem Wortlaut des Gesetzes kommt für die Zuordnung erhebliche Bedeutung zu. Der Gesetzestext hat als einzig verbindlicher „Platzhalter der Norm“[91] stets den Ausgangspunkt einer juristischen Argumentation zu bilden. Behauptungen über den Inhalt einer Norm erhalten erst in Verbindung mit einem im Gesetzestext tatsächlich gebrauchten Begriff ihre juristische Qualität.

Gelingt es insofern nicht, die richterliche Gesetzesdeutung als Konkretisierung eines im Gesetzestext tatsächlich vorhandenen Begriffs darzustellen, so hat der Richter das Gesetz nicht mehr ausgelegt. Er hat sich dann nicht mehr mit dem Gesetzesinhalt beschäftigt und präzisierend herausgearbeitet, was die dortigen Begriffe in den zu entscheidenden Fall bedeuten, sondern vielmehr einen neuen Inhalt konstruiert.

Je ungenauer der Wortlaut des Gesetzes ist, desto weiter sind dementsprechend die richterlichen Spielräume bei der Konkretisierung. Dass der Richter im Wege der Auslegung stets auch inhaltliche Modifikationen herbeiführt, macht seine Tätigkeit nicht zu einer Rechtsfortbildung, solange sich diese noch als Konkretisierungsprozess darstellen lässt. Selbst dann, wenn der Richter in den von Hans-Joachim Koch sogenannten „semantisch gesehen unentscheidbaren Fällen“ die Bedeutung des Gesetzes „allererst festsetzt“[92] geschieht dies noch im Rahmen der Bindung an das Gesetz.[93]

Solange sich dabei die gesetzliche Unklarheit noch in einem zulässigen Rahmen bewegt und die Konkretisierung den methodischen Anforderungen genügt, sich also insbesondere mit dem Zweck des Gesetzes in Einklang bringen lässt, wird der Bereich der Auslegung nicht verlassen. Aus Sicht der Betroffenen ist auch die richterliche Konkretisierung eines zuvor unverständlichen, weil unklaren Gesetzeswortlauts zumindest prinzipiell vorhersehbar, weil sie bei einem sehr unklaren Gesetzeswortlaut im Grundsatz auch mit sehr vielen Auslegungsmöglichkeiten rechnen müssen.[94]

---

[90] *Friauf*, in: Tipke, Grenzen der Rechtsfortbildung durch Rechtsprechung und Verwaltungsvorschriften im Steuerrecht, S. 53 (68).

[91] Begriff bei *Jestaedt*, ZÖR 2000, 133 (156).

[92] *Koch*, ARSP 1975, 27 (41).

[93] A.A. *Koch*, ARSP 1975, 27 (41).

[94] Zu der Frage der Vorhersehbarkeit staatlichen Handelns bei der Rechtsfortbildung siehe nachstehend Punkt B. II. 2.

Nicht jede gesetzeszweckdienliche richterliche Entscheidung ist aber eine Konkretisierung. Dies gilt vor allem für solche Fälle, in denen sich der fragliche Inhalt nicht mehr als eine Präzisierung des abstrakten Inhalts (des Gesetzes) darstellen lässt, sondern diesem vielmehr entgegensteht, so wie es regelmäßig bei der richterlichen Rechtsfortbildung der Fall ist. So ist etwa bei den Anwendungsfällen der Analogie das Gesetz bereits so konkret und präzise gestaltet, dass die fehlende tatbestandliche Erfassung des zu entscheidenden Falles nicht mehr in Frage steht. Bei der Restriktion liegt die umgekehrte Situation vor, hier ist der zu entscheidenden Fall gerade erfasst. Die analoge Anwendung oder die Restriktion kann dann keine weitere Konkretisierung mehr bedeuten, vielmehr wird die gesetzliche Konkretisierung im Wege der Rechtsfortbildung gerade übergangen und der Inhalt insofern modifiziert.

Die Grenze zwischen Konkretisierung bestehender und Konstruktion neuer Gehalte ist neben der Rechtsprechung auch bei der Gesetzgebung relevant, etwa wenn der einfache Gesetzgeber verfassungsrechtliche Begriffe konkretisieren soll. Der aus dem verfassungsprozessrecht bekannte Streit um den Antragsgrund bei der abstrakten Normenkontrolle nach Art. 93 Abs. 1 Nr. 2 GG, § 76 Abs. 1 Nr. 1 BVerfGG bietet dafür ein anschauliches Beispiel.

Nach Ansicht des Bundesverfassungsgerichts stellt die Zulässigkeitsvoraussetzung des § 76 Abs. 1 Nr. 1 BVerfGG, nachdem der Antragssteller die zu kontrollierende Norm für nichtig halten muss, eine zulässige Konkretisierung des Begriffs „Zweifel“ in Art. 93 Abs. 1 Nr. 2 GG dar.[95] Die Gegenansicht verweist darauf, dass durch eine einfachgesetzliche Konkretisierung die im GG festgelegten inhaltlichen Voraussetzungen nicht verengt werden dürften.[96]

Dem Bundesverfassungsgericht ist dabei insofern zuzustimmen, dass mit der Konkretisierungskompetenz in Art. 94 Abs. 2 S. 1 GG zwangsläufig auch die grundsätzliche Möglichkeit einer verschärfenden Präzisierung einhergeht. Eine konkretisierende Regelung ist nicht denkbar, ohne die im GG nur andeutungsweise vorhandenen Voraussetzungen in dem Sinne zu verengen, dass unter den nach dem Wortlaut des GG möglichen Anwendungsfällen eine Auswahl getroffen wird. Zulässig wären daher dem Grunde nach einfachgesetzliche Regelungen, welche die genauen Anforderungen und Umstände des erforderlichen Zweifels eindeutiger und damit „schärfer“ festlegten, also etwa, wie ernsthaft oder wie praxisrelevant[97] die Zweifel zu sein haben. Ob eine Konkretisierung ihrem Inhalt nach verfassungsmäßig oder insbesondere in dem

---

[95] BVerfGE 96, 133 (137).

[96] Siehe nur *Detterbeck*, in: Sachs, Grundgesetz, Art. 93 Rn. 58; *Schlaich/Korioth*, Das Bundesverfassungsgericht, Rn. 130 m.w.N.

[97] Zur praktischen Relevanz der Zweifel *Löwer*, in: Isensee/Kirchhof, Handbuch des Staatsrechts der Bundesrepublik Deutschland, § 70 Rn. 61.

Zweck der grundgesetzlichen Regelung zuwiderlaufender Weise zu eng ausfällt, ist eine andere Frage, die mit Blick auf den Zweck der Verschärfung zu beantworten wäre.

Darauf kommt es im Fall des § 76 Abs. 1 Nr. 1 BVerfGG allerdings nicht an, weil das hiernach zu verlangende „Für-Nichtig-Halten" bereits keine Konkretisierung des Begriffs „Zweifel" darstellt.[98] Der im Grundgesetz verwendete Begriff ist bereits so konkret, dass sich die vermeintliche Präzisierung im BVerfGG nicht mehr als dessen inhaltliche Bestimmung einordnen lässt. Vielmehr schließt ein „Für-Nichtig-Halten" jeden Zweifel an der Verfassungsmäßigkeit der Norm gerade aus, denn wer eine Norm für nichtig hält, ist sich über ihre (Un)Vereinbarkeit bereits sicher, zweifelt also insofern nicht mehr.

Der Fall, dass der Antragssteller die zu kontrollierende Norm für nichtig hält, ist demgemäß bereits von Art. 93 Abs. 1 Nr. 2 GG nicht umfasst, kann also von § 76 Abs. 1 Nr. 1 GG auch nicht präzisierend normiert werden. Vielmehr ergibt sich die Zulässigkeit eines Antrags, dessen Urheber von der Nichtigkeit der Norm überzeugt ist, lediglich aus einem Erst-Recht-Schluss in Bezug auf den normierten Fall des Art. 93 Abs. 1 Nr. 2 GG. Denn wenn bereits Zweifel für die Zulässigkeit des Antrags ausreichen sollen, so muss dies nach dem Zweck des Art. 93 Abs. 1 Nr. 2 GG bei einer Überzeugung von der Nichtigkeit erst recht gelten.

Dieser weitergehende, durch einen Erst-Recht-Schluss konstruierte Anwendungsfall wird aber nicht Bestandteil des Normgehalts von Art. 93 Abs. 1 Nr. 2 GG, sodass die Konkretisierungskompetenz nach Art. 94 Abs. 2 S. 1 GG auch nicht um diesen Fall erweitert wird. Es bleibt also dabei, dass im Rahmen des BVerfGG nur restriktive Präzisierungen des Begriffs „Zweifel" zulässig sind. Die Normierung des Anwendungsfalls des „Für-Nichtig-Haltens" stellt demgegenüber keine verschärfende Präzisierung, sondern eine (hier ohne weiteres zulässige) Erweiterung des Anwendungsbereichs dar. Das Problem liegt vielmehr darin, dass über diesen geregelten Fall hinaus keine weiteren Anwendungsfälle berücksichtigt werden, insbesondere keine zulässigen Präzisierungen der „Zweifelsfälle" normiert sind, und es sich insofern bei § 76 Abs. 1 Nr. 1 BVerfGG insgesamt nicht um eine konkretisierende Verfahrensregelung im Sinne des Art. 94 Abs. 2 S. 1 GG handelt. Insofern ist der Gegenansicht im Ergebnis zuzustimmen.

Das Beispiel zeigt, welche Bedeutung dem Wortlaut bei der Unterscheidung von Konkretisierung bestehender und Konstruktion neuer Normgehalte zukommt. Insofern gilt für die Gesetzesbindung des Richters nichts anderes als für die Verfassungsbindung des einfachen Gesetzgebers; die Umsetzung – sei es im Rahmen eines Gesetzes oder eines Urteils – gerät mit der Bindung

98 Anders jedoch BVerfGE 96, 133 (137).

an das umgesetzte Gesetz in Konflikt, wenn sie sich nicht mehr als eine Konkretisierung darstellen und insofern anhand des Wortlautes begründen lässt.[99] Weil der verfassungsgebende Gesetzgeber eben das Wort „Zweifel" genutzt hat, steht es dem einfachen Gesetzgeber aufgrund seiner Verfassungsbindung nicht frei, eine Regelung zu erlassen, deren Tatbestandsmerkmale keine Präzisierungen dieser Zweifel enthalten.

Entsprechendes gilt für den Richter: Seine Bindung an das anzuwendende Gesetz begrenzt seinen Entscheidungsspielraum auf Normdeutungen, die sich noch als Konkretisierungen des Gesetzeswortlauts darstellen lassen. Er darf und muss entscheiden, was das Gesetzeswort in dem zu entscheidenden Fall bedeutet, insbesondere ob ein tatsächlicher Lebenssachverhalt unter einen gesetzlichen Begriff zu subsumieren ist. Bei der Rechtsfortbildung verlässt der Richter diesen Pfad der Konkretisierung jedoch; er modifiziert das Gesetz bzw. konstruiert in Anbetracht des Anwendungsfalls neue Normgehalte. Klaus Stern beschreibt diesen Wechsel treffend als „Ablösung von der Normsubstanz":

> Er (der rechtsfortbildende Richter, Anm. d. Verf.) bleibt nicht mehr Rechtsdeuter, sondern erhebt sich zum Rechtsschöpfer. Der Entscheidung liegt nicht mehr die im Gesetz vorhandene Rechtssubstanz zugrunde, sondern eine neue, nicht im Gesetz enthaltene und darum eben freie, vom Gesetz abgelöste.[100]

Diese „Ablösung" bedingt, dass der Richter mit deiner Bindung an das anzuwendende Gesetz in Konflikt gerät. Die Markierung dieses Vorgangs ist dabei auf den Gesetzeswortlaut angewiesen, denn nur anhand von diesem lässt sich entscheiden, ob der Richter einen im Gesetz vorhandenen Begriff konkretisiert oder einen neuen Begriff konstruiert hat. Insofern wird der Gesetzeswortlaut zurecht als „Grenze der Auslegung"[101] bezeichnet.

f) Rechtsfortbildung als Rechtsveränderung

Der verändernde Charakter der Rechtsfortbildung wird allerdings teilweise mit dem Argument in Zweifel gezogen, das Gesetz sei nicht mit dem Text identisch, sondern vielmehr die gesetzgeberische Idee, die sich hinter diesem Text verberge und von welcher dieser Text nur ein insuffizienter und damit

---

[99] Zu dem Problem der Gesetzesbindung bei der Rechtsfortbildung noch nachstehend Punkt B. II. 1.

[100] *Stern*, NJW 1958, 1435 (1435).

[101] Vgl. BVerfGE 71, 81 (115); 83, 130 (144), 92, 1 (12); *Bydlinski*, Juristische Methodenlehre und Rechtsbegriff, S. 467 f.; *Larenz*, Methodenlehre der Rechtswissenschaft, S. 343; für den „Normzweck" als äußerste Grenze etwa *Höpfner*, EuZW 2009, 155 (159).

lückenhafter Ausdruck sei.[102] Insofern sei die Rechtsfortbildung keine Veränderung des Gesetzes, sondern bringe das „wirkliche“ Gesetz, also das in Wahrheit Gemeinte, zum Ausdruck. In diesem Sinne ordnet etwa Bernhard Windscheid diese Korrekturtätigkeit eindeutig der Auslegung zu und vermag kein Legitimitätsproblem zu erkennen:

> „Die Auslegung hat aber nicht bloß die Aufgabe, den von dem Gesetzgeber gebrauchten Worten gegenüber den Sinn zur Geltung zu bringen, welchen er mit diesen Worten hat verbinden wollen; sie hat ferner die Aufgabe, hinter dem Sinne, welcher der Gesetzgeber hat ausdrücken wollen, dessen eigentlichen Gedanken hervorzuziehen. Es kann nämlich vorkommen, und es kommt häufig vor, daß der Gesetzgeber sich diesen Gedanken selbst nicht vollständig klar gemacht hat, daß er bei einer Erscheinungsform des Gedankens stehen geblieben ist, welche dessen wahrem Gehalt nicht vollständig entspricht. Es ist die höchste und edelste Aufgabe der Auslegung, in einem solchen Falle dem Gesetzgeber zu Hülfe zu kommen und dessen ausgedrücktem Willen gegenüber seinen eigentlichen zur Geltung zu bringen. Indem sie das thut, überschreitet sie nicht ihre Befugnisse: sie handelt ganz in dem Sinne des Gesetzgebers, sie spricht nur aus, was derselbe selbst ausgesprochen haben würde, wenn er auf die Punkte, welche er sich nicht zum Bewußtsein gebracht hat, aufmerksam geworden wäre.“[103]

Auch heute entspricht es der wohl ganz überwiegenden Ansicht, dass der Richter nicht wie ein „Subsumtionsautomat“[104] blind dem Buchstaben des Gesetzes zu folgen, sondern die Idee des Gesetzgebers zur Umsetzung zu bringen habe, auch wenn diese im Einzelfall mit dem Wortlaut des Gesetzes nicht zu vereinbaren sein sollte.[105] Der Richter hat aus der historischen Antwort des Gesetzgebers eine Antwort auf die „Gegenwartsfrage“ an das Recht zu entwickeln.[106] Dies steht gleichwohl in direktem Widerspruch zu der Forderung, der Richter solle „ohne Ansehen der Person“ entscheiden.[107]

---

102 *Potacs*, Rechtstheorie, S. 202; *Raisch*, Juristische Methoden, S. 109 f.; zur Lückentheorie *Bydlinski*, Juristische Methodenlehre und Rechtsbegriff, S. 238 ff.

103 *Windscheid*, Lehrbuch des Pandektenrechts, S. 60. Vgl. in diesem Zusammenhang auch die besonders weitgehende Formulierung bei *Hirsch*, Rechtsanwendung, Rechtsfindung, Rechtsschöpfung, S. 14, es gehe „nicht darum, was der ‚Gesetzgeber‘ – wer immer das auch sein mag – beim Erlass des Gesetzes ‚gedacht hat‘, sondern darum, was er vernünftigerweise gewollt haben sollte“ (Hervorhebungen im Original). Kritisch zu dem darin zu Tage tretenden interpretatorischen Selbstbewusstsein *Picker*, in: Bumke, Richterrecht zwischen Gesetzesrecht und Rechtsgestaltung, S. 85 (89 f., Fn. 18).

104 Zur Begriffsgeschichte *Gützl*, JZ 2019, 180 (182 ff.); zu der Frage automatisierter Rechtsanwendung auch *Fries*, ZRP 2018, 161.

105 Vgl. etwa *Reimer*, Juristische Methodenlehre, Rn. 239.

106 *P. Kirchhof*, in: Bumke, Richterrecht zwischen Gesetzesrecht und Rechtsgestaltung, S. 71 (75).

107 Siehe zur Rechtsanwendungsgleichheit noch nachstehend Punkt C. II. 1.

Dieser Ansicht von der maßgeblichen „Idee hinter dem Wortlaut“ ist zuzugeben, dass über den Wortlaut allein der Inhalt des Gesetzes nicht ausgemacht werden kann. Selbstverständlich müssen bei der Interpretation insbesondere die Systematik, der historische Hintergrund und auch das Telos berücksichtig werden. Der Richter muss versuchen, die „Idee“ des Gesetzgebers nachzuvollziehen und zur Anwendung zu bringen. Er kann dabei aber nicht beliebig weit gehen. Wenn sein Ergebnis allein noch mit nicht-semantischen Argumenten begründet werden, d. h. nicht mit dem Gesetzestext verknüpft werden kann, trägt er die Begründungslast dafür, warum es gleichwohl noch dem Gesetzgeber zurechenbar sein soll.[108]

Trotz seiner Insuffizienz ist der Text der einzige verbindliche Vermittler der gesetzgeberischen Idee und auch die einzige Information, die den Regelungsunterworfenen zur Verfügung steht. Am Anfang der juristischen Arbeit steht allein das Gesetzeswort. Nicht umsonst wird im Gesetzgebungsverfahren regelmäßig um Detailfragen der Formulierung gerungen. Fehler, Unklarheiten oder Lücken im Text sind keine Belanglosigkeiten, die durch eine wohlwollende, verständige Rechtsfortbildung schlicht ausgebessert werden könnten.

Grundsätzlich müssen sprachliche Unklarheiten zulasten des Verwenders, hier also zulasten der gesetzgeberischen Intention und zugunsten der dabei potenziell betroffenen Interessen gehen. Anders als in sonstigen Interpretationskontexten, etwa bei Willenserklärungen von Privaten, ist zu berücksichtigen, dass staatlicherseits erlassene Gesetzestexte immer auch Machtausübung und Freiheitsbeschränkung bedeuten, selbst aber keine Freiheitausübungen im grundrechtsdogmatischen Sinne sind. Es reicht deswegen nicht aus, dass der Gesetzgeber es richtig gemeint hat, sondern er muss es auch ausreichend klar und deutlich gesagt bzw. geschrieben haben.[109] Teil der Kontrollfunktion der Rechtsprechung ist es, den Gesetzgeber zu einer klaren und verständlichen Sprache zu disziplinieren.

Es ist klargeworden, dass die Rechtsfortbildung gegenüber der Auslegung ein „Mehr“ ist, wenn auch möglicherweise nur im juristischen Sinne. Sie ist eine judikative Abweichung vom Gesetzesinhalt, die nicht mehr mit Verweis auf die „unaufhebbare Auslegungsbedürftigkeit“[110] des Gesetzes begründet werden kann. Dies kann zum einen damit begründet werden, dass sie Ergebnisse über die Grenzen der Auslegung hinaus produzieren kann, zum anderen auch damit, dass sich die Rechtsfortbildung einer modifizierenden Argumentation bedient. Dieses spezifisch modifizierende Element bedeutet aber nicht,

---

108 Zu der Frage der politischen Verantwortlichkeit siehe nachstehend Punkt B. II. 3.

109 Vgl. *Windscheid*, Lehrbuch des Pandektenrechts, S. 60, wo auf die Notwendigkeit einer Andeutung verwiesen wird.

110 *Ossenbühl*, in: Isensee/Kirchhof, Handbuch des Staatsrechts der Bundesrepublik Deutschland, § 101 Rn. 7.

dass die Rechtsfortbildung von vornherein verfassungswidrig ist. Die zugrundeliegenden Modifikationsregeln müssen vielmehr auf ihre Vereinbarkeit mit der Verfassung hin untersucht werben.

2. Weniger als Rechtssetzung

Die ohnehin schwierige Abgrenzung von Rechtsanwendung und -setzung[111] verschärft sich im Falle der Rechtsfortbildung noch durch das Problem, die durch Rechtsfortbildung geschaffene Norm und die ursprüngliche Gesetzesnorm miteinander zu vereinbaren. Rechtsfortbildung ist nicht identisch mit genuiner Rechtssetzung, wie sie typischerweise der demokratisch legitimierte Gesetzgeber vornimmt. Sie ist jedenfalls keine freie richterliche Rechtschöpfung, sondern steht in direktem Zusammenhang mit einem Gegenstand des positiven Rechts und leitet gleichzeitig ihre Geltung von diesem ab. Durch Rechtsfortbildung erzeugte Normen sind insofern akzessorisch, weil sie sich auf ein fortzubildendes Recht beziehen und nur in Hinblick auf dieses selbst Recht sind.[112]

In diesem Sinne weist Rechtsfortbildung zwar durchaus „Rechtsformat" auf und kann insofern als „Rechtssprechungsrecht" verstanden und weiter analysiert werden,[113] Verbindlichkeit im eigentlichen Sinne erhält es jedoch allein durch gesetzliche Anordnung (welche nach § 31 Abs. 1 BVerfGG allein für die Verfassungsgerichtsbarkeit vorgesehen ist). Rechtssprechungsrecht ist darüber hinaus nur insoweit legitim, als es noch als Anwendung (also als „Aussprechen")[114] des Gesetzes vermittelt werden kann, sich also als eine Konkretisierung (und nicht Modifizierung) des Gesetzesinhalts darstellt.[115]

Die Rechtsfortbildung unterscheidet sich insofern von gesetzgeberischen, im Wege der Gesetzesänderung vorgenommen Modifikationen durch diese strukturelle Akzessorietät. Der Gesetzgeber kann unabhängige Normen erschaffen, die sich auf keine bereits bestehende Norm beziehen müssen. Die

---

111 Ausführlich dazu *Rhinow*, Rechtsetzung und Methodik, S. 195 ff.

112 Eine ähnliche Akzessorietät könnte man zwar für jegliches Gesetzesrecht postulieren, wenn man annimmt, dass dieses die Konkretisierung von Verfassungsrecht darstellt. Gleichwohl ergibt sich ein erheblicher Unterschied, da das einfache Recht nicht als „Fortschreibung" oder „Erweiterung" des Verfassungsrechts angesehen werden kann. Allgemein zur Normakzessorietät von Präjudizien *Payandeh*, Judikative Rechtserzeugung, S. 134 ff.

113 Zu „Rechtsprechungsrecht als eigenes Format" *Albers*, in: VVDStRL 71, S. 257 (286 ff.).

114 Siehe zum Gerichtsverfahren als „Sprechakt" *P. Kirchhof*, in: Bumke, Richterrecht zwischen Gesetzesrecht und Rechtsgestaltung, S. 71 (71).

115 Vgl. zu der Konkretisierungsaufgabe der Auslegung *Stern*, NJW 1958, 1435 (1435).

Abhängigkeit der Rechtsfortbildung von einer geschriebenen, geltenden Regelung resultiert letztlich aus ihrem argumentativen Fundament. So wird etwa beim Ähnlichkeitsschluss die Modifikation anhand der Vergleichbarkeit mit einem geregelten Fall begründet, beim Lückenargument mit der Unvollständigkeit des Gesetzes usw. Das Gesetz selbst bildet hier die argumentative Basis für die Modifikation. Eine Modifikation durch den Gesetzgeber ist dagegen nicht auf das geltende Recht als argumentative Basis angewiesen, hier kann der Anpassungsbedarf auch rein politisch begründet werden.

Dieser Unterschied zeigt sich wiederum anschaulich bei der Analogie. Ihr Ausgangspunkt ist eine geschriebene Regelung, die analog angewendet werden soll. Nur solange, wie diese Grundlage existiert, kann auch die Analogie „gelten". Ohne Regelung gibt es bereits keine „Lücke". Niemand käme insofern auf die Idee, ein außer Kraft getretenes Gesetz analog anzuwenden. Auch für die Figur der Gesamtanalogie[116] kann ein solcher Bezug zu einem bereits bestehenden Recht festgestellt werden.

Der Begriff „Rechtsfortbildung" bezeichnet nach allgemeinem Verständnis jedenfalls diese akzessorische, „textnahe" Weiterentwicklung des Recht.[117] Ob und inwieweit darüber hinaus auch eine „freie" richterliche Rechtsschöpfung, die an keiner konkreten Regelung mehr ansetzt, als Rechtsfortbildung bezeichnet werden sollte, ist eine andere Frage. Mit Blick auf die erheblichen sachlichen Unterschiede sollte eine gemeinsame Bezeichnung vermieden werden;[118] denn es ist irreführend, wenn sich das „Recht" im Begriff der Rechtsfortbildung einmal auf einen konkreten Rechtssatz, ein anderes Mal auf das Recht im allgemeinen beziehen soll.

Darüber hinaus bleibt die Rechtsfortbildung auch in ihrer rechtlichen Wirkung hinter der genuinen Rechtssetzung zurück. Die normative Wirkung von richterlicher Rechtsfortbildung unterscheidet sich nicht von jener, die Präjudizen im Allgemeinen zukommt. Sie ist insofern strukturell nicht mit der Wirkung von Gesetzesrecht vergleichbar.[119] Die richterliche Rechtsfortbildung wirkt aber jedenfalls in dem zu entscheidenden Einzelfall. In dieser Anwendungssituation ergeben sich bereits die hier zu besprechenden verfassungsrechtlichen Probleme.

Die Rechtsfortbildung ist insofern ein „Weniger" gegenüber der Rechtssetzung, als sie gerade nicht frei erfolgen kann. Sie ist von vornherein in ihrem

[116] Zu dieser Form der Rechtsfortbildung *Möllers*, Juristische Methodik, S. 257 ff.

[117] Nach der hier vertretenen Ansicht kommt es aber nicht auf die Textnähe an, sondern darauf, dass die Rechtsfortbildung auf einem Vergleich beruht, siehe nachstehend Punkt C. II.

[118] Anders etwa *Reimer*, Juristische Methodenlehre, Rn. 554.

[119] *Payandeh*, Judikative Rechtserzeugung, S. 52 f., 251 ff.

Spielraum gegenüber der Rechtssetzung begrenzt, da sie auf die Fortbildung bestehenden, positiven Gesetzesrechts reduziert ist. Dies bedeutet nicht, dass Rechtsfortbildung nicht faktisch die gleiche Wirkung erzielen kann wie eine gesetzgeberische Änderung.[120]

3. Gebundenheit des fortbildenden Rechtsanwenders

Bezeichnend ist, dass Rechtsfortbildung stets aus einer unfreien, rechtlich gebundenen Position heraus erfolgt und diese Bindung auch nicht überwindet.[121] Zugleich agiert sie, sofern sie sich erweiterten Begründungselementen bedient, auch aus einer Position der Ungebundenheit heraus. Rechtsfortbildung ist insofern der paradoxe judikative Versuch, Gesetzesbindung und Modifikationsbedarf zugleich zu bewältigen. Der Rechtsanwender nimmt mit der Fortbildung Einfluss auf den Gegenstand, der ihn binden soll.[122]

Demnach sind Modifikationen durch Akteure, die nicht durch das modifizierte Recht gebunden und zu seiner Anwendung ermächtigt sind, keine Rechtsfortbildungsakte. Das schließt etwa eine Rechtsfortbildung durch den Gesetzgeber, aber auch durch die regelungsunterworfenen Bürger und die Rechtswissenschaft im Sinne des „Schrifttums" aus.

Aus der Voraussetzung der Gebundenheit folgt auch, dass ausländisches Recht durch die Gerichte nur fortgebildet werden kann, soweit sie es anzuwenden haben und daran gebunden sind, etwa im internationalen Privatrecht und im Strafanwendungsrecht.[123] Ob diese Rechtsfortbildungen in der ausländischen Rechtsordnung auch „wirksam" sind, ist eine andere Frage.[124] Von einer Wirkung für eine gesamte Rechtsordnung wird man jedenfalls erst sprechen können, wenn es zu einer gleichförmigen Entscheidungsfindung mehrerer Gerichte dieser Rechtsordnung kommt.

Keine Fortbildung des einfachen Rechts in diesem Sinne können außerdem die Verfassungsgerichte betreiben.[125] Diese kontrollieren zwar die Rechtsfort-

---

[120] Dazu sowie zu den unterschiedlichen Funktionen von Gesetzgebung und Rechtsprechung *Maurer*, in: Isensee/Kirchhof, Handbuch des Staatsrechts der Bundesrepublik Deutschland, § 79 Rn. 147ff.

[121] Vgl. dagegen aber etwa *Jestaedt*, in: Erbguth/Masing, Die Bedeutung der Rechtsprechung im System der Rechtsquellen, S. 25, 65; zu der Abgrenzung auch *Voßkuhle*, Rechtsschutz gegen den Richter, S. 76.

[122] Zum verfassungsrechtlichen Problem der Gesetzesbindung nach Art. 20 Abs. 3, 97 Abs. 1 GG siehe nachstehend Punkt B. II. 1.

[123] Vgl. *Reimer*, Juristische Methodenlehre, Rn. 551; *Holterhus* u. a., JuS 2018, 313.

[124] Siehe vorstehend Punkt B. I. 2.

[125] Siehe zu den Besonderheiten der Auslegung (und Lückenfüllung, vgl. S. 377) des Verfassungsprozessrechts durch das BVerfG „vom GG her" *Häberle*, JZ 1976, 377.

bildung der Fachgerichte auf ihre Verfassungsmäßigkeit hin und leisten insofern einen gewichtigen Beitrag zur Rechtsfortbildung, sie wenden das einfache Recht aber selbst nicht in vergleichbarer Art und Weise an.[126] In Anbetracht der Verwerfungskompetenz etwa des Bundesverfassungsgerichts kann auch nicht von einer vergleichbaren Bindung an das einfache Recht gesprochen werden.[127]

Wegen der besonderen Stellung der Verfassungsgerichte innerhalb der Judikative sollte daher ihre „Rechtsfortbildung", die im Falle des Bundesverfassungsgerichts insbesondere durch Vorgaben einer bestimmten verfassungskonformen Auslegung an die Fachgerichte, durch Fortbildung des eigenen Verfahrensrechts sowie durch eine die Grenzen der Auslegung übersteigende Grundrechtsdogmatik vollzogen wird,[128] nicht Gegenstand dieser Arbeit sein.

4. Vorläufige Definition für die nachfolgende Untersuchung

Nach dem oben Gesagten soll hier zunächst davon ausgegangen werden, dass Rechtsfortbildung eine juristische Tätigkeit ist, die über die reine Auslegung und Anwendung von Gesetzen hinausgeht, jedoch hinter einer originären Rechtssetzung – wie sie insbesondere der parlamentarische Gesetzgeber vornimmt – zurückbleibt. Sie kann ausschließlich von einem zu der Anwendung berufenen Rechtsanwender vorgenommen werden, der durch die fortgebildete Regelung selbst gebunden ist.

Hinzuzufügen ist, dass sich Rechtsfortbildung auf gültige, abstrakt-generelle Normen beziehen muss. Ersteres ergibt sich bereits daraus, dass niemand an außer Kraft getretene Normen gebunden ist. Letzteres ergibt sich aus dem Umstand, dass insbesondere konkret-individuelle Normen nicht im Sinne eines Gesetzes angewendet werden können, es also an dem erforderlichen Rechtsanwender fehlt, der die Regelung in einem bestimmten Fall zur Geltung bringt.[129] Die Rechtsanwendung bei abstrakt-generellen Normen bedeutet in dem hier relevanten Zusammenhang die Konkretisierung zu einer konkret-individuellen Norm (insbesondere, wenn anhand des Gesetzes ein Urteil

---

126 Zur Rechtsanwendungskontrolle durch das Bundesverfassungsgericht *Alleweldt*, Bundesverfassungsgericht und Fachgerichtsbarkeit, S. 101.

127 Siehe *Möllers*, in: Jestaedt u. a., Das entgrenzte Gericht, S. 281 (289 ff.), der auf das „Strukturdilemma" der einfachgesetzlichen Legalität des BVerfG hinweist; zu der Verwerfungskompetenz auch *Löwer*, in: Isensee/Kirchhof, Handbuch des Staatsrechts der Bundesrepublik Deutschland, § 70 Rn. 55 ff.

128 Zu den Besonderheiten der Verfassungsinterpretation etwa *Böckenförde*, NJW 1976, 2089 (2095 ff.); *Depenheuer*, Der Wortlaut als Grenze, S. 11 ff.; *Voßkuhle*, JuS 2019, 417.

129 Zum Begriff der Rechtsanwendung allgemein *Reimer*, Juristische Methodenlehre, Rn. 162 ff.

gesprochen wird).[130] Die „Fortbildung“ von konkret-individuellen Normen, die etwa von dem Institut der Umdeutung nach § 140 BGB bekannt ist,[131] stellt insofern ein besondere Form der Modifikation dar, welche hier nicht behandelt werden soll.

Damit ist aber bisher nur andeutungsweise herausgearbeitet, was Rechtsfortbildung im positiven Sinne ist. Überwiegende Einigkeit wird man noch für eine Beschreibung der Rechtsfortbildung als Modifikation des Rechts feststellen können.[132] „Fortbilden“ heißt damit in erster Näherung, bestehendes Recht (beziehungsweise einen bestehenden Rechtssatz) in Anerkennung seiner Geltung im Allgemeinen an eine bestimmte Anwendungssituation anzupassen, d. h. in Bezug auf diese zu erweitern oder zu beschränken. Unmittelbar wirksam ist die Rechtsfortbildung damit nur im Einzelfall, faktisch bedeutsam ist sie aber für alle gleich gelagerten Fälle.[133]

Die allgemein anerkannten Mittel der Rechtsfortbildung, die Analogie und die Restriktion,[134] stimmen mit diesem Verständnis überein. Durch diese Instrumente wird der Anwendungsbereich von Gesetzen vergrößert beziehungsweise verkleinert.[135] Beiden Instrumenten ist dabei gemein, dass sie die fortgebildete Regelung im Wesentlichen „unangetastet“ lassen und nur in Hinblick auf die vorliegende Anwendungssituation verändern. Gleichwohl bleibt es für diese Anwendungssituation bei der Erkenntnis, dass die ursprüngliche Regelung durch die Modifikation revidiert und damit letztlich eine neue Norm erschaffen wird. Diese wird dann durchaus auch als abstrakt-generelle Norm kommuniziert, so als hätte sie die ursprüngliche Norm allgemein ersetzt.[136]

In positiver Hinsicht kann nach dem oben Gesagten festgehalten werden, dass Rechtsfortbildung eine (beschränkte) Veränderung einer bestehenden gesetzlichen Regelung durch den gebundenen Rechtsanwender mit Wirkung für den zu entscheiden Einzelfall ist.[137] Dies wirft die nachfolgend zu skizzie-

---

130 Vgl. *Stern*, NJW 1958, 1435 (1435).

131 Siehe dazu etwa *Kahl*, Grenzen der Umdeutung rechtgeschäftlicher Erklärungen, 1985; zu den Korrekturmechanismen *de la Durantaye*, Erklärung und Wille, S. 249 ff.

132 Typisch ist auch die Bezeichnung als „Korrektur“, vgl. nur *Rüthers* u. a., Rechtstheorie mit Juristischer Methodenlehre, Rn. 940; von „Berichtigung“ spricht etwa *Zippelius*, Juristische Methodenlehre, S. 52.

133 Zu der Wirkung über den Einzelfall hinaus *Payandeh*, Judikative Rechtserzeugung, S. 290 ff.

134 Gleiches gilt für den Erst-Recht-Schluss sowie den Umkehrschluss, siehe vorstehend Punkt B. I. 1. d).

135 *Zippelius*, Juristische Methodenlehre, S. 55 f.

136 Zur Wirkweise auch *Payandeh*, Judikative Rechtserzeugung, S. 319 ff.

137 Sie ist insofern eine spezielle Form der richterlichen Rechtserzeugung, vgl. dazu allgemein *Bumke*, in: Bumke, Richterrecht zwischen Gesetzesrecht und Rechtsgestaltung, S. 33 (34).

renden verfassungsrechtlichen Probleme auf, weil zum einen nach dem Prinzip der Gewaltenteilung der parlamentarische Gesetzgeber für die Änderung des geschriebenen Rechts zuständig ist und zum anderen eine für die Betroffenen nachteilige Rechtsveränderung in verfassungsrechtlicher Hinsicht gerechtfertigt sein muss.

II. Verfassungsrechtliche Problemlagen

Weitgehend umstritten bleiben neben dem Begriff auch die Fragen nach der verfassungsrechtlichen Legitimität[138] und den verfassungsrechtlichen Grenzen der Rechtsfortbildung,[139] ebenso wie das Verhältnis von Rechtsfortbildung und Richterrecht,[140] sowie auch die Stellung der Rechtsfortbildung zwischen Dogmatik und Methode.[141]

Auch wenn die Rechtsprechung des Bundesverfassungsgerichts sich zu den verfassungsrechtlichen Problemen der Rechtsfortbildung eher zurückhaltend verhält und in aktuelleren Entscheidungen nicht immer klar zwischen Auslegung, Anwendung und Fortbildung des Rechts unterscheidet, wird die grundsätzliche Rechtfertigungsbedürftigkeit sowie die Möglichkeit, allein durch „fehlerhafte" Rechtsfortbildung Grundrechte der Betroffenen zu verletzen, anerkannt. Die subjektive Rechtsverletzung wird in der bundesverfassungsrechtlichen Judikatur spätestens seit der Kettenbefristungs-Entscheidung über das Rechtsstaatsprinzip und die allgemeine Handlungsfreiheit konstruiert:

> „Die Anwendung und Auslegung der Gesetze durch die Gerichte stehen mit dem Rechtsstaatsprinzip (Art. 20 Abs. 3 GG) in Einklang, wenn sie sich in den Grenzen vertretbarer Auslegung und zulässiger richterlicher Rechtsfortbildung bewegt. Art. 2 Abs. 1 GG gewährleistet in Verbindung mit Art. 20 Abs. 3 GG den Einzelnen, dass ihnen gegenüber ergehende Entscheidungen diesen Anforderungen genügen."[142]

Die Entscheidung ist auch in Bezug auf die verfassungsrechtlichen Grenzen der richterlichen Rechtsfortbildung interessant. Insbesondere stellt das Gericht

---

[138] Die Frage wird noch ganz überwiegend bejaht, zur Gegenansicht etwa *Jestaedt*, Grundrechtsentfaltung im Gesetz, S. 325; *Hillgruber*, in: Dürig u. a., Grundgesetz, Art. 97 Rn. 72 ff. mit Verweis auf die Sperrwirkung des Art. 100 Abs. 1 GG.

[139] Das Problem ist Gegenstand zahlreicher Untersuchungen; siehe nur *Wank*, Grenzen richterlicher Rechtsfortbildung; *Kruse*, Die verfassungsrechtlichen Grenzen richterlicher Rechtsfortbildung; *Di Fabio*, Grenzen der Rechtsfortbildung in Europa; *Schürnbrand*, JZ 2007, 910; *Redeker*, NJW 1971, 409; *Möllers*, JZ 2009, 668; *Jocham*, Die Grenzen der richterlichen Rechtsfortbildung im Privatrecht, 2021.

[140] Dazu etwa *Jestaedt*, in: Bumke, Richterrecht zwischen Gesetzesrecht und Rechtsgestaltung, S. 49 (49 ff.).

[141] Dazu *Lennartz*, Dogmatik als Methode, S. 25.

[142] BVerfGE 149, 126 (Rn. 72) mit Verweis auf E 128, 193 (206 ff.); 132, 99 (127 Rn. 73).

ausdrücklich den „klar erkennbaren Willen“ des Gesetzgebers als Grenze der Fortbildung heraus, was angesichts früherer Bereitwilligkeit, diesen Willen hintanzustellen, überraschen mag.[143]

Aber auch diese klare Entscheidung lässt jedoch – und dies ist für das Verhältnis des Bundesverfassungsgerichts zu der richterlichen Rechtsfortbildung bezeichnend – jene zentrale Frage offen, warum es die „verfassungsrechtlichen Grenzen“ eigentlich gibt, d.h., was an der Rechtsfortbildung eigentlich das verfassungsspezifisch Problematische sein soll. Zwar unterscheidet das Gericht sprachlich zwischen den Grenzen „vertretbarer Auslegung“ und „zulässiger richterlicher Rechtsfortbildung“; die nachfolgend postulierte Grenze des „klar erkennbaren Willens“ des Gesetzgebers wird sich aber für die Rechtsfortbildung ebenso wie für die Auslegung ziehen lassen können.

Von den spezifischen verfassungsrechtlichen Problemen der Rechtsfortbildung erhält man durch die Rechtsprechung des Bundesverfassungsgerichts nur ein ungefähres Bild. Letztlich bleibt unklar, ob das Gericht an die richterliche Rechtsfortbildung überhaupt andere oder strengere Maßstäbe als an die Auslegung anlegt, und wenn ja, wie sich die Maßstäbe genau unterscheiden.[144]

Im Folgenden soll – ausgehend von dem vorstehend skizzierten Rechtsfortbildungsbegriff – gezeigt werden, worin diese spezifischen verfassungsrechtlichen Probleme der Rechtsfortbildung bestehen und welche Lösungsmöglichkeiten denkbar sind. Dabei soll keine vollständige Darstellung der Problematik in all ihren Facetten erfolgen, zumal bereits zahlreiche umfangreiche Arbeiten dazu vorliegen.[145] Es sollen vielmehr vier besonders problematische Bereiche exemplarisch herausgehoben werden.

---

143 Siehe insb. BVerfGE 34, 269 – Soraya; zu der Rechtsfortbildung gegen den Willen des Gesetzgebers auch *Möllers*, in: Torggler, Richterliche Rechtsfortbildung und ihre Grenzen, S. 77 (100f.); zu der verfassungsrechtlichen Begrenzung von Rechtsfortbildung nachstehend Punkt C.I.2., III.

144 Vgl. BVerfGE 82, 6 (13): „Auch wenn sich bei der Rechtsfortbildung in verstärktem Maße das Problem des Umfangs richterlicher Gesetzesbindung stellt, ist die verfassungsgerichtliche Kontrolle analoger Rechtsanwendung darauf beschränkt, ob das Fachgericht in vertretbarer Weise eine einfachgesetzliche Lücke angenommen und geschlossen hat und ob diese Erweiterung des Normenbereichs Wertungen der Verfassung, namentlich Grundrechten widerspricht.“

145 Siehe nur *Wank*, Grenzen richterlicher Rechtsfortbildung, S. 82ff.; *Hemke*, Methodik der Analogiebildung im öffentlichen Recht, S. 161ff.; *Kruse*, Die verfassungsrechtlichen Grenzen richterlicher Rechtsfortbildung, S. 141ff.; *Feix*, Maßstäbe für eine gelungene richterliche Rechtsfortbildung, S. 124ff.

1. Richterliche Gesetzesbindung

Die Legitimität richterlicher Entscheidung beruht gerade auf der Fremdheit des Entscheidungsmaßstabs. Der Richter urteilt nicht nur „im Namen des Volkes",[146] sondern vor allem des Gesetzes, welches er bei der Entscheidung anzuwenden sowie zur Geltung zu bringen hat und an das er gebunden ist. Diese Idealvorstellung kann in tatsächlicher Hinsicht aus vielerlei Gründen nicht erreicht werden, insbesondere weil der Richter über sein Vorverständnis und durchaus auch über die Wahl seines methodischen Zugangs[147] immer – bewusst oder unbewusst – seine eigene Wertung und auch seinen Willen in die Entscheidung „hineinlegt".

Trotzdem ist der Versuch, dieser Idealvorstellung gerecht zu werden, unverzichtbar. Das Streben danach, die fremde, durch den demokratisch legitimierten Gesetzgeber vorgenommene Wertung in der Entscheidung zu realisieren und dabei die eigene Bewertung, den eigenen Willen außen vor zu lassen, verleiht dem Richterspruch demokratische Legitimität und Autorität.

Dies bedeutet aber zugleich, dass sich eine richterliche Modifikation des Gesetzesinhalts eigentlich von vornherein verbietet. Denn das oben angedeutete Legitimationssystem kann nur wirksam sein, wenn es etwas Fremdes, für den Richter unveränderlich Vorgegebenes gibt, an das er bei seiner Entscheidung gebunden ist. Gleichwohl ist es aber gerade der Richter selbst, der über den genauen Inhalt des Gesetzes (also seines Bindungssubjekts) entscheiden soll.[148]

a) Die Paradoxie von Modifikation und Bindung

Der Richter muss das Gesetz zwangsläufig interpretieren, um zu erkennen, an was er bei seinem Tun überhaupt gebunden ist. Dass er dabei auch seine Wertvorstellungen und Vorgewichtungen in das Gesetz „hineinlegt", ist gewissermaßen ein notwendiges Übel, welches zwangsläufig mit dem Einsatz menschlicher „Entscheider" einhergeht.[149] Zentral ist dabei also nicht, dass diese „subjektive Komponente" vermieden wird, sondern dass der Richter sie zu vermeiden *versucht*. Er soll danach streben, bei seiner Interpretation nicht

---

146 Diese traditionelle Formel ist in den jeweiligen Prozessordnungen vorgeschrieben, siehe etwa § 311 Abs. 1 ZPO oder § 117 Abs. 1 S. 1 VwGO.

147 Zu beidem *Esser*, Vorverständnis und Methodenwahl in der Rechtsfindung, S. 116 ff.

148 Dies als „rekursive Schleife" bezeichnend *Chr. Schönberger*, in: VVDStRL 71, S. 296 (325).

149 Zu dem Recht auf spezifisch menschliche im Gegensatz zu einer digital-automatisierten Entscheidung *Mund*, in: Greve u. a., Der digitalisierte Staat, S. 177 (183 ff.).

zu modifizieren. Dies ist durch eine möglichst nachvollziehbare Begründung mit dem Gesetzesinhalt zu gewährleisten, wobei die juristische Methodenlehre insofern als Theorie für diese legitimierende Argumentation verstanden werden kann.[150]

Eine richterliche Modifikation liegt jedenfalls dann vor, wenn die Entscheidung allein noch mit einer Regelung begründet wird, die zwar im Gesetz enthalten sein sollte, der Nachweis, dass diese Regelung auch tatsächlich Teil des Gesetzesinhalts ist, aber nicht gelingt. Weil der argumentative Konnex zu dem Inhalt des anzuwendenden Gesetzes fehlt, ist die Entscheidung dann dem Gesetzgeber nicht mehr über den Gesetzestext zurechenbar.[151] Der Gesetzgeber hat die Entscheidung so nicht vorgegeben.

Zugleich hat der Richter damit eine Motivlage offenbart, die über eine Gesetzesinterpretation hinausgeht. Wendet er ein Gesetz beispielsweise analog an, gibt er damit den Versuch „nach dem Gesetz" zu entscheiden, offensichtlich auf. Er will das Gesetz nicht mehr verstehen, sondern will das bereits verstandene Gesetz verbessern. Davon zeugt seine eigene Einschätzung, das Gesetz sei nicht direkt anwendbar. Der Richter arbeitet dann mehr *an* dem Gesetz als *mit* dem Gesetz.

Damit wird das methodische Problem der Abgrenzung von Auslegung und Rechtsfortbildung zu der verfassungsrechtlichen Frage, welche juristischen Argumentationsmuster im Einklang und welche im Widerspruch mit der richterlichen Gesetzesbindung stehen. Art. 20 Abs. 3 GG gibt dabei durchaus gewisse Anforderungen an die Argumentationsstruktur vor, nämlich dass Entscheidungen anhand des Gesetzesinhalts und nicht etwa rechtpolitischer Erwägungen begründet werden müssen.[152] Insofern sind nicht nur die „sonstigen verfassungsrechtlichen Anforderungen"[153] an die Rechtsfortbildung auszudifferenzieren, sondern auch die sich spezifisch aus der Gesetzesbindung ergebenden Anforderungen an die juristische Methodik selbst.

[150] Vgl. *Christensen*, in: Lerch, Recht verhandeln: Argumentieren, Begründen und Entscheiden im Diskurs des Rechts, S. 1 (90).

[151] Zu dem Problem der politischen Verantwortlichkeit noch nachstehend Punkt B.II.3.

[152] Zu der verfassungsrechtlichen Begründungspflicht ausführlich *Brüggemann*, Die richterliche Begründungspflicht, S. 175 ff.; *Kischel*, Die Begründung, S. 63 ff.; *Müller/Christensen*, Juristische Methodik, Rn. 223 f.; *Möllers*, Juristische Methodenlehre, S. 14 ff., der aber Ausnahmen für die höchstrichterliche Rechtsprechung anerkennen will (Rn. 41 m.w.N.).

[153] Dies in Bezug auf höchstrichterliche Rechtsfindung fordernd *Chr. Schönberger*, in: VVDStRL 71, S. 296 (329).

Angesichts der strengen[154] richterlichen Gesetzesbindung in Art. 20 Abs. 3 und Art. 97 Abs. 1 GG könnte man einen breiten Konsens hinsichtlich der Unzulässigkeit richterlicher Gesetzesmodifikationen erwarten. Schließlich führen sie diese Bindung ad absurdum: Wer modifizieren, d. h. verändern darf, an was er sich halten muss, hat seine „Ketten“ selbst in der Hand.[155]

Das Gegenteil ist jedoch der Fall. Unter dem Grundgesetz existierte in der deutschen Rechtswissenschaft stets ein breiter Konsens über die Rechtmäßigkeit richterlicher Gesetzesmodifikation, d. h. richterlicher Rechtsfortbildung.[156] Diese wurde im Wesentlichen stets als unabwendbare Notwendigkeit begriffen. Auch das Bundesverfassungsgericht lässt von Anfang an keine Zweifel daran aufkommen, dass es die Rechtsfortbildung dem Grunde nach für legitim und verfassungsmäßig hält.[157] Anerkannt ist lediglich, dass diese Modifikation verfassungsrechtliche Probleme aufwirft.

Freilich stand dabei nie ernsthaft eine ungebundene Modifikationsbefugnis der Judikative zur Debatte. Die Rechtsfortbildung hat (umstrittene) Regeln und Grenzen, die sich – und das ist der Punkt – jedoch gerade nicht aus dem Gesetz ergeben,[158] sondern als methodische Regeln dem rechtswissenschaftlichen Diskurs entstammen. Diese waren und sind dem Einflussbereich der Gesetzgebung und der öffentlichen Diskussion damit weitgehend entzogen,[159]

---

[154] Vgl. *F. Kirchhof*, NJW 2020, 1492 (1496), der von einer „gestreckten Legitimation“ der Rechtsprechung ausgeht, die durch eine strenge Gesetzesbindung kompensiert werden muss.

[155] Es macht dabei nach der hier vertretenen Ansicht durchaus noch einen Unterschied, ob der Richter „lediglich“ selbst entscheidet, wie das Gesetz zu verstehen ist, d. h. er aus verschiedenen methodisch möglichen Deutungen die „richtige“ auswählen kann, oder ob ihm abseits dieser Deutungsmöglichkeiten noch Instrumente zu einer offenen Modifikation bereitstehen. Letzteres verschärft das „Paradox der richterlichen Bindung“ jedenfalls noch weiter. Allgemein zu dem Paradox *Chr. Schönberger*, in: VVDStRL 71, S. 296 (298, 325); *Christensen*, in: Lerch, Recht verhandeln: Argumentieren, Begründen und Entscheiden im Diskurs des Rechts, S. 1 (92 ff.), der von der Gesetzesbindung als „Paradoxiemanagement“ spricht.

[156] Vgl. nur BVerfGE 132, 99 (127) – „seit langem anerkannt“; siehe auch *Raisch*, Juristische Methoden, S. 139 ff.; ausführlich zu der Geschichte richterlicher Rechtsfortbildung im 20. Jahrhundert *Fischer*, Topoi verdeckter Rechtsfortbildungen im Zivilrecht, S. 149 ff.; *Classen*, in: Mangoldt u. a., Grundgesetz, Art. 97 Rn. 13, Fn. 52.

[157] Siehe schon BVerfGE 3, 225 (243) – „herkömmliche und stets bewältigte richterliche Aufgabe“.

[158] Mit Art. 103 Abs. 2 GG ist zwar eine verfassungsrechtliche Regelung hinsichtlich des „Ob“ bestimmter Rechtsfortbildung getroffen, aber gerade keine Regelung hinsichtlich des „Wie“ einer ansonsten zulässigen Rechtsfortbildung. Insbesondere werden hier keine Anforderungen an den Täter begünstigende Rechtsfortbildung normiert. Siehe dazu bereits vorstehend Punkt B. I. 1. c).

[159] Eine ernsthafte Initiative für ein „Methodengesetz“ oder zumindest ein „Rechtsfortbildungsgesetz“ gab es in der Bundesrepublik nie. Es würde sich angesichts des

und werden typischerweise auch nicht unbedingt als verfassungsrechtliche Grenzen verstanden.

Die Bindung des Rechtsfortbildenden an seinen Fortbildungsgegenstand vermittelt das vielleicht größte – jedenfalls aber das meist diskutierte – verfassungsrechtliche Problem. Die Rechtsprechung ist gemäß Art. 20 Abs. 3 und Art. 97 Abs. 1 GG an das Gesetz gebunden. Damit geht eigentlich zwangsläufig ein „Abweichungsverbot“ einher.[160] Zugleich hat sie im Rahmen der Rechtsfortbildung die Möglichkeit, verändernd auf dieses Gesetz einzuwirken. Darin liegt ein offensichtlicher Widerspruch, und die erhöhten Rechtfertigungsvoraussetzungen, die an die Rechtsfortbildung gestellt werden, sind auch als Folge dieses Widerspruchs zu verstehen.

Das Problem lässt sich auf die Spitze treiben: Wenn der Richter an das Gesetz gebunden ist, dieses aber im Rahmen der Rechtsfortbildung modifizieren kann, so ist er in erster Linie an die „Regeln der Rechtsfortbildung“ und erst in zweiter Linie an das Gesetz gebunden. Wenn diese Rechtsfortbildungsregeln selbst keinen Gesetzescharakter aufweisen, setzt man die ungeschriebene Bindung an untergesetzliche Normen vor die verfassungsrechtliche Bindung an das Gesetz.

Angesichts dieser Problematik stellt sich die Frage, ob richterliche Gesetzesmodifikation überhaupt verfassungskonformer Weise vorgenommen werden kann. Insbesondere unter Vertretern eines subjektiv-historischen Verständnisses der richterlichen Aufgabe wird diese Frage mitunter vehement verneint.[161] Geht man dagegen mit der wohl ganz herrschenden Ansicht von der Möglichkeit legitimer Rechtsfortbildung aus, stellt sich die Folgefrage, wie dieses richterliche „Mehr als Auslegung“, also das spezifisch rechtsmodifizierende Element der Rechtsfortbildung, gerechtfertigt werden kann.[162]

Gewaltenteilungsprinzips auch die Frage stellen, inwieweit die Legislative überhaupt eine Methodik für die Judikative vorgeben darf. Das Verfassungssystem der DDR kannte dagegen eine Auslegungskompetenz des Staatsrates, welcher für die Gerichte verbindliche Interpretationen vorgeben konnte, Art. 71 Abs. 3 der Verfassung der DDR vom 09.04.1968. Dazu *Brunner*, Kontrolle in Deutschland, S. 389 ff.

[160] *Ossenbühl*, in: Isensee/Kirchhof, Handbuch des Staatsrechts der Bundesrepublik Deutschland, § 101 Rn. 6 ff.; *Payandeh*, Judikative Rechtserzeugung, S. 137.

[161] So etwa *Jestaedt*, Grundrechtsentfaltung im Gesetz, S. 325.

[162] Ein Großteil der die Rechtsfortbildung für legitim haltenden Ansicht dürfte allerdings bereits die Rechtfertigungsbedürftigkeit nicht vorbehaltlos akzeptieren, sondern die richterliche Gesetzesmodifikation (soweit ihren Grenzen eigehalten werden) gewissermaßen als von vornherein legitime Aufgabe der Rechtsprechung ansehen. Dies steht gleichwohl in Widerspruch zu der fundamentalen Einsicht, dass jeder belastende Akt der öffentlichen Gewalt, und damit auch das spezifisch rechtsverändernde Element der Rechtsfortbildung, mit dem Verfassungsrecht in Einklang stehen muss, was sich aus dem Vorrang der Verfassung ergibt. Vgl. dazu etwa *Schöbener/Knauff*, Allgemeine Staatslehre, S. 228 ff.

b) Anknüpfungspunkte richterlicher Gesetzesbindung

Eine eher irreführende Rolle spielt dabei die Frage, woran genau die einfache Gesetzesbindung des Richters festzumachen ist, d.h. entweder an die „Worte" des Gesetzes (Wortlaut oder auch Wortsinn) oder an die „Idee" des Gesetzes beziehungsweise Gesetzgebers. Letzteres eröffnet dabei die Möglichkeit, an dieser Idee orientierte Rechtsfortbildung als von vornherein mit der Gesetzesbindung vereinbar zu erklären.[163]

Dieser Sichtweise von einer gesetzesbefolgenden Rechtsfortbildung ist der Hinweis auf die bewusste Rechtsveränderung entgegenzuhalten, die mit der Rechtsfortbildung einhergeht.[164] Man kann eine Regelung nicht gleichzeitig verbessern und befolgen – insofern ist die Frage nach dem genauen Ansatzpunkt der Gesetzesbindung irreführend, weil bei der Rechtsfortbildung das Gesetz bewusst modifiziert wird. Selbst wenn man der Ansicht folgte, dass der Richter lediglich an die „Idee" des Gesetzgebers oder an den „Zweck" gebunden sei (was nicht nur die Bedeutung des verbindlichen Gesetzestextes und dessen formalisierten, politischen Entstehungsprozess marginalisiert, sondern auch die inhaltliche Bestimmung der Gesetzesbindung im Wesentlichen der Interpretation des Bindungsadressaten anheimstellt und daher als Machtbegrenzung i.S.d. Art. 20 Abs. 3 GG kaum tauglich ist), so würde dies noch nicht die Rechtsfortbildung erklären. Eine Fortbildung wäre dann vielmehr unnötig, solange ein textlich „ungeregelter" Fall von der Gesetzesidee erfasst wäre.

Insofern missachtet dieser „objektive" Gesetzesbegriff die allgemein anerkannte Methodik der Rechtsfortbildung, insbesondere der Analogie, die von dem genauen Gegenteil ausgeht. Rechtsfortbildung beginnt dort gerade mit der Erkenntnis des Rechtsanwenders, dass das Gesetz einen bestimmten Fall nicht zufriedenstellend regelt, d.h. nicht „erfasst". Nach dieser Einsicht kann nicht mehr in Frage stehen, ob der Richter an diese gefundene Regelung gebunden ist oder nicht.

Soll die Bindung des Richters nach Art. 20 Abs. 3, 97 Abs. 1 GG eine echte Wirkung entfalten, braucht es etwas Reales und Nachprüfbares, anhand dessen die Bindung kontrolliert werden kann. Insofern kommt dem Gesetzeswortlaut – trotz aller Schwächen – zwangsläufig eine zentrale Bedeutung zu, denn allein dieser Punkt ist von ausreichender „Festigkeit", d.h. Erkennbar- und Zugänglichkeit, dass an ihm die „Kette", welche der Rechtsprechung durch Art. 20 Abs. 3, 97 Abs. 1 GG angelegt werden soll, festgemacht werden

---

163 Dies ist impliziert, wenn man wie etwa *Larenz*, Methodenlehre der Rechtswissenschaft, S. 366ff., Rechtsfortbildung als „Fortsetzung der Auslegung" begreift.

164 Vgl. dazu *Jestaedt*, in: Bumke, Richterrecht zwischen Gesetzesrecht und Rechtsgestaltung, S. 49 (69).

kann. Gesetzesbindung kann nicht lediglich bedeuten, dass der Richter das positive Recht nur dort befolgen muss, wo der Wortlaut und der gesetzgeberische Wille eindeutig sind, ansonsten aber frei nach seiner Mutmaßung von der hypothetischen gesetzgeberischen Intention und damit letztlich nach seinem Gerechtigkeitsempfinden entscheidet. Die Bindung an die Worte, auf die man sich im Gesetzgebungsprozess geeinigt hat, muss auch da aufrechterhalten werden, wo es an einer klar erkennbaren Idee fehlt oder die Formulierung sogar unsinnig erscheint.[165]

Die Rechtsfortbildung als reine Anwendung des einfachen Rechts und damit als von vornherein mit der Gesetzesbindung vereinbar zu erklären, verschleiert die verfassungsrechtliche Problematik und ist auch methodisch unehrlich. Selbst wenn die Fortbildung in Übereinstimmung mit einer „anerkannten Methode"[166] geschieht, hilft dies dem verfassungsrechtlichen Problem nicht ab, denn die Methodenlehre ist kein Selbstzweck. Ihre Postulate müssen selbst mit der Verfassung in Einklang stehen, die Methode hat also der Gesetzesbindung des Richters zu dienen, nicht über diese hinwegzuhelfen.[167] Das bedeutet gleichwohl nicht, dass die Bindung an das einfache Recht nicht in bestimmten Fällen wegen anderer, mindestens gleichrangiger verfassungsrechtlicher Bindungen überwunden werden könnte.[168] Dies muss dann aber unter Anerkennung der Rechtfertigungsbedürftigkeit und innerhalb des verfassungsrechtlichen Systems geschehen.

c) Widersprüchlichkeit in der Gesetzesbindung

Insofern ist die Frage nach dem Inhalt der Gesetzesbindung doch von entscheidender Bedeutung, wenn sie auf die hierarchisierte Vielschichtigkeit der bindenden Normen gerichtet wird. Der rechtsfortbildende Richter, welcher sich bewusst über diese von ihm selbst gewonnene Einsicht über den Inhalt einer einfachgesetzlichen Bestimmung hinwegsetzt, handelt zwar zwangsläufig gegen seine Bindung an das einfache Recht.[169] Die Gesetzesbindung erschöpft sich aber nicht in der einfachrechtlichen Ebene, sondern erfasst dane-

---

165 Vgl. *Picker*, in: Bumke, Richterrecht zwischen Gesetzesrecht und Rechtsgestaltung, S. 85 (96).

166 Vgl. BVerfGE 96, 375 (395).

167 Vgl. *Jestaedt*, in: Bumke, Richterrecht zwischen Gesetzesrecht und Rechtsgestaltung, S. 49 (66).

168 Siehe dazu nachstehend Punkt C. II.

169 Man könnte mit *Voßkuhle*, *Osterloh* und *Di Fabio* (abweichende Meinung zu BVerfGE 122, 248 (282) – Rügeverkümmerung) auch formulieren: „Der Richter greift in den Kompetenzbereich des Gesetzgebers ein."

ben selbstverständlich auch das gesamte Verfassungsrecht.[170] Der Richter soll nicht „blind" das einschlägige Gesetz anwenden, sondern ist durch Art. 1 Abs. 3 GG zugleich verpflichtet, das Verfassungsrecht bei der Entscheidungsfindung zu beachten, welches für den zu entscheidenden Fall nicht weniger relevant ist als das einschlägige einfache Recht.

Insofern ist nicht jede Entscheidung im Rahmen des einfachen Rechts verfassungskonform, sondern auch die „wortlautgetreuste" Anwendung kann verfassungswidrig sein (sei es, weil bereits das angewendete Recht verfassungswidrig ist oder der Richter die Besonderheiten des Einzelfalls nicht ausreichend beachtet hat). Auch unter strenger Einhaltung des einfachen Rechts ist also ein Verstoß gegen die richterliche Gesetzesbindung nach Art. 20 Abs. 3, 97 Abs. 1 GG möglich. Die Gesetzesbindung ist insofern nicht immer eindeutig, sondern ggf. sogar widersprüchlich.[171]

Im Rahmen der Art. 20 Abs. 3, 97 Abs. 1 GG ist der Richter also gegebenenfalls an verschiedene, sich gegenseitig widersprechende Normen gebunden. In einer solchen Konfliktsituation können nicht beide Anforderungen zugleich bedient werden, vielmehr muss zwangsläufig eine hinter der anderen zurückstehen.[172] Dieser Konflikt spielt sich aber nicht als ein Widerstreit von sich gegenüberstehenden Prinzipien ab, sondern ist der Gesetzesbindung inhärent.

Soweit sich also der Modifikationsbedarf, der die Rechtsfortbildung veranlasst, selbst als (verfassungs)rechtliches Problem darstellen lässt, wird der Widerspruch zwischen richterlicher Bindung und Modifikationsbedarf zu einem Konflikt innerhalb der Gesetzesbindung. Das Verfassungsrechtliche Problem liegt dann nicht mehr darin, die richterliche Modifikation mit der Gesetzesbindung in Einklang zu bringen, sondern den Konflikt innerhalb der Gesetzesbindung aufzulösen.

Einer differenzierten Sichtweise auf die richterliche Gesetzesbindung stehen jedoch die traditionellen Begründungsmuster richterlicher Rechtsfortbildung entgegen, denn dort werden die gesetzlichen Modifikationsbedarfe re-

---

170 *Sachs*, in: Sachs, Grundgesetz, Art. 20 Rn. 107; *Gärditz*, in: Friauf/Höfling, Berliner Kommentar zum Grundgesetz, Art. 20 (6. Teil) Rn. 78 ff.

171 Das Verfassungsrecht sieht Kollisionsregelungen für widersprüchliche Normen vor, beispielsweise Art. 31 GG. Diese Kollisionsregelungen stoßen allerdings an ihre Grenzen, wenn sich ein ansonsten widerspruchsfrei einfügendes Gesetz nur in spezifischen Fällen nicht angemessen, d. h. insbesondere nicht in Übereinstimmung mit Art. 3 GG, anwenden lässt.

172 Vgl. *Payandeh*, Judikative Rechtserzeugung, S. 251 ff., wo Gesetzes- und Rechtsbindung gegenübergestellt werden. Nach der hier vertretenen Ansicht spielt sich der Widerstreit aber bereits innerhalb der Gesetzesbindung ab.

gelmäßig gerade nicht als Verfassungsprobleme ausgegeben.[173] Dies wäre aber erforderlich, um überhaupt darzulegen, dass die Gesetzesbindung nach Art. 20 Abs. 3, 97 Abs. 1 GG in den fraglichen Fällen nicht eindeutig ist.

Es bleibt hier zunächst festzuhalten: Die Rechtsfortbildung als bewusste Veränderung des Rechts steht zunächst im Widerspruch zu der Gesetzesbindung des Richters. Dies gilt unabhängig davon, ob man die Bindung eher über den Wortlaut oder über die „Regelungskonzeption" konstruiert. Die Gesetzesbindung ist gleichwohl nicht immer eindeutig, weil sie verschiedene, sich potenziell widersprechende Normen umfasst. Soweit die Modifikationsbedarfe, die eine Rechtsfortbildung veranlassen, auf verfassungsrechtliche Probleme zurückzuführen sind, werden diese zu internen Konflikten der Gesetzesbindung. Die Rechtsfortbildung wirft dann nicht bloß Probleme mit dem Gesetzlichkeitsprinzip auf, sondern kann auch als Überwindung dieser bindungsinternen Konflikte verstanden werden.

2. Rechtsstaatliches Rückwirkungsverbot und Vorhersehbarkeit

Unabhängig von einer im Einzelfall gegebenenfalls bestehenden Widersprüchlichkeit der Gesetzesbindung steht die richterliche Rechtsfortbildung mit weiteren rechtsstaatlichen Prinzipien in Konflikt. Wenn sie als Modifikation das geltende Recht verändert, noch dazu anlässlich einer nachträglichen rechtlichen Beurteilung von regelmäßig bereits abgeschlossenen Sachverhalten, wirft das die Frage auf, ob die Regelungsunterworfenen nicht eigentlich auf die ursprüngliche Rechtslage vertrauen durften beziehungsweise ob die Rechtsfortbildung für sie nicht in einem verfassungsrechtlich unzulässigen Sinne unvorhersehbar war.[174]

a) Rechtsfortbildung als rückwirkende Modifikation

Zwar stellt sich das Rückwirkungsproblem bei jeder Art der Rechtsprechungsänderung, also auch bei Auslegungsänderungen.[175] Es ist jedoch ein fundamentaler Unterschied, ob die Judikative ein Gesetz auf eine neue Weise

---

[173] Siehe etwa BVerfGE 34, 269 (287), wo nicht auf verfassungsrechtliche Maßstäbe, sondern auf die „fundierten allgemeinen Gerechtigkeitsvorstellungen der Gemeinschaft" abgestellt wird. Dazu noch ausführlich nachstehend Punkt C. II. 1. b).

[174] Vgl. *Möllers*, Juristische Methodenlehre, S. 492; vgl. zum europarechtlichen Rückwirkungsbegriff EuGH, Urteil vom 04. Juli 2006 – C-212/04, Rn. 110; kritisch mit Verweis auf die fehlende „Berufung zur Rechtsschöpfung" etwa *Maurer*, in: Isensee/Kirchhof, Handbuch des Staatsrechts der Bundesrepublik Deutschland, § 79 Rn. 149.

[175] Siehe zu Rechtsprechungsänderungen im Strafrecht mit dem Beispiel der „Promillegrenzwerte" *Degenhart*, in: Sachs, Grundgesetz, Art. 103 Rn. 73.

interpretiert oder ob sie es bewusst modifiziert. Denn während der Regelungsunterworfene grundsätzlich jederzeit mit Interpretationsänderungen rechnen muss, darf er zugleich auf die Geltung von Gesetzen vertrauen, solange der Gesetzgeber nicht eine Änderung beschließt und verkündet. Insbesondere kann und muss er nicht damit rechnen, dass ein Gericht trotz eines klaren Gesetzeswortlauts eine „Lücke" im Gesetz erkennt und etwa durch eine Analogie schließt. Wegen des modifizierenden Elements ist die Rechtsfortbildung hinsichtlich der Rückwirkungsproblematik nicht mit „reiner" Gesetzesauslegung vergleichbar. Gleichwohl wird bei der Diskussion von Rückwirkung durch die Rechtsprechung häufig nicht zwischen Interpretation und Modifikation unterschieden, was die spezifisch modifikationsbezogenen Probleme verunklart.[176]

Nimmt man dagegen an, dass Rechtsfortbildung nicht zu einer Veränderung des Rechts führt, etwa weil der Rechtsfortbildende die „wahre" Gesetzesbedeutung lediglich erkennt und ausspricht, kommt es zu keiner Rückwirkung. In diesem Bild hätte die „Rechtsfortbildung" bereits von Anfang an gegolten, sie wäre nur wegen der lückenhaften Formulierung des Gesetzes bisher unerkannt geblieben.

Diese Sichtweise führt aber zu erheblichen Widersprüchlichkeiten:[177] Zum einen wäre dann im Gesetz nie eine Lücke gewesen, das Betreiben von „Analogie" und „Fortbildung" wäre gänzlich gegenstands- und sinnlos. Wenn die Rechtsfortbildung anerkanntermaßen auch als Reaktion auf geänderte Rechtstatsachen, also auf nachträglich aufgetretene „Lücken" im Gesetz, verstanden wird,[178] stellt sich die Frage, wann und wie dann genau sich die notwendige Änderung des Gesetzesinhalts ereignet haben soll.

Auch eine solche „Selbstmodifikation" des Gesetzes änderte an der Rückwirkungsproblematik nichts. Denn unabhängig davon, ob die Rechtsprechung selbst oder ein im Gesetz lebender „Geist" ihr Urheber ist, die Modifikation behält ihren verändernden Charakter aus Sicht der Regelungsunterworfenen bei. Auch das Wirken eines „Gesetzesgeistes" würde verfassungsrechtlichen Anforderungen unterliegen, auch dieser dürfte nicht rückwirkend eingreifen. Zudem wäre auch hier nicht klar, warum die Rechtsprechung legitimiert sein soll, dieses geisterhafte Wirken zu erkennen und verbindlich auszusprechen.

Zum anderen wäre bei Annahme einer bereits vor dem Judikat wirksamen Rechtsfortbildung das Vertrauen der Regelungsunterworfenen selbst in einen ganz klaren Gesetzeswortlaut nicht mehr schutzwürdig, da niemand sicher

---

176 Siehe beispielhaft *Maurer*, in: Isensee/Kirchhof, Handbuch des Staatsrechts der Bundesrepublik Deutschland, § 79 Rn. 145; *Rosenkranz*, ZfPW 2016, 351 (358 ff.).

177 Siehe bereits vorstehend Punkt B. I. 1.

178 Vgl. dazu *Hassemer/Kargl*, in: Kindhäuser u. a., Strafgesetzbuch, § 1 Rn. 109a ff.

sagen kann, ob sich „hinter dem Wortlaut“ nicht möglicherweise eine Regelungslücke verbirgt. Damit würden Vertrauen und Gesetzestext letztlich entkoppelt, was aber im Widerspruch zu der Rückwirkungsdogmatik bei Gesetzesänderungen steht. Dort sind Textänderungen gerade das einzige Mittel der Modifikation.[179] Der Gesetzgeber könnte sich bei einer Gesetzesänderung selbstverständlich nicht darauf berufen, bereits das alte Gesetz sei entgegen seinem Wortlaut ganz anders gemeint gewesen, und das neue Gesetz bringe die alte Idee lediglich besser zum Ausdruck, weswegen im Ergebnis keine Rückwirkung eintrete. Dies entspricht auch der klaren Rechtsprechung des Bundesverfassungsgerichts:

> „Eine von Vertrauensschutzerfordernissen weitgehend freigestellte Befugnis zur rückwirkenden Klarstellung des geltenden Rechts eröffnete dem Gesetzgeber den weit reichenden Zugriff auf zeitlich abgeschlossene Rechtslagen, ließe im Nachhinein politischen Opportunitätserwägungen Raum, die das einfache Recht zum Zeitpunkt der später als korrekturbedürftig empfundenen Auslegung nicht prägten, und beeinträchtigte so das Vertrauen in die Stabilität des Rechts erheblich.“[180]

Fraglich ist, ob für richterliche Modifikation nicht Entsprechendes zu gelten hat. Jedenfalls für den Gesetzgeber gilt aber: Wenn das alte Gesetz anders als das neue verstanden wird, hat er das Recht „geändert“ und es kommt eine Rückwirkung in Betracht.[181] Soweit der Wortlaut des alten Gesetzes eindeutig (genug) war, ist das Vertrauen des Betroffenen in dessen Geltung (in Bezug auf bereits abgeschlossene Sachverhalte) schutzwürdig. Ausnahmen können sich lediglich dort ergeben, wo die Rechtslage erkennbar unklar und verworren ist, d. h. der Regelungsunterworfene dem Gesetz gerade keine hinreichend eindeutige Aussage entnehmen kann.[182] Der klare Gesetzeswortlaut ist demgegenüber selbstverständlich als Vertrauenstatbestand anerkannt.[183] Wenn man sich gegenüber dem Gesetzgeber auf diesen Vertrauenstatbestand berufen kann, so muss dies auch für die Rechtsprechung gelten.[184]

---

[179] Vgl. für das Steuerrecht *Friauf*, in: Tipke, Grenzen der Rechtsfortbildung durch Rechtsprechung und Verwaltungsvorschriften im Steuerrecht, S. 53 (67), wo darauf hingewiesen wird, dass Richterrecht nicht „großzügiger“ behandelt werden dürfe als ausdrückliche gesetzliche Bestimmungen.

[180] BVerfGE 135, 1 (17).

[181] Zu dem umgekehrten Fall *P. Kirchhof*, in: Dürig u. a., Grundgesetz, Art. 3 Abs. 1 Rn. 369 f. zu dem Gesetz als Vertrauensgrundlage allgemein auch *Muckel*, Kriterien des verfassungsrechtlichen Vertrauensschutzes bei Gesetzesänderungen, S. 81 ff.

[182] Vgl. BVerfGE 135, 1 (22 f.); *P. Kirchhof*, in: Dürig u. a., Grundgesetz, Art. 3 Abs. 1 Rn. 361.

[183] BVerfGE 135, 1 (14): „Ob eine rückwirkende Gesetzesänderung gegenüber dem alten Recht deklaratorisch oder konstitutiv wirkt, hängt vom Inhalt des alten und des neuen Rechts ab, der – abgesehen von eindeutigen Gesetzesformulierungen – zumeist erst durch Auslegung ermittelt werden muss.“ (Rn. 43).

[184] Vgl. allgemein zu der Forderung einer Gleichbehandlung von Rückwirkungen durch Rechtsprechung und Gesetzgeber *Knittel*, Rückwirkung bei einer Änderung der

Grundsätzlich wirken Rechtsänderungen gerade wegen des Vertrauenstatbestands „Wortlaut“ erst, nachdem sie bekannt gegeben worden sind.[185] Bereits abgeschlossene Sachverhalte können nur unter besonderen Voraussetzungen einer nachträglich geänderten Regelung unterworfen werden, denn die Betroffenen konnten ihr Handeln regelmäßig nicht an der seinerzeit noch in der Zukunft liegenden Rechtsänderung ausrichten. Bei gerichtlichen Entscheidungen und damit auch bei der richterlichen Rechtsfortbildung wird aber regelmäßig über bereits abgeschlossene Sachverhalte entschieden, beispielsweise hinsichtlich einer beendeten und zum Entscheidungszeitpunkt viele Monate zurückliegenden schädigenden Handlung. Mit der richterlichen Rechtsfortbildung wird daher eine Rechtslage mit Wirkung für die Vergangenheit modifiziert und ein bereits abgeschlossener Sachverhalt insofern nachträglich einer geänderten Regelung unterworfen, welche für die Betroffenen zu dem damaligen Zeitpunkt nicht galt.[186]

Tradierte Rechtsfortbildungen sind dabei für die Betroffenen zwar bei Kenntnis der Rechtsprechung noch vorhersehbar, wobei auch hier Zweifel angebracht sind, inwiefern von den Regelungsunterworfenen über den Gesetzesinhalt hinaus auch noch weitere Kenntnisse des ungeschriebenen Richterrechts erwartet werden kann. Jedenfalls erstmalige richterliche Rechtsfortbildung (die ja zwingenderweise an Anfang jeder tradierten Rechtsfortbildung steht) ist für die Betroffenen aber gänzlich unvorhersehbar. Diese Unvorhersehbarkeit lässt sich auch nicht – wie zuweilen vorgeschlagen wird[187] – durch eine Ankündigung für zukünftige Fälle umgehen. Weder tatsächliche Rechtsfortbildung noch ihre Ankündigung zeitigen irgendwelche rechtlichen Wirkungen auf zukünftige Fälle, vielmehr muss sich jede einzelne Rechtsfortbildung allein aus den Umständen des jeweils zu entscheidenden Einzelfalles heraus rechtfertigen lassen, und zwar auch hinsichtlich der gegebenenfalls unvermeidbaren Unvorhersehbarkeit der Entscheidung.

Jedenfalls dann, wenn der Richter die Gesetzeslage zugrunde zu legen hat, die bei Abschluss des Sachverhaltes galt (etwa bei § 214 Abs. 3 S. 1 BauGB oder wenn dies durch Übergangsvorschriften, etwa im EGBGB, angeordnet ist), stellt seine Modifikation eine echte Rückwirkung dar, weil durch seine

Rechtsprechung, S. 20 ff., 50 ff.; *Grunsky*, Grenzen der Rückwirkung bei einer Änderung der Rechtsprechung, S. 14 ff.; *Robbers*, JZ 1988, 481.

[185] Vgl. BVerfGE 16, 6 (16 ff.); 65, 283 (291); 90, 60 (85); *Sachs*, in: Sachs, Grundgesetz, Art. 20 Rn. 123.

[186] Vgl. zu dem Fall einer Rechtsprechungsänderung im Tarifrecht BAGE 116, 326 (Rn. 25 ff.).

[187] Siehe etwa *Maurer*, in: Isensee/Kirchhof, Handbuch des Staatsrechts der Bundesrepublik Deutschland, § 79 Rn. 154.

Modifikation diese Gesetzeslage nachträglich abgeändert wird.[188] Dieses Problem ist bereits in der Gleichzeitigkeit von richterlicher Rechtserzeugung und Rechtsanwendung angelegt.

Will man die Rechtsfortbildung nicht auf „lediglich“ zukünftige Wirkungen beschränken – und gerade diese kommt ihr nach der hier vertretenen Auffassung nicht zu – muss ihre Rückwirkung bei der Beurteilung der verfassungsrechtlichen Grenzen mitberücksichtigt werden.[189] Nach der Rechtsprechung des Bundesverfassungsgerichts ist eine echte Rückwirkung nur zulässig, wenn das Vertrauen des Betroffenen nicht schutzwürdig ist oder das öffentliche Interesse an der Rückwirkung überwiegt.[190] Gerade das letztere Kriterium passt auf die einzelfallbezogene richterliche Rechtsfortbildung jedoch nicht. Diese geschieht gerade im Zivilrecht ja nur selten unmittelbar im allgemeinen Interesse, sondern eher zugunsten (oder zulasten) eines übersehenen Einzelinteresses. Es stellt sich insoweit die Frage, ob dem Richter im Rahmen der richterlichen Rechtsfortbildung nicht mitunter sogar größere Gestaltungsspielräume eingeräumt sind als dem parlamentarischen Gesetzgeber.

---

188 Darüber hinaus wirkt die Beachtung nachträglich eingetretener Gesetzesänderungen immer rückwirkend, weil zu dem Zeitpunkt, als sich der Sachverhalt zugetragen hat, noch die alte Gesetzeslage galt und von den beteiligten Personen – etwa beim Vertragsschluss – zu Grunde gelegt wurde bzw. werden musste. Insofern ist es nicht zutreffend den Eintritt der Rechtswirkung für die Normadressaten mit der Anwendbarkeit durch Behörden und Gerichte gleichzusetzen (vgl. aber BVerfGE 42, 263 (283); *Guckelberger*, in: Friauf/Höfling, Berliner Kommentar zum Grundgesetz, Art. 82 Rn. 98 m. w. N.). Dies kann nur unter der Einschränkung gelten, dass insbesondere Gerichte das neue Gesetz nur auf solche Fälle anwenden dürfen, die zum Zeitpunkt des Inkrafttretens noch nicht abgeschlossen waren. Eine fehlende Übergangsbestimmung darf nicht dazu führen, dass das Gesetz auf Fälle Anwendung findet, auf die es der Gesetzgeber im Rahmen einer Übergangsbestimmung nicht hätte anwenden lassen dürfen.

189 Vgl. *Michael*, Der Staat 2015, 349 (379); *Basedow*, RabelsZ 2015, 237. Eine rein zukunftsgerichtete Rechtsfortbildung wird etwa in Form der Ankündigung zukünftiger Rechtsprechungsänderungen verlangt, siehe dazu *Dürig*, Zweck und Rechtsgleichheit, hier zitiert nach: *Dürig*, Gesammelte Schriften 1952–1983, S. 307. Die Praxis und auch die Rechtsfortbildungsmethodik sind demgegenüber gerade auf die Rechtsfortbildung für den zu entscheidenden Einzelfall ausgerichtet.

190 BVerfGE 103, 392 (404); 108, 370 (402 f.); 123, 111 (130 f.); 126, 369 (393 f.); 135, 1 (Rn. 62); *Sachs*, in: Sachs, Grundgesetz, Art. 20 Rn. 132; zu den Ausnahmen *Maurer*, in: Isensee/Kirchhof, Handbuch des Staatsrechts der Bundesrepublik Deutschland, § 79 Rn. 44 ff.

b) Beispiel: Rechtsfortbildung im Fall der positiven Vertragsverletzung

Dies sei an folgendem Beispiel[191] verdeutlicht: In der ursprünglichen Fassung des BGB war die sogenannte „positive Vertragsverletzung"[192] nicht erfasst. Schadensersatzpflichtig war vereinfacht gesagt nur die fehlende, nicht aber die schlechte Leistung. Bei der Lieferung z. B. eines erkrankten Rindes entstanden insofern keine vertraglichen Ersatzansprüche für den Schaden, der daraus entstand, dass andere Tiere aus der Herde des Käufers durch Ansteckung erkrankten. Die Rechtsprechung hat dem Käufer gleichwohl im Wege der Analogie zu einem Schadensersatz verholfen.[193]

Es erscheint demgegenüber jedoch äußert fragwürdig, ob es dem Gesetzgeber im Rahmen einer Gesetzesänderung möglich gewesen wäre, den gleichen Effekt zu erzielen. Dazu hätte die positive Vertragsverletzung rückwirkend geregelt, d. h. die entsprechende neue Anspruchsnorm auch für bereits erloschene Schuldverhältnisse für anwendbar erklärt werden müssen. Dies wäre jedoch aufgrund des verfassungsrechtlichen Rückwirkungsverbots unzulässig gewesen, denn der Verkäufer durfte auf die geltende Rechtslage zum Zeitpunkt des Geschäfts vertrauen (also auch darauf, für „positive Vertragsverletzungen" nicht zu haften). Insofern wäre ein Schuldverhältnis, in welchem lediglich noch ein Anspruch aus „positiver Vertragsverletzung" im Raum steht, nach alter Rechtslage bereits erloschen und damit als abgeschlossener Sachverhalt zu behandeln gewesen.

Ausnahmeregelungen wie etwa die „verworrene Rechtslage"[194] greifen dabei nicht, weil der Gesetzgeber seinerzeit der Ansicht war, alle relevanten Pflichtverletzungen vollständig erfasst zu haben.[195] Es ist auch schwer verständlich, wie sich eine „Lücke" im Gesetz negativ auf die Schutzwürdigkeit des Vertrauens des Verkäufers ausgewirkt haben soll, zumal dieser ja nicht zwischen planmäßigen und planwidrigen Lücken zu unterscheiden vermag.

Eine Rückwirkung wegen eines überwiegenden öffentlichen Interesses ist demgegenüber noch fernliegender bzw. problematischer. Gerade in zivilrechtlichen Fällen (wie dem obigen Beispiel) geht es um die Abwägung gegenläufiger Einzelinteressen, von denen keines von vornherein zu einem „öffentlichen" Interesse verallgemeinert werden kann. Es ist in diesen Fällen gerade eine politische und keine juristische Entscheidung, einer der beiden Interessen

---

191 Beispiel nach *Zippelius*, Juristische Methodenlehre, S. 55.

192 Grundlegend dazu *Staub*, Die positiven Vertragsverletzungen, 1904.

193 Zu diesem bekannten Beispiel der Rechtsfortbildung etwa *Larenz*, Methodenlehre der Rechtswissenschaft, S. 373 m. w. N.

194 Siehe zu den Ausnahmen statt vieler *Grzeszick*, in: Dürig u. a., Grundgesetz, Art. 20 Rn. 83 ff.

195 *Larenz*, Methodenlehre der Rechtswissenschaft, S. 373.

ein höheres Gewicht beizumessen. Die Rückwirkung durch richterliche Rechtsfortbildung lässt sich nicht in die bestehende Rückwirkungsdogmatik einfügen, ihre Rechtsfertigung ist nur verfassungsimmanent denkbar.

c) Rechtsfortbildung als unvorhersehbare staatliche Handlung

Ähnliche Probleme bereitet auch der Grundsatz der Vorhersehbarkeit staatlichen Handelns. Der Einzelne muss demnach prinzipiell vorhersehen können, wie der Richter entscheiden wird.[196] Rückwirkungsverbot und Vorhersehbarkeitsgrundsatz stehen dabei in enger Verbindung.[197]

Die notwendige Vorhersehbarkeit ist regelmäßig dadurch gewährleistet, dass der Richter auf Basis des möglichst eindeutig formulierten, bekannt gegebenen Rechts urteilt.[198] Soweit dieses Gesetz dem Richter Spielräume eröffnet, insbesondere durch unbestimmte Rechtsbegriffe und Generalklauseln, ist auch die Ausnutzung dieser Spielräume in dem Sinne vorhersehbar, dass in erster Näherung jede im Rahmen des Spielraums mögliche Entscheidung getroffen werden könnte. Bei der richterlichen Rechtsfortbildung wird dieser Interpretationsraum aber gerade überschritten.

Dabei stellt sich die Frage, welches Maß an Information dem Regelungsunterworfenen zugemutet werden kann, d.h. von welchem Standpunkt aus die Entscheidung vorhersehbar gewesen sein muss. Man könnte insoweit argumentieren, dass die Betroffenen, die den „gesetzgeberischen Plan“ kennen, auch die Rechtsfortbildung hätten vorhersehen könnten, die diesen Plan umsetzen soll. Da sich dieser „Plan“ prinzipiell aus öffentlich zugänglichen Informationen, insbesondere den Gesetzgebungsmaterialien, rekonstruieren lassen kann, könnte sie auch den Regelungsunterworfenen zurechenbar sein.

Dieser Ansicht stehen jedoch erhebliche rechtsstaatliche Bedenken entgegen. Insbesondere die Gesetzesbegründungen spiegeln als Erklärung der Gesetzesautoren nicht automatisch den Willen des Gesetzgebers wieder.[199] Viel-

---

[196] Vgl. BVerfGE 110, 33 (53); *Huster/Rux*, in: Epping/Hillgruber, Beck'scher Online-Kommentar Grundgesetz, Art. 20 Rn. 182 ff.; zu der Vorhersehbarkeit im Öffentlichen Recht *Alleweldt*, Bundesverfassungsgericht und Fachgerichtsbarkeit, S. 299 f.

[197] Allg. dazu *Grzeszick*, in: Dürig u. a., Grundgesetz, Art. 20 Rn. 101 ff.; *Schulze-Fielitz*, in: Dreier, Grundgesetz, Art. 20 (Rechtsstaat) Rn. 49; zur Vorhersehbarkeit bei der Anwendung von Strafnormen *Hinrichs*, NJW 2001, 932 (932 f.); zu dem Erfordernis einer vorhersehbaren Rechtsprechungsentwicklung siehe auch *Brocker*, NJW 2012, 2996 (3000); *Rosenkranz*, ZfPW 2016, 351 (362 ff.).

[198] Zur Klar- und Bestimmtheit des Rechts siehe allg. *Grzeszick*, in: Dürig u. a., Grundgesetz, Art. 20 Rn. 51 ff.; *Antoni*, in: Hömig/Wolff, Grundgesetz für die Bundesrepublik Deutschland, Art. 20 Rn. 12.

[199] BVerfGE 1, 299 (312).

mehr ist eine umfassende Ausarbeitung aller Gesetzgebungsmaterialien, also auch der Protokolle und Stellungnahmen usw. notwendig,[200] und selbst nach umfangreichster Aufarbeitung ist üblicherweise kein eindeutiges Ergebnis erkennbar. Die Kenntnis dieser Texte sowie erst recht die juristisch höchst anspruchsvolle (und in erheblichem Maße von eigenen Wertungen abhängige) Ermittlung eines „gesetzgeberischen Plans" kann dem Regelungsunterworfenen nicht zugemutet werden. Schließlich kann niemand voraussehen, welches von mehreren vertretbaren Regelungskonzepten der Richter als das „richtige" erkennen wird.

Nimmt man das Gebot der Normklarheit ernst, muss der Betroffene im Grundsatz vielmehr allein anhand der Lektüre des Gesetzes die richterliche Entscheidung insoweit „vorhersehen" können, als er der Gesetzesformulierung nach zumindest mit ihrer Möglichkeit rechnen musste; denn nur diese Information steht ihm in Form eines gültigen, in einem demokratischen Verfahren zustande gekommenen Rechtstextes zur Verfügung. Bezieht man die Möglichkeit der Rechtsfortbildung hier mit ein, könnte letztlich überhaupt keine Entscheidung mehr ausgeschlossen werden.

d) Rechtsfortbildung und Zumutbarkeit

Hier liegt eine wichtige verfassungsrechtliche Implikation für die Frage einer ergebnisorientierten „Abgrenzung" von Auslegung und Rechtsfortbildung anhand der sprachkonventionellen Begrünbarkeit. Zwar ist eine solche Betrachtungsweise aus den dargelegten Gründen[201] nicht geeignet, eine abstrakte Abgrenzung zu leisten. Sie hat aber einen Wert in Bezug auf die Frage, welche Maßstäbe bei der Rechtfertigung eines im Wege der Rechtsfortbildung entstandenen Judikats zur Anwendung zu bringen sind. Denn wenn es im Einzelfall zutrifft, dass sich eine richterliche Entscheidung tatsächlich nicht mehr aus dem Gesetz selbst ergibt und allein auf einer vom Gesetz „abgelösten Rechtssubstanz"[202] oder einen „Quasi-Normtext"[203] gründet, d.h. auf Regelungen oder Wertungen außerhalb des unmittelbar einschlägigen Gesetzes, so wird das Ergebnis der richterlichen Entscheidung eben typischerweise aus Sicht des Regelungsunterworfenen nicht vorhersehbar gewesen sein. Es war ihm dann grundsätzlich nicht zumutbar, sich entsprechend der richterlichen Modifikation zu verhalten, vielmehr durfte er auf die gesetzliche Regelung in der unmodifizierten Form vertrauen.

---

200 Vgl. *W. Meyer*, in: von Münch/Kunig, Grundgesetz, Art. 97 Rn. 191 f.

201 Dazu vorstehend Punkt B. I. 1. a).

202 *Stern*, NJW 1958, 1435 (1435).

203 *Müller*, Richterrecht, S. 96.

Nur aus dieser Zumutbarkeitserwägung heraus ist die sogenannte „Wortlautgrenze“ zu ziehen, nicht aus der abstrakt-semantischen Betrachtung möglicher Wortbedeutungen zum Zwecke einer allgemeinen Abgrenzung zwischen Auslegung und Rechtsfortbildung.[204] Die Grenze zwischen Auslegung und Fortbildung ist insofern weder „fadendünn“ noch „fadenscheinig“.[205] Vielmehr sucht man die Grenze schlicht an der falschen Stelle, wenn man seinen Blick auf die Semantik richtet.

Was man dort lediglich finden kann, ist eine Antwort auf die Frage, ob eine Rechtsfortbildung aus Gründen der mangelnden Vorhersehbarkeit besonders rechtsfertigungsbedürftig ist.[206] Dazu ist es durchaus hilfreich, zu untersuchen, ob sich das Ergebnis des Richters noch im Rahmen möglicher Bedeutungen oder innerhalb des „Wortsinns“ oder „Bedeutungshofs“[207] befindet. Gleichwohl ist diese semantische Untersuchung nur ein Hilfsmittel bei der juristischen Bewertung, insbesondere können je nachdem, welche Informationen dem Regelungsunterworfenen im Einzelfall zur Verfügung stehen bzw. zurechenbar sind, auch Entscheidungen „außerhalb“ des Wortsinns vorhersehbar oder innerhalb desselben unvorhersehbar sein.

Der Regelungsunterworfene darf aber wegen des Gebots der Normklarheit zumindest im Grundsatz davon ausgehen, dass der Gesetzgeber seine Rechtstexte so formuliert, dass aus dem Kontext heraus zwar mögliche, aber völlig überraschende oder ganz fernliegende Wortbedeutungen nicht gemeint sind.[208] Insofern gelten für das Sprechen des Gesetzgebers andere Interpretationsregeln als für das Sprechen im üblichen Sinne, was sich auf die Vorhersehbarkeit judikativer Entscheidungen auswirkt. Bei privaten Sprechern kann tatsächlich von vornherein keine Begrenzung möglicher Bedeutungen bei Er-

---

[204] Insofern greift die sprachphilosophische Kritik, z. B. bei *Jestaedt*, in: Bumke, Richterrecht zwischen Gesetzesrecht und Rechtsgestaltung, S. 49 (59), der sich u. a. auf Wittgenstein beruft (Nachweise a. a. O.) zu kurz. Es geht nicht um die Frage, welche Bedeutungen *möglich* sind. In dieser Hinsicht existieren tatsächlich keine „feststehenden Sprachbedeutungen“. Es kommt vielmehr darauf an, welche Bedeutungszuweisungen den Regelungsunterworfenen unter Berücksichtigung seines Informationsstandes *zumutbar* sind. Diese Wertungsfrage ist im Kern juristischer Natur, die Sprachwissenschaft kann hier nur eine Hilfe bei der Bewertung sein.

[205] So *Jestaedt*, in: Bumke, Richterrecht zwischen Gesetzesrecht und Rechtsgestaltung, S. 49 (60).

[206] Anders aber wohl *Alleweldt*, Bundesverfassungsgericht und Fachgerichtsbarkeit, S. 302, der die Vorhersehbarkeit als verfassungsrechtliche Grenze der Rechtsfortbildung im Öffentlichen Recht versteht.

[207] Zum Begriff des Bedeutungshofs *Heck*, Gesetzesauslegung und Interessenjurisprudenz, S. 173 – „Ein sicherer Bedeutungskern wird von einem allmählich verschwindenden Bedeutungshof umgeben.“

[208] Vgl. zum Schutz des Bürgers vor „Überraschungen“ etwa *Dürig*, Zeit und Rechtsgleichheit, hier zitiert nach: *Dürig*, Gesammelte Schriften 1952–1983, S. 307.

klärungszeichen ausgemacht werden, weil keine „expliziten und förmlichen Vereinbarungen zwischen den Mitgliedern einer Sprachgemeinschaft“[209] existieren. Demnach kann beispielsweise je nach situativem Kontext der Ausdruck „Katze“ beispielsweise einen Hund bezeichnen, etwa wenn sich der Sprecher irrt oder sich des Unterschieds zwischen diesen Tierarten nicht bewusst ist. Wenn ein Kind, welches in seinem bisherigen Leben noch keiner Katze begegnet ist, auf eine solche zeigt und sagt: „Das ist ein komischer Hund“, so wird jedem Beobachter klar sein, dass es mit „Hund“ hier eine Katze meint.

Die Sprachkonventionen zwischen Gesetzgeber und Regelungsunterworfenen sind jedoch, anders als zwischen privaten Sprechern, verfassungsrechtlich überformt, insbesondere eben durch das Gebot der Normklarheit und der Vorhersehbarkeit staatlichen Handelns. Insofern ist zu unterscheiden zwischen der semantischen Frage, was unter einem bestimmten Erklärungszeichen unter dem gegebenen situativen Kontext verstanden werden *konnte*, und der juristischen Frage, was darunter verstanden werden *musste*.

Das Gebot der Normklarheit erfordert, dass der Regelungsunterworfene gerade nicht über den „wahren Sinn“ einer Norm spekulieren muss, um (gegebenenfalls entgegen einem klaren Wortlaut) über den Inhalt einer Regelung Erkenntnis zu erlangen. Welchen Gehalt insbesondere seine gesetzlichen Verpflichtungen und Berechtigungen haben, muss sich ihm im Grundsatz allein durch den in einem demokratischen Verfahren erzeugten Text erschließen.[210] Der Gesetzgeber hat dabei so klar und verständlich zu formulieren, dass das Gemeinte – wenn nicht sicher, dann jedoch zumindest andeutungsweise – zum Ausdruck kommt.[211] Gesetzestexte sind insofern besondere Sprechakte, die sich anerkanntermaßen auch einer besonderen Sprache bedienen.[212]

Diese verfassungsrechtliche Einhegung des gesetzgeberischen Sprachgebrauchs schließt nicht unbedingt juristische Auslegungsergebnisse aus, begrenzt also die Auslegung nicht und bildet auch keine abstrakte Grenze zwischen den Sphären „Auslegung“ und „Fortbildung“. Gleichwohl führt sie dazu, dass dementsprechend unvorhersehbare richterliche Entscheidungen in besonderer Weise rechtfertigungsbedürftig sind – dies gilt aber sowohl für den Bereich der Auslegung als auch für den Bereich der Rechtsfortbildung. Allein

---

209 *Koch*, ARSP 1975, 27 (29).

210 Zur Normklarheit BVerfGE 14, 13 (16); 17, 306 (314); 47, 239 (247); 103, 21 (33); 135, 48 (Rn. 66); *Sachs* in *Sachs*, Grundgesetz, Art. 20 Rn. 125, 130.

211 Kritisch zu der sogenannten Andeutungstheorie aber etwa *Wank*, Die Auslegung von Gesetzen, S. 33; *Höpfner*, RdA 2018, 321 (325).

212 Vgl. ausführlich zu den sprachwissenschaftlichen Aspekten *Busse*, Juristische Semantik; speziell zu der Wortlautgrenze auch *Christensen*, in: Felder/Vogel, Handbuch Sprache im Recht, S. 187 ff.

wird bei der Rechtsfortbildung eben typischerweise auch ein unvorhersehbares Ergebnis erzielt.

Vor dem Hintergrund der Vorhersehbarkeit wird auch deutlich, auf welchen Verständnishorizont es bei der Bewertung ankommen muss. Wenig überzeugend ist es insofern, auf das „Wort- und Begriffsverständnis des kompetenten Rechtsanwendungsorgans"[213] abzustellen, weil dieses Organ durch den Grundsatz der Vorhersehbarkeit gerade nicht berechtigt, sondern verpflichtet ist. Es muss vielmehr auf ein Begriffsverständnis ankommen, dass auch ohne juristische Expertise erreichbar ist. Geht man davon aus, dass es bei dem Begriffsverständnis, also für das sog. „Wortlautargument", ohnehin gerade nicht auf juristisches Zusatzwissen um die Systematik, die Rechtsgeschichte und die Teleologie ankommen soll, stellt sich ohnehin die Frage, inwiefern sich das rein semantische Begriffsverständnis eines „kompetenten Rechtsanwendungsorgans" von jenem eines „objektiven Dritten" unterscheiden soll.

Zwar entscheidet der Richter letztlich über die Begriffsbedeutung, Maßstab seiner Entscheidung sollte aber gerade nicht sein persönliches Verständnis, sondern die (objektivierte) Perspektive der Person sein, die die Regelung befolgen soll. Dabei ist auch zu beachten, dass sich im Laufe der Zeit wandelnde Sprachkonventionen Einfluss auf die Zumutbarkeit haben können.[214]

Insofern geht auch die Kritik an der Existenz einer semantischen Grenze letztlich fehl, wenn diese allein auf der sprachwissenschaftlichen Ebene verharrt. So wird zwar in zustimmungswürdiger Weise die Tauglichkeit des Gesetzeswortlauts als Begrenzung der Auslegung angezweifelt, insbesondere unter Verweis auf sprachwissenschaftlich nicht haltbare Vorstellung von Bedeutungsgrenzen sowie auf die Einsicht, dass auch „innerhalb" einer Wortlautgrenze richterliche Rechtsschöpfung stattfindet, insbesondere etwa im Rahmen von Generalklauseln.[215] Prägnant formuliert hat diese Kritik Otto Depenheuer:

> Sprache ist […] aus sich heraus unfähig, Interpretationsmöglichkeiten zu begrenzen.[216]

---

[213] *Friauf*, in: Tipke, Grenzen der Rechtsfortbildung durch Rechtsprechung und Verwaltungsvorschriften im Steuerrecht, S. 53 (60).

[214] Siehe zu einem solchen Fall BGHSt 1, 1, wo eine zuvor unzumutbare Bedeutungszuweisung (Flüssigkeit als Waffe) durch Wandel des Sprachgebrauchs zumutbar geworden ist, maßgeblich geprägt durch den Einsatz von sogenannten Chemiewaffen während des Ersten Weltkriegs.

[215] Siehe etwa *Möllers*, Juristische Methodenlehre, S. 131; *Jestaedt*, Grundrechtsentfaltung im Gesetz, S. 329 ff.; dagegen *Christensen/Kübbeler*, ZERL 2011, (9 ff.); ausführlich zu der Kritik an der Theorie der Wortlautgrenze *Klatt*, Theorie der Wortlautgrenze, S. 73 ff.

[216] Speziell zu der Verfassungsauslegung *Depenheuer*, Der Wortlaut als Grenze, S. 40.

Dies bedeutet aber nicht, dass alle möglichen Interpretationen auch juristisch-methodisch *zulässig*[217] sowie den Regelungsunterworfenen auch in verfassungsrechtlicher Hinsicht zumutbar sind. Selbst wenn man im Rahmen einer objektiven Auslegung den Gesetzestext völlig aus seinem historischen Kontext „herauslöst“,[218] so bleiben diesem doch gewisse tatsächliche Kontexte und vor allem verfassungsrechtliche Anforderungen unabänderlich vorgegeben. Dazu gehört insbesondere, dass der Gesetzgeber ihm im Einzelnen unbekannte Fälle durch abstrakt-generelle, auf Befolgung angewiesene Normierung regeln wollte und dabei an das Gebot der Normklarheit gebunden war. Insofern ist das Bild der Wortlautgrenze nur als Bewertung einer möglichen Interpretation als unvorhersehbar und somit „unbefolgbar“ zu verstehen. Damit ist nicht gesagt, dass diese Interpretation nicht möglich wäre, sondern nur, dass es niemandem vorgeworfen werden kann, wenn er diese Interpretationsmöglichkeit nicht erkannt und sein Verhalten nicht danach ausgerichtet hat.

Dass die Wortlautgrenze sprachwissenschaftlich nicht haltbar und in zahlreichen Fällen auch untauglich ist, ändert nichts daran, dass sie in ebenso zahlreichen Fällen bei der Bewertung dieser Zurechenbarkeit helfen kann.[219] Wo insbesondere die Sprachwissenschaft keinen oder nur einen eingeschränkten Beitrag zu der Abgrenzung von Auslegung und Rechtsfortbildung leisten kann, muss die notwendige Zuordnung eben auf andere Argumente gestützt werden. Im Zweifel ist, auch um den Gesetzgeber zur Normklarheit zu disziplinieren, die Vorhersehbarkeit abzulehnen und von einer Rechtsfortbildung auszugehen.

Zugleich ist zu beachten, dass gerade in der hier angesprochenen Rückwirkung auch die Legitimation der Rechtsfortbildung begründet liegt. Durch die zurückwirkende Modifikation wird eine angemessene Entscheidung gerade in dem zu entscheidenden Fall erreicht, der streng nach der Gesetzeslage unangemessen entschieden werden müsste. Die Anforderungen an rückwirkende Gesetze können insofern nicht direkt auf die Rückwirkung durch judikative Modifikationen übertragen werden. Die Situation ist eher vergleichbar mit der Normverwerfung durch die Verfassungsgerichte. Auch hier wirkt die Nichtigerklärung auf den zu entscheidenden Fall insoweit zurück, als das Gesetz regelmäßig für „von Anfang an nichtig“ anzusehen ist. Zum Zeitpunkt des Sachverhalts war das Gesetz aber (je nach Sichtweise) noch gültig oder wurde von den Beteiligten jedenfalls regelmäßig als gültig angesehen.[220] Dass

---

[217] Vgl. *Voigt*, Entscheidungen gegen den klaren Wortlaut des Gesetzes, S. 33.

[218] Begriff bei *Depenheuer*, Der Wortlaut als Grenze, S. 40.

[219] Vgl. *Klatt*, Theorie der Wortlautgrenze, S. 290.

[220] Siehe zu der Nichtigkeitslehre sowie der Vernichtbarkeitslehre *Schlaich/Korioth*, Das Bundesverfassungsgericht, Rn. 379 ff.

Normverwerfungen teilweise weitreichende rückwirkende Effekte haben können, zeigt anschaulich die Entscheidung des Bundesverfassungsgerichts zum sogenannten „Berliner Mietendeckel“.[221]

Insgesamt lässt sich hier zunächst festhalten, dass die richterliche Rechtsfortbildung der verfassungsrechtlichen Rechtfertigung bedarf, weil sie dem Gebot der Vorhersehbarkeit judikativer Entscheidungen und dem Rückwirkungsverbot entgegensteht.

3. Demokratische Legitimität und politische Verantwortung

Die Verfassungsprobleme der richterlichen Rechtsfortbildung ergeben sich in vollem Umfang erst vor dem Hintergrund der Volkssouveränität. Das Volk trifft – repräsentiert durch das Parlament – die politischen Entscheidungen, Exekutive und Judikative sind dagegen zu einer neutralen Haltung verpflichtet, sie dienen der Realisation des Volkswillens. Dieser Mechanismus stellt als Bestandteil der freiheitlich-demokratischen Grundordnung eine fundamentale Bedingung staatlicher Legitimität dar.[222] Judikativ eingetragener Wille ist der sprichwörtliche „Sand“ in diesem „Getriebe“. Der (auch nur teilweise) politisch handelnde, d.h. seinen eigenen Willen verwirklichende Richter unterbricht durch seine Intervention die legitimierende Kette, die seine Entscheidung mit dem (freilich fiktionalen) Volkswillen verbindet.

Dementsprechend sind politische Eigeninitiativen des Richters in seiner Amtsfunktion, die immer auch einen staatlichen Eingriff in den politischen Prozess bedeuten, aus verfassungsrechtlicher Perspektive kritisch zu beurteilen.[223] Nur der nicht lediglich in formaler, sondern auch in inhaltlicher Hinsicht an der Fremdentscheidung des Gesetzgebers orientierte Richter, der nicht mit Hilfe, sondern anhand des Gesetzes entscheidet, kann die notwenige „weltanschauliche und politische“ Distanz halten, die für eine Verwirklichung des Volkswillens erforderlich ist.[224] Dies steht durchaus in Konflikt mit der allgemein an die Richterschaft gestellte Anforderung, diese müssten *sich* entscheiden.[225]

---

221 BVerfG, Beschluss vom 25. März 2021 – 2 BvF 1/20. Siehe zu dem Problem der Rückwirkung in diesem Zusammenhang *Schmid*, WuM 2020, 745 (754).

222 BVerfGE 144, 20 (Rn. 531 ff.); dazu *Thrun*, DÖV 2019, 65 (70).

223 Vgl. kritisch zu parteipolitisch aktiven Richtern etwa *Moll*, ZRP 1985, 244 (245). Von einem – auch leidenschaftlichen – privaten politischen Engagement darf allerdings nicht auf politisch motivierte Rechtsfindung geschlossen werden.

224 So *Picker*, in: Bumke, Richterrecht zwischen Gesetzesrecht und Rechtsgestaltung, S. 85 (98, 101); vgl. auch *Riedel*, Das Postulat der Unparteilichkeit des Richters, S. 13 ff., der auf die gleichheitsrechtlichen Aspekte einer richterlichen „Parteilichkeit“ hinweist.

Die Rechtsfortbildung muss, wie alle Staatsgewalt, auf einen Volkswillen zurückführbar sein.[226] Solange sich eine richterliche Entscheidung auf die Regeln der Auslegung stützt, kann sie dem demokratisch legitimierten und an das Verfahren der Art. 76 ff. GG gebundenen Gesetzgeber im Rahmen des Verursachungsprinzips zugerechnet werden. Der Wille des Volkes hat dann die Entscheidung maßgeblich bestimmt.[227] Der Begründung des Judikats kommt dabei erneut die entscheidende Bedeutung zu; die Argumentation stellt die normative Verknüpfung zwischen den belastenden, konkreten Hoheitsakt und dem politischen Willen des Gesetzgebers her.

Dabei soll hier nicht der rechtserzeugende Charakter auch der „wortlautgetreuen" Auslegung verkannt werden. Der für die verfassungsrechtliche Bewertung wesentliche Unterschied ist aber weniger ein interner als ein externer. Ein Auslegungsergebnis, das nicht mit dem Normtext im Widerspruch steht, vermag zumindest den Anschein eines authentischen Nachvollzugs gesetzgeberischer Entscheidung zu erwecken. Auf diesem Anschein und auf die das Ergebnis stützende Begründung anhand des Gesetzesinhalts gründet die Zurechnung des Einzelakts zu dem Souverän. Wo eine Entscheidung aber mit dem Wortlaut im Konflikt steht, wird dieser Anschein zunichtegemacht und muss auf andere Weise wiederhergestellt werden. Der Normtext ist zwar nicht mit dem Norminhalt identisch, aber eben doch ihr „unverzichtbarer Platzhalter".[228] Mit seiner Übergehung geht zwangsläufig die Frage nach der Zurechenbarkeit der spezifischen Entscheidung zum Gesetzgeber einher, für die ansonsten bei Entscheidungen „im Rahmen" des Wortlauts eine Vermutung besteht.

Soweit der Betroffene die richterliche Entscheidung als gesetzmäßig akzeptiert, kann er den Gesetzgeber für den Erlass oder die Nicht-Änderung der Regelung politisch zur Verantwortung ziehen, also sein Wahlverhalten entsprechend ausrichten.[229] Wenn beispielsweise aufgrund einer Sozialrechtsre-

---

225 Insofern sollte es eigentlich irritieren, wenn Richter Ratgeberliteratur zu persönlichem Entscheidungsverhalten verfassen, siehe etwa *Schleif*, Endlich richtig entscheiden – Der Richter verrät seine besten Strategien, 2020.

226 Vgl. *Grzeszick*, in: Dürig u. a., Grundgesetz, Art. 20 Rn. 90 ff.; *Dreier*, in: Dreier, Grundgesetz, Art. 20 Rn. 82 ff.; *Bumke*, in: Bumke, Richterrecht zwischen Gesetzesrecht und Rechtsgestaltung, S. 33 (34 f.); *Voßkuhle/Sydow*, JZ 2002, 673 (676 ff.). Dazu auch bereits vorstehend Punkt B. II. 3.

227 Zumindest ist dies das Ziel des Verfahrens, vgl. *Tschentscher*, Demokratische Legitimation der dritten Gewalt, S. 1, 145 ff.; vgl. auch *Bumke*, in: Bumke, Richterrecht zwischen Gesetzesrecht und Rechtsgestaltung, S. 33 (36), wo die Auslegung im Rahmen eines Prozesses der „Rechtsmachtübertragung" durch den Text legitimiert wird.

228 So *Jestaedt*, ZÖR 2000, 133 (156).

229 Zu Demokratie als Verantwortungszusammenhang *Volkmann*, in: Friauf/Höfling, Berliner Kommentar zum Grundgesetz, Art. 20 (4. Teil) Rn. 27 ff.

form Person A ihren Anspruch auf Transferleistungen verliert und dagegen erfolglos gerichtlich vorgeht, wird A in erster Linie den Sozialgesetzgeber und nicht den Richter für dieses Ergebnis verantwortlich machen müssen.

Während bei der richterlichen Interpretation bzw. der Nutzung von semantischen Argumenten[230] die Zurechnung zu dem Gesetzgeber außer Frage steht, solange die Interpretationsregeln[231] eingehalten sind, gestaltet sich die Zurechnung einer richterlichen Modifikation schwieriger. Gerade in der rückblickenden Betrachtung wird deutlich, dass Rechtsfortbildung gesetzgeberische Wertungen abwandeln kann.[232]

Hat der Gesetzgeber beispielsweise eine regelungsbedürftige Fallgruppe übersehen, so müsste er eigentlich konsequenterweise die politische Verantwortung für diese aus seiner „Unachtsamkeit" resultierenden „Lücke" im Gesetz übernehmen. Dementsprechend wäre dem Gesetzgeber gerade nicht die Fortbildung, sondern die „wortlautgetreue", aber unangemessene Anwendung (bzw. Nicht-Anwendung) zurechenbar. Die Betroffenen könnten dann den Gesetzgeber für das Übersehen dieser Fallgruppe entsprechend kritisieren und politisch haftbar machen.

Wenn der Richter diese Regelungslücke durch Rechtsfortbildung schließt, stellt sich die Frage, wer für diese Entscheidung in der Sache nun die politische Verantwortung übernehmen soll. Der Richter selbst ist unabhängig von jeglichen Weisungen und kann aus guten Gründen nicht vom Volk abgewählt werden.[233] Er taugt insofern von vornherein nicht als Zurechnungsobjekt politischer Verantwortlichkeit, was sich deutlich in der historischen Eingangsformel wiederspiegelt, nach welcher Urteile „im Namen des Volkes"[234] (also aus Sicht des Richters in fremdem Namen) ergehen.

Dem Gesetzgeber ist die Verantwortung nicht mehr ohne weiteres zurechenbar, weil er ja tatsächlich eine andere Regelung geschaffen hatte. Gerade weil seine Regelung den Fall nicht erfasst, war die Fortbildung ja erst nötig. Es droht, ein aus demokratischer Sicht nicht haltbares Verantwortungsvakuum

230 Dazu *Alexy*, Theorie der juristischen Argumentation, S. 289 ff.

231 Insofern ist allerdings durchaus problematisch, dass die Interpretationsregeln in einem rein juristischen Diskurs verhandelt werden, der für die Öffentlichkeit kaum zugänglich ist.

232 *Kriele*, Theorie der Rechtsgewinnung, S. 211 – „Da sich die Umwandlung immer nur Schritt für Schritt in ganz kleinen Stufen vollzieht, wird sie nicht bewußt: Das Detail lässt die optische Täuschung zu, daß die ‚Wertungen des Gesetzgebers' maßgebend gewesen sind. Erst wenn man rückblickend mehrere Jahrzehnte richterlicher und dogmatischer Rechtsfortbildung übersieht, wird sichtbar, wie viel verschleierte Wertungswandlung die Analogie erlaubt."

233 Darauf hinweisend *Beaucamp*, AöR 2009, 83 (95).

234 So bestimmen es alle Prozessordnungen, siehe bspw. § 311 Abs. 1 ZPO; vgl. zu der Formel *Kulhanek*, ZRP 2015, 155.

zu entstehen. Dieses Problem kann nicht dadurch gelöst werden, dass die Modifikation mit ihrer Funktionalität, Praktikabilität und Gerechtigkeit begründet wird. Selbst das beste Urteil ist illegitim, solange es nicht „vom Volke" ausgeht.

a) Rechtsfortbildung als legitimationsbedürftige Rechtsveränderung

Eine Verantwortlichkeit des Richters für die Norminhalte widerspricht der Systematik des Grundgesetzes und insbesondere dem Prinzip der Gewaltenteilung.[235] Ein Kernelement dieses Prinzips ist es, dass Normanwendung und Normgestaltung nicht in der gleichen Person zusammenfallen dürfen.[236]

Genau dies geschieht aber, wenn der Judikative die Kompetenz zu Korrektur und Modifikation der Gesetze zugesprochen wird. Selbst wenn sich die Modifikation in engsten Grenzen hält, liegt darin doch zwangsläufig eine Veränderung des ursprünglichen Zustands. Dies gilt erst recht dort, wo in Ermangelung gesetzlicher Vorgaben ganze Rechtsgebiete richterrechtlich entwickelt worden sind, wie etwa im Falles des Kollektivarbeitsrechts.[237]

Gerade für die Frage der Bindung richterlicher Macht und die demokratische Legitimität richterlichen Entscheidens kommt dem Wortlaut daher eine eminente Bedeutung zu, denn er bietet dafür als einziges einen tatsächlichen Bezugspunkt an.[238] Es ist bereits erläutert worden, dass es einer Zuordnung von Judikaten zu den Bereichen der Auslegung oder der Rechtsfortbildung bedarf. Im Falle der Rechtsfortbildung kann eine richterliche Entscheidung nicht mehr als Versuch betrachtet werden, den Inhalt des Gesetzes zu verstehen (bzw. sein Ergebnis damit zu begründen).[239] Vielmehr hat der Richter in diesen Fällen bereits verstanden und erkannt, dass das Gesetz in dem fraglichen Fall unpassend oder anderweitig unbefriedigend ist. Genau dies kommt in den Begrifflichkeiten der „Regelungslücke",[240] der „Gesetzeskorrektur" für den „nicht erfassten" Fall und auch dem Begriff der „Fortbildung" selbst zum Ausdruck.

---

235 *Di Fabio*, in: Isensee/Kirchhof, Handbuch des Staatsrechts der Bundesrepublik Deutschland, § 27 Rn. 41.

236 Vgl. *Möllers*, Gewaltengliederung, S. 73, der von „Unterscheidbarkeit" spricht.

237 Vgl. *Engels*, Verfassung und Arbeitskampfrecht, S. 311 ff.; *Picker*, in: Bumke, Richterrecht zwischen Gesetzesrecht und Rechtsgestaltung, S. 85 (87).

238 Statt vieler *Friauf*, in: Tipke, Grenzen der Rechtsfortbildung durch Rechtsprechung und Verwaltungsvorschriften im Steuerrecht, S. 53 (60); siehe auch vorstehend Punkt B. I. 1. e).

239 Vgl. vorstehend Punkt B. I. 1. c).

240 Vgl. mit treffender Kritik zu dem Lückenbegriff nur *Jestaedt*, in: Bumke, Richterrecht zwischen Gesetzesrecht und Rechtsgestaltung, S. 49 (61).

Eine bei der „Befolgung“ des Telos den Anwendungsbereich des Gesetzes überschreitende Rechtsfortbildung muss den Zurechnungszusammenhang zum Gesetzgeber also auf anderem Wege als dem semantischen herstellen. Naheliegend ist, sich dabei unmittelbar auf die „Idee“ des Gesetzgebers zu berufen. Wenn es seine Zielvorstellung, sein Konzept war, welches die Modifikation erforderlich gemacht hat, so wäre diese ihm möglicherweise auch zuzurechnen.

Dieses Konzept basiert aber auf der fragwürdigen Annahme, dass der „Wille des Gesetzgebers“ etwas Feststehendes, für den Richter unveränderlich Vorgegebenes sei. Dies wird sich aber nur bei einer außergewöhnlich klaren historischen Quellenlage und damit leider nur für den geringsten Teil der Rechtsfortbildungen annehmen lassen.[241] Die praktisch relevanten Fälle basieren dagegen auf einem „Weiterdenken“ der gesetzgeberischen Idee und gehen der Frage nach, was der Gesetzgeber gewollt *hätte*.

Die Figur des gesetzgeberischen Willens erscheint aber auch aus systematischen Gründen ungeeignet, den nötigen Zurechnungszusammenhang zu gewährleisten. Eine Bindung der Rechtsfortbildung allein an den gesetzgeberischen „Willen“ stellt die Bedeutung des Gesetzgebungsverfahrens in Frage, in welchem dieser Wille ja eigentlich zu einem die Rechtsprechung bindenden verbindlichen Gesetz wird. Es ist gerade die Idee dieses aufwendigen Prozesses, dass nicht alle politischen Intentionen und Zwecke zu bindenden Vorgaben werden. Der Gesetzgeber ist daher für das *Ergebnis* des Gesetzgebungsverfahrens verantwortlich zu machen ist, d. h. die Verantwortungszurechnung muss über das „Gesetzgebungsprodukt“ erfolgen, nicht daran vorbei. Eine Bindung an den Gesetzgeberwillen ergibt daher sich daher nur im Zusammenhang mit der Gesetzesanwendung, hilft aber über den Anwendungsbereich des Gesetzes nicht hinweg.

Selbst wenn es also gelänge, eine Modifikation eindeutig und überzeugend mit dem Motiv des Gesetzgebers zu begründen, bliebe es dabei, dass er es nicht geschafft hat, diese Intention in dem Gesetz zur Geltung zu bringen. Er hat dann eine bestimmte Regelung zwar möglicherweise erlassen wollen, aber eben nicht tatsächlich erlassen. In zurechenbarer Weise verursacht hätte der Gesetzgeber damit nur, dass der Richter ein ggf. unangemessenes Urteil sprechen muss.

Eine überzeugende, die Zurechnung ermöglichende Begründung der Rechtsfortbildung müsste daher zunächst erklären, warum eine Entscheidung nach dem (lückenhaften) Gesetz für den Richter nicht möglich war. Dies lässt sich gerade nicht mit dem historischen oder teleologischen Argument errei-

---

[241] Zu dem vermeintlich klaren Beispiel des § 104 BGB siehe nachstehend Punkt C. I. 3.

chen, jedenfalls solange man diesen Aspekten keinen absoluten Vorrang gegenüber den semantischen Argumenten einräumt. Vielmehr steht der Richter ja gerade vor der Entscheidung, ob er nach der (von ihm als unbefriedigend bewerteten) Gesetzeslage entscheidet oder das Gesetz modifiziert.[242]

Bei näherer Betrachtung erweist sich der Ansatz, der rechtsfortbildende Richter sei allein an eine Idee gebunden, als gefährliche Entgrenzung. Denn damit wird die Bindung an jegliche erkennbaren Objekte aufgegeben und durch eine Verpflichtung auf ein kaum greifbares Konstrukt ersetzt. Der „eigentliche Gedanke" hinter der „äußeren Erscheinung" des Gesetzes wird besonders bei den rechtsfortbildungsbedürftigen Fällen kaum je mit ausreichender Klarheit zu erkennen sein.[243]

Regelmäßig kann man weder hinreichend sichere Erkenntnis über den „Plan" des Gesetzgebers erlangen, noch kann man annehmen, dass dieser Plan selbst „lückenlos" ist. Es ist deswegen unmöglich zu unterscheiden, ob man noch die „Idee" des Gesetzgebers nachvollzieht oder diese Idee bereits selbstständig weiterentwickelt. Welche Bindungswirkung der gesetzgeberischen Idee oder dem „Regelungskonzept" insofern überhaupt zukommen kann, ist fraglich und wird im Folgenden noch näher zu erläutern sein.[244] Dieser Umstand stellt aber auch die demokratische Legitimität von Rechtsfortbildung insgesamt in Frage.

Eine demokratische Legitimation über einen vermeintlich klar erkennbaren „Willen des Gesetzgebers" steht nicht nur auf tönernen Füßen, sondern geht auch im Wesentlichen an der Realität vorbei. Die Fälle einer solchen, von einem offensichtlichen Willen geleiteten Rechtsfortbildung sind selten und vergleichsweise unproblematisch.

Wo nämlich ein klarer Wille des Gesetzgebers erkennbar ist (oder, anders gesagt, eindeutig ist, wie die Regelung in dem aktuellen Kontext gemeint sein muss), dort ist Rechtsfortbildung regelmäßig schon gar nicht erforderlich oder von vornherein unzulässig. Denn in der ersten Alternative wird die Problematik typischerweise durch teleologische Auslegung überwunden, die verblei-

[242] Zu dem wenig überzeugenden Argument der Rechtsverweigerung siehe *Kelsen*, Reine Rechtslehre, S. 251 – „Die Theorie ist irrig, denn sie beruht auf der Ignorierung der Tatsache, daß, wenn die Rechtsordnung keine Pflicht des Individuums zu einem bestimmten Verhalten statuiert, sie dieses Verhalten erlaubt."; dazu noch nachstehend Punkt C. I. 1. e).

[243] So ist für *Windscheid*, Lehrbuch des Pandektenrechts, S. 61, die Frage, ob der Gesetzgeber nicht gesagt hat, was er hat sagen wollen, oder nicht gedacht hat, was er hat denken wollen, sehr häufig nicht mit Sicherheit zu beantworten, wobei sich zwangsläufig die Frage stellt, wie der Gesetzgeber etwas nur denken wollen, aber nicht wirklich gedacht haben kann.

[244] Dazu nachstehend Punkt C. I. 2.

benden Fälle von „Textkorrekturen“[245] werfen vergleichsweise wenige Probleme auf. In der zweiten Alternative, also bei einer klar entgegenstehenden gesetzgeberischen Intention, kommt eine Fortbildung nicht in Betracht.

Die relevanten und auch problematischen Fälle sind dagegen gerade die Situationen, wo kein klarer „Wille“ oder „Plan“ in Bezug auf die fragliche Fallkonstellation erkennbar ist, d. h. von dem Richter „zu-Ende-gedacht“ werden muss. Dort kann die Rechtsfortbildung aber nur eine Weiterentwicklung dieser „Idee“ und spätestens damit eine Veränderung des Rechts selbst sein. Zugleich lassen sich wegen dieser Unsicherheit hier eben verschiedene gesetzgeberische Ziele behaupten, ohne dass eines davon von vornherein unplausibel wäre.

Neben den vorstehend bereits angesprochenen Problemen, welche diese Situation in Bezug auf die Gewaltenteilung und Gesetzesbindung aufwirft, liegt hier das demokratische Kernproblem. Der Richter läuft bei seiner Rechtsfortbildung immer Gefahr, auch die politische Entscheidung des Gesetzgebers zu modifizieren. Dafür fehlt ihm jedoch unzweifelhaft das Mandat. Bei den methodischen Voraussetzungen der Rechtsfortbildung – also den Modifikationsregeln – muss daher beachtet werden, ob eine der Modifikation entgegenstehende politische Entscheidung in Bezug auf den fraglichen Fall existiert.

Die für den Bereich der Auslegung essenzielle Konstruktion eines „Plans“ (als Fiktion zur Ermöglichung der Auslegung)[246] verliert für den Bereich der Rechtsfortbildung nicht nur weitestgehend ihre Funktionalität, sondern verschleiert auch die demokratische Problematik, sowohl für die „Außenwelt“ als auch für den Rechtsanwender selbst. Nur wenn dem rechtsfortbildenden Richter bewusst ist, dass er auch die sogenannte „Gesetzesidee“ aktiv weiterentwickelt und nicht bloß in seiner „wahren Form“ erkennt, kann er angemessen mit der damit einhergehenden Verantwortung umgehen.[247]

b) Textkorrektur und Gesetzeskorrektur als zwei unterschiedlich problematische Modifikationen

Es ist insofern ein erheblicher Unterschied, ob der Richter bei einer ganz eindeutigen gesetzgeberischen Intention einen Fehler im Gesetzestext identifiziert oder ob er, wenn diese Intention unklar ist, fragt, was der Gesetzgeber in diesem Fall wahrscheinlich gewollt hätte. In dem einen Fall liegt eine Mo-

---

[245] Siehe zu dem Begriff nachstehend Punkt B. II. 3. b).

[246] *Baldus*, in: Baldus u. a., „Gesetzgeber“ und Rechtsanwendung, Fn. 62.

[247] So auch *P. Kirchhof*, in: Bumke, Richterrecht zwischen Gesetzesrecht und Rechtsgestaltung, S. 71 (75).

difikation vor, die man pragmatisch noch als „Textkorrektur“ bezeichnen kann, in dem anderen dagegen eine Korrektur des Gesetzesinhalts im engeren Sinne. Beide Typen sind selbstverständlich nicht scharf voneinander abgrenzbar, zeigen aber die Bandbreite der verfassungsrechtlichen Problematik auf. Für eine vollständige verfassungsrechtliche Bewertung der Rechtsfortbildung reicht es nicht aus, nur den unproblematischeren Typ zu betrachten.

Einige Ansätze verstehen die Rechtsfortbildung gleichwohl von vornherein allein im Sinne einer Textkorrektur, wodurch diese als eine eher technische, harmlose Angelegenheit erscheint.[248] Fälle „misslungener“ Formulierung bei ganz eindeutiger Intention sind jedoch nicht das eigentliche Problem der Rechtsfortbildung. Wendet man dieses Modell der Textkorrektur dann auch auf Fälle unklarer gesetzgeberischen Intention an, wird eine demokratisch problematische Tätigkeit quasi als handwerkliche Geringfügigkeit ausgegeben. Von einer „Textkorrektur“ kann dann aber eigentlich keine Rede mehr sein, weil der Richter nicht bloß einen für Jedermann sichtbaren Textfehler korrigiert, sondern entscheidet, ob überhaupt ein Textfehler vorliegt, indem er zuvor durch Weiterentwicklung der gesetzgeberischen Idee „herausfindet“, was der Gesetzgeber eigentlich wollte.

Als Beispiel für eine reine „Textkorrektur“ kann die Regelung des § 29 Abs. 2 Versammlungsgesetz (VersG) herangezogen werden. Dort werden für bestimmte, in Abs. 1 genannte Ordnungswidrigkeiten Geldbußen von bis zu 1.000 DM für Teilnehmende bzw. bis zu 5.000 DM für Versammlungsleiter angeordnet. Bisher wurden die Beträge durch den Gesetzgeber nicht an die Währungsumstellung auf EURO angepasst.[249] Trotzdem können sie von der Rechtsprechung ohne weiteres in EURO umgerechnet werden, obwohl der Wortlaut eindeutig auf DM lautet und der Gesetzgeber seinerzeit die Währungsumstellung nicht vorhergesehen hat.[250] Es steht aber dennoch völlig außer Zweifel, was die Regelung heute bedeutet, nämlich eine Begrenzung der Höchstsumme in der aktuellen Währung. Die Formulierungen „1.000 DM“

[248] Dies ist gewissermaßen bereits in dem Begriff der gesetzesimmanenten Rechtsfortbildung angelegt, vgl. *Larenz*, Methodenlehre der Rechtswissenschaft, S. 370.

[249] Insbesondere wurde das VersG nicht im Zuge des Gesetzes zur Einführung des Euro in Rechtspflegegesetzen und in Gesetzen des Straf- und Ordnungswidrigkeitenrechts, zur Änderung der Mahndruckverordnungen sowie zur Änderung weiterer Gesetze vom 13. September 2001 (BGBl. 2001, Teil I Nr. 68, S. 3574) oder des Gesetzes zur Umstellung von Vorschriften des Dienst-, allgemeinen Verwaltungs-, Sicherheits-, Ausländer- und Staatsangehörigkeitsrechts auf Euro (Sechstes Euro-Einführungsgesetz) vom 03. Dezember 2001 (BGBl. 2001, Teil I Nr. 64, S. 3306) angepasst.

[250] So auch *Wache*, in: Erbs u. a., Strafrechtliche Nebengesetze, VersammlG § 28 Rn. 39; vgl. allgemein zu der „Desavouierung der Wortlautgrenze“ bei der falsa demonstratio *Jestaedt*, in: Bumke, Richterrecht zwischen Gesetzesrecht und Rechtsgestaltung, S. 49 (60).

bzw. „5.000 DM“ sind (trotz des entgegenstehenden Wortlautes) heute so zu verstehen, dass die entsprechend umgerechneten Beträge in EURO gemeint sind.

Diese Korrektur ist dem Gesetzgeber auch ohne weiteres zurechenbar. Niemand, der etwa die Begrenzung der Geldbuße für Teilnehmende für zu niedrig hält, wird sich fragen, ob der Gesetzgeber oder die Rechtsprechung dafür verantwortlich ist. Es interessiert sich – soweit erkennbar – auch weder die Rechtsprechung noch das Schrifttum dafür, ob der Umgang mit der Norm als Auslegung oder Rechtsfortbildung einzustufen ist. Nach der hier vertretenen Ansicht ist die Umrechnung deswegen keine Rechtsfortbildung, weil die entsprechende gerichtliche Entscheidung noch in ausreichendem Maße anhand des Textes begründet werden kann.

Solche Fälle[251] eignen sich gut, um die Notwendigkeit und Sinnhaftigkeit von Textkorrekturen zu verdeutlichen. Sie können aber gerade nicht als modellhaft für Fälle der Rechtsfortbildung angesehen werden.

c) Verantwortungsvakuum bei richterlicher Inhaltskorrektur am Beispiel des Versammlungsrechts

Der Konflikt von Rechtsfortbildung und Demokratieprinzip gewinnt erst dort an realer Bedeutung, wo nicht mehr einem offensichtlichen Willen des Gesetzgebers entsprochen wird. Ein ebenfalls versammlungsrechtliches Beispiel für eine problematische Inhaltskorrektur findet sich für die §§ 14, 15 Abs. 3, 26 Nr. 2 VersG. Die Auslegung dieser Normen ergibt wegen des eindeutigen Wortlautes sowie der ebenso eindeutigen gesetzgeberischen Intention eigentlich zweifelsfrei, dass nach dem VersG alle Versammlungen 48 Stunden vor Beginn angemeldet werden müssen (§ 14 VersG). Wird diese Frist nicht eingehalten, kann die Behörde die Versammlung aus diesem Grund auflösen (§ 15 Abs. 3 VersG). Die Durchführung stellt für den Veranstalter darüber hinaus eine Straftat dar (§ 26 Nr. 2 VersG).

Das Bundesverfassungsgericht ist in der Brokdorf-Entscheidung[252] angesichts der offensichtlichen Widersprüche zu Art. 8 GG jedoch zu einer anderen, stark einschränkenden „verfassungskonformen Auslegung“ gelangt. So soll die 48-Stunden-Frist für sogenannte Spontanversammlungen nicht gelten. Eine Auflösung könne nicht allein auf die fehlende Anmeldung gestützt wer-

---

[251] Vgl. zu der Frage, ob das Abschneiden von Haaren mit einem Messer eine gefährliche Körperverletzung i. S. d. § 224 Abs. 1 Nr. 2 Alt. 2 StGB ist *Möllers*, Juristische Methodenlehre, S. 247 f.; zur Textkorrektur bei Art. 19 Abs. 1 S. 1 GG *Reimer*, Juristische Methodenlehre, Rn. 608.

[252] BVerfGE 69, 315 (348 ff.).

den, vielmehr müssten weitere, aus der fehlenden Anmeldung resultierende Gefahren hinzutreten.

Das Gericht hat mit dieser „verfassungskonformen Auslegung“ die Grenzen der Interpretation weit überschritten. Es geht hier erkennbar nicht mehr um das Verstehen, wie das VersG gemeint ist, sondern um eine echte inhaltliche Korrektur anhand der verfassungsrechtlichen Vorgaben.[253] Die „Idee“ des Versammlungsgesetzgebers war es nämlich gerade nicht, Ausnahmen für zeitkritische Versammlungen zu ermöglichen. Auch wollte er erkennbar die fehlende Anmeldung für die Auflösung genügen lassen.

Spontankundgebungen sollten ausweislich der Gesetzesbegründung eindeutig anmeldepflichtig sein, wobei insoweit auf eine Strafbarkeit der Teilnehmenden verzichtet wurde, nicht jedoch auf die Strafbarkeit des Veranstalters.[254] Es kann insofern keine Rede davon sein, dass der Gesetzgeber seinerzeit die Problematik der Spontankundgebung übersehen hat.[255] Die damals herrschende, den Gesetzesentwurf tragende Ansicht, wegen des Gesetzesvorbehalts in Art. 8 Abs. 2 GG könne das „Regel-Ausnahme-Verhältnis von Freiheit und Eingriff“[256] durch den Versammlungsgesetzgeber umgekehrt werden, findet sich auch in den Ausführungen des damaligen Innenmisters Lehr wieder, der zu Protokoll gegeben hat:

> „Wie ich glaube, ist eine im großen und ganzen gute Regelung gefunden worden. Art. 8 des Grundgesetzes sieht vor, daß Versammlungen unter freiem Himmel und Aufzüge durch Gesetz beschränkt werden können. Das bedeutet also, daß derartige Veranstaltungen einer Anmeldepflicht unterworfen werden können.“[257]

Insofern ist auch der § 15 Abs. 3 Var. 1 VersG durch die Brokdorf-Entscheidung nicht bloß in seinem Geltungsbereich reduziert, sondern bei Lichte betrachtet vollständig aufgehoben worden. Denn wenn es entscheidend auf die aus der fehlenden Anmeldung resultierenden Gefahren für die öffentliche Sicherheit ankommt, besitzt § 15 Abs. 3 Var. 1 VersG gegenüber Abs. 1 keinen eigenen Anwendungsbereich mehr. Die §§ 14, 15 Abs. 3 Var. 1, 26 Nr. 2 VersG sind deswegen insgesamt verfassungswidrig und hätten entsprechend durch das Bundesverfassungsgericht verworfen werden müssen.

Daran ändert auch der Umstand nichts, dass zumindest § 15 Abs. 3 Var. 1 VersG der Behörde einen Ermessensspielraum einräumt. Nach der Argumentation des Bundesverfassungsgerichts soll die Norm deswegen nicht verfas-

---

253 Vgl. allg. zu der Inhaltsveränderung durch Auslegung *Reimer*, Juristische Methodenlehre, S. 119 ff.

254 BT-Drs. Nr. 1/1102 vom 26.06.1950, S. 11.

255 So aber *Ossenbühl*, Der Staat 1971, 53 (65).

256 Formulierung nach *Höfling*, in: Sachs, Grundgesetz, Art. 6 Rn. 64 m. w. N.

257 Plenarprotokoll Nr.: 01/264 vom 06.05.1953 (12852).

sungswidrig sein, weil das Grundrecht der Versammlungsfreiheit bei der Nutzung dieses Ermessensspielraums beachtet werden kann.[258] In Fällen der lediglich fehlenden Anmeldung sei das Ermessen der Behörde somit aus verfassungsrechtlichen Gründen auf null reduziert.

Abgesehen davon, dass mit dieser Argumentation kaum je eine Ermessensvorschrift verfassungswidrig wäre, wird auch hier das Telos des § 15 Abs. 3 Var. 1 VersG missachtet. Der Gesetzgeber wollte der Versammlungsbehörde für den Fall der fehlenden Anmeldung nämlich gerade ein Ermessen einräumen. § 15 Abs. 3 Var. 1 VersG kann mit Blick auf Abs. 1 nur so verstanden werden, dass es dem Gesetzgeber dabei nicht auf das Hinzutreten weiterer Gefahren ankam. Nach der Brokdorf-Entscheidung gilt nun genau das Gegenteil; die Behörde hat nun bei einer lediglich fehlenden Anmeldung gerade keinen Ermessensspielraum mehr.

Der Sache nach betreibt das Bundesverfassungsgericht bei der Modifikation des VersG im Rahmen der Brokdorf-Entscheidung somit Rechtsfortbildung gegen den Willen des Gesetzgebers. Der Inhalt des VersG ist nach der Entscheidung nicht derselbe wie zuvor. Obgleich es seine Modifikation als „verfassungskonforme Auslegung“ ausgibt, lässt es dabei die Grenzen der Auslegung weit hinter sich; denn das Gericht ersetzt eine erkennbare gesetzgeberische Konzeption durch eine eigene, an die verfassungsrechtlichen Anforderungen angepasste Regelung.

Nach dem hier zugrundeliegenden Rechtsfortbildungsbegriff ist diese Modifikation allerdings im Ergebnis deswegen nicht als Rechtsfortbildung zu bezeichnen, weil das Bundesverfassungsgericht nicht in einer mit dem Fachgericht vergleichbaren Weise an das VersG gebunden ist. Das Gericht verfügt über eine eigene (wenn auch beschränkte) demokratische Legitimation, die es möglicherweise auch zu inhaltlichen Modifikation ermächtigen könnte.[259] Gleiches kann für die Fachgerichtsbarkeit nicht gesagt werden. Insofern ist es problematisch, dass das Bundesverfassungsgericht in der Brokdorf-Entscheidung den Eindruck erweckt, die gefundene verfassungskonforme Auslegung wäre auch zum Beispiel dem Bundesverwaltungsgericht möglich gewesen, und die Rechtsprechung nicht nur an dieser Stelle, sondern regelmäßig zu einer korrigierenden verfassungskonformen Auslegung aufgefordert.[260]

Der Fall macht insofern, obwohl es sich nicht um Rechtsfortbildung nach der hier zugrunde gelegten Definition handelt, das demokratische Problem

258 BVerfGE 69, 315 (353).

259 Ob dies aber auch entgegen einer klaren gesetzgeberischen Intention stattfinden darf, ist allerdings höchst fraglich.

260 BVerfGE 68, 337 (344), wonach die verfassungskonforme Auslegung die Aufgabe „eines jeden Gerichts“ sei; vgl. kritisch dazu *Reimer*, Juristische Methodenlehre, Rn. 631.

deutlich. Denn nach der Brokdorf-Entscheidung stellt sich wie nach jeder anderen richterlichen Inhaltsmodifikation – sei es Rechtsfortbildung oder verfassungskonforme Auslegung[261] – die Frage, wer eigentlich für das nun geltende Recht (hier das VersG in seiner einschränkenden „Auslegung") politisch verantwortlich sein soll.

Dem Gesetzgeber kann diese Verantwortung nicht zugerechnet werden, denn er wollte seinerzeit jedenfalls in Hinblick auf Spontanversammlungen gerade keine Ausnahmeregelung schaffen und hatte andere ausnahmebedürftige Fälle (wie etwa Eilversammlungen) jedenfalls nicht vor Augen, d. h. nicht in sein „Konzept" aufgenommen. Er hatte seinerzeit somit eine andere, verfassungswidrige Regelung intendiert. Diese Intention ist in Verlauf der verschiedenen Novellierungen und auch der Neuverkündung des VersG[262] auch nicht aktualisiert worden.

Von dieser politischen Verantwortung für eine verfassungswidrige Intention ist der Gesetzgeber durch die Entscheidung des Bundesverfassungsgerichts, die Norm verfassungskonform „auszulegen", nebenbei befreit worden. Durch die Modifikation durch das Bundesverfassungsgericht ist demgegenüber der Eindruck entstanden, der Gesetzgeber hätte eine Regelung erlassen, die – richtig ausgelegt – durchaus die Interessen von Eil- und Spontanversammlungen angemessen berücksichtig. Die richtige Lesart sei den Fachgerichten gewissermaßen lediglich entgangen. Dies entspricht gleichwohl nicht der Realität. Selbst als offene Rechtsfortbildung – etwa im Rahmen der Restriktion – wäre eine inhaltsgleiche fachgerichtliche Modifikation nicht zulässig gewesen, weil eine erkennbare gesetzgeberische Entscheidung entgegenstand.[263] Dabei war es eigentlich seine politische Entscheidung, auch Spontanversammlung einer Anmeldepflicht zu unterziehen. Ebenso war es später die Entscheidung des Gesetzgebers, das VersG nicht entsprechend zu ändern, obgleich das Problem der Spontandemonstrationen auf der Hand lag.[264]

Nach der hier vertretenen Ansicht hat das Bundesverfassungsgericht damit zumindest insoweit seine Kompetenz überschritten, als auch seine demokratische Legitimation nicht zu einer so weitreichenden Modifikation des Gesetzes entgegen der gesetzgeberischen Idee ausreichen kann. Die Kompetenz des Bundesverfassungsgerichts hätte in dieser Situation „lediglich" eine Norm-

---

261 Kritisch zu der Redundanz und Legitimität beider Handlungsformen *Jestaedt*, in: Bumke, Richterrecht zwischen Gesetzesrecht und Rechtsgestaltung, S. 49 (57 f.); vgl. zu der Problematik der verfassungskonformen Auslegung auch ausführlich *Lembke*, Einheit aus Erkenntnis?, S. 185.

262 Neufassung des Gesetzes über Versammlungen und Aufzüge (Versammlungsgesetz), BGBl. I 1978, S. 1798.

263 Vgl. dazu nachstehend Punkt C. I. 2.

264 Vgl. *Ossenbühl*, Der Staat 1971, 53 (53).

verwerfung zugelassen, die dem Gesetzgeber nebenbei einerseits in einer für die Bevölkerung sichtbaren Weise die Verfassungswidrigkeit der damaligen Intention „bescheinigt", ihm aber auch die Möglichkeit einer verfassungskonformen Neuregelung gewährt hätte. Eine verfassungskonforme „Auslegung" gegen den Wortlaut und die gesetzgeberische Intention mag zwar einen grundrechtskonformen Zustand herstellen, missachtet aber das Primat der gesetzgeberischen Entscheidung.

Gerade diese Tätigkeit – den Gesetzgeber durch Kassation seiner Gesetze in die Schranken zu weisen – hat dem Bundesverfassungsgericht den Rückhalt in der Bevölkerung verschafft, aus dem sich die hohe Akzeptanz seiner Entscheidungen ableitet und die seine außergewöhnliche Rolle im politischen Prozess begründet.[265] Eine Normverwerfung kann von den Wählerinnen und Wählern hinreichend klar als eine Missachtung der Verfassung durch den Gesetzgeber identifiziert und z.B. bei Wahlentscheidungen entsprechend berücksichtig werden.

Bei einer inhaltsverändernden „verfassungskonformen Auslegung" bleibt, wie bei der richterlichen Rechtsfortbildung, hingegen unklar, ob man den für das Gesetz verantwortlichen politischen Akteur durch Wiederwahl belohnen oder durch Abwahl bestrafen soll. Denn einerseits wollte er das fragliche Interesse gerade nicht aktiv berücksichtigen, andererseits wird seine Regelung (nach der entsprechenden Modifikation) diesem trotzdem gerecht. Die Rechtsfortbildung verursacht somit ein Verantwortungsvakuum, indem sie den Gesetzgeber aus seiner Verantwortung entlässt, ohne ein anderes, taugliches Verantwortungssubjekt zu benennen.[266]

Mit dieser Problematik verbunden ist eine zumindest potenzielle politische Missbrauchsgefahr. Besonders heikle oder politisch brisante Fallgestaltungen könnten durch „bewusstes Übersehen" in den Bereich der Rechtsfortbildung delegiert werden, um Kritik an unpopulären Regelungen im Nachhinein unter Verweis auf die richterliche Unabhängigkeit von sich weisen zu können.

d) Legitimationsprobleme bei richterlicher Rechtsfortbildung am Beispiel des Werkvertragsrechts

Die demokratischen Legitimationsprobleme der „verfassungskonformen Auslegung" und der Rechtsfortbildung sind dabei teilweise identisch. Dies

---

265 Zur besonderen Rolle des BVerfG etwa *Lepsius*, in: Jestaedt u. a., Das entgrenzte Gericht, S. 159 (165, 209); *Vásquez*, Verfassungsgerichtsbarkeit, Verfassungsprozessrecht und Pluralismus, S. 45 ff.

266 Auf die Entlassung aus der gesetzgeberischen Verantwortung hinweisend auch *Friauf*, in: Tipke, Grenzen der Rechtsfortbildung durch Rechtsprechung und Verwaltungsvorschriften im Steuerrecht, S. 53 (69).

zeigt sich etwa an dem Beispiel der analogen Anwendung[267] des § 618 Abs. 3 BGB. Diese Norm gewährt den Hinterbliebenen eines „Dienstverpflichteten", also einer Partei eines Dienstvertrags i. S. d. § 611 BGB, einen Anspruch, wenn dieser bei Verrichtung des Dienstes stirbt und der Dienstherr seinen Sicherungspflichten nicht nachgekommen ist.

Ein vergleichbarer Anspruch ist für den Werkvertrag nicht geregelt. Daher stellte sich die Frage, ob § 618 Abs. 3 BGB analog auch auf Fälle von Werkvertragsnehmern angewendet werden konnte, die in vergleichbarer Weise zu Tode kommen. Eine zu diesem Ergebnis verhelfende Auslegung war dabei nicht möglich, da die Norm offensichtlich nur für den Bereich der Dienstverträge gedacht und auch systematisch in dem Abschnitt der Dienstversträge eingeordnet ist. Der Gesetzgeber hatte offenbar schlicht übersehen, dass es zu vergleichbaren Situationen auch beim Werkvertragsnehmer kommen kann. Die Analogie wurde vom Bundesgerichtshof mit folgender Argumentation angenommen:

> „Dem § 618 Abs. 3 BGB liegt offenbar folgender Rechtsgedanke zugrunde. Der Dienstverpflichtete muß zuweilen auf Grund seiner Vertragspflicht in Räumen oder mit Vorrichtungen des Dienstherrn arbeiten, die Gefahren für Leib und Leben für ihn mit sich bringen. Der Dienstherr hat die vertragliche Pflicht, solche Räume und Vorrichtungen möglichst gefahrlos zu stellen. Wenn er oder seine Erfüllungsgehilfen diese Vertragspflicht verletzen und der Dienstverpflichtete infolgedessen tödlich verunglückt, so wäre es in hohem Maße unbillig, den Hinterbliebenen vertragliche Schadensersatzansprüche […] zu versagen […]. Diese Abweichung von der allgemeinen Regelung des vertraglichen Schadensersatzrechtes des BGB ist hier insbesondere um deswillen geboten, weil durch ein vertragliches Verschulden des Dienstherrn die äußerste Folge des Todes des Dienstverpflichteten eingetreten ist, und weil hier der Dienstverpflichtete nicht nur in seiner Eigenschaft als Einzelperson und Vertragspartner, sondern gerade und vor allem auch in seiner Eigenschaft als Ernährer seiner Familie getroffen ist, weil also die Hinterbliebenen in einem ganz besonderen Maße mit ihm getroffen werden. […]
>
> Die in § 618 Abs. 3 BGB unmittelbar geregelte Sachlage ist nun aber ungemein ähnlich derjenigen, die entsteht, wenn der Unternehmer eines Werkvertrages […] oder seine Erfüllungsgehilfen einen tödlichen Unfall erleiden und ihre Hinterbliebenen dadurch ihres Ernährers beraubt werden. Der Tatbestand, die Interessenlage und die aus ihr abzuleitende gerechte Ordnung der Rechtsfolgen sind so ähnlich, daß sie die entsprechende Anwendung des § 618 Abs. 3 BGB auf so gestaltete Werkverträge […] fordern, weil bei dieser besonderen Sachgestaltung die Anwendung des Werkvertragsrechts allein […] der Besonderheit des Falles nicht gerecht würde und zu unbilligen Ergebnissen führte."[268]

---

[267] BGHZ 5, 62 (66); diesen Fall als Beispiel für die Einzelanalogie nutzend *Möllers*, Juristische Methodenlehre, S. 251 f.

[268] BGHZ 5, 62 (65 ff.).

Es bleibt hier völlig offen, was der Gesetzgeber „wollte". Positiv stellt der Bundesgerichtshof nur fest, dass eine Geltung für den Bereich der Dienstverträge intendiert war.[269] Es gibt hier offensichtlich keine „Lücke", weder in der Formulierung noch in dem gesetzlichen Plan. Der Bundesgerichtshof entwickelt die Idee des Gesetzgebers vielmehr weiter und wendet sie – hier ganz offen mit Billig- und Gerechtigkeitsargumenten – auf Werkverträge an, weil er ansonsten eine aus seiner Sicht unangemessene Entscheidung treffen müsste. Dabei ist diese Rechtsfortbildung kein „Ausreißer", sondern ein typisches Beispiel zumindest für zivilrechtliche Analogieschlüsse und wurde später von der Rechtsprechung noch auf weitere Anwendungsgebiete ausgedehnt.[270] Es stellt sich auch hier die Frage, wer dafür die politische Verantwortung tragen soll.

Das Problem, welches der Bundesgerichtshof mithilfe seiner Modifikation löst, ist die Ungleichbehandlung von Werk- und Dienstvertragsnehmern (bzw. ihren Hinterbliebenen). Erstere werden ohne sachlichen Grund schlechter behandelt, indem ihnen kein vergleichbarer Ausgleichsanspruch zugedacht ist. Anders als in dem vorstehend erläuterten Fall der Versammlungsanmeldung wird man hier aber nicht sagen können, dass der Gesetzgeber diesen verfassungswidrigen Zustand erreichen wollte. Vielmehr hat der Gesetzgeber weder eine gleiche Regelung für den Werkvertrag intendiert, noch hat er dies vermeiden wollen. In seinem „Plan" kommt diese Problematik für den Werkvertrag schlicht nicht vor. Daher kann auch die Modifikation nicht sinnvoll mit diesem Plan begründet werden. Dies ist gerade die typische Situation, aus der heraus das Bedürfnis nach Rechtsfortbildung erwächst.

Im Fall des § 618 Abs. 3 BGB hätten dem Bundesgerichtshof durchaus verschiedene Möglichkeiten zur Verfügung gestanden, die Modifikationsbedürftigkeit zu begründen. Insbesondere hätte das Gericht unter Verweis auf seine Bindung an den Gleichheitssatz feststellen können, dass eine Entscheidung nach dem Wortlaut des Gesetzes nicht in verfassungsmäßiger Weise möglich war, weil diese eine ungerechtfertigte Ungleichbehandlung der Hinterbliebenen von Werk- und Dienstvertragsnehmern dargestellt hätte.

Diese Begründung hätte den Bundesgerichtshof allerdings in eine – sowohl kompetenzielle als auch machtpolitische – Konfliktsituation mit dem Bundesverfassungsgericht bringen können.[271] Denn die Aussage, dass eine Norm sich

---

[269] BGHZ 5, 62 (65).

[270] Siehe dazu *Wagner*, in: Säcker u. a., Münchener Kommentar zum Bürgerlichen Gesetzbuch, § 844 Rn. 12.

[271] Der Beschluss BGHZ 5, 62 vom 05. Februar 1952 ist – soweit ersichtlich – die erste Entscheidung des BGH nach Arbeitsaufnahme des BVerfG, bei dem sich eine verfassungsrechtliche Argumentation angeboten hätte. Siehe aber zu früheren Analogien in der BGH-Rspr. etwa BGHZ 3, 321 (338); 4, 62 (3. LS); 369 (375); 5, 46 (52) –

ohne Modifikation nicht verfassungskonform anwenden lässt, impliziert deren aktuelle Verfassungswidrigkeit. Damit hätte der Bundesgerichtshof aber nach Art. 100 Abs. 1 GG möglicherweise nicht modifizieren dürfen, sondern dem Bundesverfassungsgericht das Gesetz vorlegen müssen. Insofern ist es einsichtig, dass der Bundesgerichtshof (unter Rückgriff auf anerkannte Rechtsfortbildungsmethodik) statt mit der Verfassung lieber mit Billig- und Gerechtigkeit argumentiert.[272] Dieser argumentative Weg, bei welchem die Modifikationsbedürftigkeit gerade nicht als Verfassungsfrage, sondern als methodische Frage verhandelt wird, sichert auch die Kompetenz der Fachgerichtsbarkeit gegenüber dem Verfassungsgericht ab.

Dieser Weg stiftet aber auch Verwirrung, weil nun mit der Rechtsfortbildungsmethodik und dem allgemeinen Gleichheitssatz zwei Normsysteme[273] für die gleiche Frage zuständig werden: Was folgt aus gesetzgeberischen Ungleichbehandlungen? Bis heute existieren diese beiden Systeme parallel fort, trotz der immer wieder erhobenen Forderung, Methodenfragen als Verfassungsfragen zu verstehen.[274] Auch der zwischenzeitlich aufgekommene Begriff der „verfassungskonformen Rechtsfortbildung"[275] hat nicht zu einer Aufklärung beigetragen, sondern das Instrumentarium vielmehr um ein weiteres diffuses Modifikationswerkzeug ergänzt.

In diesem zivilrechtlichen Fall zeigt sich eine entscheidende Besonderheit des allgemeinen Gleichheitssatzes, auf die im Verlaufe der Arbeit noch ausführlich zu sprechen kommen sein wird:[276] dass sich (erst) bei der Rechtsanwendung immer wieder ungerechtfertigte Ungleichbehandlungen finden, die der Gesetzgeber weder gewollt noch vorhergesehen hat. Führen diese Ungleichbehandlungen zu der „gleichen" Verfassungswidrigkeit, die sich bei intendierten Diskriminierungen oder bei Freiheitsrechtsverletzungen ergibt? Was hilft Art. 3 Abs. 1 GG, wenn seine Existenz letztlich dazu führt, dass weder das Verfassungsgericht (mangels Kompetenz) noch der Gesetzgeber (insb. wegen des Rückwirkungsverbots)[277] die Ungleichbehandlung wirksam

in dieser letztgenannten Entscheidung wendet das Gericht zugleich Art. 19 Abs. 4 GG entsprechend an (S. 50).

272 Siehe zur der objektiven Brauchbarkeit des Billigkeitsprinzips *Gillis*, Die Billigkeit – eine Grundnorm des freien Rechts, S. 98.

273 Insofern von einem „Subsystem" sprechend *Picker*, in: Bumke, Richterrecht zwischen Gesetzesrecht und Rechtsgestaltung, S. 85 (107).

274 *Rüthers*, Rechtstheorie 2009, 253 (272).

275 Zum Begriff *Canaris*, in: Festschrift für Ernst A. Kramer, S. 141 (156 ff.).

276 Siehe nachstehend Punkt C. II.

277 Siehe aber mit Verweis auf BVerfGE 126, 400 (432) *Nußberger*, in: Sachs, Grundgesetz, Art. 3 Rn. 132, wonach grds. eine Pflicht des Gesetzgebers zur rückwirkenden Umgestaltung der Rechtslage bestehen soll. Dies kann aber nur für rein begünstigende Rückwirkungen gelten.

beseitigen können. Könnte Art. 3 Abs. 1 GG dann nicht gerade die richterliche Modifikation gebieten?

Für das Problem der demokratischen Legitimation gilt jedenfalls: Eine Begründung, wie sie sich in dem vorstehend zitierten Urteil des Bundesgerichtshofs zeigt, vermag die Entscheidung nicht in der erforderlichen Weise auf den „Volkswillen" zurückzuführen. Eine unmittelbare Zurechnung scheidet vielmehr schon deswegen aus, weil die Nicht-Geltung des Gesetzes der Ausgangspunkt der Analogie ist. Demokratisch legitim kann die Modifikation dann nur noch sein, wenn sie aus verfassungsrechtlichen Gründen unumgänglich war. Dazu müsste der „Systemfehler" im Gesetz aber zunächst überhaupt als Verfassungsproblem anerkannt werden.[278] Diesen Weg vermeidet die Rechtsfortbildung jedoch konsequent.

Das so ungelöst bleibende Legitimationsproblem kann auch nicht durch Abwägung behoben, sondern nur auf der konzeptionellen Ebene gelöst werden. Das heißt, dass die Rechtsfortbildungsinstrumente so konstruiert und im Einzelfall so begründet werden müssen, dass ihre Ergebnisse zumindest mittelbar noch dem Gesetzgeber, und sei es auch „nur" dem Verfassungsgesetzgeber, zurechenbar sind.[279] Anders als (möglicherweise) das Bundesverfassungsgericht kann das Fachgericht dabei von vornherein keine eigene politische Verantwortung tragen. In einem demokratischen und damit parlamentsfokussierten Verständnis der Rechtsprechung muss die Verantwortlichkeit immer dem Gesetzgeber zukommen.[280]

Eine vollständig freie richterliche Rechtsschöpfung kann diese Zurechnung von vornherein nicht leisten und bereits aus diesem Grund nicht verfassungskonform sein. Selbst für solche Fälle, in denen der Richter überzeugend darlegt, aus verfassungsrechtlichen Gründen zu einer Modifikation „gezwungen" gewesen zu sein,[281] bleibt weiterhin das Problem, dass der Richter anstelle des Gesetzgebers darüber entschieden hat, wie das Gesetz zu modifizieren ist.

Es ist festzuhalten, dass die Rechtsfortbildung erhebliche Probleme der demokratischen Legitimität und politischen Verantwortlichkeit mit sich bringt.

---

278 Vgl. zu Systemfehlern als Verfassungsprobleme *Friauf*, in: Tipke, Grenzen der Rechtsfortbildung durch Rechtsprechung und Verwaltungsvorschriften im Steuerrecht, S. 53 (61).

279 BVerfGE 149, 126 (Rn. 75); vgl. auch *Säcker*, Freiheit durch Recht, S. 217.

280 Vgl. zu dem Begriff der „parlamentsfocussierten" Sichtweise *Bumke*, in: Bumke, Richterrecht zwischen Gesetzesrecht und Rechtsgestaltung, S. 1 (9) mit Verweis auf *Lepsius*, in: Bertschi, Demokratie und Freiheit, S. 179.

281 Zu dem „Notwehrargument" allgemein auch *Jestaedt*, in: Bumke, Richterrecht zwischen Gesetzesrecht und Rechtsgestaltung, S. 49 (51, 56); vgl. zu der legitimierenden Kraft der Mangelhaftigkeit des Gesetzes auch *Bumke*, in: Bumke, Richterrecht zwischen Gesetzesrecht und Rechtsgestaltung, S. 33 (36).

Durch richterliche Rechtsfortbildung erreichte Entscheidungen können dem Gesetzgeber nicht mehr ohne weiteres zugerechnet werden, auch nicht über eine Begründung, die sich auf dessen (hypothetischen) Willen stützt. Die Zurechnung muss daher auf einem anderen Wege hergestellt werden. Darauf sind die herkömmlichen Begründungsansätze hinsichtlich der richterlichen Rechtsfortbildung aber nicht ausgerichtet.

4. (Verfassungs)gerichtliche Kontrolle

a) Rechtsschutz nach Art. 19 Abs. 4 GG

Fragen wirft schließlich auch der Rechtsschutz gegen richterliche Rechtsfortbildung auf. Nach Art. 19 Abs. 4 GG steht jedermann, der durch die öffentliche Gewalt in seinen Rechten verletzt ist, der Anspruch auf gerichtlichen Rechtsschutz zu. Dies erstreckt sich anerkanntermaßen auch auf Normsetzung durch die Verwaltung.[282] „Rechtsschutz gegen den Richter" vermittelt die Norm dagegen überwiegender Ansicht nach nicht.[283] Fraglich ist, ob dies auch für richterliche Gesetzesmodifikation gelten kann.

Die Gründe, die für einen Schutz gegen rein materielle Normsetzung der Verwaltung aus Art. 19 Abs. 4 GG sprechen, können allerdings nicht unbesehen auf richterliche Rechtsfortbildung übertragen werden. Für den Bürger mag es zwar keinen Unterschied machen, ob seine Belastung aus einer behördlichen Verordnung oder einer richterlichen Modifikation des Gesetzes folgt.[284] Gleichwohl bestehen zwischen materieller Normsetzung und richterlicher Rechtsfortbildung erhebliche Unterschiede, die eine gleichlaufende Überprüfung unmöglich machen. Die faktische Bedeutung eingeübter Rechtsfortbildung über den Einzelfall hinaus ist insbesondere nicht mit der abstrakt-generellen, normativen Geltung etwa von Satzungen gleichzusetzen.[285] Auch wenn durchaus ein entsprechender Schutzbedarf bei den Betroffenen besteht, kann es von vornherein keine abstrakte, d.h. über den Einzelfall hinausgehende Überprüfung der Rechtsfortbildung geben, weil diese nicht als abstrakt-generelle Norm ausformuliert ist.

282 BVerfGE 70, 35 (52f.); 115, 81 (92f.); *Schmidt-Aßmann*, in: Dürig u.a., Grundgesetz, Art. 19 IV Rn. 70ff.; *Enders*, in: Epping/Hillgruber, Beck'scher Online-Kommentar Grundgesetz, Art. 19 Rn. 59.

283 Vgl. dazu ausführlich *Voßkuhle*, Rechtsschutz gegen den Richter, S. 146ff.

284 Vgl. *Maurer*, in: Isensee/Kirchhof, Handbuch des Staatsrechts der Bundesrepublik Deutschland, § 79 Rn. 147.

285 Vgl. *Payandeh*, Judikative Rechtserzeugung, S. 52ff., 251ff.; siehe bereits vorstehend Punkt B.I.2.

Dies bedeutet gleichwohl noch nicht, dass Art. 19 Abs. 4 GG nicht möglicherweise eine gerichtliche Kontrolle von richterlicher Rechtsfortbildung im jeweiligen Einzelfall vorschreibt. Denn das zentrale Argument für den Ausschluss judikativer Handlungen aus dem Gewährleistungsbereich des Art. 19 Abs. 4 GG greift für den Fall der Rechtsfortbildung nicht durch. Gemeinhin wird gegen den „Rechtsschutz gegen den Richter“ das Bedürfnis nach Rechtsfrieden und die Gefahr einer „endlosen Rechtsschutzschutzschleife“ angeführt.[286] Art. 19 Abs. 4 GG könne keinen Rechtsschutz gegen die Judikative verbriefen, weil gegen das Ergebnis dieses Rechtsschutzes dann wieder erneuter Rechtsschutz verlangt werden könnte. Rechtsstreitigkeiten müssten aber irgendwann ihr Ende finden.

Diese Argumentation greift ohne weiteres für das interpretierende Element der Rechtsanwendung, jedoch von vornherein nicht bei Modifikationen. Der Rechtsschutz gegen Rechtsfortbildung birgt keine „Endlosschleifengefahr“. Die Überprüfung von Rechtsfortbildung erzeugt nämlich selbst keine neue Rechtsfortbildung mehr, sondern ist nur die Anwendung von bereits bestehenden Kontrollnormen auf die bereits geschehene Modifikation. Solange die Regeln, nach denen Rechtsfortbildung kontrolliert wird, unverändert bleiben, gewährt Art. 19 Abs. 4 GG gegen die Entscheidung keinen erneuten Rechtsschutz – es sei denn, man wendet die Rechtsschutzgarantie ohnehin auf alle Judikate an.

Die Gefahr einer „Endlosschleife“ besteht also nicht, solange sich der Rechtsschutz allein auf das modifizierende Element beschränkt. Dies kann etwa im Falle der Analogie leicht erreicht werden, indem die Frage nach der Zulässigkeit der Analogie in dem konkreten Fall isoliert betrachtet wird.

Konsequenterweise muss daher – unabhängig von der allgemeinen Frage des Rechtsschutzes gegen die Rechtsprechung – ein Anspruch auf Rechtsschutz gegen Rechtsfortbildung aus Art. 19 Abs. 4 GG anerkannt werden. Dies spricht zugleich auch gegen ein Rechtsfortbildungsmonopol des Bundesverfassungsgerichts, da bei Entscheidungen dieses Gerichts im Grundsatz keine Rechtsschutzmöglichkeiten offenstehen.[287]

---

[286] BVerfGE 11, 263 (265); 49, 329 (340); 76, 93 (98); *Schenke*, JZ 1988, 317 (319) spricht von „Rechtsschutz ad infinitum“; zu der allgemeinen Kritik an dem Dogma der für die Rechtsprechung geltenden „Bereichsausnahme“ *Ibler*, in: Friauf/Höfling, Berliner Kommentar zum Grundgesetz, Art. 19 IV Rn. 90 ff.; *Schulze-Fielitz*, in: Dreier, Grundgesetz, Art. 19 Rn. 48 ff.

[287] Dazu BVerfGE 1, 98 (90); 7, 17 (18); *Walter*, in: Dürig u. a., Grundgesetz, Art. 93 Rn. 341.

b) Dysfunktionalitäten im verfassungsgerichtlichen Rechtsschutzsystem

Auf der anderen Seite steht der verfassungsgerichtliche Rechtsschutz, insbesondere die Möglichkeit des Einzelnen, sich im Wege der Verfassungsbeschwerde nach Art. 93 Abs. 1 Nr. 4a, § 90 ff. BVerfGG gegen belastende Rechtsfortbildung zu wehren. Die Zulässigkeit einer solchen Verfassungsbeschwerde gegen richterliche Rechtsfortbildung ist allgemein anerkannt.[288] Der rechtsfortbildende Richter kann, z. B. mit einer unzulässigen Analogiebildung, gegen seine Gesetzesbindung nach Art. 19 Abs. 3, 97 Abs. 1 GG verstoßen und in der Folge Grundrechte des Betroffenen verletzen.[289]

Auf gleichwohl bestehende verfassungsgerichtliche Rechtsschutzlücken weisen die regelmäßig auftretenden Fälle nachträglicher gesetzlicher Kodifikationen hin. Sobald der Gesetzgeber nämlich richterrechtlich entwickelte Regelungen in ein Gesetz überführt, werden diese nicht nur häufig Gegenstand einer insofern verspäteten öffentlichen Debatte,[290] sondern auch in vielfältiger Weise verfassungsprozessrechtlich angegriffen. Betroffene können nun etwa, soweit zulässig, mithilfe der Gesetzesverfassungsbeschwerde direkt gegen die Regelung vorgehen. Insbesondere für die parlamentarische Opposition kommt die abstrakte Normenkontrolle nach Art. 93 Abs. 1 Nr. 2 GG in Betracht. Faktisch ändert sich am Entscheidungsverhalten der Gerichte häufig gleichwohl nichts. Dass verfassungsgerichtlicher Rechtsschutz trotzdem regelmäßig erst nach einer gesetzlichen Kodifikation möglich wird, zeigt Rechtsschutzlücken im Zeitraum vor der Kodifikation auf.

Fraglich ist jedoch, ob diesem tatsächlichen Befund auch ein rechtlicher Mangel an verfassungsgerichtlichen Rechtschutzmöglichkeiten entspricht. Eine zentrale Frage ist, ob Rechtsschutz gegen Rechtsfortbildung analog zum Rechtsschutz gegen ein Gesetz oder zum Rechtsschutz gegen ein Urteil ausgestaltet werden soll, denn nur diese beiden Kategorien stehen nach dem

---

288 Siehe nur *Korioth*, in: Schlaich/Korioth, Das Bundesverfassungsgericht, Rn. 301 ff. m. w. N.

289 Vgl. BVerfGE 149, 129 (Rn. 72); ausdrücklich auch *Möllers*, JZ 2009, 668 (668).

290 Interessanterweise wird in diesen Debatten eine Kritik an solchen nachträglichen Kodifikationen häufig mit dem Argument zurückgewiesen, es würde ja letztlich nur bereits praktisch geltendes Recht in einem Gesetz niedergeschrieben. In eine ähnliche Richtung geht das ebenfalls typische Argument, dass eine richterrechtlich etablierte Praxis nun dringend der nachträglichen demokratischen Legitimation und gesetzlichen Disziplinierung bedürfe, vgl. etwa für die Absprache im Strafprozess *Jahn*, GA 2004, 272 (286); *Jahn/Müller*, JA 2006, 681 (686 f.). Diese Art der Argumentation verdeckt zum einen, dass auch Richterrecht nicht über Kritik erhaben ist, sondern gerade wegen seiner fragwürdigen Legitimation besonders kritisch betrachtet werden sollte; und zum anderen, dass der Gesetzgeber mit der Kodifikation die politische Verantwortung zu übernehmen sucht.

überkommenen Verständnis als Beschwerdegegenstände zur Verfügung.[291] Die Rechtsfortbildung mag aber in keine dieser Klassen so recht hineinpassen. Vielmehr entzieht sie sich einer Zuordnung, weil sie über die reine Gesetzesanwendung hinausgeht, aber hinter der Gesetzgebung zurückbleibt.[292]

Das Bundesverfassungsgericht kontrolliert die richterliche Rechtsfortbildung seit jeher im Rahmen der Urteilsverfassungsbeschwerde.[293] Dies ist angesichts der vorstehend skizzierten Problematik, die Rechtsfortbildung als abstrakt-generelle Norm zu beschreiben, konsequent. Damit einher geht allerdings eine Beschränkung des Kreises der Beschwerdeberechtigten auf Personen, gegen die bereits ein fachgerichtliches Urteil ergangen ist. Eine Kontrolle von Rechtsfortbildung kann dann nur erreichen, wer sich zuvor gegen die (modifizierte) Norm verstoßen hat. Dies wirft allgemeine Probleme auf,[294] unterscheidet sich aber letztlich nicht von der Situation, die infolge einer gesetzgeberischen Änderung eintritt.

Probleme treten aber bei der Rechtsfortbildung von sog. selbstausführenden (self-executing) Normen auf.[295] Denn während bei sonstigen, ausführungsbedürftigen Normen die Modifikation die Frage betrifft, wann eine Norm angewendet werden kann, also stets noch ein (kontrollierbarer) Anwendungsakt notwendig ist, schlägt die Rechtsfortbildung bei selbstausführenden Normen unmittelbar auf die freiheitsrechtliche Situation der Betroffenen durch.

Für diese „selbstvollziehenden" Normen ergibt sich eine Rechtsschutzlücke daraus, dass auch Personen, die nie Adressat einer rechtsfortbildenden Entscheidung gewesen sind, die Norm in der fortgebildeten Form praktisch beachten müssen. Zwar gilt das die Fortbildung enthaltende Urteil, also das Präjudiz, ihnen gegenüber nicht, gleichwohl müssen sie mit einer entsprechenden Modifikation bei zukünftigen gerichtlichen Entscheidungen rechnen. Daher müssen die Betroffenen ihr Verhalten schon jetzt faktisch an der Modifikation ausrichten, was bei belastender Fortbildung einen Eingriff in Grund-

291 Die kategoriale Unterscheidung zwischen der Rechtssatz- und der Urteilsverfassungsbeschwerde geht auf die Notwendigkeit zurück, einen Grundrechtseingriff einer der drei Staatsgewalten zuzurechnen, vgl. in diesem Sinne etwa *Lenz/Hansel*, Bundesverfassungsgerichtsgesetz § 90 Rn. 155. Problematisch ist es, wenn aufgrund dieser typisierenden Vorstellung der entsprechenden Hoheitsakte der Prüfungsmaßstab nicht mehr flexibel angepasst werden kann.

292 Vgl. vorstehend Punkt B. I. 1. und 2.

293 Ausführlich dazu *Alleweldt*, Bundesverfassungsgericht und Fachgerichtsbarkeit, S. 286 ff.

294 Zu der Unzumutbarkeit rechtswidrigen Verhaltens zur Erlangung von Rechtsschutz etwa *van den Hövel*, NVwZ 1993, 549 (551); zu der Frage der Feststellungsklage *Engels*, NVwZ 2018, 1001 (1002 ff.).

295 Zu diesen Normen *Bethge*, in: Schmidt-Bleibtreu u. a., Bundesverfassungsgerichtsgesetz, § 90 Rn. 373 ff.

rechte der Betroffenen bedeuten kann. Insofern müsste, zumindest mit Hinblick auf den Rechtsschutz, eigentlich kategorisch zwischen der Fortbildung selbstausführender und ausführungsbedürftiger Normen unterschieden werden.

c) Urteils- und Gesetzesverfassungsbeschwerde als unzureichende Kategorien

Die Urteilsverfassungsbeschwerde hilft dieser Rechtsschutzlücke nicht ab. Die Provokation eines belastenden Urteils ist den Betroffenen regelmäßig nicht zumutbar.[296] Denkbar wäre, in diesen Fällen die Verfassungsbeschwerde durch einen Verzicht auf die Erschöpfung des Rechtswegs zu ermöglichen. Das Bundesverfassungsgericht könnte gem. § 90 Abs. 2 S. 2 BVerfGG „über eine vor Erschöpfung des Rechtswegs eingelegte Verfassungsbeschwerde sofort entscheiden, wenn sie von allgemeiner Bedeutung ist oder wenn dem Beschwerdeführer ein schwerer und unabwendbarer Nachteil entstünde, falls er zunächst auf den Rechtsweg verwiesen würde“. In der Praxis wird von dieser Möglichkeit für Fälle der Rechtsfortbildung jedoch – soweit ersichtlich – kein Gebrauch gemacht. Im Gegenteil entspricht es der ständigen Rechtsprechung des Gerichts, dass ein Vorabentscheidungsverfahren nur in Betracht kommt, wenn „der Rechtsweg wenigstens beschritten wurde oder im Zeitpunkt der Entscheidung noch beschritten werden kann“.[297] Damit sind „Rechtsfortbildungsbeschwerden“ von Nichtbeteiligten die Grundlage entzogen.

Den Betroffenen bleibt allein die Gesetzesverfassungsbeschwerde übrig, die aber auf Fälle nachträglicher, richterlicher Modifikationen nicht ausgelegt und – soweit ersichtlich – noch nie zur Kontrolle von richterlicher Rechtsfortbildung effektuiert worden ist. Grundsätzlich steht die Rechtssatzverfassungsbeschwerde jedermann offen, der unmittelbar durch ein Gesetz in seinen Grundrechten betroffen ist, Art. 93 Abs. 1 Nr. 4a GG.

Unklar ist, wie es sich auswirkt, wenn sich die Betroffenheit nicht durch das Gesetz in seiner „ursprünglichen“ Form, sondern erst durch eine nachträgliche richterliche Modifikation ergibt. Müsste dann nicht auch diese Modifikation der Norm, wenn sie faktisch abstrakt-generell gilt, mit der Gesetzesverfassungsbeschwerde von jedermann angegriffen werden können, so wie es

296 Siehe nur *van den Hövel*, NVwZ 1993, 549 (551); *Engels*, NVwZ 2018, 1001 (1002 ff.).

297 BVerfGE 11, 244; 22, 349 (354); 56, 54 (69); dazu *Niesler*, in: Walter/Grünewald, Beck’scher Online-Kommentar Bundesverfassungsgerichtsgesetz, § 90 Rn. 156.

auch bei einer inhaltsgleichen Gesetzesänderung der Fall wäre?[298] Modifiziert die Rechtsfortbildung in diesem Sinne auch den Beschwerdegegenstand der Gesetzesverfassungsbeschwerde?

Aber selbst wenn man – systemwidrig und regelmäßig unter Außerachtlassung der Beschwerdefrist nach § 93 BVerfGG – eine Gesetzesverfassungsbeschwerde oder gar eine Beschwerde sui generis zulassen würde, ließe sich damit das Rechtschutzproblem nicht vollständig lösen. Zumindest fachgerichtliche Modifikationen werden nämlich bereits nicht im rechtlichen Sinne öffentlich bekanntgegeben. Die Betroffenen hatten daher gegebenenfalls keine Möglichkeit, überhaupt Kenntnis von ihrer „Pflicht" zu nehmen.

Dies lässt Zweifel daran aufkommen, ob eine (belastende) Fortbildung von selbstausführenden Gesetzen überhaupt verfassungsrechtlich legitim sein kann. Der Sache nach wird mit dieser Argumentation teilweise die Verfassungsmäßigkeit belastender Rechtsfortbildung im gesamten Öffentlichen Recht abgelehnt,[299] wobei es nach der hier vertretenen Ansicht weniger auf die (verfassungsrechtlich im Grunde irrelevante) Zuordnung zu einem Rechtsgebiet als mehr auf die Frage ankommt, ob die Modifikation wegen des „Selbstvollzugs" der fortgebildeten Norm unmittelbar zu einer Freiheitseinschränkung zulasten der Betroffenen führt.

d) Kontrolldefizite am Beispiel der Verständigung im Strafverfahren

Allerdings lassen sich mit dem Aspekt des „Selbstvollzugs" des Gesetzes nicht alle problematischen Fälle erfassen. Ein Sonderfall sind etwa richterliche Modifikationen, die zu einer Rechtsschutzvermeidung führen. Die Entwicklung der sogenannten „Absprachen" bzw. „Verständigungen" im Strafprozess bilden für dieses Rechtsschutzdefizit ein anschauliches Beispiel.

Nachdem der Gesetzgeber mit dem „Verständigungsgesetz"[300] die Absprache zwischen den Verfahrensbeteiligten kodifiziert hatte, legte das Bundesver-

---

[298] Kritisch zu der Gleichstellung von Rechtsprechung und Gesetz aber *Maurer*, in: Isensee/Kirchhof, Handbuch des Staatsrechts der Bundesrepublik Deutschland, § 79 Rn. 147.

[299] Siehe zum Strafrecht BVerfGE 73, 206 (235 f.); 92, 1 (13 ff.); 126, 170 (197); 130, 1 (43); 143, 38 (52); *Degenhart*, in: Sachs, Grundgesetz, Art. 103 Rn. 69 m. w. N.; siehe ergänzend zum Ordnungswidrigkeitenrecht BVerfGE 38, 348 (371 f.); 44, 144 (152); 71, 108 (114 f.); *Nolte/Aust*, in: Mangoldt u. a., Grundgesetz, Art. 103 Rn. 215 m. w. N.; zu der Problematik allgemein *Beaucamp*, AöR 2009, 83 (87 ff.); *Hemke*, Methodik der Analogiebildung im öffentlichen Recht, S. 268 ff.; *Jarass*, in: Jarass/Pieroth, Grundgesetz für die Bundesrepublik Deutschland, Art. 20 Rn. 65 ff., der Rechtsfortbildung nur bei Strafgesetzen und Bewegungsfreiheitsbeschränkungen für ausgeschlossen hält.

[300] Gesetz zur Regelung der Verständigung im Strafverfahren vom 04. August 2009 (BGBl. I, 2353).

fassungsgericht eine umfassende verfassungsrechtliche Analyse dieses Gesetzes vor[301] und stieg damit erst wirklich in eine bereits einige Jahrzehnte alte Debatte ein, die sich bis heute fortsetzt. Auf die weitreichenden rechtlichen und gesellschaftlichen Implikationen der Absprache im Strafprozess soll hier nicht näher eingegangen werden. Es dürfte der allgemeinen Ansicht entsprechen, dass es sich jedenfalls um eine fundamentale Modifikation des Strafprozessrechts handelt; manche sprechen sogar von einem Hinzutreten einer weiteren Prozessmaxime.[302]

Mit dem Verständigungsgesetz – auch das ist allgemein bekannt – hat der Gesetzgeber das Instrument der Absprache aber nicht neu eingeführt. Vielmehr handelte es sich um ein bereits seit Jahrzehnten fest in der Rechtspraxis etabliertes Vorgehen. Es hatte zum Zeitpunkt der Gesetzesinitiative bereits eine solch zentrale Bedeutung erlangt, dass das „Ob“ der Verständigung bereits nicht mehr zur parlamentarischen Debatte stand.[303]

Abgesehen davon, dass hier eine bemerkenswerte Umkehr des Wesentlichkeitsprinzips zu Tage tritt (die Rechtsprechung legt die großen Leitlinien fest, und das Parlament kümmert sich im Nachgang um die Detailregelung), wirft vor allem die detaillierte verfassungsgerichtliche Beschäftigung mit dem Gesetz die Frage auf: Was war denn vor der Kodifikation? War die verfassungsrechtliche Lage zuvor nicht noch erheblich prekärer und hätte es zu dieser Zeit nicht sogar noch dringlicher einer Intervention durch das Bundesverfassungsgericht bedurft? Konnte der Beschuldigte sich vor der Kodifikation wirklich effektiv gegen das damals ungeschriebene und erst durch eine Entscheidung des Bundesgerichtshofs Mitte der 90er-Jahre[304] provisorisch skizzierte „Richterverfahrensrecht der Absprache“ wehren? Die sparsamen Aussagen des Bundesverfassungsgerichts aus der Zeit vor der Kodifikation[305] dürften Gegenteiliges nahelegen.[306]

---

301 BVerfGE 133, 168 – Verständigungsgesetz. Zu dem Urteil ausführlich *Rabe*, Das Verständigungsurteil des Bundesverfassungsgerichts und die Notwendigkeit von Reformen im Strafprozess.

302 *Jahn/Müller*, NJW 2009, 2625 (2625): „Man wird die Konsensmaxime nach Inkrafttreten des Verständigungsgesetzes als weiteren Verfahrensgrundsatz des deutschen Strafprozesses anzuerkennen haben.“; dagegen aber die Entwurfsbegründung BT-Drs. 16/12310, S. 8f.

303 BT-Drs- 16/12310, S. 8.

304 BGHSt 43, 195.

305 Vgl. etwa BVerfG, Nichtannahmebeschluss vom 27. Januar 1987 – 2 BvR 1133/86; BVerfGK 7, 71.

306 Ausführlich zu der verfassungsrechtlichen Diskussion vor Erlass des Verständigungsgesetzes *Rabe*, Das Verständigungsurteil des Bundesverfassungsgerichts und die Notwendigkeit von Reformen im Strafprozess, S. 11ff., die auch auf die strukturelle Problematik hinweist, dass der Verzicht auf Rechtsschutz regelmäßig zentraler Bestandteil der Absprache war.

Offensichtlich bedurfte es erst eines Gesetzes, bevor das Gericht sich den grundlegenden Fragen zuwenden konnte. Erst die Kodifikation hat das Bundesverfassungsgericht in dieser Sache „aktiviert“. Die vorhergehende Zurückhaltung als reinen Unwillen des Gerichts abzutun, greift zu kurz, vielmehr ist nach den Gründen zu fragen, die Willen und Unwillen der Verfassungsrichter bedingen. Verfassungsgerichtliche Intervention war vor der Kodifikation nicht weniger erforderlich, sondern im Gegenteil wegen der mangelnden demokratischen Legitimation und der weitgehenden inhaltlichen Freiheiten der Beteiligten sogar in erhöhtem Maße angezeigt. An einem Bedarf an verfassungsgerichtlichem Rechtsschutz mangelte es also nicht. Vielmehr dürfte die vorherige Zurückhaltung des Verfassungsgerichts darin begründet sein, dass die Urteilsverfassungsbeschwerde konzeptionell schlicht nicht auf die Nachprüfung von Richterrecht ausgerichtet ist, sondern ein geschriebenes, im politischen Prozess entstandenes Gesetz benötigt, um ihre vollständig effektive Rechtsschutzwirkung entfalten zu können.

Dies mag zum Teil damit erklärt werden können, dass im speziellen Fall der strafprozessrechtlichen Absprachen das Richterrecht gerade zu einer Vermeidung von Rechtsschutz geführt hat. Gleichwohl zeigt sich hier auch die Hemmung des Bundesverfassungsgerichts, ungeschriebenes Richterrecht wie Gesetzesrecht zu kontrollieren. Die Form der Prüfung – also die Urteilsverfassungsbeschwerde – bietet keinen rechten Platz für die Modifikationskontrolle an. Hinzu kommt, dass nach der Rechtsprechung des Bundesverfassungsgerichts ausdrücklich nicht die Methodik, sondern allein die verfassungsrechtlichen Grenzen der Rechtsfortbildung geprüft werden.[307] Damit beschränkt sich das Gericht auf eine Ergebniskontrolle und lässt die Frage, ob die Rechtsfortbildung auf ordnungsgemäßem Wege zustande gekommen ist, regelmäßig außer Acht. Hier kommt die traditionelle, aber gleichwohl fehlgeleitete Überzeugung zum Tragen, dass die Frage der Rechtsfortbildung in erster Linie in den Bereich der Methodenlehre und damit außerhalb des Zuständigkeitsbereichs des Bundesverfassungsgerichts gehöre.[308]

e) Dysfunktionale Übertragung reduzierter Kontrollmaßstäbe

Zwar fragt das Gericht durchaus, *ob* sich der rechtsfortbildende Richter einer „anerkannten Methode bedient“ hat, aber nur selten, *wie* dies geschehen

[307] Vgl. BVerfGE 82, 6 (13); *Payandeh*, Judikative Rechtserzeugung, S. 321.

[308] Vgl. *Jestaedt*, in: Bumke, Richterrecht zwischen Gesetzesrecht und Rechtsgestaltung, S. 49 (58). Lediglich dort, wo allgemeine Rechtsfortbildungsverbote gelten – also insbesondere im Strafrecht – stuft das Bundesverfassungsgericht belastende Rechtsfortbildung unabhängig vom Ergebnis als Verletzung von Grundrechten bzw. grundrechtsgleichen Rechten ein; vgl. BVerfGE 92, 1 (13); 126, 170 (197); 132, 38 (53).

ist. Ausdrücklich hat das Gericht diese Haltung in einer Entscheidung zur verfassungsrechtlichen Zulässigkeit analoger Rechtsanwendung zum Ausdruck gebracht:

> „Die fachgerichtliche Beurteilung, ob der Sachverhalt eine Analogie rechtfertigt, unterliegt nur in eingeschränktem Umfang der verfassungsgerichtlichen Kontrolle. Die Beantwortung der Frage, ob eine Gesetzeslücke oder eine abschließende Regelung vorliegt, erfordert im gleichen Maße eine rechtliche Wertung wie die Lösung des Problems, in welcher Weise die Lücke zu schließen ist (vgl. Canaris, Die Feststellung von Lücken im Gesetz, 2. Aufl., 1983, § 84 a. E.). Sie setzt eine Betrachtung des einfachen Gesetzesrechts voraus, zu dessen Erforschung das Bundesverfassungsgericht nicht berufen ist (vgl. BVerfGE 18, 85 (93)). Es darf daher die fachgerichtliche Wertung grundsätzlich nicht durch eine eigene ersetzen. Die Beantwortung der Frage, ob sich die tatsächlichen Verhältnisse seit Schaffung der Norm in einer deren analoge Anwendung rechtfertigenden Weise verändert haben, obliegt zunächst ebenfalls den Fachgerichten. Auch wenn sich bei der Rechtsfortbildung in verstärktem Maße das Problem des Umfangs richterlicher Gesetzesbindung stellt, ist die verfassungsgerichtliche Kontrolle analoger Rechtsanwendung darauf beschränkt, ob das Fachgericht in vertretbarer Weise eine einfachgesetzliche Lücke angenommen und geschlossen hat und ob diese Erweiterung des Normenbereichs Wertungen der Verfassung, namentlich Grundrechten widerspricht."[309]

Es wird nicht die methodische „Richtigkeit" der Rechtsfortbildung, sondern höchstens eine „Vertretbarkeit" im weiteren Sinne geprüft. Diese Einschränkung führt im Ergebnis dazu, dass richterliche Modifikationen weniger intensiv geprüft werden als gesetzgeberische. In materieller Hinsicht zeigt sich dies, wenn die richterlichen Modifikationen nicht anhand des Verhältnismäßigkeitsgrundsatzes bewertet werden. Gerade in Bezug auf die Analogie wäre die „Vergleichbarkeit" der Sachverhalte vollumfänglich zu prüfen, weil dies im Kern eine verfassungsrechtliche Frage ist und die verfassungsrechtliche Rechtfertigung der Analogie auf dieser Bewertung fußt.

Das Bundesverfassungsgericht reduziert seine Kontrolle aber auf die Frage der „Vertretbarkeit" und überträgt damit letztlich den reduzierten Prüfungsmaßstab bei fachgerichtlicher Gesetzesanwendung. Diese Übertragung ist jedoch in diesem Zusammenhang dysfunktional, weil die richterliche Rechtsfortbildung gerade keine Umsetzung eines bereits geltenden und insofern auf seine Verfassungsmäßigkeit hin überprüfbaren Gesetzes darstellt. Der zurückgenommene Prüfungsmaßstab bei der fachgerichtlichen Rechtsanwendung rechtfertigt sich ja gerade daraus, dass dort ein verfassungsmäßiges Gesetz zur Anwendung gebracht wird, und die Fragen der richtigen oder falschen Anwendung im Einzelfall regelmäßig keine verfassungsspezifischen Probleme aufwerfen.

---

[309] BVerfGE 82, 6 (13).

Dies gilt aber nicht mehr, wenn der Richter den Anwendungsbereich eines Gesetzes bewusst verändert und es insofern nicht mehr lediglich zur Anwendung bringt. Eine entsprechende Anpassung durch den Gesetzgeber wäre regelmäßig vollumfänglich auf ihre Vereinbarkeit mit dem Grundgesetz zu prüfen; dies muss erst recht für die richterliche Anpassung gelten, zumal die Verfassungsmäßigkeit hier nicht durch ein entsprechend ausgestaltetes Verfahren abgesichert wird.

f) Die Methodenlehre als unzureichendes Kontrollinstrument

Problematisch ist auch, wenn statt verfassungsrechtlicher Vorgaben auf juristische Methodik als Prüfungsmaßstab zurückgegriffen wird. Die Methodenlehre vermag kein geschriebenes Verfahrens- oder Kompetenzrecht zu ersetzen. Für das Gericht (wie für die wohl herrschende Ansicht) vermag die Methodenlehre auch keine verbindlichen Rechtserzeugungsnormen vorzugeben, sondern ist nur „unverbindliche Methodentheorie“.[310]

Gerade die Rechtsfortbildungsmethodik erweist sich aus einer verfassungsrechtliche Perspektive als unzureichend. Weder finden sich hier hinreichend klar ausformulierte Regeln für die Rechtsfortbildung, anhand derer eine zuverlässige Unterscheidung zwischen zulässiger und unzulässiger Rechtsfortbildung getroffen werden könnte; noch bietet der Entstehungsprozess juristischer Methodenregeln eine Gewähr dafür, dass die dort entwickelten Konventionen mit der Verfassung in Einklang stehen. Der einzelne Richter ist an keine bestimmte Methode gebunden. Es müsste, um eine funktionale verfassungsrechtliche Überprüfung richterlicher Rechtsfortbildung zu gewährleisten, demnach zunächst herausgearbeitet werden, welche Regeln sich für die Rechtsfortbildung aus Art. 20 GG ableiten und somit unmittelbar geltendes Recht sind. Diese müssten dann vom Bundesverfassungsgericht nicht als „anerkannte Rechtsfortbildungsmethode“, sondern als unmittelbare verfassungsrechtliche Vorgaben an den rechtsfortbildenden Richter geprüft werden.

Gerade für den Bereich der Rechtsfortbildung haben sich gleichwohl methodische Regelungen herausgebildet, die diesen Funktionsbereich verfassungsrechtlicher Anforderungen zumindest teilweise übernehmen. Sie legitimieren das Verfahren der richterlichen Rechtserzeugung und sichern es teilweise – etwa bei der „Vergleichbarkeit“ i. R. d. Analogie – gegen Willkür ab. Insbesondere für die Analogie kann man davon ausgehen, dass die anerkannten Methodenregeln die Schwelle zu einem (ungeschriebenen) Methoden-

---

310 Vgl. *Michael*, Der allgemeine Gleichheitssatz als Methodennorm komparativer Systeme, S. 40.

recht[311] überschritten haben und insofern für das Bundesverfassungsgericht vollumfänglich nachprüfbar geworden sind. Nur so kann dieser gewissermaßen ersatzweise wahrgenommene Funktionsbereich der Methodenlehre überhaupt aktiviert werden.

Die Legitimität der Fortbildung hängt, solange verfassungsrechtliche Anforderungen nicht entwickelt sind, somit bereits in formaler Hinsicht von der korrekten Anwendung der Methode ab, die hier nicht mehr allein als Begründungshilfe dienen kann, sondern zusätzlich die Funktion einer „Verfahrensnorm" im weitesten Sinne übernehmen muss. Die Begründung der Rechtsfortbildung erhält damit auch eine in formaler Hinsicht legitimierende Funktion und muss entsprechend vollumfänglich überprüft werden.

g) Modifikationsbedarf hinsichtlich des Prüfungsmaßstabs bei der Verfassungsbeschwerde

Es stellt sich nach dem vorstehend Gesagten die Frage, ob die Urteilsverfassungsbeschwerde in ihrer herkömmlich praktizierten Form überhaupt ein geeignetes Instrument für die Kontrolle von Rechtsfortbildung darstellt. Weil der herkömmliche Prüfungsumfang der Urteilsverfassungsbeschwerde nicht für die Gleichzeitigkeit von richterlicher Rechtserzeugung und Rechtsanwendung konzipiert, sondern gerade auf die Unterscheidung von Normsetzung und Normanwendung ausgerichtet ist, muss der Prüfungsmaßstab nicht unerheblich modifiziert werden.[312] Insbesondere kann richterliche Rechtsfortbildung nicht den gleichen Maßstäben unterliegen wie Rechtsanwendung im Übrigen, vielmehr müssen für den modifizierenden Teil des Judikats zumindest jene Maßstäbe gelten, die auch bei der Prüfung gesetzgeberischer Anpassungen zur Anwendung gelangen. Im Ergebnis kann richterliche Modifikation keiner geringeren Kontrolle unterliegen als eine inhaltsgleiche gesetzgeberische Änderung.

Unklar ist schließlich, wie sich die Rechtsfortbildungskontrolle in das Konzept einer „Verletzung spezifischen Verfassungsrechts" einfügen kann. Im Ausgangspunkt soll mit diesem Ansatz der Prüfungsumfang bei der Urteils-

---

311 Zu dem Begriff des „Methodenrechts" *Michael*, Der allgemeine Gleichheitssatz als Methodennorm komparativer Systeme, S. 39 ff.

312 Dies geschieht wie beschrieben teilweise auch, vgl. BVerfGE 122, 248 (258) m. V. a. 82, 6 (13); 96, 375 (394 f.); 111, 54 (81 f.): „Das Bundesverfassungsgericht beschränkt seine Kontrolle, auch soweit es um die Wahrung der Kompetenzgrenzen aus Art. 20 Abs. 2 Satz 2 und Abs. 3 GG geht, auf die Prüfung, ob das Fachgericht bei der Rechtsfindung die gesetzgeberische Grundentscheidung respektiert und von den anerkannten Methoden der Gesetzesauslegung in vertretbarer Weise Gebrauch gemacht hat"; zur Rechtsfortbildungskontrolle *Alleweldt*, Bundesverfassungsgericht und Fachgerichtsbarkeit, S. 286 ff.

verfassungsbeschwerde hinsichtlich der richterlichen Entscheidung begrenzt werden.[313] Dass das Bundesverfassungsgericht – wie das vorstehende Zitat[314] zeigt – die „Auffindung“ von „Lücken“ im Gesetz dem engeren Aufgabenbereich der Fachgerichtsbarkeit zurechnet, dürfte einer effektiven Kontrolle der Rechtsfortbildung im Wege stehen.

Neben der generellen Zurückhaltung, Methodenfragen als Verfassungsfragen anzuerkennen, wirken sich auch die Abgrenzungsschwierigkeiten zwischen Rechtsfortbildung und Auslegung auf die Begrenzung des Prüfungsmaßstabs aus. Es wäre zunächst ein verlässliches Zuordnungsmodell erforderlich, um die unzulässige Rechtsfortbildung in den Bereich der spezifischen Verfassungsrechtsverletzungen aufzunehmen.

Für eine effektive Kontrolle der richterlichen Rechtsfortbildung wäre eine mehrstufige Prüfung notwendig, die zwischen der Überprüfung der „Ausgangsnorm“, der durch Rechtsfortbildung „entstandenen“, modifizierten Norm sowie ihrer Anwendung differenziert.[315] Diese Unterscheidung nimmt das Bundesverfassungsgericht in seiner Rechtsprechung aber nicht konsequent vor.[316]

Die Rechtsfortbildung entzieht sich somit zumindest teilweise dem aktuellen System verfassungsgerichtlicher Überprüfbarkeit. Gegen belastende Rechtsfortbildung besteht darüber hinaus ein Kontrollanspruch nach Art. 19 Abs. 4 GG, der über eine reine „Vertretbarkeitskontrolle“ hinausgeht. Dies impliziert, dass klare, verfassungsrechtliche Maßstäbe für die Kontrolle von Rechtsfortbildung erforderlich sind. Die zentralen Fragen sind dabei, ob und mit welchem Ziel Rechtsfortbildung überhaupt verfassungsmäßig sein kann und wie sich verfassungsmäßige von verfassungswidriger Rechtsfortbildung unterscheiden lässt.

---

[313] So bereits BVerfGE 1, 418 (420); siehe auch 18, 85 (92 f.); ausführlich zu der Voraussetzung der Verletzung spezifischen Verfassungsrechts *Zuck*, Das Recht der Verfassungsbeschwerde, Rn. 579 m. w. N.

[314] BVerfGE 82, 6 (13).

[315] Vgl. zur Rechtsfortbildungskontrolle und zur verfassungsbezogenen Rechtssatzkontrolle *Alleweldt*, Bundesverfassungsgericht und Fachgerichtsbarkeit, S. 100, 286.

[316] Vgl. zu der Kontrolle in inhaltlicher Hinsicht *Düwel*, Kontrollbefugnisse des Bundesverfassungsgerichts bei Verfassungsbeschwerden gegen gerichtliche Entscheidungen, S. 206 ff.

C. Verfassungsmäßigkeit richterlicher Rechtsfortbildung

Nachdem vorstehend die verfassungsrechtlichen Probleme der Rechtsfortbildung skizziert wurden, sollen nun die bestehenden Lösungsansätze erläutert und einer kritischen Würdigung unterzogen werden. Christian Bumke zeigt in Reaktion auf die verfassungsrechtlichen Probleme in pragmatischer Weise zwei Wege auf: Man könne an dem „klassischen Modell demokratischer Legitimation festhalten und die demokratischen Defizite mittels kollidierenden Verfassungsrechts […] rechtfertigen und andere Legitimationsquellen kompensierend zu Hilfe […] holen" oder – und nur diese erscheint ihm die überzeugende Alternative zu sein – man müsse die Legitimität richterlicher Rechtsarbeit neu denken, wobei die Selbstdisziplinierung der Rechtsprechung die wohl entscheidende Rolle einnehmen dürfte.[1]

Dieser zweite Weg kommt aber einer verfassungsrechtlichen Kapitulation vor den praktisch-realen Notwendigkeiten gleich. So treffend Bumkes Kritik an dem „klassischen" Kompensationsweg ist („Demokratische Legitimation lässt sich nicht kompensieren; Defizite sollte man eingestehen"),[2] so wichtig ist doch auch, dass man die verfassungsrechtlichen Anforderungen nicht einfach abschwächt oder abändert, nur weil sie in der Praxis lange und beharrlich genug verwässert worden sind.

Es ist die dieser Arbeit zugrundeliegende Überzeugung, dass man jenes „klassische Legitimationsmodell" nicht aufgeben sollte, selbst wenn die Praxis diesem aktuell nicht gerecht wird. Ebenso wenig sollte man vorschnell davon ausgehen, der derzeitige, demokratisch prekäre Zustand sei der Rechtsfortbildung gewissermaßen von Geburt an eingeprägt und könne daher lediglich noch durch andere, externe „Legitimationsquellen" kompensiert werden. Anstatt das Legitimationsmodell schließlich anzupassen, sollte vielmehr die Rechtsfortbildung so konzipiert werden, dass sie ihrer offenbar vitalen Funktion im Rechtssystem und den Anforderungen an ihre demokratische Legitimität gerecht werden kann. Dazu erweist sich eine Sichtweise auf die richterliche Gesetzesbindung, bei welcher die Vielschichtigkeit und die potenzielle interne Widersprüchlichkeit beachtet werden, als zentral.

---

[1] *Bumke*, in: Bumke, Richterrecht zwischen Gesetzesrecht und Rechtsgestaltung, S. 33 (46 ff.).

[2] *Bumke*, in: Bumke, Richterrecht zwischen Gesetzesrecht und Rechtsgestaltung, S. 33 (46).

Der augenscheinlich zwangsläufige Widerspruch von richterlicher Modifikation und Gesetzesbindung bedeutet noch nicht ihre Verfassungswidrigkeit. Die entscheidende Frage ist, warum der Richter modifiziert, d.h. nach welchem Maßstab er die Verbesserungsbedürftigkeit des Gesetzes ermittelt. Maßstab für die richterliche Bewertung eines Parlamentsgesetzes kann in einem demokratisch verfassten Rechtsstaat allein anderes, höherrangiges Recht sein. Solange sich „Lücken" im einfach Recht als Verfassungsprobleme darstellen lassen – insbesondere wenn das Fehlen einer bestimmten Regelung im Widerspruch zum allgemeinen Gleichheitssatz steht – ist ein Rückgriff auf außerrechtliche Bewertungsmaßstäbe versperrt. Zugleich können Modifikationen dann aber auch mit Blick auf ihre Leistungsfähigkeit, verfassungskonforme Entscheidungen hervorzubringen bzw. verfassungswidrige Entscheidungen zu vermeiden, gerechtfertigt sein.

Der erste Schritt in diese Richtung liegt in der Einsicht, dass Rechtsfortbildung nur verfassungsmäßig erfolgen kann, wenn sie durch die Verfassung legitimiert wird und sich in den Grenzen hält, die von der Verfassung vorgegeben werden. Diese beiden Aspekte stellen zugleich die zentralen, offenen Fragen der Rechtsfortbildung dar und können nur gemeinsam beantwortet werden.

I. Bisherige Legitimierungs- und Begrenzungsansätze

1. Verfassungsrechtliche Legitimität

Die herkömmliche, auf die allgemeine Zulässigkeit der Rechtsfortbildung gerichtete Begründung stützt sich im Wesentlichen auf fünf Argumente, die auf der Figur des gesetzgeberischen Willens (a)), der einfachrechtlichen Ermächtigung (b)), der Rechtsfortbildungstradition (c)), der „Rechtsbindung" nach Art. 20 Abs. 3 GG (d)) sowie dem Rechtsverweigerungsverbot (e)) beruhen. Keines dieser Argumente erweist sich bei näherer Betrachtung jedoch als stichhaltig. Auch beschäftigen sich diese Argumente nicht oder kaum mit der Frage, was überhaupt der allgemeine Zweck von Rechtsfortbildung sein soll. Stillschweigend wird offenbar ganz überwiegend davon ausgegangen, Rechtsfortbildung diene entweder demselben Zweck wie die Auslegung oder sei bereits aus sich heraus legitim.[3]

Diese Annahme sollte hinterfragt werden, weil die Rechtsfortbildung mehr als Auslegung ist.[4] Sie dient nicht mehr „nur" dem Verstehen, sondern insbe-

[3] Häufig wird die Legitimität auch pauschal mit Art. 20 Abs. 3 GG begründet, siehe dazu nachstehend Punkt C. I. 1. d). Beispielhaft für eine solche Begründung: *Weber-Fas*, Wörterbuch zum Grundgesetz, S. 264.

[4] Vgl. vorstehend Punkt B. I. 1.

sondere dem Verbessern und Erweitern des Gesetzes; ist also nicht mehr die Suche nach dem *Sinn des Wortes*, sondern die Suche nach einem *sinnvolleren Wort*. Jedenfalls für dieses Element ist eine spezifische verfassungsrechtliche Rechtfertigung[5] erforderlich, weil es über die der Rechtsprechungsaufgabe inhärente Kompetenz zu Interpretation und Anwendung hinausgeht. Der rechtsfortbildende Richter muss sich gesondert dafür rechtfertigen, dass er modifiziert und nicht das Gesetz in der nicht-modifizierten Form anwendet.

a) Argument des gesetzgeberischen Willens

Ohne verfassungsrechtlichen Gehalt ist die Annahme, die Rechtsfortbildung rechtfertige sich unmittelbar aus dem „wahren" Willen des Gesetzgebers heraus, der eben erst in der kundig angestellten Fortbildung des Rechts richtig zur Geltung komme.[6] Denn neben den erheblichen Problemen, welche die Denkfigur des „gesetzgeberischen Willens" mit sich bringt, sowie dem Umstand, dass wir zumeist zu wenig über die Motive des historischen Gesetzgebers wissen (können),[7] kommt dem Willen des Gesetzgebers zur Verwirklichung eines „Konzepts" oder „Prinzips" allein schlicht keine legitimierende Kraft zu.[8] Auf den Punkt bringt dies Friauf:

> „Für die Rechtsanwendung kommen wir nicht an der Einsicht vorbei, daß der Gesetzgeber positive Rechtsnormen erläßt, nicht aber übergreifende norminspirierende Prinzipien verkündet. Anspruch auf Rechtsgeltung hat allein die Norm, nicht ein allgemeines Prinzip, das sie inspiriert haben mag."[9]

Gesetze gelten nicht schon deswegen, weil der Gesetzgeber dies gerne hätte, sondern er muss sie erst aktiv durch einen formal verfassungsmäßigen Beschluss zur Geltung bringen. Beschlossen wird dabei aber ein Text, keine

---

5 Über eine spezifisch verfassungsrechtliche Betrachtung hinaus wurden verschiedenste Legitimationsmodelle entwickelt. So unterscheidet etwa *Bumke* fünf verschiedene Legitimationsquellen, darunter auch die „funktionale Legitimation", die davon abhängen soll, ob „eine sachangemessene und praktikable Regelung entwickelt wurde", vgl. *Bumke*, in: Bumke, Richterrecht zwischen Gesetzesrecht und Rechtsgestaltung, S. 33 (34 f.). Über eine fehlende verfassungsrechtliche Legitimation vermögen solche Erwägungen aber nicht hinwegzuhelfen, wie der Autor auch selbst einräumt, vgl. a. a. O., Fn. 6.

6 So argumentierend etwa *Tipke/Lang*, Steuerrecht, Rn. 5.81; kritisch zu dieser Argumentation *Beaucamp*, AöR 2009, 83 (95) m. w. N.

7 Siehe dazu auch nachstehend Punkt C. I. 2. b).

8 Dazu *P. Kirchhof*, in: Bumke, Richterrecht zwischen Gesetzesrecht und Rechtsgestaltung, S. 71 (78), der unter anderem auf die gleichheitsrechtliche Bindung des Gesetzgebers verweist.

9 *Friauf*, in: Tipke, Grenzen der Rechtsfortbildung durch Rechtsprechung und Verwaltungsvorschriften im Steuerrecht, S. 53 (61).

Idee.[10] Rechtsfortbildung wird gerade in Fällen vorgenommen, in denen es dem Gesetzgeber nicht oder nur unzureichend gelungen ist, seine Idee textlich zum Ausdruck, d.h. in rechtliche Geltung zu bringen. Unklare Formulierungen und Formelkompromisse überdecken häufig die Tatsache, dass gerade kein Kompromiss im Sinne einer von allen an der Gesetzgebung beteiligten Akteuren gewollten Regelung gefunden werden konnte. Eine Bindung an den Gesetzgeberwillen ist insofern bereits im Rahmen der Interpretation nur teilweise funktional.

In verfassungsrechtlichem Sinne legitimieren kann ein „gesetzgeberischer Wille" die Rechtsfortbildung aber erst recht nicht. Dieses Konstrukt eignet sich zwar, Modifikationsbedarfe aufzuzeigen; insbesondere wenn man argumentieren kann, dass eine Regelung angesichts des damit verfolgten Zwecks nicht effektiv ist. Der gesetzgeberische Wille ermächtigt den Richter aber nicht zu der notwendigen Modifikation, weil der Richter trotz des Modifikationsbedarfs weiter an das Gesetz und nicht an den Willen des Gesetzgebers, das verfolgte Ziel, Prinzip oder Konzept, gebunden bleibt. Ergebnisse, die über eine Interpretation hinausgehen, werden daher nicht allein durch einen Verweis auf den Willen des Gesetzgerbers verfassungskonform.

b) Argument der einfachrechtlichen Ermächtigung

Die Prozessordnungen sehen eine richterliche Rechtsfortbildung vor bzw. gehen von ihrer Existenz (und damit implizit auch ihrer Zulässigkeit) aus, wie etwa in der Formulierung des § 132 Abs. 4 GVG deutlich wird: „Der erkennende Senat kann eine Frage von grundsätzlicher Bedeutung dem Großen Senat zur Entscheidung vorlegen, wenn das nach seiner Auffassung zur Fortbildung des Rechts oder zur Sicherung einer einheitlichen Rechtsprechung erforderlich ist."[11]

Diese einfachrechtliche Anerkenntnis ist für die Verfassungsmäßigkeit jedoch nicht ausreichend.[12] Der einfache Gesetzgeber kann die Rechtsprechung schlicht nicht von verfassungsrechtlichen Bindungen freistellen, es sei denn, er stützt sich insoweit auf eine verfassungsrechtliche Vorgabe. Dazu wäre aber

---

[10] Zur Unbrauchbarkeit der Willens-Doktrin *Müller*, Juristische Methodik, S. 129.

[11] § 132 Abs. 4 GVG; siehe auch §§ 45 Abs. 4 ArbGG, 11 Abs. 4 VwGO, 11 Abs. 4 FGO; 41 Abs. 4 SGG; zu der Berufung im Zivilprozess wegen der Erforderlichkeit einer Rechtsfortbildung §§ 511 Abs. 4 Nr. 1, 543 Abs. 2 Nr. 2 ZPO; dazu insg. *Hillgruber*, in: Dürig u.a., Grundgesetz, Art. 97 Rn. 71.

[12] *Hergenröder*, Zivilprozessuale Grundlagen richterlicher Rechtsfortbildung; vgl. auch *Zimmermann*, in: Krüger/Rauscher, Münchener Kommentar zur Zivilprozessordnung, § 132 GVG Rn. 25, der von einem „einfachgesetzlichen Ausdruck" der verfassungsrechtlichen Befugnis ausgeht.

zumindest eine mit Art. 80 GG vergleichbare Grundlage in der Verfassung erforderlich.[13]

Soweit der einfache Gesetzgeber die Rechtsfortbildung etwa im GVG erwähnt, liegt es in Anbetracht der Entstehungsgeschichte und des eigentlich verfolgten Ziels auf der Hand, dass hier schlicht von einer bestehenden Kompetenz der Gerichte ausgegangen wurde.[14] Diese sollte im Rahmen der in Rede stehenden Gesetze nicht er-, sondern lediglich innerhalb der Judikative verteilt werden. Nur weil der einfache Gesetzgeber von einer Kompetenz ausgeht, muss dies aber noch nicht der verfassungsrechtlichen Situation entsprechen.

Dazu kommt ein weiteres: Selbst wenn man § 132 Abs. 4 GVG als einfachrechtliche Ermächtigung zur Rechtsfortbildung verstehen könnte, so bezöge sich diese Ermächtigung doch von vornherein nicht auf die gesamte positive Rechtsordnung. Der Bundesgesetzgeber könnte hier nämlich maximal solche Kompetenzen zugunsten der Judikative „delegieren“, die ihm nach Art. 70 ff. GG selbst zustehen.[15] Er könnte die Gerichte aber insbesondere nicht zu einer Rechtsfortbildung von Landesrecht ermächtigen. Weil in § 132 Abs. 4 GVG (sowie auch in den anderen in Rede stehenden Regelungen) diese Differenzierung aber nicht vorgenommen wird, scheidet eine Interpretation als umfassende Ermächtigungsnorm aus.

Ein Verständnis der Rechtsfortbildungsproblematik, welches sich lediglich auf das Verhältnis von Judikative und Legislative beschränkt, ist, wie bereits vorstehend aufgezeigt wurde,[16] in erheblichem Maße unterkomplex. In Anbetracht der weitgreifenden verfassungsrechtlichen Probleme fehlt dem einfachen Gesetzgeber schlicht die Kompetenz, Rechtsfortbildung zu gestatten. Eine solche einfachrechtliche Ermächtigung ist nur möglich, soweit die Verfassung selbst Rechtsfortbildung zulässt. Insofern sind die einfachrechtlichen Ermächtigungen möglicherweise eine notwendige, aber jedenfalls keine hinreichende Bedingung.

c) *Traditionsargument*

Auch das sogenannte Traditionsargument kann aus verfassungsrechtlicher Sicht nicht überzeugen. Selbst wenn die behauptete traditionelle Befugnis der

---

[13] Eine „Sperrwirkung“ des Art. 80 Abs. 1 GG ist gleichwohl umstritten, vgl. etwa *Bauer*, in: Dreier, Grundgesetz, Art. 80 Rn. 13 f. m. w. N.

[14] Vgl. BT-Drs. 11/3621, S. 54 f.

[15] Siehe aber zu der (nicht identischen) Frage, ob die Art. 70 ff. GG auf Richterrecht anwendbar sind *Korioth*, in: Schmidt-Bleibtreu u. a., Bundesverfassungsgerichtsgesetz, Art. 31 Rn. 17. Vgl. zu Art. 80 Abs. 4 GG auch *Schütz*, NVwZ 1996, 37 (40).

[16] Vgl. vorstehend Punkt B. II.

Judikative zu richterlicher Rechtsfortbildung bestünde, wie es etwa nach der ständigen Rechtsprechung des Bundesverfassungsgerichts der Fall sein soll,[17] stellte dies nicht von einem inhaltlichen Begründungserfordernis frei. Auch eine lang tradierte Vorgehensweise ist nicht bereits aus sich heraus gerechtfertigt, sondern muss begründet und mit der Verfassung in Einklang gebracht werden können.

Wie Christian Hillgruber ausführlich dargelegt hat, kann von einer unbestrittenen, tradierten Befugnis darüber hinaus keine Rede sein.[18] Vielmehr war die Rechtsfortbildungskompetenz der Gerichte sowie auch der Umfang dieser Kompetenz seit jeher umstritten. Problematisch wird das Traditionsargument darüber hinaus, wenn man die Zeit des Nationalsozialismus als Teil der angesprochenen Tradition berücksichtigt. Auch wenn die Rechtsfortbildung ihre „Wurzel" nicht im Nationalsozialismus hat,[19] steht es außer Zweifel, dass dieses Instrument zur Überwindung demokratisch erzeugten, „alten" Gesetzesrechts und zur Durchsetzung menschenverachtender Rassenideologie eingesetzt wurde.[20] Dies zeigt auf, in welch zweifelhafter Tradition diese judikative Kompetenz steht.

Kompetenz aus der Tradition abzuleiten würde außerdem voraussetzen, dass es eine über längere Zeit konstante, mehr oder weniger gemeinsame Vorstellung davon gegeben hat, was Rechtsfortbildung überhaupt sein soll. Bereits dies ist aber – wie bereits aufgezeigt wurde[21] – nicht der Fall. Vielmehr war zu keinem Zeitpunkt wirklich klar, wo die Grenze zwischen Auslegung und Rechtsfortbildung verlaufen soll, und somit wurden beispielsweise über einen langen Zeitraum judikative Handlungsbereiche der Rechtsfortbildung zugeschlagen, die von der aktuell überwiegenden Ansicht eher als Auslegung angesehen würden.[22]

---

[17] BVerfGE 3, 225 (242 f.); 13, 153 (164); 18, 224 (237 ff.); 25, 167 (183); 34, 269 (287 f.); 49, 304 (318); 65, 182 (190); 69, 188 (203).

[18] Siehe beispielsweise *Hillgruber*, JZ 2008, 745 (755).

[19] Vgl. dazu ausführlich *R. Ogorek*, in: Festschrift für Winfried Hassemer, S. 159 (164 ff.).

[20] Dies verdeutlicht die ursprüngliche gesetzgeberische Idee hinter dem § 137 GVG a. F.; dazu *Maetzel*, MDR 1966, 453 (454); *Zimmermann*, in: Rauscher/Krüger, Münchener Kommentar zur Zivilprozessordnung, § 132 GVG Rn. 21.

[21] Siehe vorstehend Punkt B. I.

[22] Vgl. zu einen „Mittelbereich", in dem sich die Analogie befinden soll, *Kramer*, Juristische Methodenlehre, S. 226 ff. Auf der anderen Seite soll etwa nach *Larenz* bereits die Änderung einer gefestigten Rechtsprechung Rechtsfortbildung sein, auch wenn diese sich noch innerhalb der sogenannten „Wortlautgrenze" bewegt, vgl. *Larenz*, Methodenlehre der Rechtswissenschaft, S. 339; allg. zu Rechtsprechungsänderungen *Kähler*, Strukturen und Methoden der Rechtsprechungsänderung, S. 287 ff.

Insofern existiert schon kein konsistenter Begriff, an welchem man die behauptete Tradition festmachen könnte. Selbst wenn es aber eine entsprechende Rechtsfortbildungstradition vor dem Grundgesetz gegeben hätte, so bleibt höchst fraglich, ob und inwiefern die Schöpferinnen und Schöpfer des Grundgesetzes daran anknüpfen wollten. Angesichts der Rolle der Rechtsprechung und Rechtsfortbildung in der Zeit zwischen 1933 und 1945 wird man zuvörderst von dem Bestreben des verfassungsgebenden Gesetzgebers ausgehen müssen, die Rechtsprechung streng an die Verfassung und gerade nicht an ungeschriebene (und damit missbrauchsanfälligere) Ideale binden zu wollen. Auf der anderen Seite zeigen die Materialien zur Entstehung des GG auch, dass die richterliche Unabhängigkeit durchaus auch mit einer kritischen Haltung gegenüber dem positiven Gesetz verbunden wird,[23] aber eben weniger aus der Tradition einer eigenen Rechtsfortbildungskompetenz heraus ob vielmehr als „Schutzmechanismus" gegen gesetzgeberisches Unrecht im Sinne der Radbruch'schen Formel.

Dieses Spannungsfeld der doppelten Skepsis gegenüber Judikative und Legislative wird deutlich in einer in den Protokollen überlieferten Diskussion um den Begriff des „Gesetzes" im heutigen Art. 97 Abs. 1 GG:

> „Vors. Dr. Strauß: Die Weimarer Verfassung sagt: ‚Die Richter sind unabhängig und nur dem Gesetze unterworfen.' […]
>
> Dr. Becker: Wir müssen sagen, was mit den Worten ‚dem Gesetz' gemeint ist, um den Begriff klarzustellen.
>
> Vors. Dr. Strauß: Das ist natürlich auch das Grundgesetz.
>
> Dr. Becker: Sie entsinnen sich der Nürnberger Urteile, in denen ausgesprochen ist, daß das positive Recht gegenüber den Geboten der allgemeinen Menschlichkeit zurückzutreten hat, daß gerade ein Bestehenbleiben auf dem Wortlaut des positiven Rechts nur als ein Milderungsgrund, nicht aber als ein Schuldausschließungsgrund anerkannt worden ist, allerdings nicht gegenüber Richtern, sondern gegenüber Persönlichkeiten des öffentlichen Lebens, die mehr der Verwaltung angehörend anzusehen sind. Die Frage ist, heißen die Worte ‚dem Gesetz' dem geschriebenen positiven Recht oder dem Recht im höheren Sinne.
>
> (Vors. Dr. Strauß: Dem Recht, heißen sie!)
>
> Es kann unter Umständen einmal dahin kommen, daß der Grundgedanke unserer Verfassung vom Richter im Sinne des höheren Rechts überschritten werden kann.
>
> Vors. Dr. Strauß: Ich glaube, das sollten wir der Auslegung überlassen. Die Frage des Naturrechts ist durch die Erfahrungen der Nazi-Zeit wieder lebendiger geworden als im 19. Jahrhundert.

---

[23] Eingehend zu der Diskussion im Grundsatzausschuss *Grundling*, Ein Naturrechtseinfluss auf das Grundgesetz?, S. 27 ff.

Dr. Becker: Ich wollte nur festhalten, daß wir mit dem Wort ‚dem Gesetz unterworfen' nicht an das Gesetz im formellen Sinne, sondern an das Gesetz im höheren Sinne denken."[24]

Mit der Emanzipation des Bundesverfassungsgerichts bereits in der frühen Phase der Bundesrepublik hat sich gleichwohl die Gesetzesvorlage i. S. d. Art. 100 Abs. 1 S. 1 GG als das probate Mittel einer fachrichterlichen Eindämmung gesetzgeberischen Unrechts erwiesen. Die „Gebote der allgemeinen Menschlichkeit" werden heute als Verfassungsfragen verhandelt. Die Tradition richterlicher Überprüfung des positiven Rechts anhand eines „höheren" Gesetzes ist damit gewissermaßen in dem umfassenden Kontrollanspruch des Verfassungsgerichts aufgegangen.

Richterliche Rechtsfortbildung in ihrer heutigen Form, bei der es weniger um legislatives Unrecht als mehr um ein zweckmäßiges „Weiterentwickeln" des Gesetzes geht, kann sich auf diese Tradition jedenfalls nicht berufen. Mit der Bindung an das „Gesetz" neben dem Recht wollte der verfassungsgebende Gesetzgeber auch nicht an eine solche Tradition richterlicher Gesetzesmodifikation anknüpfen, sondern vielmehr der Gefahr einer formalpositivistisch-blinden Anwendung legislativen Unrechts begegnen.[25]

d) Argument der Rechtsbindung nach Art. 20 Abs. 3 GG

Trotz der vorstehend beschriebenen, jedenfalls mehrdeutigen Quellenlage hat sich der Verweis auf Art. 20 Abs. 3 GG und die dort neben der Gesetzesbindung festgelegte Rechtsbindung zu dem hauptsächlichen, standardmäßig vorgebrachten Legitimationsargument für die richterliche Rechtsfortbildung entwickelt.[26] Verfassungsrechtlich überzeugend war dies gleichwohl von Anfang an nicht, selbst wenn man die Entstehungsgeschichte des Grundgesetzes außer Acht ließe. Man würde insbesondere erwarten, dass wenn nach der Vorstellung des verfassungsgebenden Gesetzgebers neben der Bindung an das Gesetz wirklich noch eine Bindung an ein in irgendeiner Weise überpositives

---

24 Der Parlamentarische Rat – Akten und Protokolle, Bd. 13/2, S. 1417 f. m. w. N. zu den Nürnberger Prozessen.

25 Vgl. *Gärditz*, in: Friauf/Höfling, Berliner Kommentar zum Grundgesetz, Art. 20 (6. Teil) Rn. 68.

26 Insbesondere durch das BVerfG selbst, wobei das Gericht in jüngerer Zeit dazu übergegangen zu sein scheint, die Legitimität der Rechtsfortbildung ohne weitere Erläuterung festzustellen, vgl. dazu etwa BVerfGE 149, 126 (154). Auf den Punkt gebraucht hat das BVerfG seine Auffassung in BVerfGE 82, 8 (12): „In dem Maße, in dem sich aufgrund solcher Wandlungen Regelungslücken bilden, verliert das Gesetz seine Fähigkeit, für alle Fälle, auf die seine Regelung abzielt, eine gerechte Lösung bereit zu halten. Die Gerichte sind daher befugt und verpflichtet zu prüfen, was unter den veränderten Umständen ‚Recht' im Sinne des Art. 20 Abs. 3 GG ist."

Recht oder eine über dem Gesetz stehende „Gerechtigkeit“ begründet werden sollte, welche zu der inhaltlichen Modifikation von Gesetzesrecht legitimiert, dies im Verfassungstext deutlicher zum Ausdruck käme. Eine solche, ausdrückliche Legitimation erfährt die Rechtsfortbildung im Grundgesetz und speziell in Art. 20 GG oder Art. 97 GG aber nicht. Stattdessen stützt sich die Argumentation oft allein auf die Formulierung des Art. 20 Abs. 3 GG, wo von einer Bindung an das „Recht“ neben dem „Gesetz“ die Rede ist.[27] Dabei wird dem Recht (allein wegen der sich ansonsten ergebenden Tautologie nicht zu Unrecht) ein über das Gesetz hinausgehender Gehalt zugeschrieben.

Überzeugend legitimieren kann dies die richterliche Rechtsfortbildung aber noch nicht. Denn damit ist nur gesagt, dass die Rechtsprechung nicht allein an das positive Recht gebunden sein soll. Bis zur Verfassungsmäßigkeit richterlicher Rechtsfortbildung etwa im Wege der Analogie ist es von dort noch ein weiter argumentativer Weg, der von unkritischeren Autoren bezeichnenderweise gerne abgekürzt wird.

Es ist an diesen Punkt nämlich weder dargelegt, an was genau die Rechtsprechung noch gebunden sein soll (das „höhere Gesetz“, die Gerechtigkeit oder das Naturrecht?) noch, und das ist noch wesentlicher, wie ein Konflikt zwischen Recht und Gesetz zu lösen sein soll (durch Nichtanwendung, eigenmächtige Modifikation oder durch Vorlage des Gesetzes bei dem Verfassungsgericht?). Gerechtigkeit entsteht ja gerade nicht durch die freie Hand eines weisen Richters, sondern erfordert selbst eine Methode.[28] Selbst wenn man also mit der herrschenden Ansicht von einer Bindung der Rechtsprechung an irgendeine Art von überpositiven Gehalten durch Art. 20 Abs. 3 GG ausginge, bleibt die Verfassungsmäßigkeit richterlicher Rechtsfortbildung zunächst eine reine Behauptung.

Es ist – auch wenn dies nach der hier vertretenen Auffassung von dem verfassungsgebenden Gesetzgeber durchaus intendiert war – bereits höchst fraglich, woher ein über das positive Recht (und damit auch über die Verfassung) hinausgehender Gehalt des „Rechts“ in Art. 20 Abs. 3 GG stammen und wie dieser Gehalt bestimmt werden soll. Ein beträchtlicher Teil der Lehre geht davon aus, dass die Formulierung rein ästhetischer Natur ist und dem Begriff des „Rechts“ kein eigenständiger Bedeutungsgehalt zukommt.[29] Hillgruber hat dazu sehr deutlich formuliert:

---

[27] Siehe zu diesem Argument nur *Möllers*, Juristische Methodenlehre, S. 19 m. w. N.

[28] *Reimer*, Gerechtigkeit als Methodenfrage, S. 33 ff.; zu der juristischen Gerechtigkeitstheorie *Osterkamp*, Juristische Gerechtigkeit, S. 146 ff.

[29] Siehe zu dem Streit *Sommermann*, in: Mangoldt u. a., Grundgesetz, Art. 20 Rn. 265 ff. m. w. N.

„Es ist nicht erkennbar, dass mit der Formel ‚Gesetz und Recht' auch überpositives Recht zum Entscheidungsmaßstab für den Richter erhoben werden sollte. Die These, die „sibyllinische Formel" des Art. 20 Abs. 3 GG stelle eine ausdrückliche Absage an einen engen und strikten Gesetzespositivismus dar, ist vor diesem Hintergrund nicht haltbar."[30]

Es ist sicher korrekt, dass überpositives Recht nicht *zum Entscheidungsmaßstab* erhoben wurde. Das bedeutet aber nicht, dass es nach Ansicht des verfassungsgebenden Gesetzgebers keine Rolle bei der richterlichen Rechtsarbeit spielen sollte. Man wird nach der Quellenlage eingestehen müssen, dass der verfassungsgebende Gesetzgeber weder allein dem Naturrecht noch allein einem „engen und strikten Gesetzespositivismus" eine ausdrückliche Absage erteilt hat, sondern vielmehr beide Extremformen ablehnte.

Das Zitat zeigt auch: An dieser Frage einer über das positive Recht hinausgehenden Bindung der Rechtsprechung entzündet sich der alte Positivismusstreit. Diese Grundsatzdiskussion verdrängt dann schnell die Frage nach dem tatsächlichen Gehalt der verfassungsrechtlichen Vorschrift. Während man über das Für und Wider eines strengen Gesetzespositivismus und auch über die Frage, wie positivistisch die Schöpferinnen und Schöpfer des Grundgesetzes eingestellt waren, lange streiten kann, ist für die Auslegung des Art. 20 Abs. 3 GG zu beachten, dass diese Norm nicht über diese allgemeine rechtstheoretische Frage entscheiden, sondern in erster Linie die Machtausübung durch die Rechtsprechung disziplinieren und einhegen will. Sie determiniert die Rechtsprechung insofern nicht, sondern bindet sie nur. Gebunden sein kann man aber von vornherein nur an etwas Positives, d.h. an das positive Recht. Dagegen kann die „Bindung" an ein überpositives Recht letztlich nichts anderes sein als die Entbindung von dem Gesetz, und genau dies ist erkennbar nicht das Ziel des Art. 20 Abs. 3 GG.

Eine historische Auslegung der Begriffe „Recht" in Art. 20 Abs. 3 GG und „Gesetz" in Art. 97 Abs. 1 GG muss berücksichtigen, dass die Beratungen zum Grundgesetz damals stark unter den Eindruck menschenverachtender positiver Rechtssätze auf der einen, aber auch ausufernder richterlicher Politisierung auf der anderen Seite standen. Keine der Staatsgewalten hatte sich als fähig erwiesen, den Zivilisationsbruch[31] während der NS-Diktatur zu verhindern. Dabei ist die Bindung der Rechtsprechung auch an ein „höheres Gesetz" nicht der einzige (und sicher nicht der ideale) Weg, auf das NS-Unrecht zu reagieren. Zu diesem Zeitpunkt konnte jedoch nicht vorhergesehen werden, dass sich das Bundesverfassungsgericht zu einem gleichberechtigten Verfas-

---

[30] *Hillgruber*, JZ 2008, 745 (747) mit Verweis auf abweichende Ansichten von Grzeszick und Looschelders/Roth sowie BVerfGE 34, 269 (285).

[31] Begriff nach: *Diner/Benhabib*, Zivilisationsbruch; siehe zu der Theorie des Zivilisationsbruchs *Habermas*, Eine Art Schadensabwicklung, S. 115ff.

sungsorgan entwickeln würde, dass legislatives Unrecht in Gesetzesform effektiv kontrollieren und aufheben kann. Dieser Umstand muss nun im Rahmen einer zeitgemäßen Interpretation der Begriffe Berücksichtigung finden.

Angenommen, Art. 20 Abs. 3 GG enthalte wirklich eine über das positive Recht hinausgehende Bindung, so erscheint es aus systematischer Sicht eigentlich unverständlich, warum eine Bindung von so grundlegender Bedeutung gerade in dem speziell für die Rechtsprechung geltenden Art. 97 Abs. 1 GG unerwähnt geblieben ist. Wären mit „Recht und Gesetz" in Art. 20 Abs. 3 GG tatsächlich zwei verschiedene Dinge bezeichnet, so hätte man die Formulierung in Art. 97 Abs. 1 GG konsequenterweise wiederholen müssen. Stattdessen wird in Art. 97 Abs. 1 GG sogar dem Wortlaut nach dezidiert die ausschließliche Bindung an das Gesetz ausgesprochen. Um einen Widerspruch der beiden Normen zu vermeiden, müsste somit der „Unterworfenheit" des Richters in Art. 97 Abs. 1 GG eine andere Bedeutung zukommen als der „Gebundenheit" in Art. 20 GG.

Die Entstehungsgeschichte des Art. 97 GG spricht – wie dargelegt – tatsächlich aber gegen eine solch wortlautgetreue Auslegung. Es sollte auch bei Art. 97 Abs. 1 GG ein „Gesetz im höheren Sinne" gemeint sein. Nach der hier vertretenen Ansicht war aber bereits damals dieser „überschießende" Anteil auf den judikativen Widerstand gegen krasses legislatives Unrecht beschränkt, wie der vorstehend zitierte Verweis auf die Nürnberger Prozesse verdeutlicht. Darüber hinaus ist im Rahmen einer aktuellen Verfassungsinterpretation fraglich, ob unter Berücksichtigung der heutigen Stellung des Bundesverfassungsgerichts als eigenständiges, gleichrangiges Verfassungsorgan dieser „überschießende Gehalt" noch erforderlich ist.

Noch gewichtiger ist jedoch der Einwand, dass völlig offen ist, wie man dieses „Recht" bestimmen oder gar effektuieren soll. Aus guten Gründen ist der Verfassungsdogmatik ein überpositivistisches „Sittengesetz" oder eine über die grundrechtlichen Verbürgungen hinausgehende Gerechtigkeitsvorstellung fremd.[32] Es wäre inakzeptabel, würde der Richter das Gesetzbuch beiseitelegen und den Fall nach allgemeinen Gerechtigkeitserwägungen oder den seiner Ansicht nach vorherrschenden Überzeugungen in der Gesellschaft entscheiden.[33] Der Gerechtigkeitsanspruch wird gerade nicht über eine zusätzliche Gerechtigkeitsbindung der Rechtsprechung verbürgt, sondern ist über die Grundrechtsbindung bereits in der Bindung an das positive Recht enthalten.[34] Es fragt sich daher, welcher weitergehende Gehalt einer Bindung an das „Recht" dann noch zukommen kann.

---

32 Vgl. *Höfling*, JuS 2017, 617 (620).

33 Vgl. dazu etwa *Hirsch*, ZRP 2012, 205 (206); *Minwegen*, ZRP 2013, 62.

34 Weiterführend zu dem „Gerechtigkeitsanspruch der Verfassung" *Osterkamp*, Juristische Gerechtigkeit, S. 169 ff.

Weil das „Recht“ als diffuses Gerechtigkeitsideal einer juristischen Erfassung kaum zugänglich ist, wird eine objektive Kontrolle der Bindung daran unmöglich. Die Verpflichtung auf ein Recht, dass niemand genau kennt und niemand verbindlich aus- bzw. festlegen kann, entfaltet gerade keine Bindungswirkung im eigentlichen Sinne, sondern kann höchstens ein Ausweg aus einer Bindung sein. Somit würde die Bindung nach Art. 20 Abs. 3 GG in zwei ganz verschiedenartige Elemente zerfallen, deren Verhältnis untereinander nicht nur völlig offen, sondern möglicherweise auch dysfunktional ist.[35]

Insgesamt ist daher von einer Interpretation der Begriffe „Recht“ und „Gesetz“ auszugehen, bei welcher beide Termini auf das geschriebene Recht abzielen. Gleichwohl müssen die Begriffe nicht im engeren Sinne Synonyme sein. Es bietet sich vielmehr eine Deutung an, in welcher die Begriffe zwei unterschiedliche Perspektiven auf dasselbe Objekt verdeutlichen sollen. So könnte die Bindung an das „Gesetz“ spezifisch auf das im Einzelfall einschlägige, einfache Recht abzielen, das der Richter bei seiner Entscheidung zur Anwendung bringen soll. Die Bindung an das „Recht“ könnte demgegenüber den Fokus weiten und die ebenfalls bestehende Bindung an die gesamte Rechtsordnung (insbesondere an das Verfassungsrecht) betonen, welche bei der Einzelfallentscheidung ebenso zu berücksichtigen ist.[36]

Für eine erweiternde Verpflichtung etwa auf überpositive Inhalte wie etwa die „Gerechtigkeit“ besteht wegen der gleichzeitigen Bindung an die Verfassung, insbesondere an Art. 1, Art. 3 und Art. 20 GG, jedenfalls kein Bedarf,[37] weil diese Normen bereits fundamentale Gerechtigkeitsansprüche verbürgen.

Aber selbst dann, wenn man eine wie auch immer geartete Bindung an überpositives Recht im Rahmen des Art. 20 Abs. 3 GG annähme, ließe sich dies jedenfalls nicht als Argument gegen die Gesetzesbindung wenden. Andernfalls liefe man Gefahr, die Norm vollständig in ihr Gegenteil verkehren. Art. 20 Abs. 3 GG will die Staatsgewalt gerade an das demokratisch erzeugte Recht binden. Versteht man die Bindung an das „Recht“ aber als Verpflichtung auf ungeschriebene, nicht in demokratischen Verfahren erzeugte Normen,

---

35 Siehe zu den inneren Widersprüchlichkeiten *Gärditz*, in: Friauf/Höfling, Berliner Kommentar zum Grundgesetz, Art. 20 (6. Teil), Rn. 70.

36 Vgl. zum Beispiel des Arztstrafrechts *Höfling/Rixen*, Verfassungsfragen der Transplantationsmedizin, S. 13 Fn. 41.

37 Anders aber *Bumke*, in: Bumke, Richterrecht zwischen Gesetzesrecht und Rechtsgestaltung, S. 33 (44), der auf die richterliche „Verpflichtung“ hinsichtlich des „Gebots materieller Gerechtigkeit“ verweist und insg. gegen eine Ausdehnung des Vorbehaltsprinzips auf die Rechtsprechung argumentiert: „Fasst man den Grundsatz [des Vorbehalts des Gesetzes, Anm. d. Verf.] zu streng, führt dies zur endgültigen Überforderung von Parlament und Ministerialbürokratie. Schließlich verlöre die Gesellschaft ein großartiges Experimentierfeld rechtlicher Ordnungs- und Wissensbildung.“

und nimmt man darüber hinaus an, dass diese Bindung sogar geeignet ist, Überschreitungen der Gesetzesbindung zu legitimieren, bleibt von dieser Zielsetzung des Art. 20 Abs. 3 GG wenig übrig. Denn was soll der Effekt einer Gesetzesbindung sein, die bei Bedarf unter Rückgriff auf ein ungeschriebenes Recht, das von niemandem nachvollzogen werden kann, überwindbar ist?

Überzeugend ist es allenfalls, die Bindung an das Recht – will man sie denn überpositiv verstehen – als eine rein zusätzliche Reservebindung zu begreifen.[38] Diese könnte die Rechtsprechung in besonderen Fällen daran hindern, „gesetzmäßige", aber offenkundig unethische Entscheidungen zu treffen, ganz im Sinne der Radbruch'schen Formel.[39] Gustav Radbruch selbst hat dabei auch die besondere Bedeutung der Gleichheit betont:

> „Der Konflikt zwischen der Gerechtigkeit und der Rechtssicherheit dürfte dahin zu lösen sein, daß das positive, durch Satzung und Macht gesicherte Recht auch dann den Vorrang hat, wenn es inhaltlich ungerecht und unzweckmäßig ist, es sei denn, daß der Widerspruch des positiven Gesetzes zur Gerechtigkeit ein so unerträgliches Maß erreicht, daß das Gesetz als ‚unrichtiges Recht' der Gerechtigkeit zu weichen hat. Es ist unmöglich, eine schärfere Linie zu ziehen zwischen den Fällen des gesetzlichen Unrechts und den trotz unrichtigen Inhalts dennoch geltenden Gesetzen; eine andere Grenzziehung aber kann mit aller Schärfe vorgenommen werden: wo Gerechtigkeit nicht einmal erstrebt wird, wo die Gleichheit, die den Kern der Gerechtigkeit ausmacht, bei der Setzung positiven Rechts bewußt verleugnet wurde, da ist das Gesetz nicht etwa nur ‚unrichtiges' Recht, vielmehr entbehrt es überhaupt der Rechtsnatur. Denn man kann Recht, auch positives Recht, gar nicht anders definieren als eine Ordnung und Satzung, die ihrem Sinne nach bestimmt ist, der Gerechtigkeit zu dienen."[40]

Die zusätzliche Bindung an das Recht würde dann den Spielraum der Judikative aber lediglich verringern, nicht über die Grenzen des Gesetzes hinaus erweitern. Sie könnte in diesem Sinne nur dazu legitimieren, *nicht* zu entscheiden, also die Aufgabenwahrnehmung etwa bei eklatanten ethischen Problemen zu verweigern. Sie wäre in dieser Interpretation gewissermaßen die „Gewissensfreiheit der Rechtsprechung".[41] Zu einer inhaltlichen Modifikation des Rechts kann sie auch nach dieser Lesart aber nicht führen, weil diese jedenfalls über die reine Verweigerung hinausgeht. Solange man davon ausgehen kann, dass solche krassen ethischen Probleme durch das geschriebene

---

38 Auch insofern kritisch und letztlich für eine Streichung der Worte „und Recht" plädierend jedoch *Gärditz*, in: Friauf/Höfling, Berliner Kommentar zum Grundgesetz, Art. 20 (6. Teil), Rn. 72 ff.

39 Vgl. zu dem Richter als korrigierendem „Zweitentscheider" *Di Fabio*, in: Isensee/Kirchhof, Handbuch des Staatsrechts der Bundesrepublik Deutschland, § 27 Rn. 26, der auch auf Radbruch verweist.

40 *Radbruch*, SJZ 1946, 105 (107).

41 Zu dem Gewissen des Richters *Esser*, in: Festschrift für Fritz von Hippel, S. 95 (113).

Verfassungsrecht erfasst und gelöst werden (eine Ansicht, die trotz der weitreichenden „Positivierung“ fundamentaler Gerechtigkeitsvorstellungen nicht zuletzt im Rahmen des Art. 3 GG immer wieder kritisch zu hinterfragen ist), wäre die Rechtsbindung in Art. 20 Abs. 3 GG nur die mahnende Erinnerung daran, „dass Gesetz Unrecht sein kann“.[42]

Unabhängig davon, wie man den Inhalt der Rechtsbindung in Art. 20 Abs. 3 GG bestimmen mag, reicht der reine Verweis ohne weitere Spezifizierung nicht für eine Verfassungsmäßigkeit der Rechtsfortbildung aus. Es müsste genauer erklärt werden, warum und inwieweit die Bindung an das Recht die Bindung an das Gesetz verdrängen soll. Bei näherer Betrachtung erweisen sich Lesarten, die Recht und Gesetz als zwei verschiedene Objekte verstehen, als problematisch. Es ist vielmehr davon auszugehen, dass das Begriffspaar zwei verschiedene Sichtweisen auf ein und dieselbe Sache bezeichnet.[43]

e) Argument der Rechtsverweigerung

Neben den genannten Argumenten wird noch ein weiteres für die Legitimität der Rechtsfortbildung angeführt: das sogenannte Rechtsverweigerungsverbot bzw. der Justizgewährungsanspruch.[44] Es stehe dem Richter nicht zu, den rechtsschutzsuchenden Bürgern eine Entscheidung zu verwehren. Dies gelte auch in Fällen, in denen keine gesetzgeberische Entscheidung auszumachen sein, also im Falle der „Gesetzeslücke“. Weil eine Entscheidung notwendig sei, müsse der Richter die Lücke eben im Wege der Rechtsfortbildung füllen.[45]

Der Argumentation ist insoweit zuzustimmen, als hier zutreffend auf die Konfliktsituation hingewiesen wird, in welcher sich der zur Entscheidung berufene Richter im Falle einer sogenannten „Gesetzeslücke“ befindet. Aus dem angeführten Rechtsverweigerungsverbot ergibt sich jedoch die Befugnis zur Rechtsfortbildung noch nicht.[46] Denn in nur wenigen Ausnahmefällen ist dem Richter eine inhaltliche Entscheidung tatsächlich in dem Sinne unmöglich,

---

[42] *P. Kirchhof*, in: Bumke, Richterrecht zwischen Gesetzesrecht und Rechtsgestaltung, S. 71 (83).

[43] In diesem Sinne auch *Classen*, JZ 2003, 693 (700) – „Der Verweis auf das ‚Recht‘ legitimiert also die Lockerung der Bindung an das einfache Recht, aber allein zugunsten verfassungsrechtlicher, nicht dagegen naturrechtlicher Wertungen.“

[44] Mit Verweis auf den Justizgewährungsanspruch die Analogie für ein „an sich“ zulässiges Verfahren erklärend *Friauf*, in: Tipke, Grenzen der Rechtsfortbildung durch Rechtsprechung und Verwaltungsvorschriften im Steuerrecht, S. 53 (63).

[45] So beispielsweise *Säcker*, NJW 2018, 2375 (2377); kritisch *Wank*, Juristische Methodenlehre, § 15.

[46] So beispielsweise auch *Picker*, in: Bumke, Richterrecht zwischen Gesetzesrecht und Rechtsgestaltung, S. 85 (111).

dass er anhand der einschlägigen Gesetze keine Entscheidung treffen kann. Diese Ausnahmefälle beziehen sich allein auf in regelungstechnischer Hinsicht unvollständige Normen, die in ihrer ursprünglichen Form nicht angewendet werden können.[47]

So verhält es sich etwa, wenn eine Vorschrift für ein Dreipersonenverhältnis eine Schadenersatzpflicht anordnet, aber dazu schweigt, wem der Anspruch zustehen soll. In einem solchen Fall kann der Richter tatsächlich nicht entscheiden, ohne die Norm insofern zu ergänzen, als er sich festlegen muss, wem der Anspruch zustehen soll. Ob diese Ergänzung aber tatsächlich schon eine Rechtsfortbildung darstellt, ist höchst fragwürdig. Nicht nur existiert kein Wortlaut, der zu überwinden wäre, auch besteht keine gesetzgeberische Entscheidung, über die sich der Richter hinwegsetzen könnte. Schließlich ist es in diesen Fällen in keiner Weise unvorhersehbar, dass der Richter der einen oder der anderen Person (oder beiden) den Anspruch zusprechen wird. Es handelt sich schlicht um das Fehlen eines elementaren Bestandteils der Norm, welche regelmäßig im Rahmen der Auslegung überwunden werden kann.

In anderen Fällen ist dem Richter dagegen technisch gesehen eine Entscheidung möglich. Er bewertet diese Entscheidung lediglich als nicht „richtig".[48] Der Richter kann auch im Falle der „Gesetzeslücke" durchaus nach den Buchstaben des Gesetzes entscheiden, und niemand würde auf die Idee kommen, das dabei entstehende Urteil als eine Rechtsverweigerung zu bezeichnen. Wenn überhaupt, dann stellt die Fortbildung des Rechts eine richterliche Weigerung dar, das Gesetz so anzuwenden, wie es geschrieben steht.

So verhält es sich beispielsweise bei der anerkannten Analogie des § 113 Abs. 1 S. 4 VwGO im Falle der Erledigung des Verwaltungsaktes vor der Klageerhebung. Nach dem klaren Wortlaut der Vorschrift ist bei der Fortsetzungsfeststellungsklage die Erledigung nach Klageerhebung unschädlich. Weil ansonsten nur die Feststellungsklage nach § 43 VwGO zur Verfügung stünde, wendet die Rechtsprechung § 113 Abs. 1 S. 4 VwGO aber auf den Fall der Erledigung vor Klageerhebung entsprechend an.[49] Die Nichtanwendung der Vorschrift wäre aber nach keiner denkbaren Betrachtungsweise eine Rechtsverweigerung. Es könnte ganz in Einklang mit der Regelung die Ent-

---

47 *Larenz* bezeichnet diese Lücken als „Normlücken"; vgl. dazu mit dem Beispiel des § 904 S. 2 BGB *Larenz*, Methodenlehre der Rechtswissenschaft, S. 372.

48 So ausdrücklich *Jestaedt*, ZÖR 2000, 133 (139), mit Verweis auf *A. J. Merkl*; *Hillgruber*, in: Dürig u. a., Grundgesetz, Art. 97 Rn. 69 f.

49 Wegen der wesentlichen Unterschiedlichkeit der Fälle – bei der nachzeitigen Erledigung wurde der Prozess zunächst in Anbetracht des Verwaltungsaktes begonnen – ist die Analogie nach der hier vertretenen Ansicht abzulehnen. Zu der Kritik an dieser Rechtsfortbildung siehe etwa *Wolff*, in: Ziekow/Sodan, Verwaltungsgerichtsordnung, § 113 Rn. 262 ff. m. w. N.

scheidung ergehen, dass die Fortsetzungsfeststellungsklage unzulässig ist. Möglicherweise würde diese Entscheidung dann offenbaren, dass der von § 113 Abs. 1 S. 4 VwGO gewährte Rechtsschutz nicht ausreichend und die Norm daher verfassungswidrig ist. Möglicherweise würde auch erkannt werden, dass die Feststellungsklage in diesem Fall den Anforderungen des Art. 19 Abs. 4 GG durchaus genügt. In keinem Fall aber wäre die wortlautgetreue Anwendung des § 113 Abs. 1 S. 4 VwGO eine Rechtsverweigerung durch den Richter.

Somit weist das Rechtsverweigerungsargument zwar durchaus zurecht auf die Konfliktsituation hin, die der Rechtsfortbildung zugrunde liegt, gibt diese aber fälschlich als rechtstechnisches Problem aus. Die Kompetenz zur Rechtsfortbildung begründen kann das Argument dagegen nicht, weil das Unterlassen der Rechtsfortbildung praktisch nie eine Rechtsverweigerung bedeutet.[50] Dies gilt ebenso für eine Argumentation über den Justizgewährleistungsanspruch.[51] Dieser hat keinen Anspruch auf eine sachgemäße oder gerechte Entscheidung zum Inhalt, sondern verbrieft „nur" das Recht auf eine dem geltenden Recht entsprechende Entscheidung. Sollte das geltende Recht keine Regelung für den Streitfall bereithalten, kann der Justizgewährungsanspruch nicht zu einem Normerlass- bzw. Normmodifikationsanspruch umfunktioniert werden. Dem Justizgewährleistungsanspruch wäre insofern schon damit genüge getan, dass der Richter entsprechend dem inadäquaten Gesetz eine inadäquate Entscheidung fällt.

Gleichwohl weist die Entscheidungspflicht des Richters in die richtige Richtung. An einer dem Sachverhalt nicht angemessenen Entscheidung hindert ihn zwar nicht der Justizgewährleistungsanspruch, wohl aber seine Verfassungs- und insbesondere Gleichheitsbindung. Legitim wird seine Modifikation nicht dadurch, dass er ohne sie nicht entscheiden könnte, sondern, dass er ohne sie nicht *verfassungskonform* entscheiden könnte. Allein diese Verfassungswidrigkeit einer wortlautgetreuen Entscheidung ist ein tauglicher Ansatzpunkt für den Versuch, ein verfassungsmäßiges Rechtsfortbildungskonzept zu entwickeln.

Die aufgezeigten Argumente lassen die erste zentrale Frage der Rechtsfortbildung – die nach ihrer allgemeinen Verfassungsmäßigkeit – unbeantwortet. Die herkömmliche Argumentation weist aber, soweit sie an eine über die einfachrechtliche Bindung des Richters hinausgehende Verpflichtung und die daraus resultierende Konfliktsituation anknüpft, bereits in eine Richtung, die

---

50 Anders aber wohl *Hemke*, Methodik der Analogiebildung im öffentlichen Recht, S. 210.

51 Diesen für die Legitimation der Rechtsfortbildung der Zivilgerichte anführend *Friauf*, in: Tipke, Grenzen der Rechtsfortbildung durch Rechtsprechung und Verwaltungsvorschriften im Steuerrecht, S. 53 (69).

sich im Verlauf dieser Arbeit als zielführend herausstellen wird. Dieser Ansatz wird jedoch bisher nicht konsequent zu einem verfassungsrechtlich gedachten Legitimationsmodell entwickelt.

2. Verfassungsrechtliche Begrenzung

Solange unklar bleibt, was eigentlich der Zweck von Rechtsfortbildung sein soll, d.h. welchem Ziel die richterliche Modifikation im Allgemeinen dient, kann auch nur wenig über ihre Grenzen gesagt werden. Denn der Zweck, warum der Richter das Gesetz modifiziert, bildet zugleich die verfassungsrechtliche Legitimationsbasis; der Zweck seiner Fortbildung rechtfertigt sein Vorgehen – die Modifikationskompetenz kann daher nur so weit gehen, wie dieser Zweck trägt.

Für die verfassungsrechtliche Legitimität ist es nicht ausreichend, einfach auf die pragmatischen Vorteile richterlicher Modifikationen zu verweisen. Es reicht nicht aus, dass ein Gesetz zum „besseren" hin fortgebildet wird, weil „gutes" oder „schlechtes" Recht keine verfassungsrechtlichen, sondern politische Kategorien sind. Nur wenn sich ein Rechtsgut von Verfassungsrang benennen ließe, welches durch die Rechtsfortbildung gefördert wird, käme ihre Rechtfertigung und damit ihre Verfassungsmäßigkeit in Betracht.

Es ist erstaunlich, dass so viel über die rechtspolitischen Vorteile der Rechtsfortbildung geschrieben wird,[52] aber so wenig über ihre möglichen verfassungsrechtlichen Gründe und die daraus resultierenden Begrenzungen. Stattdessen ist die Debatte durch ein bemerkenswertes Vertrauen in die judikative Selbstbegrenzung geprägt. Auch Hans Kelsen geht von einer richterlichen Zurückhaltung aus, die „Verantwortlichkeit für eine Neuschöpfung des Rechts auf sich zu nehmen":

> „Da das geltende Recht aber logisch immer anwendbar ist, da es keine ‚Lücken' in diesem Sinne hat, leistet diese Formel, wenn man ihren fiktiven Charakter durchschaut, nicht die beabsichtigte Einschränkung der dem Gericht erteilten Ermächtigung, sondern deren Selbstaufhebung. Akzeptiert aber auch das Gericht die Annahme, daß es Lücken im Recht gebe, dann kann diese theoretisch unhaltbare Fiktion die beabsichtigte Wirkung haben. Denn der Richter – und insbesondere der beamtete, unter der Kontrolle eines höheren Gerichtes stehende Richter –, der nicht leicht geneigt ist, die Verantwortung für eine Neuschöpfung von Recht auf sich zu nehmen, wird nur ganz ausnahmsweise das Vorhandensein einer Lücke annehmen und daher von der ihm erteilten Ermächtigung, an Stelle des Gesetzgebers zu treten, nur selten Gebrauch machen."[53]

---

[52] Umfassend *Feix*, Maßstäbe für eine gelungene richterliche Rechtsfortbildung, S. 41ff., 125ff.

[53] *Kelsen*, Reine Rechtslehre, S. 254.

Selbst wenn es stimmte, dass die Rechtsprechung nur selten auf die „Ermächtigung, an die Stelle des Gesetzgebers zu treten“ zurückgreift, so bräuchte es für diese doch gleichwohl eine verfassungsrechtliche Grundlage, nicht bloß eine zurückhaltende Handhabung oder strenge Begrenzung.[54] In Unklarheit über den verfassungsrechtlich legitimen Zweck bleiben nicht viel mehr als Allgemeinplätze, um die verfassungsrechtlichen Grenzen der Rechtsfortbildung zu beschreiben. Insofern wird man selbstverständlich sagen können, dass die Rechtsfortbildung, wie jedes staatliche Handeln, an die Grundrechte, die Kompetenzordnung und die allgemeinen Staatsstrukturprinzipien des Art. 20 GG gebunden ist.

a) Herkömmliche externe Begrenzung durch entgegenstehendes Verfassungsrecht

Bei der Suche nach der verfassungsrechtlichen Begrenzung gerät vor allem das Staatsorganisationsrecht in den Blick, weil die Rechtsfortbildung in erster Linie als judikativer Übergriff in den Kompetenzbereich des Gesetzgebers verstanden wird.[55] Die Grenzziehung zielt darauf ab, dass dieser Übergriff nicht zu weit geht. Insofern sind die anerkannten verfassungsrechtlichen Begrenzungen eher als externe denn als interne Grenzen[56] gedacht. Vor allem die Kompetenz des Gesetzgebers begrenzt hier die Modifikationskompetenz des Richters im Sinne von zwei sich entgegenstehenden Prinzipien.

Ausgehend einerseits von den allgemein geltenden verfassungsrechtlichen Beschränkungen staatlicher Machtausübung und andererseits von der Idee, die Rechtsfortbildung diene der Umsetzung des „wahren“ gesetzgeberischen Willes, wurden detaillierte verfassungsrechtliche Grenzen der Rechtsfortbildung entwickelt. Diese Grenzziehungen sind bereits in anderen Arbeiten ausführlich dargelegt und systematisiert worden.[57] Zu nennen sind hier neben den Art. 103 Abs. 2 GG und Art. 104 Abs. 1 S. 1 GG insbesondere die Wesentlichkeitstheorie, die richterliche Gesetzesbindung und das richterliche Normsetzungsverbot.

---

[54] Zu dem „Grenzsystem“ ausführlich etwa *Jocham*, Die Grenzen der richterlichen Rechtsfortbildung im Privatrecht, S. 130 ff.

[55] Vgl. *Voßkuhle*, *Osterloh* und *Di Fabio* (abweichende Meinung zu BVerfGE 122, 248 (282) – Rügeverkümmerung): „Der Richter greift in den Kompetenzbereich des Gesetzgebers ein.“

[56] Vgl. *Kruse*, Die verfassungsrechtlichen Grenzen richterlicher Rechtsfortbildung, S. 94 m. w. N., die von „funktionsimmanenten“ Grenzen sprich.

[57] Siehe nur *Kruse*, Die verfassungsrechtlichen Grenzen richterlicher Rechtsfortbildung, S. 69 ff.

Es existiert also durchaus ein verfassungsdogmatisches Konzept zur Begrenzung von Rechtsfortbildung, welches sich dadurch auszeichnet, die mit richterlicher Rechtsfortbildung in Konflikt stehenden Verfassungsrechtsgüter zu benennen und ihre Beeinträchtigung mit den Vorteilen der Rechtsfortbildung abzuwiegen. Weil die Entscheidung darüber, ob eine Rechtsfortbildung im Einzelfall legitim ist, damit letztlich aufgrund einer „Gesamtbilanz“ aus Pro- und Kontra-Argumenten gewonnen wird, kann von „Grenzen“ im engeren Sinne aber keine Rede sein. Das „bewegliche System“[58] dieser externen Rechtsfortbildungsbegrenzung verfügt über keine starren „Leitplanken“, sondern kennt nur begrenzende (und auch befördernde) Elemente, die in einer Gesamtabwägung zusammenfließen. Es existiert hier kein für die Rechtsprechung geltender echter Vorbehalt des Gesetzes, jedenfalls nicht in Bezug auf die richterliche Rechtserzeugung.[59] In Ansehung der abwägenden, vielfach verästelten und detaillierten Dogmatik kann man daher im Vorhinein keine allgemein geltenden Begrenzungen ausmachen, sondern nur Gründe finden, die im Einzelfall für oder gegen die Zulässigkeit der Rechtsfortbildung sprechen.

Der Umstand, dass die Grenzziehungsdogmatik (bis auf wenige Ausnahmen) keine allgemeinen Aussagen zu den Grenzen der Rechtsfortbildung machen kann, hat seinen Grund darin, dass hier im Wesentlichen die allgemeinen verfassungsrechtlichen Begrenzungen staatlichen Handelns hinsichtlich der Rechtsfortbildung konkretisiert werden. So gilt etwa der aus dem Demokratie- und Rechtsstaatsprinzip abzuleitende Wesentlichkeitsvorbehalt auch für die Rechtsfortbildung.[60] Spezifisch für diesen Bereich könnte man als Grenze insoweit etwa formulieren, dass eine Norm nur insoweit modifiziert werden darf, als Umfang und Intensität des darin enthaltenen bzw. ermöglichten Grundrechtseingriffes nicht wesentlich verändert wird. Eine solche wesentliche Modifikation bleibt dem demokratisch legitimierten Gesetzgeber vorbehalten.[61]

Für diese allgemeinen verfassungsrechtlichen Anforderungen ist jedoch festzustellen, dass sie sich nicht ohne weiteres für die Rechtsfortbildung operationalisieren lassen, weil sie schon ihrer Natur nach im Widerspruch zu

---

58 Begriff bei *Wilburg*, Entwicklung eines beweglichen Systems im bürgerlichen Recht, 1950; dazu etwa *Paas*, Das bewegliche System, 2021; *Westerhoff*, Die Elemente des Beweglichen Systems, S. 17 ff.

59 So *Bumke*, in: Bumke, Richterrecht zwischen Gesetzesrecht und Rechtsgestaltung, S. 33 (42) m. w. N. – dies soll darin begründet sein, dass das Verfassungsgericht von der Verpflichtung der Fachgerichte zur Rechtserzeugung in ansonsten unzureichend geregelten Fällen überzeugt sei.

60 *Wiedemann*, NJW 2014, 2407 (2412); vgl. auch *Voßkuhle/Kaufhold*, JuS 2010, 116 (118).

61 Vgl. *Beaucamp*, AöR 2009, 83 (88) m. w. N.

ihr stehen. Die hier zur Begrenzung herangezogenen Prinzipien haben mit der Rechtsfortbildung (zunächst) nichts zu tun. Dies gilt etwa für den Vorbehalt des Gesetzes. Nicht nur, dass sich für die Rechtsfortbildung keine geschriebene verfassungsrechtliche Grundlage findet. Vor allem lassen sich die im Rahmen der Rechtsfortbildung ergehenden belastenden Einzelakte nicht auf ein geschriebenes Gesetz stützen,[62] denn es handelt sich ja gerade um die Modifikation dieser Gesetze.

Dies führt etwa zu dem Streit darüber, ob und inwieweit belastende Analogien über das im Strafrecht geltende Analogieverbot hinaus zulässig sind, insbesondere im „sonstigen" Öffentlichen Recht.[63] Diese und weitere Konkretisierungen allgemeiner verfassungsrechtlicher Begrenzungen sind der Rechtsfortbildung von der Verfassung unabhängig von ihrem legitimierenden Zweck – also gewissermaßen von „Außen" – gesetzt. Sie sind insofern vergleichbar (und teilweise identisch) mit den verfassungsrechtlichen Grenzen der Auslegung. So wird man etwa die Verhältnismäßigkeit gleichermaßen von einem auf Auslegung sowie von einem auf Rechtsfortbildung beruhenden Urteil verlangen müssen. Ebenso darf der Richter weder im Rahmen der Auslegung noch im Rahmen der Rechtsfortbildung zu einem Ergebnis gelangen, durch welches eine Diskriminierung anhand der Merkmale des Art. 3 Abs. 3 GG bewirkt wird usw.

Insofern hält das ausdifferenzierte System externer Begrenzungen zwar eine Vielzahl von Anknüpfungspunkten bereit, auf deren Basis man richterliche Rechtsfortbildung kritisieren kann. Es lassen sich gleichwohl keine klaren Aussagen darüber ableiten, welche Ergebnisse sich noch in verfassungskonformer Weise durch Rechtsfortbildung erreichen lassen. Vielmehr erscheint hier letztlich jede Rechtsfortbildung als verfassungsrechtlich möglich, es kommt auf die jeweiligen Umstände des Einzelfalls an.

Damit läuft die herkömmliche verfassungsrechtliche Begrenzung der Rechtsfortbildung im Wesentlichen mit der verfassungsrechtlichen Begrenzung des Gesetzgebers gleich. Dem Richter sind keine Rechtsfortbildungen erlaubt, die der Gesetzgeber nicht selbst mit einer entsprechenden Gesetzesänderung erreichen könnte.[64] Diese Begrenzung ist für sich genommen aber

---

62 Ausführlich dazu *Kruse*, Die verfassungsrechtlichen Grenzen richterlicher Rechtsfortbildung, S. 147 ff.

63 Dazu etwa *Beaucamp*, AöR 2009, 83 (86 ff.); siehe zum Steuerrecht *Friauf*, in: Tipke, Grenzen der Rechtsfortbildung durch Rechtsprechung und Verwaltungsvorschriften im Steuerrecht, S. 53 (63). Zu der Thematik insgesamt bereits vorstehend Punkt B. II. 4. c).

64 Allerdings wird dabei das Rückwirkungsverbot außer Betracht gelassen, siehe dazu vorstehend Punkt B. II. 2.

offensichtlich unzureichend, weil der Richter eben nicht mit eigener Gesetzgebungskompetenz ausgestattet ist.

b) Herkömmliche interne Begrenzung durch subjektive Interpretationsmittel

Bemerkenswert ist, dass die herkömmlichen Argumente, welche die Verfassungsmäßigkeit der Rechtsfortbildung begründen sollen, kaum eine Rolle für diese Grenzziehungen spielen. Soweit ersichtlich versucht niemand, aus der „Rechtsbindung" nach Art. 20 Abs. 3 GG oder dem Rechtsverweigerungsverbot Grenzen der Rechtsfortbildung abzuleiten. So thematisiert etwa die einschlägige Arbeit von Frauke Kruse ausführlich das „konventionelle Grenzziehungskonzept" und entwickelt dieses unter verschiedenen Gesichtspunkten der fort.[65]

Konsequenterweise müsste man jedoch – wenn man etwa die richterliche „Rechtsbindung" des Art. 20 Abs. 3 GG oder das Rechtsverweigerungsverbot als legitimierende Argumente heranzieht – fragen, welche Grenzen sich daraus ergeben; d.h. wann z.B. eine Situation der Rechtsverweigerung tatsächlich vorliegt und welche Maßstäbe dann zur Ermittlung der notwendigen Rechtsfortbildung zur Anwendung zu bringen sind.

Solche interne Begrenzungen der Rechtsfortbildung, die sich nicht aus entgegenstehenden Verfassungsprinzipien, sondern aus dem legitimen Zweck der Rechtsfortbildung ergeben,[66] werden lediglich in Bezug auf den im Gesetz zum Ausdruck kommenden gesetzgeberischen Willen[67] diskutiert. Der zu einer Rechtsfortbildung neigende Richter müsse eine aktiv getroffene gesetzgeberische Entscheidung akzeptieren und dürfe insofern keine neue Norm setzen, sondern nur eine existierende Norm unter Berücksichtig dieser Entscheidung modifizieren.[68] Diese Bindung des Richters an den Willen des Gesetzgebers ist im Grundsatz seit jeher anerkannt,[69] und auch das zentrale Element der Rechtsfortbildungskontrolle des Bundesverfassungsgerichts:

> „Richterliche Rechtsfortbildung darf hingegen nicht dazu führen, dass die Gerichte ihre eigene materielle Gerechtigkeitsvorstellung an die Stelle derjenigen des Ge-

---

65 *Kruse*, Die verfassungsrechtlichen Grenzen richterlicher Rechtsfortbildung, S. 63 ff.; 103 ff.; vgl. auch *Jocham*, Die Grenzen der richterlichen Rechtsfortbildung im Privatrecht, S. 150 ff.

66 Vgl. zu dem Begriff der „funktionsimmanenten Grenzen" auch *Kruse*, Die verfassungsrechtlichen Grenzen richterlicher Rechtsfortbildung, S. 93 ff., wo der Begriff aber mit anderer Bedeutung verwendet wird.

67 Dazu vorstehend Punkt C. I. 1. a).

68 BVerfGE 118, 212 (243); 128, 193 (210); 132, 99 (127 f.); 134, 204 (238); 149, 126 (154).

69 Dazu *Schott*, Rechtsgrundsätze und Gesetzeskorrektur, S. 60 m. w. N.

setzgebers setzen […]. Die Gerichte dürfen sich nicht dem vom Gesetzgeber festgelegten Sinn und Zweck des Gesetzes entziehen, sondern müssen die gesetzgeberische Grundentscheidung respektieren. […] Die Beachtung des klar erkennbaren Willens des Gesetzgebers ist Ausdruck demokratischer Verfassungsstaatlichkeit. Dies trägt dem Grundsatz der Gewaltenteilung (Art. 20 Abs. 2 Satz 2 GG) Rechnung. Das Gesetz bezieht seine Geltungskraft aus der demokratischen Legitimation des Gesetzgebers, dessen artikulierter Wille den Inhalt des Gesetzes daher mit bestimmt. Jedenfalls darf der klar erkennbare Wille des Gesetzgebers nicht übergangen oder verfälscht werden […]. So verwirklicht sich auch die in Art. 20 Abs. 3 und Art. 97 Abs. 1 GG vorgegebene Bindung der Gerichte an das ‚Gesetz', denn dies ist eine Bindung an die im Normtext zum Ausdruck gebrachte demokratische Entscheidung des Gesetzgebers, dessen Erwägungen zumindest teilweise in den Materialien dokumentiert sind."[70]

Bei der Bestimmung dieser Grenze spielen zwangsläufig Denkfiguren wie der „Wille des Gesetzgebers", die „gesetzgeberische Idee", oder auch die „Regelungskonzeption" die Hauptrolle.[71] Bedeutungsgehalte, Geschichte und Schnittmengen dieser Denkfiguren zu erläutern, würde den Rahmen dieser Untersuchung weit überschreiten. Es ist bereits herausgearbeitet worden, dass diese Denkfiguren als Legitimationsbasis für die Rechtsfortbildung untauglich sind.[72] Aber auch für die Begrenzung von Rechtsfortbildung stellen sich Fragen hinsichtlich ihrer Funktionalität.

Für den hier relevanten Zusammenhang – also die Rolle dieser Konzepte bei der Begrenzung von Rechtsfortbildung – kommt es auch nicht auf ihre Ausdifferenzierung im Detail, sondern auf ihre Gemeinsamkeit an: Es geht bei all diesen Ansätzen um den Erklärungsversuch, wie eine geschriebene Regelung „gemeint" ist bzw. war. Charakteristisch für diese Unternehmungen ist dabei, dass sie nicht an das Verständnis irgendeines Empfängers gebunden, sondern nur der Intention des Sendenden verpflichtet sein können. Damit sind alle diese Denkfiguren zumindest in erster Näherung als subjektive Interpretationsmittel zu kategorisieren und von objektiven Interpretationsmitteln abzugrenzen. Als solche sind sie aber zum einem auf den Erkenntnishorizont des Absenders beschränkt und zum anderen auf die Erkennbarkeit seiner Motive und Intentionen angewiesen.

Je mehr diese Ansätze allerdings aus dem historischen Kontext herausgelöst werden,[73] desto mehr nehmen sie dabei selbst modifizierenden Charakter an.

---

[70] BVerfGE 149, 126 (154 f.); siehe dazu *Chr. Schönberger*, in: VVDStRL 71, S. 296 (326), der darauf hinweist, dass es sich hierbei gerade nicht um einen „spezifisch verfassungsrechtlichen Standard handelt".

[71] Vgl. *Bumke*, in: Bumke, Richterrecht zwischen Gesetzesrecht und Rechtsgestaltung, S. 1 (6, 10); vgl. auch zu der wohl synonymen Verwendung von „gesetzgeberischer Grundentscheidung" und „Regelungskonzeption" BVerfGE 149, 126 (Rn. 73 f.).

[72] Siehe vorstehend Punkt C. I. 1. a).

[73] Vgl. zu diesem „Herauslösen" *Depenheuer*, Der Wortlaut als Grenze, S. 40.

Wer die objektiv-teleologische „Gegenwartsfrage an das Recht"[74] stellt, will ja gerade nicht mehr wissen, wie das Gesetz gemeint war, sondern welcher Inhalt (ggf. ausgehend von der damaligen Konzeption) den heutigen Anforderungen entspricht. Als Begrenzung für die Rechtsfortbildung taugt etwa der objektiv-teleologisch aufgeladene Begriff eines „Willens des Gesetzes" nicht, weil er im Kern ebenfalls modifizierend ist.[75]

Der Versuch, die Rechtsfortbildung allein mit den im Ansatz subjektiven Konzepten zu begrenzen, muss jedoch scheitern, weil die Rechtsfortbildung eben nicht (nur) Interpretation ist. Diese Ansätze halten deswegen typischerweise keine Antworten für die Fälle der Rechtsfortbildung bereit.[76] Funktional sind sie als Begrenzungsmittel nur insoweit, als eine Modifikation gegen das vom Gesetzgeber erkennbar Gemeinte identifiziert werden kann. Aber auch abseits erkennbarer Entscheidungen des Gesetzgebers darf es keine ungebundene Rechtsfortbildung geben.

Die herkömmliche Grenzziehung soll sicherzustellen, dass der rechtsfortbildende Richter nicht seine eigene rechtspolitische Entscheidung an die Stelle der gesetzgeberischen Entscheidung setzen kann,[77] dass er also nicht zum „Ersatzgesetzgeber" wird. So zustimmungswürdig diese Begrenzung ist, so stellt sie doch kaum mehr als eine Selbstverständlichkeit dar, die man ebenso für die Auslegung wird formulieren müssen. Diese Begrenzung der Rechtsfortbildung erweist sich insofern als eine Absicherung gesetzgeberischer Souveränität und gelangt allein dort zur Wirkung, wo der Gesetzgeber seine Kompetenz auch tatsächlich ausgeübt hat.

Als dysfunktional erweist sich diese herkömmliche Begrenzung aber insbesondere dort, wo der Gesetzgeber untätig geblieben ist und dementsprechend das „eigentlich Gemeinte" ungewiss bleibt. Dies dürfte bei der Rechtsfortbildung gerade der Regelfall sein, da diese ja in Bereichen notwendig wird, die der Gesetzgeber übersehen hat oder noch nicht kennen konnte. Hier ist eine Rechtsfortbildung gegen das „eigentlich Gemeinte" nur selten denkbar, vielmehr kann man regelmäßig lediglich mit mehr oder weniger argumentativer

---

[74] Dazu *P. Kirchhof*, in: Bumke, Richterrecht zwischen Gesetzesrecht und Rechtsgestaltung, S. 71 (71).

[75] Vgl. zu der Differenzierung des „Willens des Gesetzgebers" und des „Willens des Gesetzes" *Reimer*, Juristische Methodenlehre, Rn. 256 m. V. a. *Heck*, Gesetzesauslegung und Interessenjurisprudenz, S. 63.

[76] Weniger kritisch zu der Aussagekraft der „übergreifenden Absichten" bzw. dem „höheren Willen" gleichwohl *Picker*, in: Bumke, Richterrecht zwischen Gesetzesrecht und Rechtsgestaltung, S. 85 (111).

[77] Vgl. etwa *Linsenmaier*, RdA 2019, 157 (166), der zischen „richterlicher Ersatzgesetzgebung" und „einer den berechtigen Bedürfnissen der Praxis verpflichteten richterlichen Rechtsfortbildung" unterscheidet; zu der Rolle des BVerfG *Steiner*, NJW 2001, 2919.

Sicherheit vermuten, was der Gesetzgeber wohl in Anbetracht dieser Situation gewollt hätte. Diese Vermutung ist dann aber bereits eine Modifikation seiner „Idee“. Für die Fälle der Rechtsfortbildung ist der gesetzgeberische Wille immer ein hypothetischer, von der Rechtsprechung im Nachhinein konstruierter.[78]

c) Kombination von subjektiven und objektiven Aspekten

Gewissermaßen in Anerkenntnis dieser Dysfunktionalität versucht die herkömmliche Begrenzungskonzeption – parallel zu der Situation bei der historischen und teleologischen Auslegung – objektive und subjektive Aspekte kombiniert zur Anwendung zu bringen.[79] Der rechtsfortbildende Richter soll sich also zum einen nicht über die Entscheidung des historischen Gesetzgebers hinwegsetzen, zum anderen die hinter dem Gesetz stehende, eher objektiv verstandene „Regelungskonzeption“, den in Anbetracht der gegenwärtigen Situation zu ermittelnden „Sinn und Zweck“, nicht missachten.[80] Dies erweist sich gegenüber der „rein“ historisch-subjektiv gedachten Begrenzung gleichwohl eher als Rückschritt; denn mit der Kombination von subjektiven und objektiven Elementen drohen innere Widersprüchlichkeiten. Die „objektivierte“ Bedeutung ist konzeptionell ja gerade auf die Erweiterung gegenüber der subjektiven ausgelegt; objektiv-teleologische Interpretation geht fließend in Rechtsfortbildung über. So kann eine Fortbildung dann im Einzelfall schließlich doch gegen einen immerhin gelegentlich klar erkennbaren historischen Willen des Gesetzgebers, also das von ihm „Gemeinte“, vorgenommen werden.[81]

Schon die auf eine Ermittlung des historisch-subjektiven Willen des Gesetzgebers ausgerichteten Denkfiguren zu einer allgemeinen Begrenzung von Rechtsfortbildung heranzuziehen, ja diese sogar zu der Triebfeder der Modifikation zu erklären, ist interpretatorische Hybris. Dies allein bedeutete, soweit gegenüber der „Sphäre des Gesetzgebers“ ein durchaus effektiver Schutz gegen richterliche Usurpation geleistet wird, gleichwohl noch keinen Schaden.

---

[78] Den Willen des Gesetzgebers für die Fälle der Analogie ausdrücklich als hypothetisch bezeichnend *Friauf*, in: Tipke, Grenzen der Rechtsfortbildung durch Rechtsprechung und Verwaltungsvorschriften im Steuerrecht, S. 53 (67).

[79] Kritisch zu der Unterscheidbarkeit von subjektiv und objektiv in diesem Zusammenhang *Bumke*, in: Bumke, Richterrecht zwischen Gesetzesrecht und Rechtsgestaltung, S. 1 (29) m. w. N.

[80] Siehe etwa BVerfGE 34, 269 (288 f.); 128, 193 (210).

[81] Siehe erneut *Reimer*, Juristische Methodenlehre, Rn. 256 m. V. a. *Heck*, Gesetzesauslegung und Interessenjurisprudenz, S. 63; zur „Lex-Lata-Grenze“ im österreichischen Recht *Kodek*, in: Torggler, Richterliche Rechtsfortbildung und ihre Grenzen, S. 1 (11).

Während die Disziplinierung durch subjektive Elemente aber zumindest noch teilweise funktional ist, kann die Kombination mit objektiven Interpretationsansätzen nur als Entgrenzung verstanden werden. Die Ansicht, es gäbe einen „wahren Willen“ oder „wahren Sinn“ des Gesetzes, der weder mit dem historischen Willen oder einem zumutbaren Verständnis des Wortlautes übereinstimme, und dieser „wahre“ Wille sei die Grenze der Rechtsfortbildung, überlässt die Begrenzung der Modifikation zur Gänze den Modifizierenden.

Die augenscheinlich intendierte Beschränkung kann so durchaus in ihr Gegenteil umschlagen. Insbesondere objektive Ansätze, etwa die Idee eines über dem Gesetz schwebenden, unterschiedliche Normen überspannenden „Regelungskonzepts“,[82] bieten eher selbst Futter für Modifikationen, anstatt die Grenzen einer möglichen Fortbildung aufzuzeigen. Die Rechtsfortbildung wird dann nicht mehr durch den Verweis auf den Erzeugungsprozess eines Gesetzestextes diszipliniert, sondern noch befeuert von der Annahme, ein Text könne „klüger sein als sein Verfasser“.[83]

Zwar mag ein wahrer Kern in dieser Metapher enthalten sein. Natürlich kann sich in der Auslegung nach heutigem Begriffsverständnis und nach heutigen Regelungsbedürfnissen (also insbesondere nach objektiv-teleologischer Auslegung) ein anderes Bild ergeben als nach der historisch-subjektiven Interpretation. Im Rahmen der Auslegung hat das objektiv-teleologische Argument deswegen mit Recht eine besondere Bedeutung und ist nicht selten der für die Rechtserkenntnis ausschlaggebende Gesichtspunkt.[84]

Dies bedeutet aber nicht, dass ein allgemeineres, über den historischen Willen hinausgehendes Regelungskonzept bereits von Beginn an in dem Gesetz enthalten ist, und von Juristen nur „gefunden“ werden muss. Vielmehr wird dieses Konzept erst durch Abstraktion der vorgefundenen Gestaltung und unter Hinzunahme angenommen Motivationen und tatsächlicher Bedarfe konstruiert.[85] Anders als etwa der Gesetzeswortlaut existiert das Telos nicht in einem tatsächlichen Sinne.

---

82 Vgl. *Larenz*, Methodenlehre der Rechtswissenschaft, S. 372.

83 Dies als „überspitztes Bonmot, mit einem wahren Kern“ bezeichnend *Honsell*, ZfPW 2016, 106 (120), mit Verweis auf *Kohler* und *Radbruch*; dazu auch *Jestaedt*, in: Bumke, Richterrecht zwischen Gesetzesrecht und Rechtsgestaltung, S. 49 (54), mit Verweis auf BVerfGE 36, 342 (362).

84 Wobei man mit Recht in Frage stellen kann, inwieweit es sich dann noch um Rechtserkenntnis handelt.

85 Dies verdeutlicht eindrucksvoll BVerfGE 212, 317, in welchem durch die Senatsmehrheit (S. 344 ff.; siehe etwa S. 356) und die beiden Sondervoten (S. 378 ff. – abw. *M. Bryde*; S. 381 ff. – abw. *M. Masing*) immerhin drei verschiedene Regelungskonzepte „erkannt“ werden; darauf hinweisend *Bumke*, in: Bumke, Richterrecht zwischen Gesetzesrecht und Rechtsgestaltung, S. 33 (42).

Es ist also nicht der Text, der vermeintlich klüger als sein Verfasser ist, sondern sein Interpret.[86] Die hermeneutische Formel vom „klügeren Text" ist insofern vor allem ein Euphemismus für eine selbstattestierte Überlegenheit des Auslegenden gegenüber dem historischen Gesetzgeber. Zugleich kaschiert die Formel den Beitrag des Interpreten und die damit einhergehende Verantwortlichkeit, indem sie seine Modifikation als dem Text bereits innewohnend präsentiert.

Ein anschauliches Beispiel für eine teleologische Reduktion trotz eines klar entgegenstehenden gesetzgeberischen Motivs bietet die Entscheidung des Bundesgerichtshofs zur Präimplantationsdiagnostik (PID).[87] Das Gericht hatte hier unter anderem zu entscheiden, ob die PID – bei welcher durch künstliche Befruchtung gezeugten Embryonen Zellen entnommen werden, um diese auf bestimmte Erkrankungen hin zu untersuchen[88] – gegen das Verbot der missbräuchlichen Verwendung menschlicher Embryonen des § 2 Abs. 1 Embryonenschutzgesetz (ESchG) verstößt. Nach dieser Strafnorm ist es unter anderem verboten, einen extrakorporal erzeugten menschlichen Embryo zu einem nicht seiner Erhaltung dienenden Zweck zu verwenden (§ 2 Abs. 1 Var. 4 ESchG).

Bis zur Entscheidung des Bundesgerichtshofs war sich die Literatur im Wesentlichen einig, dass die PID den Tatbestand des § 2 Abs. 1 Var. 4 ESchG erfüllt.[89] Die Untersuchung der entnommenen Zellen dient nicht der Erhaltung des Embryos, sondern im Gegenteil der Auswahl eines für den Transfer geeigneten Kandidaten und somit zugleich der Auswahl jener Embryonen, die nicht weiter kultiviert werden und in der Folge absterben. Auch stellt die Zellentnahmen als echte Substanzeinwirkung eigentlich unzweifelhaft ein „Verwenden" des Embryos dar.[90]

In seiner Entscheidung vom 06.07.2019 reduziert der Bundesgerichtshof das Tatbestandsmerkmal des „Verwendens" allerdings teleologisch um solche Handlungsweisen, die vor dem Hintergrund der im ESchG zum Ausdruck kommenden Grundgedanken nicht als „missbräuchlich" gelten können.[91] Diese den Täter begünstigende Rechtsfortbildung ist zwar hinsichtlich des Art. 103 Abs. 2 GG unproblematisch, nicht jedoch hinsichtlich des gesetzgeberischen Willens, welcher ja als Grenze der Rechtsfortbildung fungieren soll.

---

86 So etwa *Säcker*, Freiheit durch Recht, S. 249.

87 BGHSt 55, 206 = NJW 2010, 2672.

88 Siehe zu den wissenschaftlich-medizinischen Grundlagen der PID die Stellungnahme „Präimplantationsdiagnostik" des Deutschen Ethikrats, S. 10 ff.

89 Vgl. *Sacksofsky*, KJ 2003, 274 (274) m. w. N.

90 Siehe nur *Renzikowski*, NJW 2001, 2753 (2756).

91 BGHSt 55, 206 (Rn. 36) = NJW 2010, 2672; dazu *Brunhöber*, HRRS 2010, 412 (414 ff.).

Die Begründung des Urteils zeigt, wie diese Begrenzung durch die Kombination von historischen und teleologischen Argumenten unterlaufen und dabei ein Ergebnis erreicht werden kann, welches im direkten Widerspruch zum erkennbaren gesetzgeberischen Motiv steht. Zwar hatte der Gesetzgeber zum Zeitpunkt des Erlasses des ESchG 1990 die medizinische Entwicklung der PID nicht vorhergesehen, sodass er (seinerzeit zutreffender Weise) davon ausgegangen war, dass die PID nach dem damaligen Stand der Forschung bereits aufgrund des Klonverbots nach § 6 Abs. 1 ESchG strafbar war.[92] Insofern hat sich die gesetzgeberische Entscheidung nicht auf die PID nach aktuellem Verständnis konkretisiert, bei welcher kein Klon erzeugt wird. Gleichwohl hat der Gesetzgeber seinen Willen, jede nicht der Erhaltung des Embryos dienende Verwendung *ausnahmslos* unter Strafe zu stellen, in der Einzelbegründung zu § 2 ESchG unmissverständlich zum Ausdruck gebracht.[93]

Der Bundesgerichtshof rekurriert jedoch unter Missachtung dieser klaren gesetzgeberischen Festlegung, welche jede richterrechtlich entwickelte Strafbarkeitsausnahme jedenfalls für Substanzeinwirkungen auf den Embryo ausschließen müsste, auf zwei vermeintliche Hauptmotive des Verbots: der Verhinderung von Embryonenforschung sowie des Abspaltens totipotenter – d. h. noch undifferenzierter – Zellen.[94] Dabei wird im Wege einer teleologischen Weiterentwicklung der historischen Motivlage gerade das Gegenteil von dem erreicht, was der Gesetzgeber seinerzeit offensichtlich angestrebt hatte, nämlich die ausnahmslose Geltung des Verbots. Hinzu kommt, dass es der Deutsche Bundestag vor der Entscheidung mehrfach abgelehnt hatte, die PID ausdrücklich zuzulassen.[95] Die Entscheidung des Bundesgerichtshofs überschreitet mithin die Grenzen zulässiger Rechtsfolgen; sie missachtet das Primat gesetzgeberischer Entscheidung.

Das Beispiel zeigt: Gerade in Bezug auf neue Lebenssachverhalte, die der historische Gesetzgeber nicht kannte, lässt sich durch geschickte Reformulierung sowie einer den aktuellen Gegebenheiten angepassten Akzentuierung der gesetzgeberischen Motive eine Begrenzungswirkung besonders effektiv unterminieren. Es liegt in Bezug auf diese Fälle kaum jemals klar auf der Hand, was der Gesetzgeber gewollt haben würde. Hinsichtlich der richterlichen

[92] BGHSt 55, 206 (Rn. 22 ff.) = NJW 2010, 2672.

[93] BT-Drs. 11/5460, S. 10 – „Jede […] Verwendung eines menschlichen Embryos zu einem nicht seiner Erhaltung dienenden Zweck [wird] ausnahmslos strafrechtlich verboten. Dahinter steht die Erwägung, daß menschliches Leben nicht zum Objekt fremdnütziger Zwecke gemacht werden darf."; dazu auch *Reiß*, HRRS 2010, 418 (421).

[94] BGHSt 55, 206 (Rn. 34) = NJW 2010, 2672; dazu kritisch *Reiß*, HRRS 2010, 418 (421).

[95] Siehe dazu die Gesetzesentwürfe vom 09.11.2001 (BT-Drs. 14/7415) sowie vom 25.06.2003 (BT-Drs. 15/1234).

Rechtsfortbildung weist die Figur des gesetzgeberischen Willens somit eine systematische Schwachstelle auf.

Ein Blick auf die historischen Wurzeln des teleologischen Arguments, die in der antiken Rhetorik – also der Begründungskunst – liegen, zeigt, dass das Telos gerade kein Instrument zur Begrenzung richterlicher Spielräume, sondern im Gegenteil ein Hilfsmittel zur Begründung des gewünschten Ergebnisses ist.[96] Worin der „tiefere Sinn" einer Regelung liegt, darüber wird sich im Regelfall unter Bezug auf zahlreiche gegenläufige Argumente endlos streiten lassen. Das teleologische Argument erweitert den richterlichen Handlungsspielraum gegenüber einer streng dem Wortlaut oder den entstehungszeitlichen Motiven verpflichteten Auslegung, von einer begrenzenden Wirkung wird nur in sehr eindeutigen Fällen auszugehen sein. Es sind aber insbesondere die unklaren Fälle, in denen eine verfassungsrechtliche Begrenzung in gesteigertem Maße notwendig ist.

Die Verbindung von subjektiven und objektiven Elementen ermöglicht es dem zur Rechtsfortbildung geneigten Rechtsanwender, beides durch geschickte Argumentation gegeneinander „auszuspielen", so wie es auch dem rhetorischen Ursprung der Argumente entspricht. Indem zum Zwecke der Disziplinierung der Rechtsfortbildung diese eigentlich widerstreitenden Begriffe gemeinsam in Anschlag gebracht werden, erreicht man somit auf der einen Seite gerade in den unklareren Fällen kaum einen nennenswerten Begrenzungserfolg, auf der anderen Seite schafft man mit diesem Konzept die Möglichkeit, richterliche Wertungen als gesetzgeberische auszugeben.

Die Vorstellung, der Gesetzestext selbst bzw. die darin enthaltenen Ideen führten ein Eigenleben und entwickelten sich mit der Zeit fort, beruht auf magischem Denken. Sie fügt sich in die überkommene Vorstellung ein, dass Gesetze etwas Göttliches, den Menschen von einer höheren Macht Gewährtes seien.[97] Die Gesetze entstammen aber keinem höheren Wesen, und es gibt auch keinen „Geist" in den sie verkörpernden Texten, sondern lediglich ein sich mit der Zeit wandelndes Verständnis der Erklärungszeichen und der Zusammenhänge. Insofern muss sich natürlich auch das Verständnis der Gesetzestexte mit der Zeit verändern. Das Bild vom „Geist der Gesetze"[98] sollte

---

[96] Vgl. *Honsell*, ZfPW 2016, 106 (108).

[97] Vgl. *Honsell*, ZfPW 2016, 106 (106).

[98] Vgl. *Montesquieu*, bei welchem die Bezüge der Gesetze zu anderen Dingen ihren Geist ausmachen: „Sie müssen der Natur des Landes, der Temperatur der Luft, der Beschaffenheit des Bodens, der Lage und dem Umfange des Gebiets, und der Lebensart der Einwohner angemessen sein […]. Sie müssen endlich in richtigen Verhältnissen mit sich selbst stehen, mit ihrem Quell, mit der Absicht des Gesetzgebers, und mit der Natur der Dinge, über welche sie verordnen. Die Erörterung dieser mannigfaltigen Verhältnisse soll den Vorwurf dieses Werks ausmachen. Alle zusammengenommen

aber nicht zu einer quasi-religiösen Subsistenz erhoben werden. Erst recht ist es zur Begrenzung tatsächlicher Machtausübung ungeeignet.

In einem parlamentarischen System, welches auf dem Prinzip der Kompromissbildung beruht, wird bei der überwiegenden Mehrzahl der Rechtssetzungen ohnehin nicht ein Ziel, sondern der Ausgleich verschiedener, sich teilweise widersprechender Interessen verfolgt.[99] Typischerweise wird man schon aus diesem Grunde nicht sagen können, welche Regelung in dem gesetzlich nicht erfassten bzw. „übersehenen" Fall der Konzeption entspricht. Diese praktischen Probleme werden bei der Begrenzung der Rechtsfortbildung insbesondere nach der Konzeption des Bundesverfassungsgerichts unbeachtet gelassen. Solange der „Wille des Gesetzgebers" und das „Regelungskonzept" übermäßig simplifizierte Chiffren bleiben, ist eine effektive Begrenzungswirkung nicht zu erwarten.

3. Beispiel: Willenserklärungen von beschränkt Geschäftsfähigen und Geschäftsunfähigen

Dass die Begrenzung durch den „Gesetzgeberwillen" regelmäßig nur eine scheinbare ist, lässt sich auch am Beispiel der §§ 105 ff. BGB veranschaulichen. Hier ist die gesetzgeberische Konzeption vermeintlich sehr klar, sowohl in subjektiv-historischer als auch in objektiv-teleologischer Hinsicht.

a) Rechtsfortbildung bei beschränkter Geschäftsfähigkeit

Wenn in den §§ 106 ff. BGB die beschränkte Geschäftsfähigkeit Minderjähriger geregelt wird, so lässt sich dabei zum einen das Ziel ausmachen, Minderjährige vor nachteiligen rechtlichen Folgen ihrer Willenserklärungen zu schützen.[100] Ein weiteres Ziel der Regelungen ist es, den rechtssicheren Geschäftsverkehr mit Minderjährigen zu ermöglichen.[101] Ein drittes Ziel kann schließlich darin gesehen werden, das Erziehungsrecht der Eltern zu gewährleisten, was insbesondere mit den Mitteln der Einwilligungs- und Genehmigungserfordernisse geschieht.[102]

---

machen sie das aus, was man den Geist der Gesetze nennet." (*Montesquieu*, Der Geist der Gesetze, S. 11 f.).

99 Siehe zu widersprüchlichen Zielen des Gesetzgebers im Kaufrecht beispielsweise *Herresthal*, JuS 2014, 289 (295).

100 Vgl. zu diesem Bsp. *Danwerth*, ZfPW 2017, 230 (237).

101 Siehe nur *Dörner*, in: Schulze, Bürgerliches Gesetzbuch, Vorbemerkung zu §§ 104–113 Rn. 1 ff. vgl. auch *Lauf/Birck*, NJW 2018, 2230 (2232).

102 Dieses Ziel drängt sich mit Blick auf das elterliche Bestimmungsrecht auf, hat aber – soweit ersichtlich – bei der historischen Konzeption keine Rolle gespielt. Dies

Nach § 107 BGB ist eine Einwilligung des gesetzlichen Vertreters erforderlich für Willenserklärungen, durch die der Minderjährige nicht lediglich einen rechtlichen Vorteil erlangt. Nach dem klaren Wortlaut der Vorschrift sind damit auch neutrale Rechtsgeschäfte, die dem Minderjährigen weder rechtliche Vorteile noch rechtliche Nachteile einbringen, von der Einwilligung abhängig, rein vorteilhafte Geschäfte dagegen unmittelbar wirksam. Anerkannt ist aber die Restriktion der Regelung, also die Nicht-Anwendung des Einwilligungsvorbehalts auch auf neutrale Geschäfte.[103]

Dabei greifen die herkömmlichen Legitimationsargumente, mit denen die Zulässigkeit richterlicher Rechtsfortbildung begründet werden soll,[104] in diesem Fall offensichtlich nicht durch. Insbesondere wäre die wortlautgetreue Anwendung des § 107 BGB keine Rechtsverweigerung, weil weiterhin hinsichtlich aller Geschäfte richterliche Entscheidungen möglich sind. Es wäre hinsichtlich der Fallgruppe der neutralen Geschäfte lediglich anders zu entscheiden, wodurch gleichwohl in keinem Fall eine Entscheidung verweigert werden müsste.

Es ist auch nicht ersichtlich, warum das in Art. 20 Abs. 3 erwähnte „Recht" eine entsprechende Behandlung neutraler Geschäfte gebieten sollte, wobei wegen der inhaltlichen Unbestimmtheit dieses Begriffs letztlich keine Aussagen über sich daraus ergebende Modifikationsbedarfe angestellt werden können.[105] Vor dem Hintergrund, dass etwa bei geschäftsunfähigen Kindern die Unwirksamkeit von neutralen Geschäften gesetzlich bestimmt ist (§ 105 Abs. 1 BGB), ohne dass übergeordnetes „Recht" dort eine Rechtsfortbildung gebieten würde, dürfte ein entsprechendes Gebot bei Minderjährigen kaum zu begründen sein.

Weniger eindeutig ist, was der historische Gesetzgeber hinsichtlich der neutralen Geschäfte intendiert hat bzw. hätte. Die allgemein anerkannte Rechtsfortbildung lässt sich jedenfalls auf die gesetzgeberische Konzeption stützen, weil im Falle der neutralen Geschäfte ein Schutz des Minderjährigen vor negativen rechtlichen Folgen nicht erforderlich ist, und nach der Konzeption in sonstigen Fällen der Rechtsverkehr ermöglicht werden soll. Dies lässt sich mit dem historischen Willen des Gesetzgebers in Einklang bringen, soweit dieser

---

zeigt bereits, dass es keinen feststellbaren, singulären Zweck einer Norm gibt, welcher Rechtsfortbildung effektiv begrenzen könnte, sondern man je nach Vorgewichtung und Herangehensweise verschiedene Zwecke betonen kann. Zum Erziehungsgedanken etwa *Kunz/Baldus*, in: Heidel u. a., BGB Allgemeiner Teil/EGBGB, § 107 Rn. 16, 47, 137 ff.

[103] Siehe statt vieler *Spickhoff*, in: Säcker u. a., Münchener Kommentar zum Bürgerlichen Gesetzbuch, § 107 Rn. 54 m. w. N.

[104] Siehe dazu vorstehend Punkt C. I. 1.

[105] Dazu vorstehend Punkt C. I. 1. d).

in den Materialen deutlich wird. In den Motiven zu der Ursprungsfassung des BGB – wo sich die § 107 BGB entsprechende Vorschrift in § 65 Abs. 2 findet – heißt es dazu etwa:

> „Minderjährige, welche das siebente Lebensjahr zurückgelegt haben, sind zwar willenskräftig, besitzen aber nicht denjenigen Grad geistiger Reife und geschäftlicher Erfahrung, welcher erforderlich ist, um ungefährdet im Rechtsverkehre selbstständig auftreten zu können. Der seitens der Rechtsordnung ihnen zu gewährende Schutz besteht darin, daß sie in der freien Gebahrung beschränkt werden, daß die von ihnen vorgenommenen nachtheiligen Rechtsgeschäfte möglichst unschädlich gemacht werden. Im Allgemeinen ist dies der den Bestimmungen aller bestehenden Rechte zu Grunde liegenden leitende Gedanke“[106]

Allerdings könnte man durch eine andere Betonung und Gewichtung der gesetzgeberischen Ziele durchaus auch zu einem anderen Ergebnis gelangen. Würde man beispielsweise das Ziel der Regelung auch im Schutz des Minderjährigen vor negativen Folgen seiner Willenserklärungen im Allgemeinen sehen, d. h. dieses Ziel nicht auf die Vermeidung rechtlicher Nachteile beschränken, so drängte sich die Restriktion bereits weit weniger stark auf. Denn es ist etwa im Bereich der Geschäftsunfähigen anerkannt, dass auch die außerrechtlichen, negativen Konsequenzen von Rechtsgeschäften beachtenswert sind.[107] Niemand kann mit Sicherheit sagen, ob der Gesetzgeber nicht diese sonstigen Nachteile bei rechtlich rein vorteilhaften Geschäften als „überwiegend“ und somit vernachlässigbar, bei neutralen Geschäften aber als maßgeblich angesehen hat bzw. hätte.

Eine stärkere Betonung des elterlichen Bestimmungsrecht, welches heute in Art. 6 Abs. 2 S. 1 GG verortet ist, weist ebenfalls den Weg zu einem abweichenden Ergebnis. Man könnte sagen, dass der Gesetzgeber nur bei wirklich rein vorteilhaften Geschäften das elterliche Bestimmungsrecht begrenzen wollte und es bei allen anderen Fällen (also eben auch bei neutralen Geschäften) dieses höher als die Vertragsfreiheit des Minderjährigen und die Interessen des Rechtsverkehrs gewichtet hat. Es ließe sich argumentieren, der Gesetzgeber habe es der elterlichen Entscheidung überlassen wollen, ob der Minderjährige das rechtlich neutrale Geschäft mit seinen potentiell negativen außerrechtlichen Folgen wirksam vornehmen kann. Die Vorschrift des § 165 BGB, nach welcher der minderjährige Stellvertreter wirksame Willenserklärungen abgeben kann, wäre angesichts dieser Überlegungen eine stimmige Ausnahme, da sich das elterliche Bestimmungsrecht nicht auf die Wirksamkeit von Willenserklärungen mit Wirkung für Dritte erstrecken muss.

---

106 Motive zu dem Entwurfe eines Bürgerlichen Gesetzbuches für das Deutsche Reich, S. 131.

107 *Bork*, Allgemeiner Teil des Bürgerlichen Gesetzbuchs, S. 378; *Lorenz*, JuS 2010, 11 (12).

In diesem Sinne werden sich für eine Regelung sehr häufig verschiedene Ziele ausmachen (oder besser: annehmen) lassen. Je nach Gewichtung dieser Ziele kann eine die Rechtsfortbildung tragende oder ausschließende Konzeption konstruiert werden.

Auch werden bei der Suche nach der Intention des historischen Gesetzgebers Zweck und Mittel häufig vorschnell gleichgesetzt (beziehungsweise gefällige Mittel zu Zwecken erhoben). Denn es ist nicht immer klar erkennbar, ob der Gesetzgeber etwas im Sinne eines Ziels erreichen wollte oder nur als Mittel zur Zweckerreichung in Kauf genommen hat.

So ist es im Falle der §§ 104 ff. BGB beispielsweise eine wohl nicht beweisbare Ansichtssache, ob die Vorschrift tatsächlich auch den Interessen der Geschäftsgegner dienen oder ob nicht zum Zweck des Minderjährigenschutzes und des Erziehungsgedankens in diese Interessen lediglich maßvoll eingegriffen werden soll.[108] Der Umstand, dass der Gesetzgeber bei seinen Zweckverfolgungsmaßnahmen ein verhältnismäßiges Mittel wählt und damit Rücksicht auf betroffene Rechtsgüter nimmt, macht den Schutz dieser ja noch nicht selbst zu einem verfolgten Zweck, vielmehr ist die Einschränkung dieser Interessen gerade das Mittel, mit dem der Gesetzgeber sein Ziel erreichen will. Unterstellt man dem Gesetzgeber (mit guten verfassungsrechtlichen Gründen) den Willen zu verhältnismäßigem Handeln, kann so letztlich der Schutz jedes betroffenen Interesses zum (Teil des) Gesetzeszwecks erhoben werden. Als verfassungsrechtliche Begrenzung der Rechtsfortbildung verliert der Gesetzeszweck somit jede Kontur.

Es würde der gesetzgeberischen Intention aber regelmäßig auch nicht gerecht, griffe man ein Interesse als das allein vorrangige heraus und ließe die anderen unberücksichtigt. Erkennbares Ziel des historischen Gesetzgebers im Falle des § 107 BGB war es beispielsweise durchaus, einen gerechten Ausgleich zwischen dem notwenigen Schutz des Minderjährigen und den Interessen des Rechtsverkehrs – insbesondere in Bezug auf die Rechtssicherheit – zu schaffen.[109] Zu diesem Zweck hat er sich der Unterscheidung zwischen rechtlich rein vorteilhaften Willenserklärungen und sonstigen Willenserklärungen bedient, und letztere einem Einwilligungsvorbehalt unterworfen. Erst in der Gesamtschau und Gewichtung der verschiedenen Zwecke und Mittel ergibt sich eine Konzeption, in welcher einzelne Mittel als mehr oder weniger folgerichtig bewertet werden können.

---

108 Den Schutz der Interessen des Geschäftsgegners sowie die Rechtssicherheit als eigene Gesetzeszwecke qualifizierend *Spickhoff*, in: Säcker u. a., Münchener Kommentar zum Bürgerlichen Gesetzbuch, Vorb. § 104 Rn. 10 ff.

109 So etwa *Wendtland*, in: Hau/Poseck, Beck'scher Online-Kommentar Bürgerliches Gesetzbuch, § 106 Rn. 1.

Im Falle des § 107 BGB liegen die Dinge insofern günstig, als hier eine noch vergleichsweise gut erkennbare historische Konzeption vorliegt. Davon ausgehend lässt sich schlüssig begründen, dass der Einwilligungsvorbehalt bei neutralen Geschäften nicht konsistent ist. Zur Begründung der Rechtsfortbildung ist diese Lage entsprechend hilfreich. Es sei aber angemerkt: nur in wenigen Fällen wird sich die historische Situation um die Ziele und Mittel des Gesetzgebers so gut nachvollziehen lassen.

So gut sich die historische Konzeption häufig für die Begründung einer Rechtsfortbildung nutzen lässt, so schlecht lässt sich mit ihr jedoch eine wirkliche Disziplinierung erreichen. Eine solche Begrenzungswirkung kommt höchstens in hinreichend eindeutigen Fällen zum Tragen. Wenn das Bundesverfassungsgericht in ständiger Rechtsprechung verlangt, die richterliche Rechtsfortbildung dürfe den klar erkennbaren Willen des Gesetzgebers nicht übergehen und durch ein eigenes Regelungsmodell ersetzen,[110] so liegt darin in den meisten Fällen eine nur auf den ersten Blick handhabbare Grenze. Selbst in dem vermeintlich eindeutigen Fall des § 107 BGB ergeben sich bei näherer Befassung mit dem „Willen des Gesetzgebers" viele Fragen in Bezug auf eine bindende Wirkung. Ist es nicht der klar erkennbare Wille des Gesetzgebers, zwischen rein vorteilhaften und sonstigen Rechtsgeschäften zu unterscheiden, wenn in den Motiven Folgendes zu lesen ist?

> „Der Entwurf scheidet im Einklange mit der Mehrheit der Rechte [gemeint sind andere, zuvor verglichene Rechtsordnungen; Anm. d. Verf.] zwischen Rechtsgeschäften der Minderjährigen, durch welche dieselben lediglich Rechte erwerben oder von Verbindlichkeiten befreit werden, und Rechtsgeschäften, welche diesen Charakter nicht haben."[111]

Wird dieses Regelungsmodell, welches sich aus Sicht des Gesetzgebers in zahlreichen anderen Rechtsordnungen bewährt hat und er aus diesem Rechtsvergleich heraus in das BGB übernehmen wollte, nicht von der Rechtsprechung durch ein modifiziertes und damit eigenes Regelungsmodell ersetzt?

Somit greift auch das herkömmliche Legitimationsargument, die Rechtsfortbildung bringe den „wahren" Willen des Gesetzgebers zum Ausdruck, in diesem Fall nicht durch. Soweit hinsichtlich der neutralen Geschäfte überhaupt ein Wille des Gesetzgebers erkennbar ist, so spricht dieser hier eher gegen die Rechtsfortbildung.

Geht man gleichwohl von der Zulässigkeit der Restriktion des § 107 BGB aus, stellt sich daraufhin zwangsläufig die Frage, welchen Folgerichtigkeitserwägungen der „Wille des Gesetzgebers" dann überhaupt noch im Wege stehen

---

110 BVerfGE 82, 6 (12); 128, 193 (211); 132, 99 (127); 149, 126 (154 f.).

111 Motive zu dem Entwurfe eines Bürgerlichen Gesetzbuches für das Deutsche Reich, S. 133.

soll. Wo ist die Grenze zu ziehen zwischen eindeutigen gesetzgeberischen Entscheidungen, die noch im Wege der Rechtsfortbildung überwunden werden können, und solchen, bei denen das nicht mehr möglich ist?

b) Möglichkeit weiterer Rechtsfortbildungen bei Geschäftsunfähigkeit

So könnte man durchaus fragen, ob die Privilegierung rein vorteilhafter Willenserklärungen nicht im Wege der Rechtsfortbildung auch auf Geschäftsunfähige erweiterbar ist. Hier ist sogar anerkannt, dass die generelle Nichtigkeit der Willenserklärungen allein dem Schutz der Geschäftsunfähigen dient.[112] Zu diesem Zweck ist aber die Nichtigkeit rein vorteilhafter (sowie auch wirkungsneutraler) Willenserklärungen ebenso wenig erforderlich wie bei beschränkt Geschäftsfähigen.[113] Während man für Kinder noch mit dem elterlichen Erziehungsrecht argumentieren kann (was nach der hier vertretenen Ansicht das einzig tragfähige Argument für die in der Nichtigkeitsanordnung liegende Freiheitsbeschränkung darstellen kann), lässt sich jedenfalls die Unwirksamkeit wirkungsneutraler und rein vorteilhafter Willenserklärungen von volljährigen Geschäftsunfähigen kaum mehr begründen.[114]

Gleichwohl würde wohl niemand auf die Idee kommen, die Regelung der vorteilhaften Willenserklärungen beschränkt Geschäftsfähiger analog auf Geschäftsunfähige anzuwenden. Die Grundsatzentscheidung des Gesetzgebers in § 105 BGB erscheint viel zu eindeutig, als dass die Rechtsprechung diese modifizieren dürfte. Diese Eindeutigkeit ist aber eben auch hier nur eine scheinbare.

Denn inwiefern die Entscheidung des § 107 BGB unklarer als die des § 105 BGB ist, erschließt sich bei genauerer Betrachtung nicht. Hier wie dort sind alle Willenserklärungen lückenlos und ohne besondere Abgrenzungsschwierigkeiten erfasst. Man wird noch mit guten Gründen einwenden können, der Gesetzgeber habe bei der Regelung des § 105 BGB die vorteilhaften Rechtsgeschäfte klar vor Augen gehabt und trotzdem bewusst die Nichtigkeit angeordnet, wohingegen er bei der Regelung des § 107 BGB die neutralen Geschäfte „übersehen" haben soll. Dies erklärt aber noch nicht die Wirkung des

---

[112] *Bork*, Allgemeiner Teil des Bürgerlichen Gesetzbuchs, S. 378; *Lorenz*, JuS 2010, 11 (12).

[113] Vgl. *Canaris*, JZ 1987, 993 (933), der unter anderem aus diesem Grund für einen Verstoß des § 105 BGB gegen das Übermaßverbot plädiert; dagegen *Ramm*, JZ 1988, 489; *Wieser*, JZ 1988, 493.

[114] Die Gleichbehandlung von Kindern und volljährigen Geschäftsunfähigen in §§ 104, 105 BGB erscheint ohnehin höchst problematisch, vgl. dazu etwa mit Verweis auf die fehlende Übertragbarkeit des „Erziehungsgedankens" *Kunz/Baldus*, in: Heidel u. a., BGB Allgemeiner Teil/EGBGB, § 104 BGB Rn. 7.

§ 105 BGB für neutrale Geschäfte. Vielmehr führt die Annahme, bei den §§ 104 und 105 BGB gäbe es keine „Regelungslücke", zu dem absurden Schluss, der Gesetzgeber habe die neutralen Geschäfte bei § 107 BGB übersehen, bei § 105 BGB jedoch „mitgedacht".

Dass dies offensichtlich unsinnig ist und trotzdem niemand die Analogie in Betracht zieht, zeigt vor allem eines: Wenn nach dem „Willen des Gesetzgebers" gefragt oder darüber gesprochen wird, ob dieser einen bestimmten Fall „vor Augen" hatte, geht es typischerweise nur vordergründig um die damalige Vorstellungswelt. Vielmehr ist man regelmäßig drauf aus, in dem (Wenigen), was wir über diese Vorstellungswelt wissen, eine Lücke zu finden, die das für folgerichtig gehaltene Ergebnis zu begründen hilft.

Obwohl die Grundentscheidung des Gesetzgebers im Falle des § 105 BGB völlig klar zu sein scheint, könnte man mit ausreichend argumentativen Aufwand durchaus auch dort eine „Lücke" erkennen, insbesondere in Hinblick auf die Wirksamkeit von rein vorteilhaften und neutralen Willenserklärungen von volljährigen Geschäftsunfähigen.

Denn die Prämissen, auf denen die vermeintlich klare Grundsatzentscheidung des Gesetzgebers beruht, erweisen sich nach heutigen Maßstäben nicht nur als überholt, sondern eben tatsächlich auch als (wissens-)lückenhaft. Der Gesetzgeber ist seinerzeit von der überkommenen Vorstellung ausgegangen, dass „Wahnsinnige" oder „Blödsinnige" des Vernunftgebrauchs dauerhaft beraubt seien und ihnen daher „die erforderliche Willenskraft und jedenfalls das erforderliche Erkenntnißvermögen" abgehe.[115] Dies entspricht aber nicht mehr den Erkenntnissen und auch nicht der Sichtweise, die in jüngerer Zeit hinsichtlich der Fähigkeiten volljähriger Geschäftsunfähiger gewonnen worden sind.[116]

Insbesondere gehen wir heute von einem deutlich differenzierten Bild „krankhafter Störungen der Geistestätigkeit" (so die Formulierung des § 104 BGB) aus, als es dem damaligen Gesetzgeber vor Augen stand.[117] Man kann also durchaus mit Recht behaupten, der Gesetzgeber habe bei der Schaffung des § 104 BGB eine Vielzahl von Fällen übersehen, für welche die weitreichende Einschränkung der Nichtigkeit nicht erforderlich bzw. nicht folgerich-

[115] Vgl. Motive zu dem Entwurfe eines Bürgerlichen Gesetzbuches für das Deutsche Reich, S. 129, dort auch zur damaligen Unterscheidung zwischen „Wahnsinn" und „Blödsinn".

[116] Siehe zum freien und natürlichen Willen *Wetterling*, Freier Wille und neuropsychiatrische Erkrankungen, S. 32 ff.; vgl. auch *Weinriefer*, Die Entmündigung wegen Geisteskrankheit und Geistesschwäche, S. 56 ff.

[117] Zu dem problematischen Verhältnis der §§ 104 f. BGB und der UN-Behindertenrechtskonvention siehe nur *Kunz/Baldus*, in: Heidel u. a., BGB Allgemeiner Teil/EGBGB, § 104 BGB Rn. 12 f.

tig ist. Es handelt sich um eine zu grobe, der Realität nicht angemessene Verallgemeinerung, wobei der Gesetzgeber (ohne sein Wissen) Fälle erfasst hat, die nach dem Sinn der Vorschrift nicht erfasst sein sollten.

Für die Möglichkeit einer Rechtsfortbildung spricht nicht zuletzt auch die im Jahre 2002 eingefügte Regelung des § 105a BGB,[118] wonach bei sogenannten „Geschäften des täglichen Lebens“ nach vollständiger Bewirkung die Wirksamkeitsfiktion eintritt. Zwar sollen auch nach dieser Vorschrift die Willenserklärungen des Geschäftsunfähigen weiterhin unwirksam bleiben, gleichwohl erkennt der Gesetzgeber damit die Wirksamkeit eines von einem Geschäftsunfähigen getätigten Geschäfts an.[119]

Die Regelung des § 105a BGB beruht ausdrücklich auf dem Gedanken, dass von diesen Geschäften keine oder nur sehr geringe Gefahr für die Geschäftsunfähigen ausgeht. Das Ziel des Gesetzgebers ist dabei insbesondere die Integration volljähriger Geschäftsunfähiger.[120] Warum die Regelung dann nicht auf rein vorteilhafte, aber nicht mehr alltägliche Rechtsgeschäfte ausgeweitet werden soll, erscheint nicht nachvollziehbar. Wenn Geschäfte mit geringen rechtlichen Nachteilen wirksam sind, müssen Geschäfte gänzlich ohne rechtliche Nachteile erst recht wirksam sein. Die Ermöglichung nur geringwertiger, aber nicht höherwertiger Schenkungen,[121] um nur ein Beispiel zu nennen, ist nicht nur paternalistisch, sondern auch zum Schutz der Betroffenen nicht erforderlich. Denn nicht die rechtliche Stellung als Eigentümer „gefährdet“ den volljährigen Geschäftsunfähigen, sondern allenfalls seine tatsächliche Verfügungsgewalt z. B. über eine gefährliche Sache.

Diese Realität kann aber auch durch die Nichtigkeit seiner Willenserklärungen nicht verhindert werden. Insofern könnte man auch an dieser Stelle durchaus von einer „Lücke“ ausgehen, da der Gesetzgeber ausweislich der Gesetzesbegründung andere Fälle als die Alltagsgeschäfte nicht beachtet hat.[122] Bei dieser Fokussierung hat der Gesetzgeber die rein vorteilhaften Geschäfte möglicherweise auch „übersehen“.

---

[118] Eingefügt durch das Gesetz zur Änderung des Rechts der Vertretung durch Rechtsanwälte vor den Oberlandesgerichten (ALGVertrÄndG) vom 23. Juni 2002, BGBl. I 2002, 2856; siehe zu der gesetzgeberischen Intention BT-Drs. 14/9266, S. 43.

[119] Dass von einer begrenzten Wirksamkeitsfiktion des nichtigen Geschäfts gesprochen wird, weist auf die dogmatischen Schwierigkeiten hin, die durch § 105a BGB aufgeworfen werden; dazu *Casper*, NJW 2002, 3425 (3428 ff.). Letztlich ist der Begriff auch deswegen unsinnig, weil alle Rechtswirkungen Fiktionen sind, von denen die eine nicht realer sein kann als die andere.

[120] *Casper*, NJW 2002, 3425; *Kunz/Baldus*, in: Heidel u. a., BGB Allgemeiner Teil/EGBGB, § 105a Rn. 17.

[121] Zu einem solchen Beispiel *Scherer*, StudZR 2004, 85 (103).

[122] BT-Drs. 14/9266, S. 43.

Nach alledem ist eine Rechtsfortbildung der §§ 104, 105 BGB keinesfalls so abwegig, wie es auf den ersten Blick erscheinen mag. Es soll hier jedoch nicht darum gehen, die analoge Anwendung des § 107 BGB bzw. die Restriktion des § 105 BGB zu fordern, sondern nur verdeutlicht werden, dass mit dem entsprechenden Begründungsaufwand selbst bei augenscheinlich klaren Fällen eine Rechtsfortbildung argumentiert werden könnte.

c) Mangelnde Begrenzungswirkung von gesetzgeberischem Willen und Konzept

Eine wirkliche Begrenzung ergibt sich in diesem Beispiel wie auch in sonstigen Fällen trotz des vermeintlich klaren gesetzgeberischen Konzepts nicht. Die Verpflichtung auf den „Willen des Gesetzgebers" sowie das „Regelungskonzept" ist insofern nicht nur zahnlos, sondern vor allem auch beliebig. Es ist schlicht viel zu unklar, was genau der „Wille des Gesetzgebers" oder das „Regelungsmodell" sein soll, als dass diese mehr sein könnten als die Verpflichtung auf eine ausführliche Begründung.[123] Der Grad an Erkenntnissicherheit, welcher über diese Dinge auch nach intensiver Analyse erlangt werden kann, ist von vornherein drastisch begrenzt. Dies gründet vor allem darauf, dass sie nicht in einem tatsächlichen Sinne existieren, sondern nur unsere modellhafte und abstrahierende Vorstellung eines komplexen und im Nachhinein nicht rekonstruierbaren Prozesses sind.

Will man diese Begriffe zur Begrenzung der Rechtsfortbildung heranziehen, geht dies zwangsläufig mit maßgeblichen, aber verdeckten Vorgewichtungen einher. Das ist besonders problematisch, wenn die Person, die diszipliniert werden soll, die Vorgewichtungen selbst vornimmt. „Gesetzgeberwille" und „Regelungskonzept" sind somit keine echten verfassungsrechtlichen Begrenzungen, sondern vielmehr eine Begründungskontrolle durch die Verfassungsrechtsprechung, deren Notwendigkeit aus der Verfassung abgeleitet wird.[124] Die Rechtsfortbildung wird dabei insbesondere nicht an Normen des Grundgesetzes gemessen, sondern auf Plausibilität geprüft.

Wenn bereits in solch vermeintlich klaren Fällen wie den §§ 104 ff. BGB eine Begrenzung kaum gelingt, wie soll sie dann erst in den zahllosen Fällen, in denen die gesetzgeberische Konzeption noch schwerer zugänglich ist, erfolgen? Die vorstehend aufgezeigten verfassungsrechtlichen Probleme erfordern aber eine Bindung auch für Fälle, in denen im ungünstigsten Fall überhaupt keine gesetzgeberische Konzeption auszumachen ist. Auch bei Fehlen eines erkennbaren Willens oder Konzepts kann es keinen „Freifahrtschein"

---

123 Vgl. *Müller*, Juristische Methodik, S. 130.

124 Dazu *Chr. Schönberger*, in: VVDStRL 71, S. 296 (326 ff.).

für die Rechtsfortbildung geben. Die Begrenzung im Wesentlichen allein in der gesetzgeberischen Konzeption zu suchen, ist daher unzureichend, auch weil es der Rechtsprechung für die ungebundene Schaffung von Normen an demokratischer Legitimation mangelt.[125]

d) *Widersprüchlichkeiten bei Willen und Konzeption*

Es schließt sich außerdem ein noch grundlegenderes, allgemeines Problem an: Das politische System produziert zwangsläufig (aber nicht ausschließlich) widersprüchliche Ergebnisse. So stehen beispielsweise § 105 und § 105a BGB in einem Spannungsverhältnis, dessen grundsätzliche Widersprüchlichkeit nur durch eine fragwürdige zivilrechtsdogmatische Konstruktion aufgefangen werden kann. Diese Antinomie von Gesetzen ist aber nicht von vornherein ein korrekturbedürftiger Fehler, sondern gerade Ausdruck der Volkssouveränität.

Denn der „Wille des Volkes" muss aufgrund der Diversität der in der Bevölkerung existierenden Interessen zwangsläufig zumindest teilweise paradox sein.[126] Auch einer parlamentarischen Gesetzgebung kann es nicht gelingen, diese Widersprüche vollständig auszugleichen, vielmehr prägen diese zwangsläufig auch die Gesetzgebung. Es ist nicht zuletzt diese natürliche Inkonsistenz und Kontingenz, die den Gesetzgeberwillen und das Regelungskonzept für eine Begrenzung der Rechtsfortbildung ungeeignet macht. Denn zumindest in einem demokratischen Gesetzgebungsverfahren wird beides stets unscharf und bis zu einem gewissen Grad unbestimmt bleiben müssen.

Es finden sich bei entsprechend guter Quellenlage häufig einzelne Stimmen aus dem Gesetzgebungsprozess, welche die fragliche Modifikation befürwortet hätten. Die Entdeckung eines entsprechenden Partikularinteresses kann aber noch nicht zu der Bewertung führen, die gesetzgeberische Entscheidung stehe der Rechtsfortbildung nicht entgegen. Begrenzungswirkung kann einer gesetzgeberischen Zielsetzung nur zukommen, wenn sie insofern ein hinreichender Konsens innerhalb des Gesetzgebungsorgans bestand. Wenn Rechtsfortbildung notwendig wird, konnte sich das entsprechende Interesse im Gesetzgebungsprozess aber offenbar gerade nicht in dem Maße durchsetzen, dass es auch zu Gesetzesinhalt konsolidiert worden wäre. Dann wird es nur in seltenen Fällen in ausreichend zweifelsfreier Weise möglich sein, eine klare Entscheidung gegen die Berücksichtigung zu konstruieren.

---

[125] Zu dem Problem fehlender demokratischer Legitimation siehe bereits vorstehend Punkt B. II. 3.

[126] Vgl. *Hirsch*, ZRP 2012, 205 (209), der das sprachliche Bild eines „facettenreichen Spiegels" bemüht. Die Vielgestaltigkeit der Interessen dürfte aber – entgegen der Andeutung des Autors – nicht allein auf Multinationalität zurückzuführen sein.

Es ist, und darauf hinzuweisen ist das Hauptanliegen dieser Arbeit, auch nicht erforderlich, auf das Narrativ von Regelungskonzeption und Gesetzgeberwillen zurückzugreifen. Der größte Teil der richterlichen Rechtsfortbildung lässt sich nämlich auch ohne dieses diffuse und problematische Konstrukt erklären und einhegen, nämlich allein aus der verfassungsrechtlichen Bindung des Richters an den Gleichheitssatz heraus. Darauf wird im Folgenden einzugehen sein.

4. Zwischenergebnis: Schwächen der bisherigen Ansätze

Die dargestellten Ansätze vermögen im Ergebnis weder überzeugend zu erklären, warum die Rechtsfortbildung aus verfassungsrechtlicher Sicht notwendig und legitim sein soll, noch klare verfassungsrechtliche Begrenzungen aufzuzeigen, die über eine detailreiche Ausformulierung der allgemeinen, für alle staatliche Machtausübung geltenden verfassungsrechtlichen Bindungen sowie die auch für die Auslegung geltenden Grenzen hinausgehen. Damit bleibt nur wenig übrig, was durch Rechtsfortbildung von vornherein nicht erreicht werden könnte – im Ausgangspunkt scheinen die Möglichkeiten richterlicher Rechtsfortbildung unbegrenzt, Schranken sind ihr nur in Form von Rechtfertigungsanforderungen auferlegt. Selbst ein klar erkennbarer Wille des Gesetzgebers scheint im Ergebnis nicht unüberwindbar, da dieser zum einen in erheblicher Weise der Interpretation bedürftig ist und zum anderen unklar bleibt, ob ihm im Falle eines Konflikts zwischen objektiver und subjektiver Auslegung tatsächlich noch eine Sperrwirkung zukommen soll.[127]

Die zentrale Schwäche der herkömmlichen Begrenzungsansätze liegt in der Fokussierung auf eine Absicherung gesetzgeberischer Kompetenzbereiche. Dass der Wille des Gesetzgebers von Seiten der Judikative übergangen wird, ist aber kein rechtsfortbildungsspezifisches Problem; es tritt nur bei der Rechtsfortbildung deutlicher als bei der Auslegung zutage, weil hier die richterliche Entscheidung dem Gesetzgeber nicht mehr auf Basis des Gesetzestextes zugerechnet werden kann.

Die tatsächlich rechtsfortbildungsspezifische Problematik, dass die richterliche Entscheidung sich gegenüber den Betroffenen nicht mehr als eine legitime Anwendung des einschlägigen Gesetzes darstellen lässt und der rechtsfortbildende Richter insofern für sich eine Entscheidungskompetenz gegen das Gesetz in Anspruch nimmt, adressiert die herkömmliche Konzeption dagegen nicht. Richterliche Macht wird insofern zwar zugunsten des Gesetzge-

[127] Die jüngere Rechtsprechung des BVerfG stärkt allerdings in erheblichem Maße die Bedeutung des historischen Willens, ohne sich dabei allerdings ausdrücklich von der Konzeption der Soraya-Entscheidung (BVerfGE 34, 269) zu lösen, siehe etwa ohne Verweis auf Soraya BVerfGE 149, 126 (Rn. 72 ff.).

bers beschränkt, aber nur unzureichend gegenüber den Regelungsunterworfenen legitimiert und diszipliniert.

Angesichts der aufgezeigten verfassungsrechtlichen Probleme reicht die Forderung nach rechtfertigenden Gründen allein nicht aus, es müssten auch klare Grenzen dafür definiert werden, was überhaupt im Wege der Rechtsfortbildung möglich sein soll. Es bedarf einer internen Begrenzung a priori, die unabhängig ist von einzelnen, die konkrete Rechtsfortbildung tragenden Begründungen. Denn anders als der Gesetzgeber kommt der Judikative keine Rechtssetzungskompetenz zu;[128] wenn der Richter also über eine Modifikationskompetenz verfügen soll, kann sie von vornherein nicht unbegrenzt, sondern nur in dem erforderlichen Maße verliehen sein.

Es müsste also zunächst herausgearbeitet werden, was der legitime Zweck der Rechtsfortbildung sein soll. Denn richterliche Gesetzesmodifikation ist – anders als eine gesetzgeberische – nicht von vornherein legitime Aufgabenerfüllung, sondern nur ausnahmsweise zulässig. Die bisherigen Ansätze versäumen es, Grund und Grenze der Rechtsfortbildung zusammenzudenken.

Der einzige dahingehende Ansatz führt bisher über den „Willen des Gesetzgebers", dieser vermag aber weder einen legitimen Zweck für die Rechtsfortbildung darzustellen, noch ihre Gestaltungsmöglichkeiten effektiv zu begrenzen (insbesondere, weil die Fälle der Rechtsfortbildung dem Gesetzgeber ja typischerweise unbekannt waren). Der „Wille des Gesetzgebers" wird auch – soweit ersichtlich – nicht für die Legitimitätsfrage mobilisiert.[129] Diese Diskrepanz zeigt die innere Unstimmigkeit auf der herkömmlichen Konstruktion auf, bei welcher Zweck der Rechtsfortbildung und verfassungsrechtliche Legitimationsbasis auseinanderfallen.

Die richterliche Modifikationskompetenz – die zwangsläufig eine zumindest partielle Entbindung vom einfachen Recht ist – kann nur zugunsten einer anderen, zumindest gleichrangigen Verfassungsbindung verfassungsmäßig sein. Erst durch diese kommt es zu einer inneren Widersprüchlichkeit der richterlichen Gesetzesbindung, zu deren Überwindung die Rechtsfortbildung legitimierweise dienen kann.

Soweit es um die Modifikation von gesetzlichen Tatbeständen geht, kommt als eine solche gleichrangige Verfassungsbindung nur der allgemeine Gleichheitssatz in Frage, denn durch die Veränderung des Tatbestands werden stets Fälle entweder in den Regelungsbereich aufgenommen (d.h. gleichbehandelt) oder von diesem ausgenommen (d.h. ungleich behandelt). Passenderweise

---

[128] Zur Abgrenzung BVerfGE 4, 219 (234); 82, 6 (11 ff.); 96, 375 (394 f.); 128, 193 (210); 132, 99 (127 f.); *Grzeszick*, in: Dürig u.a., Grundgesetz, Art. 20 Rn. 100 ff.

[129] Siehe aber zu der Umsetzung des Gesetzgeberwillens als richterliche Gestaltungsaufgabe *Feix*, Maßstäbe für eine gelungene richterliche Rechtsfortbildung, S. 45.

basieren die nach allgemeiner Ansicht der juristischen Methodenlehre zugehörigen Rechtsfortbildungsinstrumente (insbesondere die Analogie) auf einer vergleichenden Argumentation, wobei etwa die Ähnlichkeit der Fälle gerade als Grund für die Analogie (also die Gleichbehandlung) angegeben wird.[130]

Insofern liegt es nahe, den Gleichheitssatz in Bezug auf seine Bedeutung für die Verfassungsmäßigkeit der Rechtsfortbildung in den Blick zu nehmen, und zwar nicht bloß hinsichtlich der Legitimierungs-, sondern auch hinsichtlich der internen Begrenzungspotenziale. Begründet man die Rechtsfortbildung von diesem verfassungsrechtlichen Zweck her, ist dieser insofern „Grund und Grenze" zugleich.

II. Rechtsfortbildung als Gleichheitsgebot

1. Gleichheit als verfassungsrechtlich legitimer Zweck der Rechtsfortbildung

Eine verfassungsrechtliche Begründung der Rechtsfortbildung muss die Widersprüche überwinden, die sich mit Blick auf die Rolle des Richters offenbaren. Die berechtigten Ansprüche an eine aktualisierende, gegenwärtige Regelungsbedürfnisse beachtende Rechtsprechung muss mit den verfassungsrechtlichen Anforderungen in Einklang gebracht werden. Der Richter kann nicht lediglich der „Mund des Gesetzes"[131] sein. Er erschafft bei seiner Entscheidung unmittelbar neues Recht[132] und stellt die Funktionalität und Akzeptanz des Gesetzes vielfach erst durch seine Modifikation her.

a) Keine Lockerung der Gesetzesbindung

Dennoch darf eine strenge Gesetzesbindung auch bei der Rechtsfortbildung nicht aufgegeben werden.[133] Wenn der Richter schon Recht modifizieren muss, dann kann dies nur *wegen* seiner Bindung an das Gesetz geschehen, nicht *trotz*. Der Zweck seiner Modifikation muss gerade in der Befolgung eines anderen, höherrangiges Rechts liegen. Dann wird die richterliche „Not, zwei Herren dienen zu müssen", den „Postulaten der Gesetzesbindung und

130 Siehe nur *Zippelius*, Juristische Methodenlehre, S. 56 ff.

131 Vgl. den berühmten Ausspruch *Montesquieus* „La bouche, qui prononce les paroles de la loi" ([Der Richter ist] der Mund, der die Worte des Gesetzes spricht).

132 Zum „rechtsschöpferischen Urteil" grundlegend *Merkl*, Gesetzesrecht und Richterrecht, in: Merkl, Gesammelte Schriften, S. 325.

133 Dazu bereits vorstehend Punkt C. am Anfang.

der Anpassung an das Leben", die ihn „zum Heucheln zwingen",[134] zu einem lösbaren Verfassungsproblem. Dafür muss der verfassungsrechtlich tragfähige Zweck der Rechtsfortbildung genau herauszuarbeitet werden.

Bei der Suche nach diesem Zweck und der daraus resultierenden Begrenzung gilt es zunächst, die herkömmliche Fokussierung auf das Verhältnis „Rechtsprechung – Gesetzgebung" zu überwinden und den Blick auch auf die Situation der von Rechtsfortbildung unmittelbar betroffenen Regelungsunterworfenen zu richten. Zwar ist bereits heute anerkannt, dass etwa die Grundrechte der Betroffenen bei der Begrenzung von Rechtsfortbildung eine Rolle spielen. So geht das Bundesverfassungsgericht in ständiger Rechtsprechung davon aus, dass die Grenzen der richterlichen Rechtsfortbildung enger sind, wenn dabei in die Grundrechte der Betroffenen eingriffen wird.[135] Insgesamt kommt dem Verhältnis „Rechtsprechung – Bürger" bei der Rechtsfortbildungsdiskussion aber immer noch vergleichsweise wenig Aufmerksamkeit zu.

Ausgangspunkt der hier angestellten Überlegungen ist, dass der Grund der Rechtsfortbildung zugleich auch ihre internen Grenzen bestimmt; dies aber nicht im Sinne einer Verhältnismäßigkeit im klassischen Sinne, wo eine konkrete Maßnahme ja auch hinsichtlich ihres Zwecks untersucht und etwa eine Erforderlichkeit für die Erreichung dieses Zwecks verlangt wird.[136] Für die Rechtsfortbildung ist aber schon auf der konzeptionellen Ebene zu fragen, welchem Zweck ihre Instrumente in der Praxis dienen sollen. Bereits die Instrumente müssten so konstruiert sein, dass mit ihnen nicht alle denkbaren Ergebnisse erreichbar sind, sondern nur solche, die dem legitimen Zweck der Rechtsfortbildung zumindest potenziell dienen können.

Das führt zu der entscheidenden Frage zurück, was der Hauptzweck der Rechtsfortbildung ist. Angesichts der verfassungsrechtlichen Probleme, welche die Rechtsfortbildung aufwirft,[137] kommen dabei von vornherein nur Zwecke in Betracht, die von gleichgeordnetem verfassungsrechtlichen Rang sind. Für die tatbestandserweiternde und tatbestandsverengende Rechtsfortbildung im Wege der Analogie und der Restriktion ist anerkannt, dass diese der Umsetzung des allgemeinen Gleichheitssatzes dienen.[138]

---

[134] Formulierungen bei *Esser*, Grundsatz und Norm, S. 27 sowie Fn. 82; dazu auch *Frommel*, ARSP 1987, 519 (525).

[135] Seit BVerfGE 138, 377 (Rn. 41); vgl. auch das erste Sondervotum zu BVerfGE 122, 248 (Rn. 105).

[136] Zu Verhältnismäßigkeit und praktischer Konkordanz *Hesse*, Grundzüge des Verfassungsrechts der Bundesrepublik Deutschland, Rn. 318; zur Verhältnismäßigkeit als Teil der „dirigierenden Verfassung" *Lerche*, Übermass und Verfassungsrecht, S. 223 ff.

[137] Dazu vorstehend Punkt B. II.

[138] Siehe statt vieler nur *Jacobi*, Methodenlehre der Normwirkung, S. 277.

Zugespitzt könnte man fragen: Ist der rechtsfortbildende Richter ein Agent des einfachen Gesetzes oder ein Agent der Verfassung? Besteht der eigentliche Zweck der Rechtsfortbildung darin, den „echten“ Willen des Gesetzgebers oder die im Gesetz enthaltene „Idee“ durchzusetzen, oder soll durch sie eine verfassungskonforme (und das heißt in diesem Zusammenhang vor allem: gleichheitsrechtlich angemessene[139]) Behandlung der Betroffenen erreicht werden? Die Rechtsfortbildung kann beide Ziele zugleich verfolgen; es müsste aber ausgemacht werden können, welcher dieser Zwecke dem anderen im Konfliktfall vorgehen, d. h. welcher der „Hauptzweck“ sein soll.

Es soll nicht verkannt werden, dass sowohl die Auslegung als auch die Rechtsfortbildung nicht nur ein einziges, sondern viele verschiedene Ziele verfolgen (können) und die Gewichtung im Einzelfall sehr unterschiedlich ausfallen wird. So verfolgt auch die Auslegung das Ziel der Gleichbehandlung, ebenso wie die Rechtsfortbildung den Zweck verfolgen kann, die Idee des Gesetzgebers nachzuvollziehen.

Gleichwohl könnten sich Auslegung und Rechtsfortbildung bei der Priorisierung dieser Ziele unterscheiden, es könnte sich also um zwei verschiedene Lösungsmöglichkeiten für den Zielkonflikt zwischen gesetzgeberischer Entscheidung und Gleichbehandlungsinteresse handeln. Die Differenzierung der Hauptziele von Auslegung und Rechtsfortbildung findet sich in der herkömmlichen Konzeption jedoch nicht. Vielmehr wird die Rechtsfortbildung tendenziell eher als die „Fortsetzung der Auslegung mit anderen Mitteln“ betrachtet,[140] so als hätten beide den gleichen Hauptzweck.

Neben der Durchsetzung des Gesetzgeberwillens und des Regelungskonzepts ist als Zweck der Rechtsfortbildung jedenfalls auch die Herstellung adäquaten Behandlung im Sinne des Art. 3 Abs. 1 GG allgemein anerkannt.[141] So hat etwa Karl Larenz in seiner Methodenlehre die Bedeutung der „Gerechtigkeit“ und des Gleichheitssatzes für die Rechtsfortbildung (sowie auch für die Auslegung)[142] besonders herausgearbeitet, ja den Gleichheitssatz zu dem hinter der Rechtsfortbildung wirkenden „rechtsethischen Prinzip“ erklärt, aus dem heraus neue Rechtssätze oder ganze Rechtsinstitute entwickelt werden

[139] Gewährleistung von Gleichheit (neben der Autonomie) als zentrale Aufgabe der Rechtsprechung anerkennend *Bumke*, in: Bumke, Richterrecht zwischen Gesetzesrecht und Rechtsgestaltung, S. 33 (34).

[140] So beispielsweise *Larenz*, Methodenlehre der Rechtswissenschaft, S. 367.

[141] *Larenz*, Methodenlehre der Rechtswissenschaft, S. 381; *Möllers*, Juristische Methodenlehre, S. 250 f.; *Kramer*, Juristische Methodenlehre, S. 215 f. (prüfen); *Reimer*, Juristische Methodenlehre, Rn. 559.

[142] *Larenz*, Methodenlehre der Rechtswissenschaft, S. 334.

könnten.[143] Damit wird die Rechtsfortbildung – jedenfalls implizit – zu einer Angelegenheit des Art. 3 Abs. 1 GG.[144]

b) Fehlende Verbindung von Rechtsfortbildungsdogmatik und Verfassungsrecht

Gleichwohl bleibt es stets bei einer gedanklichen Trennung der Systeme; richterliche Rechtsfortbildung wird nicht über das Verfassungsrecht begründet, sondern als eine gewissermaßen natürliche Aufgabe der Rechtsprechung verstanden, gesetzgeberische Mängel auszugleichen. (Positives) Gesetzesrecht erscheint etwa bei *Larenz* in erster Linie als defizitäres Konstrukt, in welchem die wahren Absichten des Gesetzgebers nur unvollständig zum Ausdruck kommen und das durch Zeitablauf und „Wandel der Normsituation"[145] unpassend wird. Gesetze seien daher immer unvollkommen, sie wiesen „Lücken" auf.[146]

Diese Gesetzeslücken – bis heute das zentrale Narrativ der Rechtsfortbildungskonzeption[147] – müssten durch die Judikative mittels Auslegung und Rechtsfortbildung geschlossen werden. Dem Richter komme dabei weniger die Aufgabe zu, die Entscheidung des Gesetzgebers im konkreten Fall zu realisieren. Er solle vielmehr eine „gerechte" Entscheidung treffen, soweit dies mit seiner Gesetzesbindung und Grenzen der Rechtsfortbildung zu vereinbaren ist.[148] Die Judikative ist damit letztlich durch das Gesetz nicht mandatiert, sondern vielmehr lediglich diszipliniert. Der Richter sei in erster Linie der

---

143 *Larenz*, Methodenlehre der Rechtswissenschaft, S. 381 und 392; *Hüpers*, Karl Larenz – Methodenlehre und Philosophie des Rechts in Geschichte und Gegenwart, S. 407. Dass Larenz in den unter dem Grundgesetz entstandenen Auflagen seiner Methodenlehre den Gleichheitssatzes und damit die elementare Rechtsgleichheit aller Menschen so ausdrücklich betont, steht in hartem Gegensatz zu der vorherigen Ausrichtung seiner Konzeption auf die „völkische Rechtsidee" (*Larenz*, Über Gegenstand und Methode des völkischen Rechtsdenkens, S. 18), womit letztlich der „Führerwille" zum übergeordneten Prinzip erhoben wird; dazu *Frassek*, in: Rückert/Seinecke, Methodik des Zivilrechts, Rn. 600; *Rüthers*, Die unbegrenzte Auslegung, S. 136 ff.; *Rüthers*, JZ 2011, 593 (598).

144 Vgl. *Larenz*, Methodenlehre der Rechtswissenschaft, S. 381 und 392.

145 *Larenz*, Methodenlehre der Rechtswissenschaft, S. 350.

146 Vgl. *Larenz*, Methodenlehre der Rechtswissenschaft, S. 366, 370 ff.

147 Nicht nur bei *Larenz*, sondern in der allgemein anerkannten Methodik – so ist etwa die „planwidrige Regelungslücke" nach ganz überwiegender Ansicht eine Voraussetzung der Analogie; siehe etwa *Möllers*, Juristische Methodenlehre, S. 252; *Reimer*, Juristische Methodenlehre, Rn. 568, der von „unbewusster Nichtregelung" spricht; kritisch zum Begriff der Planwidrigkeit *Röhl/Röhl*, Allgemeine Rechtslehre, S. 635.

148 Vgl. *Larenz*, Methodenlehre der Rechtswissenschaft, S. 349.

Gerechtigkeit verpflichtet und müsse diese notfalls auch trotz einer klaren gesetzlichen Regelung durchsetzen und verteidigen.[149]

Dieses Bild vom defizitären Gesetz, dass der Richter ergänzen muss, hat sich bis heute erhalten und spiegelt sich auch in der älteren Rechtsprechung des Bundesverfassungsgerichts wieder:

> „Gegenüber den positiven Satzungen der Staatsgewalt kann unter Umständen ein Mehr an Recht bestehen, das seine Quelle in der verfassungsmäßigen Rechtsordnung als einem Sinnganzen besitzt und dem geschriebenen Gesetz gegenüber als Korrektiv zu wirken vermag; es zu finden und in Entscheidungen zu verwirklichen, ist Aufgabe der Rechtsprechung. Der Richter ist nach dem Grundgesetz nicht darauf verwiesen, gesetzgeberische Weisungen in den Grenzen des möglichen Wortsinns auf den Einzelfall anzuwenden. Eine solche Auffassung würde die grundsätzliche Lückenlosigkeit der positiven staatlichen Rechtsordnung voraussetzen, ein Zustand, der als prinzipielles Postulat der Rechtssicherheit vertretbar, aber praktisch unerreichbar ist. Richterliche Tätigkeit besteht nicht nur im Erkennen und Aussprechen von Entscheidungen des Gesetzgebers. Die Aufgabe der Rechtsprechung kann es insbesondere erfordern, Wertvorstellungen, die der verfassungsmäßigen Rechtsordnung immanent, aber in den Texten der geschriebenen Gesetze nicht oder nur unvollkommen zum Ausdruck gelangt sind, in einem Akt des bewertenden Erkennens, dem auch willenhafte Elemente nicht fehlen, ans Licht zu bringen und in Entscheidungen zu realisieren. Der Richter muß sich dabei von Willkür freihalten; seine Entscheidung muß auf rationaler Argumentation beruhen. Es muß einsichtig gemacht werden können, daß das geschriebene Gesetz seine Funktion, ein Rechtsproblem gerecht zu lösen, nicht erfüllt. Die richterliche Entscheidung schließt dann diese Lücke nach den Maßstäben der praktischen Vernunft und den ‚fundierten allgemeinen Gerechtigkeitsvorstellungen der Gemeinschaft'."[150]

Gesetzliche Defizite sollen sich also anhand von externen Maßstäben ergeben. Bei der Soraya-Entscheidung ist dieser Maßstab aus den „verfassungsimmanenten Wertvorstellungen" gebildet, bei Larenz kommen die sogenannte „Natur der Sache", eine den Dingen selbst innewohnende Ordnung,[151] sowie die „rechtsethischen Prinzipien", d.h. im „allgemeinen Rechtsbewusstsein" geltende, durch sich selbst einleuchtende Rechtswahrheiten[152] in Betracht.

---

149 Vgl. *Larenz*, Methodenlehre der Rechtswissenschaft, S. 392; kritisch *Looschelders/Roth*, Juristische Methodik im Prozess der Rechtsanwendung, S. 33 ff.

150 BVerfGE 34, 269 (287).

151 *Larenz*, Methodenlehre der Rechtswissenschaft, S. 417; deutlicher *Larenz*, Methodenlehre der Rechtswissenschaft, 1. Aufl. 1960, S. 309; zu dem Begriff auch *Müller/Christensen*, Juristische Methodik, S. 151 ff.

152 So deutlich noch *Larenz*, Methodenlehre der Rechtswissenschaft, 1. Aufl. 1960, S. 314 mit den Beispielen Treu und Glauben, Verschuldensprinzip und insb. dem Gleichbehandlungsgebot.

Es ist dabei jeweils nicht das Verfassungsrecht selbst, welches als Maßstab herangezogen wird.[153] Die „verfassungsimmanenten Wertvorstellungen", die „praktische Vernunft" oder die „fundierten allgemeinen Gerechtigkeitsvorstellungen der Gemeinschaft" sind nicht weniger überpositiv als die von Larenz in Stellung gebrachten Maßstäbe.

Solange die gesetzlichen Defizite aber nicht als Probleme des positiven Verfassungsrechts ausformuliert werden, fehlt der richterlichen Verbesserung jede verfassungsrechtliche Legitimität. So mag man der Ansicht sein, die Gerechtigkeit sei der „eigentlich legitimierende Grund der Rechtsfortbildung".[154] Schlechte oder auch ungerechte Gesetze allein vermögen aber noch keine richterliche Befugnis zu begründen.

Der allgemeine Gleichheitssatz ist nach allgemeiner Ansicht zwar irgendwie mit der Rechtsfortbildung verbunden, legitimiert diese aber nicht direkt in einem verfassungsrechtlichen Sinne. So schreibt etwa Reinhold Zippelius, dass „Rechtsgedanken, die im Gesetz bereits angelegt sind, [...] mit Hilfe des Gleichheitsgrundsatzes generalisierend zu Ende gedacht"[155] werden.

Die Idee des Gleichheitssatzes, dass gleiche Sachverhalte gleich und verschiedene Sachverhalte ungleich zu behandelt sind, soll nach allgemeiner Ansicht also auch bei der Rechtsfortbildung am Werk sein. Art. 3 Abs. 1 GG als verfassungsrechtliche Normierung dieser Idee wird bei der Diskussion um Legitimität und Grenzen der Rechtsfortbildung aber weitestgehend unbeachtet gelassen, oder es wird zumindest eine unmittelbare Verbindung abgelehnt. In diesem Sinne schreibt etwa Katja Hemke zu der Bedeutung des Art. 3 Abs. 1 GG für die Analogiebildung im öffentlichen Recht:

> „Inhalt und Aufbau einer Prüfung nach Art. 3 Abs. 1 GG sind insofern nicht als Analogiemethode verwendbar, als sie auf den Spielraum des Gesetzgebers fokussiert sind, der für die Analogiebildung nicht relevant ist. Der Rechtsanwender nimmt zwar auch selbst Wertungen vor, hat allerdings keinen mit dem Spielraum des Gesetzgers vergleichbaren ausdrücklichen Spielraum."[156]

Und in einem weiteren Zwischenergebnis zu der Ergänzung der Analogiemethode:

> „Die Gleichheitsgrundsätze können die Analogiemethode insofern ergänzen, als aus ihnen die Unwichtigkeit einzelner Merkmale folgt. Zudem rechtfertigen sie Abstufungen zwischen personen- und sachbezogenen Wertungsgründen."[157]

---

[153] Vgl. auch die Argumentation in BGHZ 5, 62 (65 ff.); dazu bereits vorstehend Punkt B. II. 3. d).

[154] *Zippelius*, Juristische Methodenlehre, S. 69.

[155] *Zippelius*, Juristische Methodenlehre, S. 59.

[156] *Hemke*, Methodik der Analogiebildung im öffentlichen Recht, S. 177.

[157] *Hemke*, Methodik der Analogiebildung im öffentlichen Recht, S. 183.

Die Ausführungen stehen hier stellvertretend für die verbreitete Sichtweise auf das Verhältnis von Analogie und Gleichheitssatz. Diese seien zwar gewissermaßen „verwandt“ und der Gleichheitsgrundsatz könne auch bei der Rechtsfortbildung „helfen“, es handle sich aber doch um zwei ganz unabhängige Systeme.[158] Im Rahmen dieser Sichtweise spielt es weder eine besondere Rolle, dass Analogie und Gleichheitssatz das gleiche Problem adressieren, noch ist die spezifische Bedeutung der Gleichheitsbindung des Richters bei der Analogiebildung von sonderlichem Interesse.[159] Diese Sichtweise soll im Folgenden kritisch hinterfragt werden.

Denn wenn beides, Rechtsfortbildung und verfassungsrechtlicher Gleichheitssatz, doch dasselbe Problem adressieren – die Gleichbehandlung von wesentlich gleichen und die Verschiedenbehandlung von wesentlich unterschiedlichen Sachverhalten – sollte die Verfassungsnorm auf ihr Legitimationspotenzial hin untersucht werden.

c) Analogieschluss als Gleichbehandlung

Dabei erscheint es wegen der Unklarheit des Rechtsfortbildungsbegriffs[160] angezeigt, ein konkretes, anerkanntes Instrument in den Blick zu nehmen. In der heutigen Methodenlehre[161] gilt die Analogie als die klassische und häufigste Form der Rechtsfortbildung,[162] sodass es plausibel erscheint, aus dem Zweck der Analogie etwas über den Zweck der Rechtsfortbildung an sich zu erfahren. Betrachtet man die Methodik der Analogie, so scheinen zunächst zwei Ziele – Durchsetzung des Gesetzgeberwillens und Herstellung von Gleichheit – gleichermaßen intendiert zu sein. Anerkannte Voraussetzungen der Analogie sind nämlich das Bestehen einer planwidrigen Regelungslücke sowie einer vergleichbaren Interessenlage.[163]

---

158 Vgl. *Jocham*, Die Grenzen der richterlichen Rechtsfortbildung im Privatrecht, S. 222 ff. m. w. N.

159 Siehe aber *Hemke*, Methodik der Analogiebildung im öffentlichen Recht, S. 152 ff., wo dem Gleichheitssatz aber letztlich eine Begründungsfunktion abgesprochen wird.

160 Zu den begrifflichen Unklarheiten siehe vorstehend Punkt B. I.

161 Im römischen Recht war demgegenüber die Restriktion die typischere Form, vgl. *Honsell*, ZfPW 2016, 106 (115).

162 Siehe *Röhl/Röhl*, Allgemeine Rechtslehre, S. 635 – „wichtigste methodische Figur“.

163 Siehe nur *Möllers*, Juristische Methodenlehre, S. 251 f. m. w. N.; die Konzeption geht dabei wesentlich zurück auf *Larenz*, Methodenlehre der Rechtswissenschaft, S. 282 (1. Aufl. 1960); kritisch insbesondere zu der Voraussetzung der Planwidrigkeit *Röhl/Röhl*, Allgemeine Rechtslehre, S. 635.

Der Ursprung der Analogie liegt weit zurück, lange vor dem Entstehen eines modernen Verständnisses von Gesetzesrecht.[164] Interessanterweise hat sie sich von ihrer ursprünglichen Form als rhetorisches Argument (argumentum a simile) zu einem rechtsmethodischen Satz mit Normstruktur entwickelt. So soll die Analogie verschiedene Voraussetzungen haben, für die sogar – wie bei gesetzlichen Tatbestandsmerkmalen – eigene Definitionen vorliegen. Sind die Analogievoraussetzungen erfüllt, darf (oder muss?)[165] der Richter die eigentlich nicht anwendbare Norm anwenden. Insofern hat die Analogie nicht nur einen Tatbestand, sondern auch eine Rechtsfolge.

Das überkommene Verständnis der Analogie als Interpretationsmittel entspricht nicht mehr ihrer aktuellen Verwendung. Betrachtet man die erste, ganz überwiegend anerkannte Analogievoraussetzung – die (planwidrige) Regelungslücke[166] – so muss man eine Funktion als Interpretationsmittel in Bezug auf das positive Recht ablehnen: Die Analogie macht hier das Fehlen einer positiven Regelung zu ihrer Bedingung. Sie beginnt erst dort, wo der Rechtsanwender bereits erkannt hat, was Inhalt der Regelung ist – nämlich die Nicht-Anwendbarkeit in dem zu entscheidenden Fall. Die analoge Anwendung kann dem Gesetzestext gerade nicht zugerechnet werden.[167] Die Analogie wird ihm diese Regelung also nicht besser zu erkennen helfen, sondern klären, ob diese Nicht-Anwendbarkeit akzeptabel ist.

Aufschluss über den Zweck der Analogie kann eine genauere Betrachtung ihrer Voraussetzungen geben. Einerseits scheint die Voraussetzung der „Planwidrigkeit" der Idee des Gesetzgebers Rechnung tragen und verhindern zu wollen, dass Rechtsfortbildung gegen seinen (hypothetischen) Willen betrieben wird. Andererseits wird bei der Planwidrigkeit grade darauf verzichtet, positiv zu ermitteln, was der Gesetzgeber für den zu entscheidenden Fall gewollt hätte. Es wird nicht gefragt, wie die Regelung nach dem gesetzgeberischen Konzept aussehen müsste, sondern lediglich geprüft, ob das Fehlen der Regelung *intendiert* war. Planwidrig bedeutet in diesem Zusammenhang lediglich „nicht gewollt" oder „unwillkürlich".[168] Die Lücke im Gesetz darf nicht zu dem gesetzgeberischen Plan gehören.[169] Es handelt sich somit um ein negatives Tatbestandsmerkmal. Wäre die Analogie ein Instrument hauptsäch-

---

[164] Dazu *Langhein*, Das Prinzip der Analogie als juristische Methode, S. 16 ff.

[165] Zu gebotenen Rechtsfortbildungen siehe *Jocham*, Die Grenzen der richterlichen Rechtsfortbildung im Privatrecht, S. 230 ff.

[166] Dazu *Canaris*, Die Feststellung von Lücken im Gesetz, S. 31 ff.

[167] *Müller*, Richterrecht, S. 96.

[168] Vgl. *Bydlinski*, Juristische Methodenlehre und Rechtsbegriff, S. 473 ff.; *Reimer*, Juristische Methodenlehre, Rn. 568 ff.

[169] *Larenz/Canaris*, Methodenlehre der Rechtswissenschaft, S. 193.

lich zur Umsetzung des gesetzgeberischen Willens, müsste aber positiv gefragt werden, was für eine Rechtsfolge diesem Willen entspricht.

Stattdessen arbeitet die Analogie gewissermaßen mit der Annahme, der Gesetzgeber hätte für den nicht geregelten Fall die gleiche Behandlung vorgesehen wie für einen anderen, geregelten Fall, welcher in den entscheidenden Gesichtspunkten mit dem nicht geregelten identisch ist.[170] Damit unterstellt man dem Gesetzgeber als Regelungskonzeption den Grundsatz der Gleichbehandlung von wesentlich Gleichem. Nur wenn für den Gesetzgeber tatsächlich eine andere Intention erkannt werden kann, ist diese Vermutung aus der Sicht der Analogie „widerlegt". Damit dient die Analogie in den Fällen, in denen ihre Voraussetzungen erfüllt sind (und nur dort „wirkt" sie ja und dient somit einem Zweck) auf dem Umweg über den (hypothetischen) Gesetzgeberwillen aber letztlich vorrangig der Gleichbehandlung von wesentlich Gleichem. Der Wille des Gesetzgebers kann im Rahmen der Analogie niemals über eine Gleichbehandlung hinaus effektuiert werden und ist insofern nachrangig. Vielmehr wird durch die Voraussetzung der Planwidrigkeit lediglich abgesichert, dass die Gleichbehandlung nicht gegen diesen Willen erfolgt. Dem gesetzgeberischen Willen fungiert daher hinsichtlich der Analogie nicht als Grund, sondern lediglich als Begrenzung.

Somit kommt es für die Frage, welchem Zweck die Analogie letztlich dient, allein darauf an, wie man die „Vergleichbarkeit" der Sachverhalte bestimmt. Hier ist es anerkannt, dass es nicht alleine auf eine Vergleichbarkeit im Sinne der gesetzgeberischen Intention ankommt, sondern dass die erforderliche Ähnlichkeit auf verschiedensten Wegen begründet werden kann.[171] Wie der Gesetzgeber den fraglichen Fall wahrscheinlich geregelt hätte, ist nur ein Argument unter vielen. Typischerweise werden bei der Vergleichbarkeit auch verfassungsrechtliche Wertungen berücksichtigt, etwa wenn für die Analogie bei Fortsetzungsfeststellungsklagen bei vor- und nachzeitiger Erledigung auf Art. 19 Abs. 4 S. 1 GG verwiesen wird.[172]

Letztlich lässt sich die Prüfung der Vergleichbarkeit bei der Analogie inhaltlich nicht von der Prüfung des Art. 3 Abs. 1 GG unterscheiden. Beide sind nicht bloß strukturell identisch, ihnen liegt auch die gleiche Vergleichsperspektive zugrunde. Die Vergleichsobjekte werden nämlich in beiden Fällen nicht daraufhin untersucht, ob ihre unterschiedliche Behandlung dem Sinn

---

170 So etwa *Larenz*, Methodenlehre der Rechtswissenschaft, S. 374 f.

171 Vgl. etwa *Reimer*, Juristische Methodenlehre, Rn. 577 ff., der neben der „primären Perspektive des Normsetzers" auf „reflektierte Kriterien des Rechtsanwenders" abstellen will.

172 So etwa OVG Koblenz, NJW 1982, 1301 (1302); *Fechner*, NVwZ 2000, 121 (123) m. w. N.; siehe auch *Lindner*, NVwZ 2014, 180 (180); zur Gegenansicht siehe etwa *Wolff*, in: Ziekow/Sodan, Verwaltungsgerichtsordnung, § 113 Rn. 262.

und Zweck der fraglichen Regelung entspricht, sondern ob diese Verschiedenbehandlung begründet ist (wobei die Anforderungen an diese Begründung jedenfalls nach der Rechtsprechung des Bundesverfassungsgerichts nicht einheitlich sind, sondern ein hinsichtlich der Kontrolldichte „fließender" Maßstab[173] gilt). Wie der Vergleich bei Art. 3 Abs. 1 GG ist auch die Vergleichbarkeit bei der Analogie keine (rein) interne, an der Teleologie des fraglichen Gesetzes ausgerichtete Kontrolle. Vielmehr werden „interne" und „externe" Elemente vereint zu einer Prüfung, die einerseits nach der inneren Widerspruchsfreiheit (Folgerichtigkeit) und andererseits nach der anhand von Maßstäben, die außerhalb des zu prüfenden Gesetzes liegen, zu überprüfenden Rechtfertigung der Diskriminierung fragt.[174]

Die Ansicht, dass Analogie und Gleichheitssatz wegen der unterschiedlichen Spielräume von Judikative und Exekutive nicht vergleichbar sei,[175] verkennt, dass beide Systeme von der Judikative auf Gesetzesrecht angewendet werden. Um zu prüfen, ob der Gesetzgeber eine gleichheitswidrige Regelung erlassen oder in dem Gesetz ein Sachverhalt trotz „vergleichbarerer Interessenlage" ungeregelt geblieben ist (was nach der hier vertretenen Ansicht identische Fragen sind), benötigt der Richter keinen eigenen Spielraum. Es muss in diesem Moment ja nicht selbst regeln, sondern die Regelung des Gesetzgebers „nur" bewerten. Diese Bewertungsebene ist bei Analogie und Gleichheitssatz nicht nur vergleichbar, sondern identisch.

Ein Spielraum wird erst relevant, wenn es darum geht, was aus der Bewertung folgt. Insofern unterscheiden sich die beiden Systeme in ihrer Wirkung natürlich erheblich. Allerdings ist es dabei gerade die Analogie, die dem Anwendenden eine neue Entscheidungsmöglichkeit verschafft (entsprechende Anwendung des Gesetzes), der Gleichheitssatz bietet dagegen grundsätzlich weder dem anwendenden Richter noch dem Gesetzgeber Spielräume, sondern begrenzt diese nur. Eine Wahlmöglichkeit kommt dem Gesetzgeber nur insofern zu, als er üblicherweise entscheiden kann, auf welchem Wege er eine unzulässige Ungleichbehandlung auflöst.[176] Der analogiebildende Richter kann und muss insofern nicht wählen, sondern allein die von seiner Entscheidung betroffene Person anders behandeln, als es das Gesetz eigentlich vorsieht.

---

[173] BVerfGE 129, 49 (1. LS); dazu etwa *Kischel*, in: Epping/Hillgruber, Beck'scher Online-Kommentar Grundgesetz Art. 3 Rn. 28 ff. kritisch *Sachs/Jasper*, JuS 2016, 769 (772 f.).

[174] Vgl. *Heun*, in: Dreier, Grundgesetz, Art. 3 Rn. 27 ff.; zu „internen" und „externen" Zielen siehe *Huster*, in: Friauf/Höfling, Berliner Kommentar zum Grundgesetz, Art. 3 Rn. 85; *Huster*, Rechte und Ziele, S. 195 ff.

[175] *Hemke*, Methodik der Analogiebildung im öffentlichen Recht, S. 177.

[176] Zu der Alternativstruktur und nachfolgend auch zu dem Wegfall von Erfüllungsalternativen *Kempny/Reimer*, Die Gleichheitssätze, S. 158 ff.

Für die Analogie lässt sich somit in Anbetracht ihrer Methodik festhalten, dass sie in erster Linie der Herstellung der Gleichbehandlung und in diesem Rahmen der Durchsetzung gesetzgeberischer Entscheidungen dient. Sie ist insofern verfassungskonforme, am allgemeinen Gleichheitssatz ausgerichtete Rechtsfortbildung. Das zeigt sich schon daran, dass die Analogie gar nicht danach fragt, was der Gesetzgeber für den fraglichen Fall wohl vorgesehen hätte, sondern nur danach, ob die Interessenlage in einem geregelten Fall „vergleichbar" ist, wobei es bei diesem Vergleich auf mehr als nur den gesetzgeberischen Willen ankommen soll. Die „Planwidrigkeit" der Lücke spielt nur insofern eine Rolle, als die Analogie nicht gegen diesen Plan erfolgen darf. Eine Planmäßigkeit ändert allerdings an der Notwendigkeit der Analogie nichts, vielmehr wird man sagen müssen, dass bei einer planvollen Ungleichbehandlung von wesentlich Gleichem die „Analogie" eben auf anderem Wege, nämlich durch Normverwerfung oder Neuregelung durch den Gesetzgeber, erfolgen muss.

Das Hauptziel der Analogie ist somit die Herstellung einer durch Art. 3 Abs. 1 GG gebotenen Gleichbehandlung. Nimmt man an, dass der Gleichheitssatz darüber hinaus auch das Gebot der Differenzierung von wesentlich Verschiedenem enthält,[177] so wird man entsprechendes auch für die Restriktion sowie letztlich für alle auf eine Tatbestandmodifikation ausgerichtete Rechtsfortbildung[178] sagen können. Weil alle diese Rechtsfortbildungen auf dem Vergleich mit geregelten Fällen beruhen, können sie unter dem Sammelbegriff der vergleichenden Rechtsfortbildung zusammengefasst werden. Für diesen Teil der Rechtsfortbildung lässt sich ein verfassungsmäßiger Zweck und damit zusammenhängend eine interne Begrenzung formulieren.

Die Unterschiede von Analogiemethodik und Gleichheitssatz gehen somit nicht darauf zurück, dass Analogie und Gleichheitssatz independente Systeme wären, sondern erklären sich aus der unterschiedlichen Art und Weise, wie Richter und Gesetzgeber an Art. 3 Abs. 1 GG gebunden sind. Die Analogiemethodik ist insofern eine Ausformulierung der gleichheitsrechtlichen Bin-

---

[177] Dies entspricht dem herkömmlichen Verständnis des Gleichheitssatzes, nach welcher „Gleiches gleich und Unterschiedliches unterschiedlich" zu behandeln ist. Siehe statt vieler nur *Pietzcker*, in: Merten/Papier, Handbuch der Grundrechte in Deutschland und Europa, § 125 Rn. 16ff., der die „symmetrische Form" für „unausweichlich" hält; dagegen etwa *Kempny/Reimer*, Die Gleichheitssätze, S. 68ff.; siehe auch nachstehend Punkt C. II. 4.

[178] Insofern für die „teleologische Extension" *Larenz/Canaris*, Methodenlehre der Rechtswissenschaft, S. 217. Die Unterscheidung von Analogie und teleologischer Extension überzeugt aber nicht, weil durch jede Erweiterung des Tatbestandes eine Gleichbehandlung (also Analogie) der erfassten Fälle erreicht wird. Der Klarheit halber sollten alle tatbestandserweiternden; d. h. angleichenden Rechtsfortbildungen „Analogie" und alle tatbestandsverengenden, d. h. differenzierenden Rechtsfortbildungen „Restriktion" genannt werden.

dungen des Richters unter Berücksichtigung der ihm zur Verfügung stehenden (im Vergleich zum Gesetzgeber natürlich erheblich beschränkten) Handlungsmöglichkeiten.

Insofern ist die gleichheitsrechtliche Bindungssituation des rechtsfortbildenden Richters genau zu betrachten. Das überkommene Denkmuster von einer Zweiteilung in Rechtssetzungs- und Rechtsanwendungsgleichheit sind dabei wenig hilfreich, weil sich die Rechtsfortbildung diesen Kategorien entzieht.

Mit einer gleichheitsrechtlichen Begründung der richterlichen Rechtsfortbildung geht auch einher, dass die fortzubildenden Gesetze als verfassungs-, weil gleichheitswidrig eingestuft werden (eine Bewertung, die bei einer rein methodisch konzipierten Rechtsfortbildung offengelassen werden kann), auch weil erst ihre Verfassungswidrigkeit den Anlass für die Fortbildung bietet und zugleich auch die Legitimationsgrundlage für die Modifikation ist.

Dies wirft zum einen die Zuständigkeitsfrage auf: Wer darf bzw. muss innerhalb der Judikative entsprechende Modifikation vornehmen? Für die Zuständigkeitsverteilung zwischen Fach- und Verfassungsgerichtsbarkeit ist Art. 100 GG zu beachten.

Diesem Problem vorgelagert ist jedoch die Frage, wie in verfassungsrechtlicher Hinsicht überhaupt eine Kompetenz zur Modifikation konstruiert, wie also aus der Bindung an Art. 3 GG eine Befugnis zur Rechtsfortbildung werden soll. Dies liegt nicht auf der Hand, da staatliche Handlungsspielräume im Wege der Grundrechtsbindung eigentlich gerade eingeschränkt und nicht erweitert werden sollen.

2. Rechtsfortbildungskompetenz durch den Gleichheitssatz

a) Begrenzte Wirkungen der Rechtsanwendungsgleichheit

Nach vorherrschender Ansicht ist in Bezug auf die Gleichheitsbindung zwischen den Verpflichtungsadressaten zu unterscheiden.[179] Allerdings ist es weniger die institutionelle Zugehörigkeit als mehr die jeweils zu beurteilende Tätigkeit, welche für die Bindung an den Gleichheitssatz maßgeblich ist.[180] Insofern ist es anerkannt, dass der rechtsfortbildende Richter nicht zu Differenzierungen gelangen darf, die dem Gesetzgeber verwehrt sind.[181]

---

179 Siehe etwa *Heun*, in: Dreier, Grundgesetz, Art. 3 Rn. 47 – „Unterschiede in der Kontrolldichte und in den Rechtsfolgen".

180 *Huster*, in: Friauf/Höfling, Berliner Kommentar zum Grundgesetz, Art. 3 Rn. 17 ff.

181 BVerfGE 84, 197 (199); 69, 188 (205); 70, 230 (240); 101, 239 (269); 115, 51 (61); *Wollenschläger*, in: Mangoldt u. a., Grundgesetz, Art. 3 Rn. 189.

Gleichwohl fällt es schwer, die richterliche Rechtsfortbildung in die Kategorien von Rechtsanwendungs- und Rechtssetzungsgleichheit einzuordnen. Die Hauptverantwortung für die Herstellung einer gleichheitskonformen Rechtslage liegt beim Gesetzgeber.[182] Die Unterschiede von gesetzgeberischer und richterlicher Normschöpfung scheinen zu groß, um den Richter in vergleichbarem Maße an Art. 3 Abs. 1 GG binden zu können.

Während der Gesetzgeber also gewissermaßen alle denkbaren (gegenwärtigen und zukünftigen) Fälle beachten soll, sei der Richter gehalten, bei der Anwendung verfassungskonformer Gesetze in seinem Gerichtssaal „ohne Ansehung der Person(en)" zu entscheiden, d.h. seine Pflicht zu Gleichbehandlung beziehe sich von vornherein nur auf Sachverhalte, die unter den Tatbestand des Gesetzes fallen.[183] In Bezug auf die tatbestandlich erfassten Fälle sei der Richter – dies kommt in dem Bild der blinden Justitia zum Ausdruck[184] – gehalten, Unterschiede zu ignorieren, soweit sie keine Beachtung in der Ausformulierung der Norm gefunden haben. Schreibt das Gesetz selbst ungerechtfertigte (Un)Gleichbehandlungen vor, habe der Richter dieses Problem nicht selbst zu korrigieren, sondern das Gesetz einem Verfassungsgericht zur Prüfung vorzulegen (insbesondere Art. 100 GG).[185]

Technischer formuliert soll sich die Gleichheitsbindung nach dieser Sichtweise für den Richter sowohl auf Tatbestands- als auch auf Rechtsfolgenseite verengen; als gelte Art. 3 GG für den Richter nur in Bezug auf solche Vergleichsgruppen, die von der einschlägigen Regelung erfasst sind, und als habe er dann bei Vergleichspersonen innerhalb dieser Gruppe von „Erfassten" auch nur solche Eigenschaften der Personen zu berücksichtigen, an die das anzuwendende Gesetz selbst anknüpft. So besehen wäre die Bindung des Richters an den Gleichheitssatz eine ganz andere als die des Gesetzgebers, denn es ginge dann bei ersterer nicht mehr darum, Gleiches gleich und Verschiedenes unterschiedlich (d.h. allgemeiner: Fälle in Anbetracht ihrer Eigenschaften adäquat) zu behandeln, sondern geradezu im Gegenteil im Rahmen der ge-

---

182 Siehe etwa *Kingreen*, in: Kahl u.a., Bonner Kommentar zum Grundgesetz, Art. 3 Rn. 4 – „Der grundgesetzliche Grundsatz der Gewaltengliederung (Art. 20 Abs. 2 S. 2 GG) weist nicht Gerichten, die Gleichheitssätze auslegen, sondern primär Gesetzgebung und Regierung die Zuständigkeit für diese strukturelle und damit kardinale Herausforderung der Gleichheit zu."

183 So wohl *Müller*, in: VVDStRL 47, S. 37 (40).

184 Dazu *Huster*, in: Friauf/Höfling, Berliner Kommentar zum Grundgesetz, Art. 3 Rn. 15.

185 Zum Ganzen beispielhaft *Pietzcker*, in: Merten/Papier, Handbuch der Grundrechte in Deutschland und Europa, § 125 Rn. 74ff. m.w.N., der klar zwischen der Gleichheitsbindung des Richters bei der Anwendung und der verfassungsrechtlichen Beurteilung des Gesetzes unterschieden will.

setzlich vorgegebenen Kategorien immer gleichförmig, d.h. ohne Beachtung weiterer Eigenschaften der Sachverhalte, zu entscheiden.

Auch in Bezug auf die Rechtsfolge seien die Möglichkeiten des Richters erheblich beschränkt. Einen Anspruch könne es nur auf Entscheidung im Rahmen des gesetzlich vorgegebenen Handlungsspielraums geben. Der Richter habe als Rechtsanwender insbesondere keine Möglichkeit, bereits im Gesetz angelegte Gleichheitsprobleme zu lösen, seine Optionen seien von vornherein begrenzt durch den ihm gesetzlich eröffneten Handlungsspielraum.[186]

Es besteht große Zurückhaltung, die Gleichheitsbindung mit den richterlichen Möglichkeiten im Bereich der Rechtsfortbildung zu verknüpfen, möglicherweise auch aufgrund der berechtigten Erwartung von Rechtsfortbildungsklagen.[187] Dies überzeugt nicht, denn wegen der umfassenden Grundrechtsbindung aller Staatsgewalten muss sich die Gleichheitsbindung des Richters aber auch auf alle ihm verfassungsmäßig zur Verfügung stehenden Kompetenzen erstrecken, also auch auf seine Modifikationsbefugnisse.

Die richterliche Modifikationskompetenz eröffnet aber gerade die Möglichkeit, die gesetzlich vorgegebenen Tatbestände zu erweitern oder einzuengen, d.h. nicht erfasste Fälle mit erfassten gleich- oder zwei eigentlich erfasste Fälle verschieden zu behandeln. Die herkömmliche Erzählung der Rechtsanwendungsgleichheit läuft dagegen auf den Ausschluss dieser Möglichkeit hinaus.

Hier zeigt sich, warum die gedankliche Trennung zwischen Rechtssetzungs- und Rechtsanwendungsgleichheit[188] nicht mit der Forderung nach homogener Bindungsintensität bei Rechtsprechung und Rechtssetzung zu vereinbaren ist. Es greift zu kurz, verstünde man die Bindung der Judikative allein als eine

---

[186] Siehe zum ganzen *Kingreen*, in: Kahl u.a., Bonner Kommentar zum Grundgesetz, Art. 3 Rn. 678ff., der die verbreitete Reduzierung der judikativen Gleichheitsbindung auf den Punkt bringt: „Denn anders als die Gesetzgebung […] und die Verwaltung […] entscheiden Gerichte i.d.R. punktuell und individuell. Es gibt hier daher oftmals keine vergleichbaren Fälle, die Gegenstand einer Gleichheitsprüfung sein könnten."; vgl. auch *Boysen*, in: von Münch/Kunig, Grundgesetz, Art. 3 Rn. 47, wo von einer „randständigen Rolle" des Gleichheitssatzes für die Rechtsprechung gesprochen wird.

[187] Ob und inwieweit die „richterliche Pflicht zur Rechtsfortbildung", vgl. *Kirchhof*, DVBl 2011, 1069 (1068, 1074f.) existiert, ist noch ungeklärt; siehe zur richtlinienkonformen Rechtsfortbildung *Möllers/Möhring*, JZ 2008, 919.

[188] Die Unterscheidung wird üblicherweise so vorgenommen, das die Rechtsanwendungsgleichheit die „Gleichheit vor dem Gesetz" beschreiben soll, wohingegen die Rechtssetzungsgleichheit die „Gleichheit des Gesetzes" zum Gegenstand habe, vgl. dazu etwa *Kingreen/Poscher*, Grundrechte, Rn. 586; kritisch zu der Gegenüberstellung etwa *Wollenschläger*, in: Mangoldt u.a., Grundgesetz, Art. 3 Rn. 60.

Rechtsanwendungs- nicht jedoch zugleich auch als eine Rechtsfortbildungsgleichheit.[189]

b) Zurechnung der gesetzlichen (Un)Gleichbehandlung

Fraglich ist allerdings die Zurechnung der problematischen Gleich- oder Ungleichbehandlung. Nach allgemeiner Ansicht setzt eine Verpflichtung nach Art. 3 Abs. 1 GG die Zurechnung der (vollständigen) Gleich- oder Ungleichbehandlung zum Verpflichteten voraus, d.h. der Verpflichtete muss sowohl für die Behandlung der einen wie auch der anderen Vergleichsperson selbst verantwortlich sein.[190] Dies ist nun beim rechtsfortbildenden Richter, der ja unmittelbar nur die Prozessbeteiligten „behandeln“ kann, gerade nicht der Fall – es sei denn, der Modifikationsbedarf ergäbe sich einmal aus dem Vergleich zwischen zwei Prozessbeteiligten heraus. Dies entspricht jedoch regelmäßig nicht den praktischen Umständen, vielmehr werden typischerweise der zu entscheidende Fall und ein gesetzlich erfasster, aber nicht real zu entscheidender Fall verglichen.

Insofern kann dem rechtsfortbildenden Richter zwar seine Behandlung der Prozessbeteiligten, aber nicht ohne weiteres die sonstigen durch das Gesetz erfassten Anwendungsfälle als „seine“ Behandlungen zugerechnet werden. Trotz seiner Rechtsfortbildungsbefugnis bleibt es nämlich dabei, dass die sonstigen gesetzlich erfassten Fälle seinem Zugriff nicht eröffnet sind, sondern insofern originär gesetzgeberische Behandlungen vorliegen.[191]

Eine Zurechnung der Rechtsfortbildung zum Gesetzgeber scheitert aus ebenjenem Grunde. Der Gesetzgeber hat ja – schon wegen der richterlichen Unabhängigkeit nach Art. 97 Abs. 1 GG – ebenfalls keinen Zugriff auf die richterliche Modifikation und im Rahmen seines „lückenhaften“ Gesetzes gerade eine andere Behandlung hervorgerufen, was die abweichende richterliche Behandlung erst notwendig machte. Zurechenbar ist dem Gesetzgeber insofern nur die problematische Gleich- oder Ungleichbehandlung, welche Anlass für die richterliche Modifikation gibt.[192]

In eben diesen Zurechnungszusammenhang tritt der rechtsfortbildende Richter jedoch ein, indem er – etwa durch analoge Rechtsanwendung – die

---

189 Vgl. allgemein zur Unzulänglichkeit der Rechtsanwendungsgleichheit *Huster*, in: Friauf/Höfling, Berliner Kommentar zum Grundgesetz, Art. 3 Rn. 17.

190 Siehe dazu etwa *Nußberger*, in: Sachs, Grundgesetz, Art. 3 Rn. 81.

191 Siehe allgemein zu der Zurechnungsproblematik *Kempny/Reimer*, Die Gleichheitssätze, S. 60ff.

192 Siehe zu der Zurechenbarkeit politischer Verantwortlichkeit vorstehend Punkt B.II.3.

gesetzliche Ungleichbehandlung beendet. Er handelt gewissermaßen anstelle des Gesetzgebers und nimmt dessen Aufgabe wahr, verfassungskonforme Ergänzungen am Gesetz vorzunehmen. In dieser Rolle als „Rechtskorrektor" muss er sich aber auch die durch ihn modifizierten Gleich- und Ungleichbehandlungen vollständig zurechnen lassen.

Die von der Verfassung vorgesehene Kompetenzordnung kann dem nicht entgegengehalten werden. Ungleichbehandlungen durch verschiedener Hoheitsträger sind nämlich nur insofern gerechtfertigt, als das Grundgesetz eine Unabhängigkeit dieser staatlichen Institutionen voneinander vorsieht und entsprechend auch abweichende Normerzeugung in Kauf nimmt – wie dies etwa bei den verschiedenen Landesgesetzgebern oder den einzelnen, voneinander grundsätzlich unabhängigen Gerichten regelmäßig der Fall ist.[193] Es geht darum, voneinander unabhängige Entitäten in den jeweiligen Kompetenzbereichen (zwei verschiedene Bundesländer; zwei verschiedene Gerichte usw.) nicht im Wege des Gleichbehandlungsgebots doch wieder aneinander zu binden.[194] Die Rechtsprechung ist insofern zwar vom Gesetzgeber, aber gerade nicht von der *Gesetzgebung* unabhängig. Vielmehr ist sie an diese sogar ausschließlich gebunden.

Das Grundgesetz bezweckt somit keine Abweichung von gesetzgeberischer und richterlicher Behandlung, sondern fordert im Gegenteil die Realisierung der gesetzgeberischen Behandlungen durch den Richter. Abweichende, durch richterliche Rechtsfortbildung eintretende Behandlungen sind insofern nicht durch verfassungsrechtliche Zuweisung unabhängiger Regelungsmacht intendiert.

Weil die Rechtsfortbildung sich nicht auf die reine Gesetzesanwendung beschränkt, sondern verändernd eingreift, kann sie sich in Bezug auf ihre Gleichheitsbindung nicht auf die Position reiner Rechtsanwendung zurückziehen.[195] Die umfassende, in ihrer Intensität nicht gegenüber dem Gesetzgeber zurückstehende Grundrechts- und Gleichheitsbindung muss auch für die Rechtsfortbildung gelten.

Dabei kommt es auch nicht darauf an, ob der Richter das Recht tatsächlich fortbildet, vielmehr ist er schon wegen der Möglichkeit, dies zu tun, stets auch

---

193 Vgl. *P. Kirchhof*, in: Dürig u. a., Grundgesetz, Art. 3 Rn. 158; dies nicht als Frage der Rechtfertigung, sondern als Zurechnungsfrage behandelnd *Kempny/Reimer*, Die Gleichheitssätze, S. 60 ff.

194 Vgl. *Huster*, in: Friauf/Höfling, Berliner Kommentar zum Grundgesetz, Art. 3 Rn. 47 m. w. N.

195 Vgl. *Huster*, in: Friauf/Höfling, Berliner Kommentar zum Grundgesetz, Art. 3 Rn. 18 – „Im Kern geht es daher bei Rechtsanwendungs- und Rechtssetzungsgleichheit um dasselbe Problem: Ungerechtfertigte Differenzierungen sollen vermieden werden – egal, auf welcher Ebene der Rechtsordnung."

in dieser Hinsicht an den Gleichheitssatz gebunden. Die Gleichheitsbindung des Richters bezieht sich auf seinen gesamten Handlungsspielraum, zu welchem eben auch die Rechtsfortbildung zu zählen ist.[196] Es kommt insofern nicht nur darauf an, ob er im Wege der Rechtsfortbildung zu einer Differenzierung gelangt, die der Gesetzgeber nicht vornehmen dürfte,[197] sondern auch darauf, ob er eine im Gesetz angelegte Differenzierung (oder generell eine Behandlung) realisiert, die schon der Gesetzgeber nicht anordnen durfte. Auch mit der Unterlassung einer möglichen richterlichen Rechtsfortbildung kann der Richter also gegen Art. 3 Abs. 1 GG verstoßen.

Gleichwohl ist der Richter natürlich nur im Rahmen seiner Tätigkeit und Zuständigkeit verpflichtet, d.h. bei seinen Entscheidungen und hinsichtlich der anzuwendenden Gesetze. Hinsichtlich der Rechtsfolge seiner Gleichbehandlungsverpflichtung kann ihm ebenfalls nicht mehr obliegen, als er rechtlich zu tun in der Lage ist; also die unterschiedslose Anwendung als Regelfall, die gleichheitskonforme Fortbildung dort, wo es möglich und notwendig ist, und ansonsten die Vorlage des Gesetzes an das Bundesverfassungsgericht bzw. dort die Verwerfung des Gesetzes.

Im Ergebnis sind dem Richter die im Gesetz angelegten Gleich- und Ungleichbehandlungen daher im gleichheitsdogmatischen Sinne vollständig zurechenbar, sobald er das Gesetz anwendet. Mit seiner Kompetenz, die gesetzlichen Tatbestände z.B. im Wege der Analogie zu modifizieren, geht auch die verfassungsrechtliche Pflicht einher, bei Ausübung dieser Kompetenz die neu entstehenden oder bei Nicht-Ausübung aufrechterhaltenen (Un)Gleichbehandlungen zu berücksichtigen.

c) Informationsasymmetrie

Darüber hinaus ist zu beachten, dass allein der Richter überhaupt in der Lage ist, bestimmte Gleichheitsprobleme zu erkennen; denn insbesondere für die Fälle der Rechtsfortbildung fehlt es dem Gesetzgeber ja bereits an der Kenntnis der problematischen Sachverhalte. Diese Unkenntnis ist auch kein legislatives Versäumnis, sondern beruht auf dem strukturellen Problem der Informationsasymmetrie zwischen Gesetzgeber und Rechtsanwender.[198] Der

---

[196] Dies bleibt bei der Beschreibung der richterlichen Gleichheitsbindung regelmäßig unerwähnt, wie etwa bei *Kingreen*, in: Kahl u.a., Bonner Kommentar zum Grundgesetz, Art. 3 Rn. 707.

[197] BVerfGE 84, 197 (199); 69, 188 (205); 70, 230 (240); 101, 239 (269); 115, 51 (61); dazu *Wollenschläger*, in: Mangoldt u.a., Grundgesetz, Art. 3 Rn. 189.

[198] Vgl. dazu sowie zu der davon zu unterscheidenden Informationsasymmetrie zwischen „Regelanwender und Adressat" *Engel*, in: Engel u.a., Wissen, Nichtwissen, unsicheres Wissen, S. 321 ff., 313 ff.

Gesetzgeber soll im Rahmen abstrakt-genereller Regelungen über Fälle bestimmen, die er gar nicht kennen kann.[199] Diese Unfähigkeit rührt zum einen aus der naturgemäß begrenzten Information der beteiligten Personen, stärker aber noch aus dem Umstand, dass das Gesetz auch für zukünftige, aktuell noch unbekannte Fälle gelten wird. Der Gesetzgeber ist insofern von vornherein gar nicht in der Lage, seiner Gleichbehandlungsverpflichtung vollumfänglich gerecht zu werden, weil er dazu alle gegenwärtigen und zukünftigen Fälle kennen müsste. Dies ist anerkanntermaßen unmöglich.[200]

Erst in der konkreten Anwendung auf reale Sachverhalte findet der Richter (oder ein anderer Rechtsanwender) problematische Sonderfälle auf und erlangt Kenntnis über die spezifischen Gemeinsamkeiten und Unterschiede zwischen den zu entscheidenden und den im Gesetz abstrakt beschriebenen Fällen. Die Informationen, die zur adäquaten Ausgestaltung des Gesetzes eigentlich notwendig sind, fallen insofern zwangsläufig erst in dem Moment an, in dem das Gesetz angewendet werden soll. Diese strukturelle Informationsasymmetrie ist somit bereits in der Gewaltenteilung angelegt, und ihr steht eine gegenläufige Kompetenzasymmetrie entgegen; die Stelle, die über die notwendigen Informationen verfügt, besitzt nicht die notwendige Gesetzgebungskompetenz.

Die etwa von Karl Larenz postulierten „Gesetzeslücken“[201] lassen sich als Symptome dieser dem Rechtssystem immanenten Informations- und Kompetenzasymmetrie zwischen Legislative und Judikative verstehen. Die Rechtsfortbildung ist in diesem Modell der Ausgleichsmechanismus für diese Asymmetrie.

Die Judikative verfügt aus ihrer Anwendungspraxis heraus regelmäßig über die spezifisch fallbezogene Informationen, um eine dem Einzelfall angemessene Regelung zu schaffen.[202] Der Rechtsanwender besitzt gewissermaßen genau die Informationen, die dem Gesetzgeber fehlen; über ihn nimmt das Rechtsystem das Wissen auf, welches zur angemessenen Modifizierung des bestehenden Rechts notwendig ist.[203] In einem am Prinzip der Gewalten-

---

[199] Vgl. *Merkl*, Gesetzesrecht und Richterrecht, in: Gesammelte Schriften, S. 324 – „Kein Seherauge eines Gesetzgebers könnte die formende Hand des Richters jemals entbehrlich machen.“

[200] Vgl. *Huber*, JZ 2022, 1 (3); *P. Kirchhof*, in: Bumke, Richterrecht zwischen Gesetzesrecht und Rechtsgestaltung, S. 71 (71).

[201] *Larenz*, Methodenlehre der Rechtswissenschaft, S. 372; *Canaris*, Die Feststellung von Lücken im Gesetz, S. 31 ff.

[202] Vgl. zu dem Gerichtswesen als Ort „dezentraler Wissensgenerierung“ *Bumke*, in: Bumke, Richterrecht zwischen Gesetzesrecht und Rechtsgestaltung, S. 1 (7); *Maultzsch*, Streitentscheidung und Normbildung durch den Zivilprozess, S. 252 ff., 258 ff.

[203] Zu dem Aspekt der Wissensaufnahme *P. Kirchhof*, in: Bumke, Richterrecht zwischen Gesetzesrecht und Rechtsgestaltung, S. 71 (81).

teilung ausgerichteten Staat fehlt ihm aber die notwendige Kompetenz, diese Regelungen selbst zu schaffen. Er darf abstrakt-generelle Normen nicht frei setzen, sondern ist auf die Anwendung „fremderzeugter“ Normen beschränkt.[204]

Diese Asymmetrie ist begründet die von Esser so genannte „ewige Antinomie zwischen den Postulaten der Rechtssicherheit und der Anpassung an das Leben“,[205] die sich in einer ebenso antithetischen Anforderung an die Rechtsprechung fortsetzt: einerseits die demokratisch zustande gekommenen gesetzgeberischen Entscheidungen ohne eigene rechtspolitische Beiträge anzuwenden und andererseits in jedem Einzelfall adäquat zu entscheiden.[206]

Die doppelte Asymmetrie kann nur überwunden werden, wenn entweder die Information zu der gesetzgebungskompetenten Institution gelangt oder die Institution, welche über die Informationen verfügt, mit der notwendigen Kompetenz ausgestattet wird. Weil der Grundsatz der Gewaltenteilung einer Ausstattung der Judikative mit gesetzgeberischen Kompetenzen entgegensteht, eine umfassende Information des Gesetzgebers aber verfassungsrechtlich unproblematisch ist, besteht die grundgesetzlich vorgezeichnete Lösung in einem intensiven Informationsaustausch zwischen Rechtsanwendung und Rechtssetzung. Der Gesetzgeber hat in diesem Zusammenhang die Anwendung seiner Gesetze zu verfolgen und ggf. korrigierend einzugreifen.[207] Er sollte – auch wenn dies wohl keine verfassungsrechtliche Pflicht darstellt – darüber hinaus die rechtswissenschaftliche Diskussion intensiv verfolgen, schon weil diese auf Mängel gerade in neuen Gesetzes hinweisen kann, bevor diese durch Anwendung virulent werden. Auch die Stellung des Bundesverfassungsgerichts fügt sich in dieses Modell ein, sind doch verfassungsgerichtliche Normverwerfungen – insbesondere, wenn sie mit Weitergeltungsanordnungen[208] verbunden sind – eher nachdrückliche Informationseingaben über Änderungsbedarfe an den Gesetzgeber als selbstständige juristische Lösungen für die zugrundeliegenden Probleme.

---

204 Siehe bereits vorstehend Punkt B. I. 2.

205 *Esser*, Grundsatz und Norm, S. 27.

206 Vgl. *Picker*, in: Bumke, Richterrecht zwischen Gesetzesrecht und Rechtsgestaltung, S. 85 (83).

207 *Looschelders/Roth*, Juristische Methodik im Prozess der Rechtsanwendung, S. 118; zur „Nachbesserungspflicht“ ausführlich *P. Badura*, in: Festschrift für Kurt Eichenberger, S. 481 (484 ff.).

208 Vgl. *Bethge*, in: Schmidt-Bleibtreu u. a., Bundesverfassungsgerichtsgesetz, § 31 Rn. 213 – „Die Unvereinbarerklärung fordert und fördert den nachbessernden Gesetzgeber.“

Das Potenzial dieses Informationsaustausches ist aber begrenzt. Von den limitierenden Faktoren seien hier nur zwei herausgestellt: in Hinblick auf die gesetzgeberischen Ressourcen bleibt es dabei, dass die Informationsaufnahme der am Gesetzgebungsprozess beteiligten Personen limitiert ist.[209] Selbst wenn der Gesetzgeber laufend über sich ergebende Anpassungsbedarfe in den Gesetzen informiert würde, wäre es angesichts der schieren Masse an geltenden Gesetzen utopisch, mit den entsprechenden Gesetzesänderungen tatsächlich zu rechnen. Es sind ja nicht nur neue Gesetze, die sich bei der „Erstanwendung" als unvollständig erweisen, insbesondere ältere Gesetze werden durch Wandel der tatsächlichen Lebensverhältnisse und das Auftreten neuer Regelungsbedarfe mit der Zeit immer modifikationsbedürftiger.

Dieses Problem verschärft sich durch ein politisches Hemmnis, das durch den demokratisch vorgesehenen Machtwechsel in den gesetzgebenden Körperschaften ausgelöst wird. Der Gesetzgeber ist kein kontinuierlicher politischer Akteur, sondern durch immerwährende politische Neubesetzung geprägt, vermittelt insbesondere durch stetig wiederkehrende Parlamentswahlen. Regelmäßig geht daher ein wesentlicher Teil der geltenden Gesetze auf das Konto ehemals vorherrschender politischer Kräfte, denen der aktuelle Gesetzgeber nicht selten im Verhältnis der politischen Gegnerschaft gegenübersteht. Eine gesetzgeberische Anpassung dieser „Altgesetze", insbesondere eine an der damaligen politischen Zielrichtung ausgerichtete, kommt dabei in politischer Hinsicht einer Bestätigung und Aktualisierung gleich, für die sich regelmäßig keine Mehrheiten finden werden.

Der Gesetzgeber ist insofern zwar kompetent, aber angesichts seiner begrenzen Ressourcen nicht in der Lage und häufig wegen der politischen Implikationen auch nicht motiviert, die notwendigen Anpassungen am Gesetz selbst vorzunehmen. Hinzu kommt, dass er aus verfassungsrechtlichen Gründen – namentlich des rechtsstaatlichen Rückwirkungsverbots[210] – im Grundsatz nur Anpassungen auf abstrakt-genereller Ebene mit Wirkung für die Zukunft vornehmen darf. Bereits abgeschlossene Sachverhalte, deren gerichtliche Überprüfung den Modifikationsbedarf aufgedeckt hat, profitieren von einer gesetzgeberischen Modifikation schon wegen der zu erwartenden Verfahrensdauer realistischer Weise nicht mehr.

Es wäre gleichwohl verfehlt, von einer generellen legistischen Überlegenheit der Judikative auszugehen. Vielmehr sind gegenüber der richterlichen Fähigkeit, „gute" abstrakt-generelle Normen selbst zu erschaffen, bereits aus

209 *Heck*, Gesetzesauslegung und Interessenjurisprudenz, S. 173 – „Die Fülle des Lebens, und, zumal bei einer Kodifikation, das Ineinandergreifen der geplanten Rechtsnormen lassen sich nicht übersehen. Daneben steht die große Schwierigkeit der begrifflichen Redaktion."

210 Siehe dazu vorstehend Punkt B. II. 2.

strukturellen Gründen erhebliche Zweifel angebracht.[211] Das fallspezifische Wissen von Richtern ist zwar tief, aber eben auch eng.[212]

Es geht bei der erforderlichen Rechtsfortbildung allerdings nicht um die Erschaffung gänzlich neuer Regelungskonzepte, sondern vielmehr um eine Feinjustierung bereits bestehender und „im Wesentlichen" funktionaler Gesetze in Bezug auf spezifische Konstellationen. Gerade für diese Aufgabe verfügt die Rechtsprechung – durch den „Dialog mit den Personen, die durch den späteren Richterspruch unmittelbar betroffen werden"[213] – über die notwendigen Informationen, die dem parlamentarischen Gesetzgeber trotz seiner ansonsten viel weitergehenden Ressourcen fehlen.

d) Differenzierung verschiedener Ebenen des Modifikationsbedarfs

Zu differenzieren ist daher zwischen verschiedenen Modifikationsbedarfen; zum einen der in die Vergangenheit gerichteten Modifikation mit Wirkung nur für den einzelnen, gerichtlich zu entscheidenden Fall (Anpassung inter partes) und zum anderen der in die Zukunft gerichteten Modifikation mit Wirkung für jedermann (Anpassung inter omnes). Weder der Fach- noch der Verfassungsgerichtsbarkeit kann dabei die Kompetenz zu einer Anpassung inter omnes zukommen, da hier eine Wahl zu treffen ist, die allein in der Hand des Gesetzgebers liegt.[214] Anders als bei der einzelfallbezogenen Modifikation muss nämlich in Bezug auf das Gesetz insgesamt entschieden werden, auf welchem Wege eine verfassungsrechtlich vorgeschriebene Gleichbehandlung erreicht werden soll, also regelmäßig entweder durch Aufnahme des gleich zu behandelnden Falles in oder Entfernung des Vergleichsfalles aus dem Anwendungsbereich.

Obwohl den Entscheidungen des Bundesverfassungsgerichts gem. Art. 95 Abs. 2 S. 1 GG i. V. m. § 31 Abs. 2 BVerfGG Gesetzeskraft zukommt, ist auch dieses Gericht nicht dazu ermächtigt, dem Gesetzgeber diese politische Entscheidung abzunehmen.[215] Die Modifikation auf der abstrakt-generellen Ebene ist daher dem Gesetzgeber vorbehalten.

---

[211] Dazu *Picker*, in: Bumke, Richterrecht zwischen Gesetzesrecht und Rechtsgestaltung, S. 85 (104).

[212] *Chr. Schönberger*, in: VVDStRL 71, S. 296 (312).

[213] Dies als „einziges Mittel, sich die für die Entscheidung notwendigen Kenntnisse und Einsichten zu verschaffen" anerkennend *Picker*, in: Bumke, Richterrecht zwischen Gesetzesrecht und Rechtsgestaltung, S. 85 (104).

[214] Eben jene Auswahl, auf welche Weise etwa eine problematische Ungleichbehandlung aufgelöst wird – also entweder durch Angleichung der Behandlung in Richtung der einen oder der anderen Vergleichsperson hin. Zu dieser Alternativstruktur *Kempny/Reimer*, Die Gleichheitssätze, S. 158 ff.

[215] Siehe dazu sowie zu der besonderen Stellung des Gerichtspräsidenten *Heusch*, NVwZ 2010, 209 (211 ff.).

Eine solch weitreichende Modifikationskompetenz ist für die Fachgerichtsbarkeit auch nicht erforderlich. Zur Lösung der bei ihrer Tätigkeit anfallenden Gleichheitsprobleme genügt die Modifikation jeweils für den zu entscheidenden Fall, zumal sie in vergleichbaren Entscheidungssituationen gleichförmig wiederholt werden kann. Bei einer solchen Wiederholung im Wege ständiger Rechtsprechung können Gerichte gegebenenfalls im Wege der Präjudizienwirkung gebunden sein[216] – diese Bindung knüpft aber gleichwohl an dem Präjudiz und gerade nicht an dem fortgebildeten Gesetz an. Das Gesetz gilt tatsächlich weiter in der „unmodifizierten" Form fort.[217]

Allein der Rechtsanwendung ist die adäquate Modifikation des Rechts in Bezug auf konkrete Anwendungssituationen überhaupt möglich.[218] Richterliche Rechtsfortbildung adressiert demnach einen Modifikationsbedarf, der einer gesetzgeberischen Anpassung regelmäßig verschlossen bleibt. Konkrete, bereits abgeschlossene Einzelfälle sind aus verfassungsrechtlichen (Verbot des Einzelfallgesetzes, Art. 19 Abs. 1 S. 1 GG; Rückwirkungsverbot, Art. 20 Abs. 1 GG) sowie aus praktischen Gründen für gesetzgeberischen Anpassungen einer inadäquaten Gesetzeslage unzugänglich. Allein dieser Modifikationsbedarf bildet daher den legitimen Wirkbereich richterlicher Gesetzesanpassung, und nur aus ihm heraus rechtfertigt sich diese.

Die auf die Zukunft gerichtete, abstrakt-generelle Modifikation kann dagegen nicht Sache der Rechtsprechung sein, auch nicht der obersten Gerichte.[219] Denn auch wenn die richterliche Modifikation zu angemessenen Ergebnissen führt, mangelt es ihr an demokratischer Legitimation.[220] Der Modifikationsbedarf mandatiert die Rechtsprechung eben nur insoweit zu einer Rechtsfortbildung, als sie für Anwendung des Gesetzes auch zuständig ist. Nur in diesem Zusammenhang wird für den einzelnen Richter eine Modifikation notwendig, nur hier lassen sich die verfassungsrechtlichen Probleme überwinden. Auch die höchsten Gerichte sind aber nicht für eine Anwendung der Gesetze im Allgemeinen, sondern stets nur in Bezug auf konkrete Fälle zuständig.

---

216 Vgl. *Payandeh*, Judikative Rechtserzeugung, S. 138.

217 Anders für die „teleologische Reduktion" aber wohl *Heckmann*, Geltungskraft und Geltungsverlust von Rechtsnormen, S. 154, der insofern von einer „Restnorm" spricht.

218 Vgl. zu einer informationsökonomischen Analyse *Engel*, in: Engel u. a., Wissen, Nichtwissen, unsicheres Wissen, S. 319 – „Wegen der unvermeidlichen Plastizität der Tatbestandsmerkmale bringen oft auch erst die Rechtsanwender die erforderlichen Korrekturen am Tatbestand an, nachdem sie einschlägige Erfahrungen gesammelt haben."

219 Zum „Rechtsprechungsrecht" *Albers*, in: VVDStRL 71, S. 257 (286 ff.). Dazu auch bereits vorstehend Punkt B. I. 2.

220 Dazu bereits vorstehend Punkt B. II. 3.

e) Normkonflikt innerhalb der Gesetzesbindung als Legitimationsquelle

In dieser Begrenztheit erscheinen die verfassungsrechtlichen Probleme der Rechtsfortbildung bereits entschärft, werden aber noch nicht überwunden. Es bleibt dabei, dass auch eine allein für den Einzelfall und nicht für die Zukunft wirksame Modifikation verfassungsmäßig sein muss. Woher also soll diese Modifikationskompetenz stammen?

Die Lösung liegt nicht in der „Rechtsbindung" in Art. 20 Abs. 3 GG, sondern in der dort ebenfalls angelegten Gesetzesbindung selbst, die den Richter auch zur Anwendung von Verfassungsrecht verpflichtet. Versteht man den gesetzlichen Modifikationsbedarf als Verfassungsproblem, wird deutlich, dass die Gesetzesbindung in ihrer Gesamtheit in diesen Fällen widersprüchlich wird; der Richter kann das Gesetz nicht in verfassungskonformer Weise anwenden, ist zugleich aber daran gebunden.

In dieser Konfliktsituation liegt der Schlüssel zu einer verfassungsmäßigen Rechtsfortbildung. Es verhält sich hier gerade nicht so, dass zwei kollidierende Prinzipien[221] miteinander vereinbart werden müssen und insofern „praktische Konkordanz"[222] herzustellen ist. Vielmehr läuft der Konflikt innerhalb der Gesetzesbindung ab. Dabei stehen sich die Bindung des Richters an das anzuwendende, einfache recht und das Verfassungsrecht nicht von vornherein gleichrangig gegenüber, sondern es ist der Vorrang der Verfassung zu beachten.[223] Es kollidieren insofern auch keine Prinzipien miteinander, sondern Normen, nämlich die einschlägige Gesetzesnorm und die Verfassungsnorm, insb. Art. 3 Abs. 1 GG.

Die richterliche Rechtsfortbildung löst diese Normkollision allerdings nicht im Sinne einer Vorrangentscheidung auf (Geltungs- oder Anwendungsvorrang) und verwirft die anzuwendende Norm auch nicht, sondern passt diese mit Blick auf die verfassungsrechtlichen Anforderungen an. Dabei gelangt ein Mechanismus zur Anwendung, der sich aus der Gleichheitsdogmatik unter Berücksichtigung der richterlichen Entscheidungssituation sowie der dabei bestehenden Handlungsspielräume ergibt.

---

221 *Alexy*, Theorie der Grundrechte, S. 88; siehe ausführlich zum Kollisionsproblem *Heinold*, Die Prinzipientheorie bei Ronald Dworkin und Robert Alexy, S. 196 ff., 310 ff.

222 *Hesse*, Grundzüge des Verfassungsrechts der Bundesrepublik Deutschland, Rn. 318.

223 Allg. zum Vorrang der Verfassung *Sommermann*, in: Mangoldt u. a., Grundgesetz, Art. 10 Rn. 253 ff.

f) Judikative Modifikationskompetenz oder reine Verwerfungskompetenz?

Die an der Verfassungsbindung ausgerichtete richterliche Gesetzesmodifikation[224] ist abzugrenzen von der richterlichen Verwerfung. Unbestrittenermaßen kommt der Judikative – teilweise monopolisiert bei den Verfassungsgerichten – die Kompetenz zu, verfassungswidrige Gesetze zu verwerfen.[225] Dieser Verwerfung scheint der kreative, modifizierende Anteil, also die Entscheidung, um welche Fälle der Tatbestand erweitert oder verengt werden soll, zu fehlen. Dies lässt den Schluss zu, das Grundgesetz wolle der Judikative eben nur diese Verwerfungs- und gerade keine Modifikationskompetenz zubilligen.[226]

Allerdings verwischen bei genauerer Betrachtung die Unterschiede zwischen Verwerfung und Modifikation jedenfalls in rechtstechnischer Hinsicht, weil jede Verwerfungsentscheidung zwangsläufig in ihrem Umfang beschränkt werden muss. Das Grundgesetz spezifiziert nicht, was das Bundesverfassungsgericht im Falle der Verfassungswidrigkeit genau aufheben darf, sondern nutzt hier den unbestimmten Begriff des Gesetzes.[227]

So nimmt das Bundesverfassungsgericht in ständiger Rechtsprechung sogenannte qualitative Teilnichtigkeitserklärungen vor,[228] die sich nur auf einen bestimmten Anwendungsfall der Norm beziehen und letztlich wie rechtsfortbildende Restriktionen oder Analogien wirken. Die Zulässigkeit dieser Praxis ist dabei umstritten, eben weil das Gericht damit einen neuen Anwendungsbereich ausformuliert.[229]

---

[224] Siehe zum Begriff der „verfassungskonformen Rechtsfortbildung" *Canaris*, in: Festschrift für Ernst A. Kramer, S. 141 (155 ff.), wo die „verfassungskonforme Analogie" und die „verfassungskonforme teleologische Reduktion" neben der am Gesetzeszweck orientierten Rechtsfortbildung anerkannt werden. Offengelassen wird hier das Problem, „ob bei einem solchen Argumentationssatz nicht letztlich jede Analogie auf die Ebene der verfassungskonformen Rechtsfortbildung gehoben werden kann, weil es bei ihr stets um das Gebot der Gleichbehandlung von rechtsähnlichen Tatbeständen geht." Ebendies ist nach der hier vertretenen Ansicht der Fall, als verfassungskonform anzuerkennen ist überhaupt nur die verfassungskonforme Analogie; dazu auch *Bydlinski*, Juristische Methodenlehre und Rechtsbegriff, S. 456, wo der Gleichheitssatz für die Interpretation als „zusätzliche, positiv-rechtliche Grundlage" anerkannt wird.

[225] Siehe statt vieler nur *Schlaich/Korioth*, Das Bundesverfassungsgericht, Rn. 134 ff.

[226] Zu dieser „Sperrwirkung des konkreten Normenkontrollverfahrens" *Hillgruber*, in: Dürig u. a., Grundgesetz, Art. 97 Rn. 72.

[227] Dazu und zu dem problematischen Sonderfall der Teilnichtigkeit ohne Normtextreduzierung *Lechner/Zuck*, Bundesverfassungsgerichtsgesetz, § 78 Rn. 5 ff.

[228] Siehe z. B. BVerfGE 8, 51 (52, 70 f.); 20, 56 (57, 59 f.); 60, 16 (17); 61, 291 (291 f.); 62, 117 (118 f.); 67, 348 (349); 81, 228 (229); 127, 61 (61 f.); 135, 1 (1).

[229] Vgl. *Korioth*, in: Schlaich/Korioth, Das Bundesverfassungsgericht, Rn. 386 ff., der die sog. „Nichtigerklärung ohne Normtextreduzierung" in praktischer Hinsicht mit der verfassungskonformen Auslegung gleichsetzt.

Gestaltungsmöglichkeiten hat das Gericht insofern zwar (eigentlich) nicht in Bezug auf die Wirkung seiner Verwerfungsentscheidung (Nichtigkeit), wohl aber in Bezug auf die genauere Bezeichnung dessen, was nichtig werden soll. Diese Situation entspricht aber der tatbestandbezogenen Rechtsfortbildung insoweit, als dort ebenso der Geltungsbereich von Gesetzen verändert wird.

Die verfassungsgerichtliche Auswahl, welche Regelungen nichtig sein sollen, ist insbesondere nicht durch die Entscheidung des Gesetzgebers beschränkt, bestimmte Regelungen in geordneten Regelungswerken zusammenzufassen und sie gemeinsam zu bezeichnen – wie beispielsweise das Bundespolizeigesetz oder das Bürgerliche Gesetzbuch. Es wäre absurd, erklärte das Bundesverfassungsgericht das gesamte BGB für nichtig, weil eine einzelne Vorschrift zum Beispiel gegen Art. 14 GG verstieße.

Aber auch die einzelnen Paragrafen, Absätze oder Sätze ergeben nicht zwangsläufig eigenständige Regelungen. Das Verwerfen eines Gesetzes funktioniert nicht einfach durch (gedachte) Streichung gewisser Gesetzespassagen – und selbst dies wäre ja zugleich eine Modifikation des Gesetzes. Das, was vom Bundesverfassungsgericht für nichtig erklärt werden soll, muss als Rechtsnorm vielmehr erst aus dem Gesetzestext heraus konstruiert werden.

Dabei stehen aber zumeist verschiedene Konstruktionsmöglichkeiten zur Auswahl. Die gleiche Regelung kann bspw. als Ausnahme oder als grundsätzlich geltende Regel formuliert werden. So ist es beispielsweise eine Ansichtssache, ob die §§ 106 ff. BGB die Geschäftsfähigkeit beschränken oder beschränkt verleihen. Von dieser Konstruktion hängt es aber ab, ob sich eine Modifikation als Tatbestandsreduktion oder -erweiterung darstellt.

Würde das Bundesverfassungsgericht beispielsweise das strafrechtliche Verbot des Cannabisbesitzes als verfassungswidrig beurteilen, und erklärte es in der entsprechenden Entscheidung § 29 BtMG insoweit für ungültig, so wäre dies eine „vollständige“ Normverwerfung in Bezug auf das (so explizit ja nicht ausformulierte, sondern sich nur im Zusammenhang ergebende) Verbot nach § 29 Abs. 1 Nr. 3 i. V. m. § 1 Abs. 1 BtMG i. V. m. Anlage 1 zu § 1 Abs. 1; zugleich aber auch eine Modifikation des Straftatbestands des § 29 Abs. 1 Nr. 3 insgesamt. Dieser gälte ja weiter, aber nun mit einem reduzierten, d. h. modifizierten Geltungsbereich.

Insofern ist, abhängig von der Sichtweise, jede Verwerfung zugleich eine Modifikation.[230] Eine Abgrenzung dieser Begriffe ist somit zumindest in Bezug auf die damit verbundenen rechtlichen Wirkungen nicht hilfreich. Sub-

---

230 Vgl. *Hillgruber*, in: Dürig u. a., Grundgesetz, Art. 97 Rn. 73, der die analoge Anwendung einer „erkennbar als Ausnahmeregelung konzipierten Gesetzesnorm“ als „partielle Verwerfung“ bezeichnet.

stanz erhält der Verwerfungsbegriff erst vor dem Hintergrund eines politischen Willens des Gesetzgerbers, dessen Entscheidung entweder verworfen oder modifiziert werden kann.[231] Der Judikative ist in Hinblick auf die Gesetze selbst mit der Verwerfungskompetenz jedenfalls zwangsläufig auch eine Modifikationskompetenz zugeteilt.

Die Verwerfung bzw. Nichtigerklärung ist so besehen eine (regelmäßig besonders intensive) Form der Rechtsfortbildung. Eine „vollständige" Verwerfung ist dabei nicht mehr oder weniger demokratisch, als das Gesetz anhand von verfassungsrechtlichen Vorgaben von richterlicher Seite fortzubilden. Gelingt es, den gesetzgeberischen Willen in der Fortbildung zu konservieren, so ist die Modifikation sogar die evident demokratischere Alternative. Die Frage, die im Rahmen der Auslegung des Art. 100 GG zu beantworten ist, lautet dann, wie die Modifikationskompetenz innerhalb der Judikative verteilt ist.[232]

g) Besonderheiten der Modifikationsbedarfe bei gleichheitswidrigen Gesetzen

Zunächst ist zu betonen, dass sowohl freiheits- und gleichheitsrechtliche problematische Gesetze in erster Linie durch den Gesetzgeber selbst angepasst werden müssen.[233] Verstößt ein Gesetz z. B. gegen Art. 12 GG, weil es in nicht gerechtfertigter Weise in die Berufsausübungsfreiheit eingreift, so darf der Richter es grundsätzlich nicht in anderer, verhältnismäßiger Art und Weise anwenden, also z. B. überzogene Arbeitsschutzanforderungen durch angemessene ersetzen. Die notwendige Anpassung muss der Gesetzgeber vornehmen. Eine Normverwerfung kann das freiheitsrechtliche Problem regelmäßig lösen, weil der gesetzgeberische Eingriff damit unterbunden wird.

Für gleichheitsrechtliche Probleme ergibt sich aber ein anderer, regelmäßig komplexerer Modifikationsbedarf. Eine Verwerfung im klassischen Sinne hilft typischerweise schon deswegen nicht weiter, weil ein simples Unterlassen der gesetzgeberischen Behandlung den Gleichbehandlungsanspruch des Art. 3 Abs. 1 GG nicht zu befriedigen vermag. Wo die Freiheitsrechte (von der Schutzpflichtdimension abgesehen) letztlich Unterlassungsansprüche verbürgen, garantiert der Gleichheitssatz vergleichsbezogene Handlungspflichten; denn die „Unterlassungspflicht" im Sinne des Art. 3 Abs. 1 GG bezieht

[231] Dazu nachstehend noch in Bezug auf die Bedeutung des Art. 100 GG Punkt C. II. 3.

[232] Dazu nachstehend Punkt C. II. 3.

[233] *Looschelders/Roth*, Juristische Methodik im Prozess der Rechtsanwendung, S. 118; zur „Nachbesserungspflicht" ausführlich *P. Badura*, in: Festschrift für Kurt Eichenberger, S. 481 (484 ff.).

sich ja nicht direkt auf die Behandlung, sondern relativ auf die Ungleichbehandlung.[234] Nur in seltenen Fällen wird der Gesetzgeber dieser Unterlassungspflicht durch ein echtes Unterlassen nachkommen können. Dies gilt umso mehr, wenn man die Doppelstruktur des Gleichheitssatzes anerkennt, nach der neben Ungleich- auch Gleichbehandlungen rechtfertigungsbedürftig sein können.[235]

Der Gleichheitssatz problematisiert eben nicht die Behandlung an sich, sondern die Adäquanz der Behandlung im Vergleich zu einem anderen Fall. Diese vergleichsbezogene Adäquanz kann regelmäßig nur durch inhaltliche Modifikation hergestellt werden. Der Bereich der Rechtsfortbildung wird dabei gerade durch die Sonderfälle gebildet, in welchen die erforderliche Adäquanz bereits durch „einfaches" Anwenden einer eigentlich nicht einschlägigen Regelung (bzw. durch Nicht-Anwendung einer eigentlich anzuwendenden Regelung) erreichbar ist.

Die Fortbildungsbedürftigkeit bildet insofern eine besondere Kategorie der ohnehin speziellen Modifikationsbedürftigkeit gleichheitswidriger Regelungen. Sie macht einen entsprechend besonderen Ausgleichsmechanismus erforderlich, weil der ausdrücklich in der Verfassung angelegte Mechanismus (Verwerfung durch das Verfassungsgericht und Neuregelung durch den Gesetzgeber) auf die zugrundeliegenden Probleme nicht ausgerichtet ist.

Fraglich ist, wer die notwenige Modifikation vornehmen soll bzw. muss. Dass der Gesetzgeber stets und vollumfänglich zu einer Modifikation seiner Gesetze befugt ist, versteht sich von selbst. Er kann im Rahmen der verfassungsrechtlichen Vorgaben Gesetze jederzeit ändern und verfügt über die demokratische Legitimation, etwa bei der freiheitsrechtlichen Abwägung von Zweck und Mittel Entscheidungen politischer Art zu treffen. Rechtfertigt der verfolgte Zweck das eingesetzte Mittel nicht, ist dies ein gesetzgeberischer Fehler, der letztlich nur von ihm korrigiert werden kann, weil für die Korrektur eine neue politische Entscheidung erforderlich ist. Die Judikative, auch das Bundesverfassungsgericht, soll diese politische Entscheidung gerade nicht modifizieren, sondern lediglich die verfassungsrechtliche Frage entscheiden, ob sich die gesetzgeberische Entscheidung im Rahmen der verfassungsrechtlichen Grenzen bewegt.[236]

---

234 *Kempny/Reimer*, Die Gleichheitssätze, S. 154 ff.

235 Dazu noch nachstehend Punkt C. II. 4.

236 Nur dann wird der politische Wille des Gesetzgebers dem Recht in legitimer Weise unterworfen – vgl. „Statusbericht" des Bundesverfassungsgerichts in: JöR 1957, 120 (127): „Insbesondere kann es [gemeint ist das Bundesverfassungsgericht, Anm. d. Verf.] nicht *seine* politisch-sachlichen Erwägungen an die Stelle der politisch-sachlichen Erwägung von Regierung und Gesetzgebung setzen." (Hervorhebungen im Original).

Bei Art. 3 GG geht es aber nicht um die politische Abwägung von Mittel und Zweck; die Idee der Verhältnismäßigkeitsanforderung lässt sich nur unter spezifischen Voraussetzungen überhaupt auf gleichheitsrechtliche Problemlagen übertragen. Wie Stefan Huster dargelegt hat, ist dies nur denkbar bei „externen Zwecken", d.h. bei „zielbestimmten" Differenzierungen. Solche Differenzierungen sind hinsichtlich der politischen Entscheidung, welcher sie Ausdruck verleihen, von Differenzierungen abzugrenzen, welche auf „internen Gerechtigkeitserwägungen" beruhen.[237]

Nun beruhen aber gerade die (Un)Gleichbehandlungen, welche Anlass für eine Rechtsfortbildung geben, auf keinen gesetzgeberischen Erwägungen und dienen insofern auch keinem Zweck; sie lassen sich nicht im Rahmen der Verhältnismäßigkeitsprüfung verarbeiten. Allein die „Entsprechungsprüfung" kommt ohne eine gesetzgeberische Zielsetzung aus, weil sie auf die Gemeinsamkeiten und Unterschiede der Vergleichspersonen ausgerichtet ist.[238]

Für die Modifikationsbedürftigkeit von Gesetzes ist zwischen verschiedenen Zwecken zu unterscheiden. Eine Ungleichbehandlung durch das Gesetz wird regelmäßig schon deswegen keinen einheitlichen Zweck verfolgen, weil sie aus (mindestens) zwei verschiedenen Behandlungen besteht.[239] Nicht nur dienen diese beiden Behandlungen dabei typischerweise verschiedenen Zielen, diese Ziele sind auch nicht zwangsläufig der Grund für die Verschiedenbehandlung. Bei einer Gleichbehandlung verhält es sich ebenso, denn auch dort ist der Zweck der Behandlung nicht gleichzusetzen mit dem Grund, warum verschiedene Personen gleichermaßen betroffen sind.

Wenn etwa Person A als Hauseigentümer seine Einfahrt von Schnee befreien müsste, Person B als Mieter aber nicht, so dient diese Ungleichbehandlung überhaupt keinem Zweck. Es ist vielmehr ganz sinnlos, nach dem Zweck dieser Ungleichbehandlung zu fragen. Die einzige Zweckverfolgung besteht in der Verpflichtung des A im Interesse der Verkehrssicherheit, aber schon mit der Nicht-Verpflichtung des B verfolgt der Gesetzgeber kein Ziel. Erst recht liegt kein Zweck in der Ungleichbehandlung von A und B, sie dient weder der Verkehrssicherheit noch ggf. der Freiheit des B, sondern ergibt sich als Faktum vielmehr schlicht aus der Begrenzung des gesetzlichen Anwendungsbe-

---

[237] Siehe *Huster*, in: Friauf/Höfling, Berliner Kommentar zum Grundgesetz, Art. 3 Rn. 85; *Huster*, Rechte und Ziele, S. 195 ff.

[238] Siehe *Huster*, in: Friauf/Höfling, Berliner Kommentar zum Grundgesetz, Art. 3 Rn. 83, wo die „internen Zwecke" der Entsprechungs- und die „externen Zwecke" der Verhältnismäßigkeitsprüfung zugeordnet werden. Zum Maßstab der Entsprechungsprüfung Rn. 89 ff.

[239] Auch wenn für eine Verschiedenbehandlung nur eine Handlung notwendig sind, liegen ja mit der Vornahme in dem einen und der Unterlassung in dem anderen Fall zwei Behandlungen vor; vgl. zu dem Erfordernis lediglich einer Handlung für das Vorliegen einer Ungleichbehandlung *Kempny/Reimer*, Die Gleichheitssätze, S. 54 ff.

reichs, ist aber keine gesetzgeberische Maßnahme im engeren Sinne, die mit einem Eingriff in Freiheitsrechte zu vergleichen wäre.[240]

Daher ist es unsinnig, nach der Verhältnismäßigkeit einer Ungleichbehandlung zu fragen, wenn es kein Verhältnis gibt, in welche sie gesetzt werden könnte. Die Rechtfertigung einer Ungleichbehandlung ergibt sich nie aus einem Zweck im eigentlichen Sinne, sondern immer aus den Unterschieden und Gemeinsamkeiten der behandelten Sachverhalte.[241] Selbst in den Fällen, wo eine Rechtfertigung anhand eines rein externen Zwecks – etwa dem Gemeinwohl – begründet worden ist, bleibt dieser externe Zweck ja weiterhin mit dem Spezifika der Vergleichsperson in dem Sinne verknüpft, dass nur durch ihre Behandlung die konkret angestrebte Gemeinwohlförderung erreicht werden kann.[242]

So mag in dem vorstehenden Beispielsfall der Räumpflicht der Unterschied von Mieter- und Eigentümerstellung die Ungleichbehandlung begründen oder nicht, in keinem Fall führen diese Überlegungen jedoch zu einer Bewertung der Verhältnismäßigkeit im Sinne einer Mittel-Zweck-Relation, sondern nur zu einer Bewertung der Einzelbehandlung als adäquat oder inadäquat.

Möglicherweise hätte der Gesetzgeber es in dem vorstehenden Beispiel in Betracht gezogen, die Räumpflicht auch auf Mieter zu erstrecken, und sich aktiv dagegen entschieden. Möglicherweise hätte er daran aber auch gar nicht gedacht. In keinem Fall dient die Ungleichbehandlung selbst aber irgendeinem Zweck.

Nicht jede Gleich- und Ungleichbehandlung, die sich aus der tatbestandlichen Begrenzung gesetzlicher Anwendungsbereiche ergibt, ist Ausdruck politischer Entscheidung. Der Gesetzgeber, der an eine Räumpflicht der Mieter nicht gedacht hat, hat sich in Bezug auf diese gerade nicht entschieden, weder in positiver noch in negativer Hinsicht. Insbesondere kann nicht davon ausgegangen werden, er verfolge das Ziel, die Mieter nicht zu belasten. Die Entscheidung des Gesetzgebers, das Gesetz in einer bestimmten Weise auszuformulieren, wirkt sich lediglich über seine politische Entscheidung hinaus im Rahmen des Vergleichs aus. Wo aber – wie in diesem Beispielsfall – weder eine positive noch eine negative Entscheidung des Gesetzgebers gegeben ist,

---

[240] Vgl. *Huster*, in: Friauf/Höfling, Berliner Kommentar zum Grundgesetz, Art. 3 Rn. 79.

[241] Siehe nur BVerfGE 120, 125 (144): „Eine Verletzung von Art. 3 Abs. 1 GG liegt dann vor, wenn eine Gruppe von Normadressaten oder Normbetroffenen im Vergleich zu einer anderen Gruppe unterschiedlich behandelt wird, obwohl zwischen beiden Gruppen keine Unterschiede von solcher Art und solchem Gewicht bestehen, dass sie die unterschiedliche Behandlung rechtfertigen können."

[242] Vgl. mit dem Beispiel BVerfGE 138, 136 erneut *Huster*, in: Friauf/Höfling, Berliner Kommentar zum Grundgesetz, Art. 3 Rn. 117.

kann eine solche auch nicht durch richterliche Modifikation des Tatbestands übergangen werden.

In Bezug auf die politische Entscheidung des Gesetzgebers ist zwischen der tatbestandsbezogenen und der rechtsfolgenbezogenen Rechtsfortbildung zu unterscheiden. Während die Modifikation des „Wie" der Behandlung (Rechtsfolge) nicht ohne eine Neujustierung der politischen Entscheidung auskommt, ist dies für das „Wer" der Behandlung (Tatbestand) in einigen Fallgruppen möglich; namentlich in jenen, für die sich nach allen erkennbaren Informationen keine politische Entscheidung feststellen lässt. Denn die Auswahl, für wen eine abstrakt-generelle Regelung gelten soll, kann aus legislativer Perspektive nur aus einer zumindest partiellen Unkenntnis über die tatsächlich erfassten Fälle getroffen werden. Sie ist insofern immer unvollständig, als niemand vollständiges Wissen über alle gegenwärtigen und zukünftigen Sachverhalte besitzen kann.[243]

Es ist gleichwohl für die verfassungsrechtliche Bewertung des Gesetzes sinnvoll, nach rechtfertigenden Zwecken zu suchen; es ist aber zu beachten, dass wohl jedes Gesetz auch völlig zwecklose (Un)Gleichbehandlungen enthält. Misslingt die Suche nach einem rechtfertigenden Zweck, muss dies also nicht zwangsläufig auf die politische Entscheidung des Gesetzgebers zurückgehen.

Vergleichbare Probleme sind dagegen auf der Rechtsfolgenseite nicht denkbar, weil der Gesetzgeber dort anordnet, was geschehen soll.[244] Dabei kann er nichts „übersehen", weil sich dieser Teil der Norm nicht auf die Wirklichkeit bezieht, sondern eine rechtliche (und damit fiktive) Wirkung nur anordnet. Die Rechtsfolge einer Norm kann daher nicht in einer mit dem Tatbestand vergleichbaren Weise modifikationsbedürftig sein, weil sie nicht mit der Wirklichkeit abgeglichen werden muss.

So ist beispielsweise bei der gesetzlichen Regelung: „Hunde sind in Fußgängerzonen an der Leine zu führen"[245] die Vorstellung des Gesetzgebers bezogen auf die Rechtsfolge umfassend: Es herrscht eine klare Vorstellung davon, was die vom Tatbestand erfassten Hundebesitzer tun sollen (an der Leine

---

243 Siehe zur Informationsasymmetrie zulasten des Gesetzgebers bereits vorstehend Punkt C. II. 2. c).

244 Außer bei tatsächlich unvollständigen Normen, die ohne Modifikation gar nicht angewendet werden können. Siehe dazu mit dem Beispiel des § 904 S. 2 BGB *Larenz*, Methodenlehre der Rechtswissenschaft, S. 372. Dieses Beispiel stellt gleichwohl nach der hier vertretenen Ansicht keine Modifikation dar, weil die Regelung nur konkretisiert wird.

245 Hier vereinfachend angelehnt an § 2 Abs. 2 Nr. 1 Var. 1 LHundG NRW: „Hunde sind an einer zur Vermeidung von Gefahren geeigneten Leine zu führen […] in Fußgängerzonen […]."

führen); und in diesem Zusammenhang ist die politische Entscheidung getroffen, die Verkehrssicherheit höher zu gewichten als die allgemeine Handlungsfreiheit der Personen. Modifizierte ein Richter die Rechtsfolge (z.B. in Form einer Maulkorb- statt einer Leinenpflicht), so stünde diese Veränderung zum politischen Willen des Gesetzgebers in Widerspruch.

Der Tatbestand hingegen beschreibt nicht, wie etwas sein soll, sondern knüpft an reale Sachverhalte an und muss daher auch an der Wirklichkeit gemessen werden; er kann die Realität mehr oder weniger sachgerecht erfassen. Es besteht dann der berechtigte, aber kaum vollständig erfüllbare Anspruch, dass der Tatbestand bezogen auf die Regelungsabsicht die Wirklichkeit in all ihrer Komplexität sinnvoll abstrahiert.[246]

Insofern können zwar auch Tatbestände im Grundsatz keine Lücken aufweisen, jedoch mehr oder weniger *adäquat* konstruiert sein. Der Begriff der Regelungs- oder Gesetzeslücke ist deswegen zum einen problematisch, weil damit suggeriert wird, die Regelung funktioniere im Bereich der Lücke nicht,[247] aber auch, weil zugleich der Eindruck entsteht, die Regelung sei im Übrigen frei von Ungenauigkeiten. Im Gegenteil ist die (logisch vollständige) Norm aber technisch durchgehend funktional,[248] aber über ihren gesamten Anwendungsbereich hinweg in unterschiedlichem Maße adäquat. Man kann eine Regelung insoweit in Bezug auf bestimmte Fälle als dysfunktional bewerten (oder häufig mit ebenso guten Argumenten annehmen, dass sie genau so funktioniert, wie es der Gesetzgeber intendiert hat), aber nicht sinnvoll von „Lücken" sprechen.[249]

Fraglich ist dabei vor allem der Maßstab, an welchem die Norm in Bezug auf ihre Adäquanz zu messen ist. Technisch gesehen existieren jedenfalls keine „Lücken" im Tatbestand, die man schlicht „auffinden" könnte, wie auch das Beispiel der Leinenpflicht verdeutlicht: Alle existierenden Dinge sind entweder Hunde oder Nicht-Hunde. Die gesamte Wirklichkeit ist insofern lückenlos erfasst. Die Frage ist, ob sie durch das im Tatbestand entworfene Modell auch adäquat erfasst ist. Dies ist – jedenfalls nach der hier vertretenen Ansicht – eine verfassungsrechtliche Frage, nämlich jene der Entsprechungsprüfung bei Art. 3 Abs. 1 GG. Das Gesetz ist zuerst am geschriebenen Verfassungsrecht zu messen, bevor ggf. auf ungeschriebene Rechtsprinzipien zu-

---

246 Vgl. zum „Sachlichkeitsgebot für jede Norm" *Kirchhof*, NJW 2020, 1492 (1495).

247 Zum Rechtsverweigerungsargument siehe bereits vorstehend Punkt C.I.1.e).

248 *Kelsen*, Reine Rechtslehre, S. 253f.; *Bydlinski*, Juristische Methodenlehre und Rechtsbegriff, S. 238.

249 Vgl. *Jestaedt*, in: Bumke, Richterrecht zwischen Gesetzesrecht und Rechtsgestaltung, S. 49 (61).

rückgegriffen werden dürfte.[250] Wenn die gesetzlichen Gleich- und Ungleichbehandlungen in Bezug auf den Gleichheitssatz aber nicht zu beanstanden sind, existiert auch keine Grundlage, sie auf sonstigem Wege für modifizierbar zu erklären.

Das Problem liegt demnach nicht in „lückenhaft“ formulierten Tatbestanden, sondern im Gegenteil führt gerade ihre Lückenlosigkeit regelmäßig dazu, dass für einige Sachverhalte von dem algorithmischen Rechtssatz unsachgemäße Lösungen „ausgeworfen“ werden. Mit dem Tatbestand entwirft der Gesetzgeber stets ein Modell der Wirklichkeit, das naturgemäß hinter der Komplexität der Realität zurückbleibt, wobei gerade dieses Zurückbleiben gleichheitsrechtliche Probleme hervorbringt.

Bei der oben angeführten Beispielsregelung ist das entworfene Modell offensichtlich sehr simpel: Es gibt zwei verschiedene Personengruppen (Personen mit Hund oder Person ohne Hund) sowie zwei verschiedene Arten von Räumen (Fußgängerzonen und „Nicht-Fußgängerzonen“). Für alle Hunde in Fußgängerzonen gilt die gleiche Rechtsfolge, aber nicht für alle diese Fälle ist die Rechtsfolge adäquat. Diese Inadäquanz der Regelung geht dabei nicht vollständig auf die politische Entscheidung des Gesetzgebers zurück, sondern zu einem Gutteil auf sein unumgängliches Informationsdefizit sowie auf die Begrenztheit der ihm zur Verfügung stehenden natürlichen Sprache. Es gilt daher für die Rechtsfortbildung herauszufinden, ob diese Inadäquanz zu einer ungerechtfertigten Ungleichbehandlung führt und ob sie auf eine politische Entscheidung des Gesetzgebers zurückgeht.

Anders als bei der Rechtsfolge, von welcher der Gesetzgeber regelmäßig eine genaue Vorstellung haben kann, ist in Bezug auf den Tatbestand einer Regelung im Gesetzgebungsprozess nie vollständig klar, welche Fälle dort hinein- oder herausfallen werden. Denn weder kann der Gesetzgeber alle möglichen Konstellationen kennen, in denen der Tatbestand erfüllt ist (z.B. alle existierenden Hundearten sowie solcher, die in Zukunft noch gezüchtet werden), noch – und das ist der wohl bedeutsamere Teil – hat er Kenntnis von allen Sachverhalten, die nicht in den Anwendungsbereich fallen (also beispielsweise von allen Lebewesen, die keine Hunde sind). Die Komplexität lässt sich selbst bei diesem simplen Beispiel beliebig steigern: Hunde können

---

[250] Vgl. zu der Rangordnung der „Rechtsgrundsätze“ *Barczak*, JuS 2021, 1 (6f.); kritisch *Schuppert*, Der Staat 1976, 114 (186f.), der insgesamt lediglich eine Anstoßfunktion der Verfassung für die Rechtsfortbildung annehmen will: „Daß Rechtsfortbildung, wie jede andere staatliche Tätigkeit, in Übereinstimmung mit der Verfassung zu vollziehen hat, versteht sich von selbst. Darüber hinaus mag die Verfassung richterlicher Rechtsfortbildung nur Anstöße zu geben.“; zu dem Konkurrenzverhältnis zwischen Legislative und Judikative bei Fällen des „gesetzeskonkurrierenden Richterrechts“ *Ipsen*, Richterrecht und Verfassung, S. 104.

sich z. B. in verschiedenen Zuständen befinden, können krank sein oder in einer Transportbox herumgetragen werden; ihre Besitzer könnten körperlich nicht in der Lage sein, eine Leine festzuhalten, auf die Unterstützung durch einen nicht angeleinten Hund angewiesen sein usw.[251]

Die Wirklichkeit ist zu komplex, als dass selbst der sorgfältigste Legist sie vollständig berücksichtigen könnte.[252] Der Gesetzgeber ist bei seiner Tatbestandskonstruktion also auf vereinfachende Beschreibungen angewiesen, deren Adäquanz durch sein Informationsdefizit begrenzt wird. Gerade für eine gute Vereinfachung bedarf es genauer Kenntnis des Vereinfachten, der Gesetzgeber handelt aber stets „unter Bedingungen partiellen Nichtwissens".[253] Er muss notwendigerweise auch zu groben Vereinfachungen greifen, zumal ein erheblicher Regelungsbedarf – dies hat die Covid-19-Pandemie eindrücklich gezeigt – oft gerade dort besteht, wo noch wenig Wissen vorhanden ist. Diese Vereinfachungen sind zugleich eine Grundvoraussetzung für eine verständliche Gesetzessprache. Ein Gesetz, welches tatsächlich alle denkbaren Sonderfälle berücksichtigte, wäre für menschliche Anwendung wohl ungeeignet.

Im römischen Recht war anerkannt, dass (menschengemachte) Gesetze nicht alle regelungsbedürftigen Fälle erfassen können.[254] Es ist insofern bei der Gesetzesauslegung stets beachtet worden, dass der Gesetzgeber nicht jeden Fall einzeln bezeichnen muss, sondern es grundsätzlich ausreicht, die Formulierung des Gesetzestextes an den typischen, wesentlichen Fallgruppen auszurichten. Die (Nicht)Übertragung des Gesetzes auf besondere Fälle ist dagegen die herkömmliche Aufgabe der Rechtsprechung. Diese Arbeitsteilung

---

[251] Vgl. zu Ausnahmen von der Leinenpflicht § 17 LHundG NRW.

[252] Vgl. erneut *Merkl*, Gesetzesrecht und Richterrecht, in: Gesammelte Schriften, S. 324.

[253] Formulierung bei *Höfling*, Bedrohte Grundrechte? „Wir sind nicht auf dem Weg in den Repressionsstaat", Berliner Zeitung vom 16.02.2021; zu Wissen bei der Regelbildung *Engel*, in: Engel u. a., Wissen, Nichtwissen, unsicheres Wissen, S. 321; zum staatlichen Handlungszwang trotz Zweifel *Fassbender*, in: Isensee/Kirchhof, Handbuch des Staatsrechts der Bundesrepublik Deutschland, § 76 Rn. 6.

[254] D. 1, 3, 10: „Neque leges neque senatus consulta ita scribi possunt, ut omnes casus qui quandoque inciderint comprehendantur, sed sufficit ea quae plerumque accident contineri." – „Weder Gesetze noch Senatsbeschlüsse können so gefasst werden, dass sie alle Fälle, die eintreten können, erfassen. Es genügt aber, dass sie jene Fälle erfassen, die am häufigsten sind."; dazu *Honsell*, ZfPW 2016, 106 (116 f.); siehe auch *Kelsen*, Reine Rechtslehre, S. 250 – „Die positive generelle Rechtsnorm kann nicht alle Momente vorausbestimmen, die erst durch die Besonderheiten des konkreten Falles sich ergeben […]. In dem Verfahren, in dem eine positive generelle Rechtsnorm individualisiert wird, muß das die generelle Rechtsnorm anwendende Organ stets Momente bestimmen, die in der generellen Rechtsnorm noch nicht bestimmt sind und nicht bestimmt sein können. Die generelle Rechtsnorm ist stets nur ein Rahmen, innerhalb dessen die individuelle Rechtsnorm zu erzeugen ist."

ist durch die rechtsstaatliche Trennung der Gewalten gewissermaßen in eine verfassungsrechtliche Krise geraten, aus der nur eine verfassungsmäßige Konzeption wieder herausführen kann. Versteht man das Außer-Acht-Lassen von Sonderfällen als Gleichheitsproblem, kann die damit einhergehende strukturelle Überforderung des Gesetzgebers nicht unberücksichtigt bleiben. Zugleich ist aber auch die verfassungsrechtliche Problematik dieser notwendigen Modifikation anzuerkennen.

Alle Tatbestände, auch beispielsweise die Tatbestandsmerkmale „Hund“ oder „Fußgängerzone“, sind notwendigerweise Simplifizierungen der Wirklichkeit.[255] Die Tatbestandsmerkmale ergeben zusammen ein Modell, welches schon wegen seiner Modellhaftigkeit Gleichheitsprobleme mit sich bringt. Diese Probleme werden von bewusst vorgenommenen Gleich- oder Ungleichbehandlungen weiter angereichert.

Deswegen ist die politische Entscheidung in Bezug auf den Tatbestand differenziert zu betrachten (und insofern auch anders zu respektieren) als jene in Bezug auf die Rechtsfolge. Während bei letzterer angeordnet wird, was sein soll, versucht der Gesetzgeber bei ersterer zunächst lediglich, zu beschreiben bzw. zu vereinfachen, was ist, um auf dieser Basis dann den Anwendungsbereich festzulegen. Nur in dem letzteren Teil kann eine politische Entscheidung (oder eben ein „Wille“) ausgemacht werden, und auch hier nur unter besonderen Schwierigkeiten, weil sich der Gesetzgeber nicht hinsichtlich realer Sachverhalte, sondern modellhafter Abstraktionen entschieden hat. In der gesetzgeberischen Formulierung des Tatbestandes kann darüber hinaus auch deswegen keine durchgehende politische Entscheidung liegen, weil der Gesetzgeber nicht alle aktuellen und zukünftigen Sachverhalte kennen konnte.

Die Gleichheitsprobleme ergeben sich teilweise allein aus der Abstraktionshöhe. Je allgemeiner ein Tatbestandsmerkmal formuliert ist (d.h. je weniger Merkmale der Begriff hat) desto verschiedener sind die darunterfallenden Sachverhalte, wobei immer die Gefahr besteht, dass diese Unterschiede unzureichend berücksichtig werden. Je konkreter ein Tatbestandsmerkmal dagegen ausgestaltet wird (d.h. je mehr Merkmale der Begriff umfasst), desto weniger Sachverhalte werden eingeschlossen, womit zwangsläufig die Zahl der Ungleichbehandlungen steigt. Dabei besteht immer die Gefahr, dass wesentlich gleiche (aber doch nicht identische) Sachverhalte unbeachtet bleiben.[256]

---

[255] Insofern ist Rechtsanwendung immer der Versuch, „die Wirklichkeit zum Sachverhalt zu reduzieren“, *Engel*, in: Engel u.a., Wissen, Nichtwissen, unsicheres Wissen, S. 309f.

[256] Siehe allgemein zu den abstrakten Begriffen *Larenz/Canaris*, Methodenlehre der Rechtswissenschaft, S. 265ff.

In diesem Dilemma kann der Gesetzgeber nur versuchen, eine adäquate und zugleich versteh- und anwendbare Regelung zu formulieren, er wird dieses Ziel aber voraussehbar nicht in Bezug auf alle regelungsbedürftigen Sachverhalte erreichen. Nicht jede durch „Erfasst-" oder „Nicht-Erfasst-Sein" bedingte Gleich- oder Ungleichbehandlung geht daher auf einen gesetzgeberischen Willen zurück.

h) Zwischenergebnis: Gleichheitsbindung als Grundlage der Rechtsfortbildung

Aus diesem Grunde steht einer tatbestandsbezogenen Rechtsfortbildung die politische Entscheidung des Gesetzgebers nicht kategorisch entgegen. Versteht man – wie hier – die Rechtsfortbildung als Bewältigungsmechanismus für diese spezifischen Gleichheitsprobleme, muss bei der Konstruktion der Rechtsfortbildungsinstrumente bereits sichergestellt werden, dass die adressierten Modifikationsbedarfe nicht doch auf einen politischen Willen zurückgehen. Das Primat gesetzgeberischer Entscheidung muss als verfassungsrechtliche Voraussetzung bereits in der Methodik der Rechtsfortbildungsinstrumente angelegt sein, wie dies etwa mit der „planwidrigen Regelungslücke" bei der Analogie auch bereits der Fall ist.[257]

Dabei ist es angebracht, die politische Entscheidung auch in Bezug auf die Tatbestandskonstruktion weit zu verstehen. Greift der Gesetzgeber bewusst zu einem weiten, allgemeinen Begriff, ist zu vermuten, dass ihm die Unterschiede der unter diesen Begriff fallenden Sachverhalte bewusst waren. Verwendet der Gesetzgeber bspw. den Begriff „Hund", so ist davon auszugehen, dass alle Hunderassen gemeint sind, sowohl ganz gefährliche als auch ganz ungefährliche. Die politische Entscheidung erstreckte sich dann sogar auf neu gezüchtete Hunderassen, selbst wenn diese noch weniger gefährlich wären, denn es war für den Gesetzgeber vorhersehbar, dass in Zukunft neue Hunderassen mit unterschiedlichen Gefahrenpotenzialen gezüchtet werden könnten. In Bezug auf diese Gleichheitsprobleme war die Abstraktionshöhe der Regelung insofern intendiert, Rechtsfortbildung käme daher nur in Betracht, wenn sich die Vermutung einer entgegenstehenden politischen Entscheidung widerlegen ließe.

Für andere Gleichheitsprobleme ergibt sich eine solche Vermutung jedoch nicht. Dies kann etwa der Fall sein, wenn ein Tatbestandsmerkmal durch beispielhafte Aufzählung beschrieben wird. Ergibt die Auswertung der Quellen, dass die Aufzählung nicht abschließend sein sollte, und man sich im Gesetz-

---

257 Vgl. zu der Funktion dieser Analogievoraussetzung *Larenz/Canaris*, Methodenlehre der Rechtswissenschaft, S. 246 f.

gebungsprozess bspw. nicht auf einen gemeinsamen Oberbegriff hat einigen können, liegt gerade keine Entscheidung vor. Oft mag die Sprache auch schlicht keinen passenden Oberbegriff bereithalten, etwa wenn denkbare Oberbegriffe stets zu ungenau wären. In diesen Fällen kann richterliche Rechtsfortbildung erfolgen, ohne dabei den gesetzgeberischen Willen zu übergehen.

Eine auf größtmögliche Effektuierung bedachte Auslegung des Art. 3 GG muss Gesetzgebung und Rechtsprechung gleichermaßen intensiv in die Pflicht nehmen. Für den Richter bedeutet die Gleichheitsbindung dann neben der gleichförmigen Anwendung der Gesetze auch, diese in bestimmten Sonderfällen gleichheitskonform modifizieren zu müssen, wenn nur auf diesem Wege ungerechtfertigte Ungleichbehandlungen vermieden werden können.

Insofern hat der Richter den zu entscheidenden Fall, wenngleich er ihn in Bezug auf die normrelevanten Merkmale selektiv wahrnehmen muss,[258] doch hinsichtlich dieser Merkmale immerhin real vor Augen, und insofern eben auch die tatsächliche, von der abstrahierten Vorstellung des Gesetzgebers gegebenenfalls abweichende Ausprägung des Merkmals zu berücksichtigen. Bei seiner Untersuchung, ob ein Tatbestandsmerkmal vorliegt oder nicht, werden dem Richter die mannigfaltigen Variationen der Wirklichkeit gewahr, die zu dem Vorliegen oder Nicht-Vorliegen dieses Merkmals führen können. Der Gleichheitssatz als Rechtsfortbildungsgleichheit schreibt ihm insofern zwar nicht vor, bei seiner Entscheidung alle Eigenschaften der Sachverhalte zu berücksichtigen, jedoch die spezifischen Eigenschaften, die für die Bewertung der Tatbestandsmäßigkeit relevant sind.

Etwa in Bezug auf die Anwendung des § 618 Abs. 3 BGB muss der Richter seine Fälle eben nicht nur in die Kategorien „Dienstvertrag geschlossen" und „Dienstvertrag nicht geschlossen" einteilen, sondern auch die Gründe, d.h. die Falleigenschaften beachten, die zu dieser Einteilung führen.[259] Die Rechtsanwendungsgleichheit im klassischen Sinne bezieht sich nur auf Gleichbehandlungen von Fällen innerhalb einer Kategorie; d.h. alle Fälle, in denen ein Dienstvertrag vorliegt, müssen gleichbehandelt werden (soweit nicht weitere Tatbestandsmerkmale eine Ungleichbehandlung anordnen). Die richterliche Gleichheitsbindung erschöpft sich aber nicht in der korrekten Subsumtion unter die Tatbestandsmerkmale, der Richter hat darüber hinaus auch die Eigenschaften zu beachten, welche die Einordnung in diese Kategorien bedingen, also insbesondere, *warum* kein Dienstvertrag vorliegt. Insofern ist eben

---

258 Zu dem „Rechtsfall als Tatsachenauswahl" *Morlok* u.a., Rechtstheorie 2000, 15 (22); von auf den jeweiligen Einzelfall hin kanalisierten und insofern begrenzten Informationsmöglichkeiten spricht *Chr. Schönberger*, in: VVDStRL 71, S. 296 (311 f.).

259 Vgl. zu dem Beispiel der analogen Anwendung des § 618 Abs. 3 BGB vorstehend Punkt B. II. 3. d).

nicht ausreichend, lediglich „ohne Ansehen der Person“ zu entscheiden, vielmehr muss genau differenziert werden zwischen rechtlich irrelevanten Eigenschaften, welche der Richter ausblenden muss; und rechtlich relevanten Eigenschaften, die nach Art. 3 Abs. 1 GG zu einem Gleichbehandlungsgebot führen können.

Es ist insofern zwischen verschiedenen Ebenen von Falleigenschaften zu unterscheiden. Im Rahmen einer Rechtsfortbildungsgleichheit hat der Richter auch solche Eigenschaften zu berücksichtigen, die zwar durch das Gesetz nicht zu „Normmerkmalen“[260] erhoben wurden, aber diesen im Sinne des allgemeinen Gleichheitssatzes so ähnlich sind, dass eine Gleichbehandlung geboten ist. Dies gilt beispielsweise in Bezug auf die Anwendung des § 618 Abs. 3 BGB hinsichtlich der Eigenschaften „Verpflichteter eines Dienstvertrags“ und „Verpflichteter eines Werkvertrags“.

In Bezug auf diese Regelung stehen die Eigenschaften „Dienstvertrag“ und „Werkvertrag“ also nicht – wie etwa Thomas M. J. Möllers andeutet[261] – auf der gleichen Stufe; die gesetzlich vorgegebenen Kategorien lauten vielmehr „Dienstvertrag geschlossen“ und „Dienstvertrag nicht geschlossen“ – einen Werkvertrag kennt die Regelung gar nicht. Die Eigenschaft „Werkvertrag geschossen“ ist insofern eine „untergeordnete“ Falleigenschaft, die nach der gesetzlichen Konzeption nur insoweit beachtlich ist, als sie zu der Einordnung in die Kategorie „Dienstvertrag nicht geschlossen“ führt. Die Berücksichtigung der Äquivalenz von Dienst- und Werkvertrag ist ja gerade das modifizierende Element, welches der Richter hinzufügt.

Die Rechtsanwendungsgleichheit beinhaltet dabei den Befehl, Unterschiede innerhalb der durch die Tatbestandsmerkmale konstruierten Kategorien *nicht* zu beachten, d. h. „fallbezogene Verschiedenheiten“[262] nur insoweit zu berücksichtigen, als es für die Zuordnung in diese Kategorien erforderlich ist. Gleichheitswidrig wäre es insofern, wenn der Richter noch weiter zwischen verschiedenen Dienstverträgen differenzieren, also z. B. bei geringwertigen Dienstleistungen den Hinterbliebenenanspruch kürzen würde. Er hat hier – innerhalb der rechtlichen Kategorie – tatsächlich „ohne Ansehen der Person“ zu entscheiden.

Die Rechtsfortbildungsgleichheit ordnet demgegenüber die (insofern weitergehende) Pflicht an, solche Falleigenschaften, welche für die Einordnung in die tatbestandlich konstruierten Kategorien relevant sind, auch über diese Zuordnung hinaus hinsichtlich ihrer Gemeinsamkeiten und Unterschiede mit den Normmerkmalen zu beachten. Die Rechtsfortbildungsgleichheit ergibt

---

260 Begriff nach *Morlok* u. a., Rechtstheorie 2000, 15 (22).

261 Vgl. Grafik in *Möllers*, Juristische Methodenlehre, S. 253.

262 Begriff nach *Morlok* u. a., Rechtstheorie 2000, 15 (22).

sich damit letztlich aus der umfassenden und unmittelbaren Verfassungsbindung der Rechtsprechung.[263] Der Richter darf nicht ausblenden, dass die Eigenschaft „Werkvertrag geschlossen“ erhebliche Gemeinsamkeiten mit der Eigenschaft „Dienstvertrag geschlossen“ aufweist, obgleich letztere ja zu der Einordnung in die Kategorie „Dienstvertrag nicht geschlossen“ führt. Vor dieser Ähnlichkeit die Augen zu verschließen verbietet Art. 3 Abs. 1 GG, weil die nicht-modifizierte Rechtsanwendung die Ungleichbehandlung wesentlich gleicher Sachverhalte bedeuten würde. § 618 Abs. 3 BGB analog auch auf Werkverträge anzuwenden, ist insofern nicht nur methodisch möglich oder vom „Sinn und Zweck“ geboten, sondern wegen Art. 3 Abs. 1 GG schlicht erforderlich.

Der Gleichheitssatz kann es also erforderlich machen, dass im Wege der Restriktion oder auch der Analogie positive oder negative ungeschriebene Tatbestandsmerkmale in die Regelung eingefügt werden. Die Restriktion ist dabei eine Reaktion auf die ungerechtfertigte Gleichbehandlung wesentlich verschiedener Sachverhalte durch eine zu abstrakte Regelung, die Analogie auf der anderen Seite die Reaktion auf die Ungleichbehandlung wesentlich gleicher Sachverhalte durch eine zu konkrete, d. h. tatbestandlich zu enge Regelung.[264]

Diese Bindung an den Gleichheitssatz birgt – wenn die richterliche Entscheidung ansonsten zu einer Diskriminierung führte – zugleich die Kompetenz, die notwendigen Modifikationen vorzunehmen, und legitimiert den in der Rechtsfortbildung zwangsläufig enthaltenen „Bruch“ der Gesetzesbindung. Daraus folgt aber zugleich auch, dass der Richter das Recht nicht weiter „brechen“, d. h. modifizieren darf, als es für die Lösung des in seiner konkreten Entscheidungssituation virulenten Gleichheitsproblems erforderlich ist. Die Modifikationskompetenz ist also keine freie Gestaltungsbefugnis, sondern lediglich die Pflicht des Richters zur Anwendung des Gleichheitssatzes, sie findet ihre Grenze entsprechend dort, wo das Gleichheitsproblem gelöst ist.

Erkennt man die Herstellung adäquater Behandlung und damit die Bindung des Richters an Art. 3 Abs. 1 GG als den Hauptzweck der vergleichenden Rechtsfortbildung an, eröffnet sich eine neue Perspektive auf die Rechtsfortbildungsinstrumente und ihre Methodik, aber vor allem auf die verfassungsrechtlichen Probleme. Es wird deutlich, dass die einfachrechtliche Bindung des rechtsfortbildenden Richters weiterhin gilt, jedoch im Rahmen der Gesetzesbindung von seiner Bindung an den Gleichheitssatz „überlagert“ werden

---

263 Siehe zu der Bedeutung der unmittelbaren Verfassungsbindung für die Auslegung *Gärditz*, in: Friauf/Höfling, Berliner Kommentar zum Grundgesetz, Art. 20 (6. Teil) Rn. 79 ff.

264 So im Ergebnis auch *Zippelius*, Juristische Methodenlehre, S. 56 f.; zu der Frage der „symmetrischen Struktur“ des Gleichheitssatzes siehe nachstehend Punkt C. II. 4.

kann. Ein Richter, der das Recht aufgrund seiner Bindung an die Verfassung nicht buchstabengetreu befolgt, erfüllt ein Verfassungsgebot und handelt daher verfassungsmäßig.

Damit unterscheidet sich die hier vorgeschlagene Konzeption der vergleichenden Rechtsfortbildung in einem zentralen Punkt von der herkömmlichen Vorstellung; sie verzichtet auf einen höherrangigen Maßstab materieller Art, an dem gemessen das einfache Recht als korrekturbedürftig bewertet wird. Wenn etwa Wilhelm Canaris auf eine „Gesamtrechtsordnung" als Quelle der Rechtsfortbildung abstellt,[265] ist genau das gemeint; dass man einer übergeordneten Idee materielle Gehalte einer zu schaffenden Regelung entnehmen könne. Ebenso verhält es sich bei der Rechtsfortbildungskonzeption des Bundesverfassungsgerichts, wenn dort als Quelle die Maßstäbe der praktischen Vernunft und den „fundierten allgemeinen Gerechtigkeitsvorstellungen der Gemeinschaft"[266] abgestellt wird. An diesem Vorgehen bestehen aber – wie aufgezeigt – erhebliche Zweifel, weil es eine solche dem positiven Recht übergeordnete Idee in einem bereits vorgegebenen Sinne nicht gibt, sondern vom Interpreten wertend erschaffen werden muss.[267]

Als dem einfachen Recht übergeordnet ist allein das Verfassungsrecht (sowie andere höherrangige Rechtsnormen) anzuerkennen. Nach der hier vorgeschlagenen Konzeption ergibt sich die Modifikationsbedürftigkeit daher nicht aus einer Diskrepanz zwischen Gesetzesinhalt und einer überpositiven Idee, sondern aus der Unvereinbarkeit bestimmter gesetzlicher Behandlungen mit dem Gleichheitssatz. Art. 3 Abs. 1 GG fordert dabei eine verfassungsrechtliche Begründung, keine bestimmte inhaltliche Ausgestaltung ein:[268] Die im Gesetz angelegten Behandlungen müssen sich substantiieren lassen, und zwar insbesondere auch in komparativer Hinsicht, also im Vergleich zu anderen vorgenommenen oder nicht vorgenommen Behandlungen. Es muss begründet werden können, warum Fall X vom Gesetz erfasst ist und Fall Y nicht.[269]

Ist für einen Fall diese Begründung nicht gewährleistet, ist die Behandlung inadäquat. Das Gesetz ist in Bezug auf diesen Fall damit verfassungswidrig, auch wenn es – wie es in den Fällen der Rechtsfortbildung regelmäßig der

265 Etwa *Canaris*, Die Feststellung von Lücken im Gesetz, S. 73.

266 BVerfGE 34, 269 (287).

267 *Friauf*, in: Tipke, Grenzen der Rechtsfortbildung durch Rechtsprechung und Verwaltungsvorschriften im Steuerrecht, S. 53 (60 f.).

268 Vgl. *Huster*, in: Friauf/Höfling, Berliner Kommentar zum Grundgesetz, Art. 3 Rn. 38; wo es in Bezug auf den normativen Gleichheitsbegriff (in Abgrenzung zur Gleichheitspräsumtion) heißt: „Dieser Gleichheitsbegriff ist zwar nicht vollständig leer und formal, aber doch sehr abstrakt; aus ihm ergeben sich keine konkreten Handlungsanweisungen, sondern er beschreibt nur eine Perspektive, von der aus zu urteilen ist."

269 *Kirchhof*, NJW 2020, 1492 (1495) spricht weitergehend sogar von einem „Sachlichkeitsgebot für jede Norm".

Fall ist – in Bezug auf die übrigen erfassten Fälle durchweg unproblematisch ist. Diese Inadäquanz ergibt sich aber aus dem Vergleich mit einem anderen gesetzlich geregelten Fall und damit gewissermaßen aus dem Gesetzesinhalt selbst, der Gleichheitssatz ordnet insoweit nur an, dass und wie verglichen werden muss.

Das System der Gewaltenteilung soll also durch die vorstehend dargestellte Sichtweise auf die Rechtsfortbildung nicht in Frage gestellt, sondern vielmehr gegen eine verdeckte Unterminierung abgesichert werden. Rechtsfortbildung geschieht ja bereits und wird, wie vorstehend aufgezeigt, teilweise nur unzureichend begrenzt.[270] Die verfassungsrechtlichen Probleme verschwinden aber nicht, nur weil man sie bemäntelt; eher ist das Gegenteil der Fall.

Will man am Institut der richterlichen Rechtsfortbildung festhalten, wofür nach der hier vertretenen Ansicht durchschlagende Gründe bestehen und was offenbar auch der ganz überwiegenden Intention entspricht,[271] so sollte man zu einer ehrlicheren Sichtweise[272] auf diese richterliche Tätigkeit gelangen. Zu dieser Ehrlichkeit gehört es nicht nur, die allgemeinen verfassungsrechtlichen Probleme der Rechtsfortbildung aufzuzeigen, sondern in zentraler Weise auch, sich einzugestehen, dass die Rechtsfortbildung eben nicht eine metaphysisch-weit verstandene „Fortschreibung“ oder eine Gesetzeskorrektur „aus sich selbst heraus“ ist und erst recht nicht einem metaphysischen „Geist der Gesetze“ entspringt. Gerade wegen ihrer vitaler Bedeutung für das Rechtssystem muss sie verfassungsrechtlich überzeugend begründet werden können.

Auf diesem Wege können die Fälle, in denen Richter das Recht modifizieren können, klarer und enger umrissen werden. Dies stärkt gerade das System der Gewaltenteilung und die Position des Gesetzgebers, weil mit einer klaren Begrenzung ein Missbrauch der Rechtsfortbildung zu seinen Lasten erschwert wird. Dem Gesetzgeber ist mit einem klareren Bild von den Potenzialen der Rechtsfortbildung auch insofern die legistische Arbeit erleichtert, als er einen

---

270 Siehe vorstehend Punkt C. I. 2.

271 Siehe nur *Esser*, Vorverständnis und Methodenwahl in der Rechtsfindung, S. 179 – „Die Fortbildung als Aufgabe der Gerichte muß nicht aus positiven Delegationsnormen abgeleitet oder mit philosophischen Umschreibungen besonderer Situationen abgegrenzt werden, in welchen ‚Rechtsidee und Natur der Sache diesen Eingriff verlangen‘; sie folgt aus der Systemrationalität des Rechts und der Stellung des Rechtsanwenders in einem Entscheidungsprozeß, der dieses System nur dadurch leistungsfähig erhält, daß er es rückinformierend mit jenen Bewertungsmaßstäben und Ordnungsgedanken ausfüllt, die bei neuen Konfliktlagen und neuen Erwartungshorizonten auftreten.“

272 Zur Anforderung der Methodenehrlichkeit *Möllers*, Juristische Methodenlehre, S. 15 f.; *Kramer*, Juristische Methodenlehre, S. 262; *Rüthers* u. a., Rechtstheorie mit Juristischer Methodenlehre, Rn. 653.

besseren Anhaltspunkt für die notwendige Abstraktionshöhe (bzw. Konkretisierungstiefe) seiner Regelungen erhält.

Auch wird die Kontrolle von Rechtsfortbildung erleichtert. Hinsichtlich der Begründung von einzelnen Rechtsfortbildungen sind die tragenden Wertungen offenkundiger, weil nicht mehr der argumentative Umweg über den Gesetzgeberwillen oder das Regelungskonzept erforderlich ist. Statt zu argumentieren, dass ein bestimmter Fall zwar nicht von dem Gesetz, aber von dem dahinterstehenden Konzept erfasst ist, geht es bei einer gleichheitsrechtlich gedachten Rechtsfortbildung darum, zu argumentieren, warum der anerkanntermaßen nicht erfasste Fall und der geregelte Fall wesentlich gleich sind und ersterer daher ebenfalls erfasst werden *muss*. Dabei kann offengelegt werden, dass es in erster Linie auf diesen Vergleich ankommt und dem „Gesetzgeberwillen“ sowie dem „Regelungskonzept“, soweit überhaupt erkennbar, eine begrenzende Funktion zukommt.

Die vorgeschlagene Sichtweise fügt sich bruchlos in die anerkannte Methodik der Analogie ein. Versteht man Art. 3 Abs. 1 GG konsequent als den Antrieb der Rechtsfortbildung, so wird klar, dass die „vergleichbare Interessenlage“ nicht einfach eine weitere Voraussetzung neben der „planwidrigen Regelungslücke“, sondern der eigentliche Grund für die Analogie ist. Die „Lücke“ ist demgegenüber nur eine der Rechtsfortbildung wegen des Primates der gesetzgeberischen Entscheidung eingezogene Grenze. Gegen den Willen des Gesetzgebers oder gegen die erkennbare Regelungskonzeption darf keine Rechtsfortbildung erfolgen, auch wenn sie sinnvoll oder sogar verfassungsrechtlich geboten wäre.[273]

Für das Beispiel des § 107 BGB[274] würde dies etwa konkret bedeuten, dass es in erster Linie darauf ankommt, ob sich zwischen den zu vergleichenden Personengruppen – also den Minderjährigen, die ein rein vorteilhaftes Geschäft abschließen wollen und solchen, die ein neutrales Geschäft abschließen wollen – Unterschiede von solcher Art und solchem Gewicht bestehen, dass die unterschiedliche Behandlung – hier die Geltung bzw. Nichtgeltung des Einwilligungsvorbehalts – gerechtfertigt werden kann.

Bei der Beurteilung bzw. Gewichtung dieser Unterschiede ist dann – dies ist unvermeidbar – eine Wertung erforderlich. Der Gleichheitssatz selbst enthält diese Wertung nicht, was teilweise zu der Auffassung führt, die Analogie könne nicht mit Art. 3 GG begründet werden.[275] Dabei wird aber verkannt, dass mit dem Gleichheitssatz die Verfassungsmäßigkeit der Rechtsfortbildung

---

273 Vgl. BVerfGE 118, 212 (243); 128, 193 (210); 132, 99 (127 f.); 134, 204 (238); 49, 126 (154).

274 Siehe dazu vorstehend Punkt C. I. 3. a).

275 Vgl. *Hemke*, Methodik der Analogiebildung im öffentlichen Recht, S. 153.

an sich begründet werden kann, ohne dass in Art. 3 Abs. 1 GG eine Wertung für jede einzelne Fortbildung enthalten sein müsste. Der Gleichheitssatz verpflichtet die Rechtsprechung insofern nicht zu a priori bestimmbaren Fortbildungen, sondern jeweils zu solchen, die zu einer nach Art. 3 Abs. 1 GG erforderlichen Gleich- oder Ungleichbehandlung führen.

Das System lässt sich möglicherweise in Bezug auf andere Rechtsfortbildungszwecke erweitern; denn der Gleichheitssatz ist nicht das einzige Rechtsgut von Verfassungsrang, dass zu seiner Realisierung in vitaler Weise auf richterliche Modifikation angewiesen ist. Als Beispiel sei nur die sogenannte richtlinienkonforme Rechtsfortbildung genannt, welche durch die Bindung des Richters an das Unionsrecht legitimiert und den Anwendungsvorrang dieses Rechs besonders geprägt ist.[276] Für diese Rechtsfortbildung, die im Rahmen dieser Arbeit nicht behandelt werden soll, gelten entsprechend andere interne Grenzen.

Es soll nicht verkannt werden, dass eine in dem beschriebenen Sinne verfassungsrechtlich begründete Rechtsfortbildung nicht nur in Konflikt mit dem Gewaltenteilungsprinzip, sondern auch der Aufgabenabgrenzung von Fach- und Verfassungsgerichtsbarkeit steht. Aufgabe der Fachgerichte ist es insbesondere, die politischen Entscheidungen des Gesetzgebers, welche dieser in Gesetze „umgeformt“ hat, anzuwenden und so zur Geltung zu bringen. Die demokratische Legitimation gerichtlicher Entscheidungen leitet sich gerade daraus ab, dass der Richter die „fremde“ Entschließung eines demokratisch legitimierten Gesetzgebers vollzieht und eben keine eigene, d.h. keine politische Entscheidung fällt.[277]

Neben dieser ausführenden Funktion kommt der Judikative zwar auch eine Kontrollfunktion zu. Jeder Richter darf und soll die von ihm anzuwendenden Gesetze auf ihre Verfassungsmäßigkeit hin prüfen und solange unangewendet lassen, bis ein Verfassungsgericht über die Vereinbarkeit mit dem Grundgesetz entschieden hat.[278] Es stellt einen zentralen Baustein in diesem System dar, dass nur spezielle, demokratisch auf besondere Weise legitimierte Gerichte die Kompetenz besitzen, Gesetze zu verwerfen.[279] Hauptfunktion der Fachgerichte bleibt die Umsetzung der gesetzgeberischen Entscheidung, d.h. die unpolitisch-technische Ausführung der Gesetze. Zu dieser Aufgabenverteilung scheint die richterliche Rechtsfortbildung im Widerspruch zu stehen.

---

276 Dazu *Michael*, Der Staat 2015, 349 (372 f.).

277 Siehe bereits vorstehend Punkt B. II. 3.

278 Siehe nur *Gärditz*, in: Friauf/Höfling, Berliner Kommentar zum Grundgesetz, Art. 20 Rn. 79, der Art. 100 Abs. 1 GG als „Konsequenz der unmittelbaren Verfassungsbindung jedenfalls der Gerichte“ herausstellt.

279 Zu dem Verwerfungsmonopol des BVerfG *Rollecke*, in: Isensee/Kirchhof, Handbuch des Staatsrechts der Bundesrepublik Deutschland, § 68 Rn. 20.

3. Fachgerichtliche Rechtsfortbildung und Art. 100 GG

Es ist bereits aufgezeigt worden, dass richterliche Rechtsfortbildung einen Anpassungsbedarf in Bezug auf das Gesetz bedient, welcher von dem allgemeinen, von gesetzgeberischer Seite aber regelmäßig nur für die Zukunft erfüllbaren Anpassungsbedarf unterschieden werden sollte.[280] Gleichwohl gehen beide Anpassungsbedarfe auf den gleichen Konflikt von Gesetz und Gleichheitssatz zurück; die Regelung verstößt zumindest in dem zu entscheidenden Fall (und damit auch in allen gleichgelagerten Fällen) gegen Art. 3 Abs. 1 GG – etwa weil ein eigentlich regelungsbedürftiger Fall in ungerechtfertigter Weise nicht erfasst und somit ungleich behandelt wird. Diese gesetzliche Behandlung ist damit verfassungswidrig.

a) Konkurrenz von Rechtsfortbildung und Normverwerfung

Jede modifikationsbedürftige „Gesetzeslücke" führt insofern zu einer Verfassungswidrigkeit, wodurch die Rechtsfortbildung zwangsläufig in ein Konkurrenzverhältnis mit der verfassungsgerichtlichen Normverwerfung bzw. mit der konkreten Normenkontrolle nach Art. 100 Abs. 1 GG gerät.[281]

Nach herkömmlichem Verständnis der Rechtswirkungen des Gleichheitssatzes ist eigentlich kein Platz für eine Kategorie der „Fortbildbarkeit" neben der Verfassungswidrigkeit. Entweder behandelt ein Gesetz mindestens zwei wesentlich gleiche Sachverhalte ohne Rechtfertigung ungleich, dann ist es verfassungswidrig und darf vom Richter nicht angewendet werden; oder es existiert eine Rechtfertigung für die Ungleichbehandlung, dann ist das Gesetz mit Art. 3 Abs. 1 GG vereinbar und es fehlt ein Anlass für die Fortbildung. In der Gleichheitsdogmatik wird in Bezug auf die Rechtsfolgen nicht zwischen „richterlich fortbildbarer" und „gesetzgeberisch zu behebender" Verfassungswidrigkeit unterschieden; der Gleichbehandlungsanspruch soll sich vielmehr stets gegen den Behandelnden richten.[282] Von dieser Regel ist aber für die Rechtsfortbildung eine Ausnahme zu machen, weil der rechtsfortbildende Richter „an die Stelle" des Gesetzgebers treten kann.[283]

Auch die Figur der sogenannten „verfassungskonformen Auslegung"[284] hilft in dieser Situation nicht weiter, da dort die Existenz von mindestens einer ver-

---

280 Siehe vorstehend Punkt C. II. 2. d).

281 Zu diesem „Automatismus" auch *Bumke*, in: Bumke, Richterrecht zwischen Gesetzesrecht und Rechtsgestaltung, S. 33 (44, Fn. 50).

282 Umfassend zu den Rechtsfolgen der Gleichheitssätze *Kempny/Reimer*, Die Gleichheitssätze, S. 153 ff.

283 Dazu bereits vorstehend Punkt C. II. 2.

284 Siehe dazu etwa *Möllers*, Juristische Methodenlehre, S. 409 f.

fassungsrechtlich unproblematischen Auslegungsmöglichkeit vorausgesetzt wird. Wenn also verschiedene Interpretationsmöglichkeiten offenstehen, muss diejenige gewählt werden, die mit der Verfassung in Einklang steht.[285] Die Ausgangsfälle der Rechtsfortbildung zeichnen sich aber gerade dadurch aus, dass im Wege der Auslegung kein verfassungskonformes Ergebnis erzielt werden kann.

In der verfassungsrechtlichen Betrachtung bleibt für solche Gesetze also nur die Kategorie der Verfassungswidrigkeit übrig. Wenn ein Gesetz nur durch Modifikation in einen verfassungskonformen Zustand gebracht werden kann, muss es ja vor dieser Modifikation zwangsläufig verfassungswidrig gewesen sein. Fraglich ist aber, ob diese Einstufung unbedingt auch zu einer Vorlagepflicht nach Art. 100 Abs. 1 GG führen muss, oder ob in bestimmten Fälle auch eine fachrichterliche Modifikation zulässig ist.[286]

Auf die besonderen Modifikationsbedarfe bei gleichheitswidrigen Gesetzes ist bereits hingewiesen worden.[287] Diese Besonderheiten ändern jedoch nichts daran, dass der von der Verfassung vorgezeichnete Weg, mit verfassungsrechtlich problematischen Gesetzen „umzugehen", in der Vorlage an das Verfassungsgericht liegt. Zumindest dem Wortlaut des Grundgesetzes nach ergeben sich dabei keine Unterschiede zwischen freiheits- und gleichheitswidrigen Gesetzen. Allerdings ist als erheblicher Unterschied hervorzuheben, dass gleichheitswidrige Gesetze grundsätzlich nur für mit dem Grundgesetz unvereinbar erklärt werden können, jedoch nicht für nichtig.[288] Gleichwohl scheint Art. 100 GG einer Verfassungsmäßigkeit der fachrichterlichen Rechtsfortbildung im Wege zu stehen, wie z. B. Hillgruber meint.[289] Jedoch kann Art. 100 GG von vornherein eine Sperrwirkung nur gegenüber einer fachgerichtlichen Modifikationskompetenz entfalten; das Problem wird also lediglich auf die Verfassungsgerichtsbarkeit verlagert.

b) Umfang der Monopolisierung

Fraglich ist dabei, was eigentlich genau durch Art. 100 Abs. 1 GG beim Bundesverfassungsgericht monopolisiert werden soll. Die Norm soll zwar anerkanntermaßen das „Verwerfungsmonopol" gegenüber der Fachgerichtsbarkeit sichern, dient aber nicht der judikativen Ausbesserung bestehender

---

285 Zu diesem Aspekt unter Verweis auf BVerfGE 2, 266 (282) *Reimer*, Juristische Methodenlehre, Rn. 632.

286 Allgemein zu der konkreten Normenkontrolle bei einem Verstoß gegen den allgemeinen Gleichheitssatz *Desens*, in: Kempny/Reimer, Gleichheitssatzdogmatik heute, S. 133 (155 f.).

287 Siehe vorstehend Punkt C. II. 2. g).

288 *Desens*, in: Kempny/Reimer, Gleichheitssatzdogmatik heute, S. 133 (147 f.).

289 *Hillgruber*, in: Dürig u. a., Grundgesetz, Art. 97 Rn. 72.

Gesetze.[290] Eine Modifikationskompetenz begründet oder negiert die Norm nicht. Gerade in Hinblick auf gleichheitswidrige Gesetze stößt das Instrument der Verwerfung an seine Grenzen, weil sich die dahinterstehenden Probleme nicht durch ein weniger an Recht lösen lassen.[291] Vielmehr ist eine Weiterentwicklung des Gesetzes, also typischerweise die Ausweitung einer Regelung oder die Aufnahme einer Ausnahmevorschrift erforderlich.

Die Gleichheitswidrigkeit von „lückenhaften", aber im Übrigen verfassungsmäßigen Gesetzen ist keine Problematik, die von Art. 100 GG adressiert werden soll. Dies gilt umso mehr angesichts der Entstehungsgeschichte der Norm, da zu jener Zeit die Geltung des Gleichheitssatzes für den Gesetzgeber noch umstritten und jedenfalls die heute erreichte Intensität seiner Bindung nicht vorherzusehen war.[292]

Da jede Verwerfung zugleich eine Modifikation darstellt,[293] ist dem Bundesverfassungsgericht jedenfalls in dieser Hinsicht auch eine ausschließliche Modifikationskompetenz zugeteilt. Die von Art. 100 GG angeordnete Monopolisierung erstreckt sich dagegen nicht zwangsläufig auch auf alle weiteren richterlichen Modifikationsakte. Insofern ist den vorstehenden Ausführungen hier hinzuzufügen, dass zwar jede Verwerfung eine Modifikation, aber durchaus nicht jede Modifikation eine Verwerfung ist.

Der Verwerfungsbegriff zielt nicht auf die einzelnen Rechtssätze, sondern auf die dahinterstehende gesetzgeberische Entscheidung ab. Die Nichtigerklärung und ihre richterrechtlich entwickelten Varianten[294] sind Instrumente, um die verfassungswidrige Entscheidung des Gesetzgebers zu revidieren. Der Umfang einer Nichtigkeitserklärung bestimmt sich entsprechend danach, welche konkreten Regelungen Ausdruck dieser verfassungswidrigen Entscheidung sind, nicht danach, wie der Gesetzestext konkret formuliert ist. Die Schwierigkeiten bei der Abgrenzung von „Teil-" und „Gesamtnichtigkeit", „qualitativer Teilnichtigerklärung" oder „Nichtigerklärung ohne Normtextreduzierung" ergeben sich aus diesem Missverständnis.[295]

---

[290] *Dederer*, in: Dürig u. a., Grundgesetz, Art. 100 Rn. 19 ff.; *Morgenthaler*, in: Epping/Hillgruber, Beck'scher Online-Kommentar Grundgesetz, Art. 100 Rn. 2.

[291] Vgl. dazu *Rinken*, in: Denninger u. a., Alternativkommentar zum Grundgesetz, Art. 100 Rn. 19.

[292] Zu der Geltung gegenüber dem Gesetzgeber *Huster*, in: Friauf/Höfling, Berliner Kommentar zum Grundgesetz, Art. 3 Rn. 15 ff.; siehe zu dem Streit in der Frühzeit der Bundesrepublik *Kempny/Reimer*, Die Gleichheitssätze, S. 32 m. w. N.

[293] Siehe vorstehend Punkt C. II. 2. f).

[294] Siehe dazu ausführlich *Schlaich/Korioth*, Das Bundesverfassungsgericht, Rn. 378 ff.

[295] Vgl. zu diesen Begrifflichkeiten *Walter/Grünewald*, Beck'scher Online-Kommentar Bundesverfassungsgerichtsgesetz, § 95 Rn. 32 ff.; *Hömig*, in: Schmidt-Bleibtreu u. a., Bundesverfassungsgerichtsgesetz, § 95 Rn. 42; *Aust/Meinel*, JuS 2014, 113.

Sinn und Zweck des bundesverfassungsgerichtlichen Verwerfungsmonopols ist es in erster Linie, den gesetzgeberischen Willen zu respektieren und dessen Autorität gegenüber der Fachgerichtsbarkeit abzusichern.[296] Dazu wird der im Gesetz manifestierte Wille als für den Fachrichter unüberwindbar erklärt – oder, wie es das Bundesverfassungsgericht selbst formuliert:

> „Dagegen ist es nach dem Grundgedanken des Art. 100 GG Aufgabe des Bundesverfassungsgerichts, zu verhüten, daß jedes einzelne Gericht sich über den Willen des Bundes- oder Landesgesetzgebers hinwegsetze, indem es die von ihnen beschlossenen Gesetze nicht anwendet, weil sie nach Auffassung des Gerichts gegen das Grundgesetz […] verstoßen.“[297]

Bei Lichte besehe ist aber eben nicht jede Nicht-Anwendung zugleich ein Hinwegsetzen über den Willen des Gesetzgebers, vor allem in Hinblick auf Fälle, die der Gesetzgeber nicht kannte Richterliche Modifikationen, die im Einklang mit dem gesetzgeberischen Willen stehen oder diesem jedenfalls nicht entgegengesetzt sind, bewirken keine Verwerfung. Mit der Verwerfungskompetenz soll politische Macht, nicht aber zwangsläufig jede Möglichkeit der Rechtsfortbildung beim Verfassungsgericht monopolisiert werden. Dem Gesetzgeber bzw. den am Gesetzgebungsprozess beteiligten Verfassungsorganen wird mit dem Bundesverfassungsgericht ein gleichrangiges Verfassungsorgan an die Seite gestellt, das allein in der Lage ist, sich über den Willen der Parlamentsmehrheit (und damit ja letztlich den Willen des Volkes) hinwegzusetzen.

Dieser Monopolisierungszweck entfällt bei Verfassungsproblemen, die vom Willen des Gesetzgebers nicht erfasst sind, insbesondere weil sie nur Fälle betreffen, die er weder positiv noch negativ regelt wollte oder nicht kannte. Art. 100 Abs. 1 GG bedeutet nicht die Kontrolle über jede Rechtsmodifikation, sondern lediglich die „Kontrolle des Bundesverfassungsgerichts gegenüber dem Gesetzgeber“.[298] Für die Fälle der Rechtsfortbildung liegen keine positiven Handlungen des Gesetzgebers vor, die zu kontrollieren wären. Vielmehr betrifft die Kontrolle hier ein gesetzgeberisches Unterlassen, die notwendige Fortentwicklung des Rechts selbst vorgenommen zu haben. Auf gesetzgeberisches Unterlassen ist die konkrete Normenkontrolle aber gerade nicht ausgerichtet.[299]

---

[296] Vgl. *Rinken*, in: Denninger u. a., Alternativkommentar zum Grundgesetz, Art. 100 Rn. 6.

[297] BVerfGE 1, 184 (197 f.).

[298] BVerfGE 7, 1 (15); siehe zur Machtstellung des BVerfG auch *von Münch/Kunig*, Grundgesetz, Art. 100 Rn. 47 ff.

[299] Siehe aber zum sogenannten „relativen Unterlassen“ *Benda* u. a., Verfassungsprozessrecht, Rn. 802 m. w. N. Zustimmungswürdig ist die Unterscheidung insoweit, als die Unvollständigkeit des Gesetzes durchaus von einem gesetzgeberischen Willen getragen sein kann.

Es wurde insofern bereits dargestellt, dass der politische Wille in Bezug auf die Ausgestaltung gesetzlicher Tatbestände anders zu betrachten ist als in Bezug auf die Rechtsfolgen.[300] In den Tatbeständen steht eben nicht, was sein soll, sondern auf welche Realitäten sich dieses Sollen bezieht. Die dazu notwendige Abstraktion gelingt aber nicht immer so, dass sie genau dem Willen des Gesetzgebers entspricht.

Erst mit Blick auf den politischen Willen lassen sich Modifikation und Verwerfung sinnvoll voneinander unterscheiden. In rechtstechnischer Hinsicht operieren sie mit den gleichen Mitteln, aber in Bezug auf den gesetzgeberischen Willen verfolgen sie unterschiedliche Ziele; die Verwerfung revidiert die gesetzgeberische Entscheidung und die ihr entsprechenden Gesetze, die Modifikation konserviert die Entscheidung und gestaltet die Gesetze soweit um, wie es ohne Widerspruch zum erkennbaren gesetzgeberischen Willen möglich ist. Nur für den Revisionsaspekt bedarf es aber einer verfassungsgerichtlichen Monopolstellung.

c) Unterschiedliche Wirkungen und Bedingungen von Verwerfung und Rechtsfortbildung

Daneben ist mit der Monopolisierung des Art. 100 GG zwar auch die Vermeidung von Rechtsunsicherheit und Rechtszersplitterung intendiert, die einträte, dürfte ein jedes Gericht Gesetzesnormen für ungültig erklären.[301] Diese Wirkung kommt der Rechtsfortbildung aber nicht zu, es geht – jedenfalls nach der hier vertretenen Konzeption – nicht um das Für-Ungültig-Erklären der problematischen Regelungen, sondern „nur“ um die An- oder Nichtanwendung im Einzelfall. Es droht somit keine Rechtszersplitterung im Sinne von sich widersprechenden Rechtsnormen. Die verbleibenden Rechtsunsicherheiten, welche durch die Möglichkeit stetig wiederholter und damit faktisch geltender fachgerichtlicher Rechtsfortbildung entstehen, sind gegenüber dem Gleichheitsgebot von geringem Gewicht. Im Übrigen geht die Unsicherheit nicht über das Maß hinaus, welches ohnehin durch die Möglichkeit verfassungsgerichtlicher Verwerfung gegeben ist.

Die Monopolisierung der Verwerfungskompetenz bei einem Gericht nach dem „kelsianischen Modell“[302] ist also nur sinnvoll (und praktikabel), soweit es um die Verwerfung gesetzgeberisch intendierter Normen geht.[303] Das Mo-

---

300 Siehe vorstehend Punkt C. II. 2. g).

301 BVerfGE 1, 184 (199 f.).

302 Begriff bei *Sommermann*, in: Mangoldt u. a., Grundgesetz, Art. 20 Rn. 253.

303 Vgl. den „Statusbericht“ des BVerfG in: JöR 1957, 120 (125 f.), wo deutlich wird, dass es bei der Abgrenzung von politischen und verfassungsrechtlichen Streitigkeiten um die rechtliche Unterworfenheit des gesetzgeberischen Willens geht.

dell war ja nie dafür gedacht, alle modifizierenden Aspekte der Rechtsprechungstätigkeit bei einem Gericht zu konzentrieren, schon weil für Hans Kelsen Rechtsprechung und richterliche Normsetzung untrennbar verbunden sind. Monopolisiert wird nicht die Modifikationsmacht an sich, sondern die Wirkmacht über den Einzelfall hinaus, also die der gesetzgeberischen gleichgestellte Kompetenz, abstrakt-generelle Normkonstrukt- und Normdestruktion zu betreiben.[304] Für die notwendige, einzelfallbezogene Gesetzesmodifikation besitzt das Verfassungsgericht mangels entsprechender Aufgabenzuweisung trotz seiner (eingeschränkten) demokratischer Legitimation nicht mehr oder weniger Berechtigung als das Fachgericht, es kann „lediglich" deutlich effektiver eine Anpassung durch den Gesetzgeber erwirken.[305]

Darüber hinaus ist es nur schwer vorstellbar, dass der verfassungsgebende Gesetzgeber den gesamten Modifikationsbedarf hinsichtlich der geltenden Parlamentsgesetze einem einzelnen Gericht überantworten wollte. Dies muss auch ein besonders gut ausgestattetes Gericht überfordern, zumal die Modifikationsbedarfe zwar verfassungsrechtlich problematisch sind, sich aber doch nur mithilfe fachgerichtlicher Expertise beheben lassen.[306]

Zudem entsprechend die Modifikationsbedarfe gerade nicht dem Bild der „spezifischen Verfassungsrechtsverletzung"[307], mit dem das Bundesverfassungsgericht seinen Zuständigkeitsbereich abzustecken versucht. Ebenso wenig, wie das Gericht gegenüber der Fachgerichtsbarkeit eine umfassende

---

304 *Kelsen*, Die Justiz 1930, 676 (584) – „Von einem zentralen Gericht mit Kassationsbefugnis, dem C. S. [gemeint ist Carl Schmitt, Anm. d. Verf.] doch die Subsumption unter den Begriff ‚Hüter der Verfassung' nicht verweigern wird, wenn er es auch nicht als ‚Gericht' gelten lassen will, von einem solchen wirklichen ‚Hüter' unterscheiden sich aber die Gerichte, die ihr Prüfungsrecht handhaben, nur quantitativ, nämlich dadurch, daß jenes die Geltung des verfassungswidrigen Gesetzes nicht – wie diese – nur für einen konkreten Fall, sondern für alle Fälle aufhebt."

305 Siehe aber zu dem „Rechtsfolgenmanagement" i. S. d. § 35 BVerfGG, durch welches sich das Gericht teilweise sehr umfangreiche Modifikationskompetenzen für sich in Anspruch nimmt, *Sauer*, in: Walter/Grünewald, Beck'scher Online-Kommentar Bundesverfassungsgerichtsgesetz, § 35 Rn. 14 ff.; zu einer frühen „Appellentscheidung" auch BVerfGE 4, 157 (177 f.).

306 Zu der speziellen Sachkunde oberster Bundesgerichte und der Bedeutung für eine „sinnvolle Ergänzung" des Gesetzgebers *Chr. Schönberger*, in: VVDStRL 71, S. 296 (313).

307 Vgl. zu „spezifischen" Verfassungsrechtsverletzungen und Art. 3 Abs. 1 GG insb. *Papier*, in: Starck, Bundesverfassungsgericht und Grundgesetz, S. 455 – „Verletzungen des Art. 3 Abs. 1 GG als selbstständige Verfassungsverstöße kann es hier [in Bezug auf die rechtsanwenden Organe, Anm. d. Verf.] nur seitens des Normsetzers wegen Mißachtung der ‚Rechtssetzungsgleichheit' geben." Dem ist in vollem Umfang zuzustimmen, weil legislative Verletzungen des Art. 3 Abs. 1 GG außerhalb der Gesetzesbindung gerade unselbstständige, sich erst durch Zurechnung ergebende Verfassungsverstöße sind.

Kontrolle im Sinne einer Revisionsinstanz wahrnimmt, kann es gegenüber dem Gesetzgeber eine umfassende Gesetzesfortbildung im Sinne einer Modifikationsinstanz gewährleisten. Insofern spricht nicht nur die Rechtsschutzgarantie des Art. 19 Abs. 4 GG, welche nach der hier vertretenen Ansicht auch in Bezug auf richterliche Rechtsfortbildung gilt,[308] sondern auch der Effizienzgedanke dafür, dem Verfassungsgericht die Kontrolle der fachrichterlichen Rechtsfortbildung zuzuweisen.

Hinzu kommt, dass die Informationsasymmetrie – welche als strukturelles Problem den Modifikationsbedarf auslöst[309] – für das Verfassungsgericht sogar in noch verschärfter Form festzustellen ist; denn dieses wendet einfaches Recht regelmäßig nicht selbst an, sondern kontrolliert die fachgerichtliche Rechtsanwendung. Es „erfährt" die Modifikationsbedarfe demnach nicht im Rahmen eigener Anschauung, sondern muss dahingehend erst informiert werden, bevor es sich selbst weiter informieren kann. Dazu ist das Gericht in quantitativer Hinsicht aber wohl noch weniger in der Lage als das Parlament. Auch wenn das Bundesverfassungsgericht über nicht unerhebliche Ressourcen verfügt, reichen diese doch nicht an jene des Parlaments heran.[310]

Da das Verfassungsgericht also zum einen sachlich nicht besser befähigt und auch verfassungsrechtlich nicht stärker für die Gesetzesmodifikation inter partes legitimiert ist als das Fachgericht, erscheint es – allein schon wegen Art. 19 Abs. 4 GG – konsequent, die Modifikationskompetenz bei den Fachgerichten anzusiedeln.

Im Ergebnis ist Art. 100 GG daher dahingehend auszulegen, dass das dort statuierte Verwerfungsmonopol auf die Revidierung des gesetzgeberischen Willens ausgerichtet ist. Im Umkehrschluss ist das Bundesverfassungsgericht aber gerade nicht für solche Modifikationen zuständig, die ohne Bruch oder sogar im Einklang mit dem gesetzgeberischen Willen vorgenommen werden können; das Gericht hat in diesen Fällen nicht mehr den Gesetzgeber, sondern nun den Fachrichter auf die Verfassungsmäßigkeit seines Handelns hin zu kontrollieren. Denn auch wenn die fachrichterliche Modifikation den gesetzgeberischen Willen unangetastet lässt, könnte sie mit dem Grundgesetz und insbesondere den Grundrechten in Widerspruch stehen.

---

308 Siehe vorstehend Punkt B. II. 4. a).

309 Siehe dazu vorstehend Punkt C. II. 2. c).

310 Darauf in Bezug auf Höchstgerichte hinweisend *Chr. Schönberger*, in: VVDStRL 71, S. 296 (311 f.), wo allerdings zurecht auf die im Gegensatz zu den obersten Bundesgerichten erweiterten Möglichkeiten des BVerfG zur Tatsachenfeststellung hingewiesen wird (Fn. 42).

4. Differenzierende Rechtsfortbildung

Soll nicht nur die richterliche Tatbestandserweiterung (als Gleichbehandlung), sondern auch die Tatbestandsverengung (als Ungleichbehandlung) durch den allgemeinen Gleichheitssatz in Art. 3 Abs. 1 GG legitimiert sein, dann müsste dieser zunächst beide Varianten erfassen. Die überkommene Auffassung von einer „symmetrischen Form“[311] des Gleichheitssatzes, der die Gleichbehandlung von wesentlich Gleichem ebenso anordnet wie die Ungleichbehandlung von wesentlich Verschiedenen,[312] ist in dieser Arbeit bisher unhinterfragt geblieben.

Während die Verfassungsrechtsprechung in Bezug auf diese Frage unergiebig bleibt, ist gerade in der jüngeren gleichheitsrechtlichen Literatur Kritik an dieser Dualität aufgekommen.[313] Daher soll hier – weil es für den Umfang einer auf den Gleichheitssatz gestützten richterlichen Modifikationskompetenz eine bedeutende Rolle spielt – auf diese Kritik eingegangen werden.

a) Geringe praktische Relevanz des Ungleichbehandlungsgebots

In der Verfassungsrechtsprechung wurde der Differenzierungsanspruch aus Art. 3 Abs. 1 GG – von wenigen Ausnahmefällen[314] abgesehen – nicht aktiviert. Ein wesentlicher Grund für diese einseitige Anwendungspraxis dürfte darin zu suchen sein, dass der Gleichheitssatz in einer Tradition des Erstreitens von Privilegien steht. Es geht bei gleichheitsrechtlichen Fällen regelmäßig darum, etwas zu verlangen, was ein Dritter bereits hat. Der verfassungsrechtliche Anspruch auf Gleichbehandlung fügt sich in des gesellschaftlichen Prozess der Egalisierung[315] ein.

Auch prozesstaktische Gründe dürften die Attraktivität des Gleichbehandlungsanspruchs gefördert haben. Denn wer Gleichbehandlung verlangt, liefert

[311] Formulierung bei *Pietzcker*, in: Merten/Papier, Handbuch der Grundrechte in Deutschland und Europa, § 125 Rn. 16 ff.

[312] *Leibholz*, Gleichheit vor dem Gesetz, S. 45 f. – „Begründet dagegen ihre [gemeint sind die Menschen, Anm. d. Verf.] individuelle Eigenart eine Verschiedenheit, so müssen auch diese im Wesen der Sache begründeten Ungleichheiten bei der gesetzlichen Regelung der fraglichen Materie berücksichtigt werden.“

[313] Hinsichtlich der Kritik zwischen der „Reformulierungsthese“ und der „Egalitätsthese“ differenzierend *Kingreen*, in: Kahl u. a., Bonner Kommentar zum Grundgesetz, Art. 3 Rn. 287.

[314] Dazu siehe etwa BVerfGE 98, 365 (385); 103, 310 (318); 112, 268 (279); 116, 164 (180); BVerfG NJW 2019, 3054 (Rn. 101); dazu *Nussberger*, in: Sachs, Grundgesetz, Art. 3 Rn. 83; siehe auch *Sachs*, in: Stern, Das Staatsrecht der Bundesrepublik Deutschland, S. 1546 f.

[315] Dazu etwa *Zippelius*, in: VVDStRL 47, S. 7 (17 ff.).

die Lösung für sein vorgetragenes Problem sogleich mit. Weil sich die vergleichende Argumentation hier auf einen bereits geregelten Sachverhalt bezieht, darf sich der Ungleichbehandelte realistischer Weise Hoffnungen machen, in Zukunft ebenjene Privilegien selbst genießen zu dürfen, und wird häufig wegen dieser Hoffnung das Verfahren überhaupt angestrengt haben. Zwar kann sich diese Strategie für den Antragsteller als unergiebig erweisen, wenn statt der eigenen Besserbehandlung nur die Schlechterbehandlung der Vergleichspersonen erreicht wird. Gleichwohl macht die (oft wahrscheinlichere) Möglichkeit einer Ausweitung bestimmter Privilegien einen großen Teil der Attraktivität des Gleichheitssatzes aus.

Der Anspruch auf Ungleichbehandlung führt demgegenüber seit jeher ein „Schattendasein“.[316] Seine Unfähigkeit, eine bestimmte zukünftige Behandlung zu verheißen, mindert seine Attraktivität immens. Selbst im Erfolgsfall liefert der Ungleichbehandlungsanspruch ja immer nur ein Recht auf Veränderung; die Art der Veränderung ist dabei aber nicht determiniert, ja nicht einmal vorgezeichnet. Die Behandlungen der Vergleichspersonen müssen im Erfolgsfall lediglich irgendwie unterschiedlich ausgestaltet werden.

Der Ungleichbehandlungsanspruch ist darüber hinaus einem erheblichem Konkurrenzdruck von Seiten der Freiheitsrechte ausgesetzt,[317] insbesondere seit mit der Elfes-Entscheidung[318] die allgemeine Handlungsfreiheit als ein allumfassendes Freiheitsrecht konstruiert worden ist. Der Ungleichbehandlungsanspruch hat in der Folge zwischen der gerechtigkeitsbetonten Forderung nach Gleichheit und der freiheitsbetonten Forderung nach staatlicher Zurückhaltung keinen rechten Platz gefunden. Es gehört zu unserer freiheitsrechtlich geprägten Verfassungstradition, belastende staatliche Behandlungen als ein bipolares Problem zwischen Staat und Bürger zu verstehen, nicht als ein Problem fehlender Differenzierung.

b) Überschneidungen mit freiheitsrechtlichen Gewährleistungen

Dass teilweise kein Bedarf für die „andere Seite des Gleichheitssatzes“ gesehen wird, könnte insofern auch daran liegen, dass diese in praktischer Hinsicht von der freiheitsrechtlichen Dogmatik konsumiert worden ist. Vergleichende Argumentation findet sich dort etwa bei der Angemessenheitsprüfung, die insofern nicht streng bipolar (also auf die eine staatliche Behandlung)

---

316 Optimistischer ist die Formulierung bei *Bumke/Voßkuhle*, Casebook Verfassungsrecht, Rn. 454 – „kleine Schwester“.

317 Insofern auf die Pflichtexemplar-Entscheidung (BVerfGE 58, 137 [148 ff.]) hinweisend *Kingreen*, in: Kahl u. a., Bonner Kommentar zum Grundgesetz, Art. 3 Rn. 290.

318 BVerfGE 6, 32.

ausgerichtet ist, sondern bei Bedarf auch komparative Aspekte aufnehmen kann.

Für eine solche „Gleichheitsprüfung“ im freiheitsrechtlichen Gewand ist etwa die Pflichtexemplars-Entscheidung des Bundesverfassungsgerichts[319] ein anschauliches Beispiel. Das vorlegende Gericht bezweifelte, dass die verpflichtende Abgabe von Druckerzeugnissen an staatliche Bibliotheken auch in Fällen, in denen die Auflagen vergleichsweise klein und die Herstellungskosten vergleichsweise hoch sind, mit der Verfassung vereinbar ist. Das Bundesverfassungsgericht entschied, dass die unentgeltliche Ablieferungspflicht in diesen „Härtefällen“ gegen Art. 14 GG verstieß.

Zur Prüfung stand bei dieser Richtervorlage ja eigentlich die Frage, ob die individuelle Behandlung des Betroffenen in Hinblick auf das Ziel der Ablieferungspflicht angemessen war. Ein wesentlicher Teil der Argumentation verläuft aber komparativ, wenn die Situation von Billig- und Massenproduzenten mit jener von kostenintensiven, kleinen Produktionen verglichen wird.[320] Das Gericht verwirft die Norm – obgleich sie gegen Art. 14 GG verstoßen soll – auch nicht, sondern ordnet in der Sache eine andere, in dem Gesetz nicht vorgesehene Behandlung an. Obwohl der Gleichheitssatz nur an Rande erwähnt wird[321] – wobei auch unklar bleibt, ob das Bundesverfassungsgericht von einer Gleich- oder Ungleichbehandlung ausgeht – liest sich die Entscheidung über weite Strecken wie eine Prüfung des Gleichheitssatzes in seiner Ausprägung als Differenzierungsgebot.

Der Fall ist zugleich ein Beispiel für eine typische inadäquate Behandlung, bei welcher die Regelung über den ganz überwiegenden Teil ihres Anwendungsbereichs unproblematisch und nur für ganz bestimmte Sonderfälle unverhältnismäßig ist.[322] Die Verfassungswidrigkeit der zugrunde liegende Regelung (§ 9 des Hessischen Gesetzes über Freiheit und Recht der Presse) ergibt sich nämlich gerade daraus, dass sie die Besonderheiten eines speziellen Anwendungsfalles (hohe Herstellungskosten, kleine Auflage) und die damit direkt zusammenhängende Schwere des Grundrechtseingriffs nicht ausreichend berücksichtigt hat.[323] In den typischen Anwendungsfällen (durchschnittliche Herstellungskosten und Auflage) begegnete die Abgabepflicht aber keinen verfassungsrechtlichen Bedenken.[324]

---

319 BVerfGE 58, 137.

320 BVerfGE 58, 137 (149).

321 BVerfGE 58, 137 (150f.).

322 Zur „Rückkehr der Schweretheorie“ in diesem Zusammenhang *Froese*, NJW 2017, 444 (445).

323 BVerfGE 58, 137 (149f.).

324 BVerfGE 58, 137 (149).

Der „Fehler" der Pflichtexemplar-Regelung war ihre Pauschalität und die mangelnde Berücksichtigung bestimmter Sonderfälle; also der zu allgemeine Tatbestand. Es bedurfte einer Sonderregelung für bestimmte, von dem Durchschnittsfall wesentlich unterschiedliche Ausnahmefälle. Schwerpunkt des Problems ist nicht die Rechtsfolge selbst, sondern ihre zu pauschale Anordnung. Ähnlich verhält es sich auch bei der im Brokdorf-Fall[325] fraglichen Regelung der §§ 14, 15 VersG, soweit die Besonderheiten von Spontanversammlungen nicht ausreichend berücksichtig werden,[326] sowie der fehlenden Ausnahme für Zweitwohnungsinhaber bei der Rundfunkgebühr.[327] Als Gegenbeispiele für „klassisch-unverhältnismäßige" Regelungen können die Entscheidungen zum sogenannten „großen Lauschangriff",[328] zum Luftsicherheitsgesetz[329] und zur Vorratsdatenspeicherung[330] genannt werden.

Insbesondere das Beispiel der Pflichtexemplar-Regelung zeigt (neben einer verfassungsgerichtlich angeordneten Rechtsfortbildung ohne ausdrückliche methodische Begründung), dass das Bundesverfassungsgericht bei Bedarf durchaus Willens ist, ungerechtfertigte Gleichbehandlungen zu problematisieren, es begibt sich dafür aber – wohl schon aus pragmatischen Gründen – nicht aus dem gewohnten Umfeld der freiheitsrechtlichen Prüfung hinaus.[331]

Ohne eigene Dogmatik und mit großen Unsicherheiten behaftet kam es – jedenfalls bisher – auch nicht zu einem „Erwachen" des „Ungleichheitssatzes", obwohl man durchaus von einer fortschreitenden Ausdifferenzierung, ja Singularisierung[332] der Gesellschaft sprechen kann. Wenn heute etwa feministische oder antirassistische Forderungen nicht nur nach formaler Gleichbehandlung, sondern etwa nach „positiver Diskriminierung"[333] laut werden, wird dies erstaunlicherweise nicht mit einem verfassungsrechtlichen Anspruch

---

[325] BVerfGE 69, 315.

[326] Vgl. auch BVerfGE 85, 69 (74 f.).

[327] BVerfGE 149, 222 (272).

[328] BVerfGE 109, 279.

[329] BVerfGE 115, 118; 133, 241.

[330] BVerfGE 125, 260.

[331] Anders dagegen im Bereich der grundrechtlichen Leistungsansprüche, dazu in Hinblick auf eine Verknüpfung freiheitlicher und gleichheitsrechtlicher Garantien *Friauf*, DVBl 1971, 647 (679); differenziert zu der Verbindung von Gleichheits- und Freiheitsgrundrechten *Sachs*, in: Kempny/Reimer, Gleichheitssatzdogmatik heute, S. 107 (131).

[332] *Reckwitz*, Die Gesellschaft der Singularitäten, S. 111 ff.

[333] Dazu etwa *Baer/Markard*, in: Mangoldt u. a., Grundgesetz, Art. 3 Rn. 423; *Boysen*, in: von Münch/Kunig, Grundgesetz, Art. 3 Rn. 134 ff. siehe zu dem besonderen Problem der Rechtsfertigung von Ungleichbehandlungen aus Gründen der „Rasse" – die ja gerade keine Eigenschaft der Person ist – mit einem Überblick zur Rechtsprechung *Payandeh*, JuS 2015, 695 (697).

auf Ungleichbehandlung in Verbindung gebracht. Dabei läge ja die Argumentation nahe, dass z. B. ungleiche Startvoraussetzungen (etwa von Frauen und Männern) zu einem Anspruch auf formal ungleiche Behandlung (etwa im Einstellungsprozess) führen, weil ansonsten wesentlich ungleiche Sachverhalte gleichbehandelt würden. Stattdessen bedurfte es nach Ansicht des verfassungsändernden Gesetzgebers einer Verfassungsänderung des Art. 3 Abs. 2 S. 2 GG, um Ungleichbehandlungen zugunsten von Frauen zu legitimieren.[334]

Gesetze, die verschiedene Fälle in unsachgemäßer Weise gleichbehandeln, werden also traditionell vor dem Hintergrund der Freiheitseinschränkungen problematisiert. Ein aktuelles Beispiel ist das sogenannte Justizneutralitätsgesetz NRW,[335] welches in § 2 Abs. 1 allen Justizbeschäftigten – also dem Richter sowie u. a. auch dem Protokollführer – in der gerichtlichen Verhandlung das Tragen religiöser Symbole verbietet. Bei richterlicher und protokollführender Tätigkeit handelt es sich um evident unterschiedliche Sachverhalte, etwa in Bezug auf ihre hoheitlichen Befugnisse, ihre gesetzlich geregelte Amtstracht usw., sodass eine Gleichbehandlung kritisch zu hinterfragen ist. Die Gemeinsamkeiten der Vergleichspersonen, also die Beschäftigung bei der Justiz und Anwesenheit im Gerichtssaal, stehen so eklatanten Unterschieden in ihrer konkreten Tätigkeit und Repräsentationsfunktion gegenüber, dass von einer ungerechtfertigten Gleichbehandlung auszugehen sein dürfte.

Gleichwohl würde eine Protokollführerin, die ihr Kopftuch nicht ablegen will, ihre Beschwerde sicher hauptsächlich auf eine Verletzung ihrer Religions- bzw. Berufsfreiheit stützen. In diesem Modus lässt sich die Unverhältnismäßigkeit zwischen ihrer Beeinträchtigung und dem gesetzgeberischen Ziel deutlich besser darstellen, auch weil der argumentative Umweg über einen Vergleich mit der Richterin entbehrlich wird. Für eine Individualbeschwerde lässt sich diese Seite des Gleichheitssatzes letztlich schwer operationalisieren, sie scheint eher für eine grundsätzliche Rechtskritik geeignet zu sein. Das Verfassungsrechtsschutzsystem ist aber, wie das deutsche Rechtsystem insgesamt, stark auf die Diskussion von subjektiven Rechtsverletzungen ausgerichtet.[336]

c) Der Gleichheitssatz als Adäquanzsatz

Vor diesem Hintergrund, aber auch angesichts der einseitigen Formulierung des Art. 3 Abs. 1 GG, ist es nicht verwunderlich, dass heute eine zunehmende

---

[334] Zu dem historischen Hintergrund *Kingreen*, in: Kahl u. a., Bonner Kommentar zum Grundgesetz, Art. 3 Rn. 70 f.

[335] Gesetz zur Stärkung religiöser, weltanschaulicher und politischer Neutralität der Justiz des Landes Nordrhein-Westfalen vom 09.03.2021, GV.NRW 22/2021 S. 271 ff.

[336] Siehe statt vieler nur *Eichberger*, NVwZ-Beilage 2013, 18 (18).

Anzahl rechtswissenschaftlicher Autoren die symmetrische Struktur des Gleichheitssatzes bestreitet und lediglich einen Anspruch auf Gleichbehandlung annehmen will (Egalitätsthese).[337]

Dabei wird aber übersehen, dass die Gleichbehandlungspflicht des Art. 3 GG nicht der originäre Norminhalt, sondern selbst nur eine Ausprägung eines dahinterstehenden Adäquanzanspruchs ist. Der Zweck des Gleichheitssatzes besteht – darüber dürfte Einigkeit herrschen – nicht darin, im größtmöglichen Umfang formale Gleichbehandlung zu erwirken, sondern er verbrieft den Anspruch, dass relevante Gemeinsamkeiten und Unterschiede (oder einfacher: relevante Eigenschaften) von Personen (und ihren Lebenssachverhalten) angemessen berücksichtigt werden,[338] und zwar sowohl von der gesetzgebenden als auch der rechtsprechenden und der rechtsanwendenden Gewalt. Der Vergleich ist dabei lediglich das notwendige Mittel, um die Inadäquanz einer staatlichen Behandlung darstellen bzw. erkennen zu können; die Ungleichbehandlung insofern nicht das eigentliche vom Gleichheitssatz adressierte Problem, sondern nur das Symptom einer inadäquaten Behandlung. Die Ansicht, der Gleichheitssatz adressiere von vornherein nur Ungleichbehandlungen, erhebt das Symptom zur Ursache.

Dass die Ungleichbehandlung nur die Folge einer problematischen Regulierung und der Vergleich insofern nur das Werkzeug ist, diese aufzuspüren, zeigt sich insbesondere daran, dass nicht zwangsläufig zwei real existierende Personen verglichen werden müssen. So ist es anerkannt, dass die Vergleichsperson unter Umständen eine bloß hypothetische sein darf.[339] Niemand muss ja vor dem Bundesverfassungsgericht seine argumentativ genutzte Vergleichsperson tatsächlich „vorzeigen“, sondern es genügt, dass die fragliche Regelung den Fall „kennt“.[340] Eine Ungleichbehandlung mit einem hypothetischen Fall ist aber auch nur ein hypothetisches Problem, könnte also eine subjektive Rechtsverletzung überhaupt nicht begründen. Weil der Vergleich aber nur das Werkzeug zur Darstellung des eigentlichen Problems ist, sind auch Verweise auf hypothetische Vergleichsgruppen zulässig.

---

337 Begriff bei *Kingreen*, in: Kahl u. a., Bonner Kommentar zum Grundgesetz, Art. 3 Rn. 287 m. V. a. *Sachs*, NWVBl 1988, 295 (300), wo zu drastischen Formulierungen gegriffen wird: „Mit der Forderung, Gleiches gleich, Ungleiches ungleich zu behandeln, wird der egalitäre Grundgedanke des Gleichheitssatzes der verführerischen Kraft des übergreifenden Willkürverbots geopfert“.

338 Vgl. *Kingreen*, in: Kahl u. a., Bonner Kommentar zum Grundgesetz, Art. 3 Rn. 289; *Pöschl*, Gleichheit vor dem Gesetz, S. 148.

339 Vgl. *Kempny/Reimer*, Die Gleichheitssätze, S. 57 – „tatsächlich überhaupt nicht vorhanden“.

340 Statt vieler nur *Boysen*, in: von Münch/Kunig, Grundgesetz, Art. 3 Rn. 62 f.

d) Reformulierung als vergleichsfeindliche Individualisierung

Ein weiteres, etwa von Simon Kempny und Philipp Reimer[341] vorgebrachtes Argument gegen die Doppelstruktur des Gleichheitssatzes lautet, dass sich letztlich jede Gleichbehandlung in eine Ungleichbehandlung umformulieren ließe, wenn die Vergleichspersonen und die Behandlung nur richtig definiert würden (Reformulierungsthese[342]). Es mag sein, dass sich dies mit entsprechender rhetorischer Mühe tatsächlich erreich lässt, die Frage ist jedoch, was aus diesem Umstand zu folgern ist.

Wenn es tatsächlich keinen Unterschied macht, ob man eine Behandlung als Gleich- oder Ungleichbehandlung darstellt, erscheint es besonders sinnlos, den Grundrechtsberechtigten diese rhetorische Anstrengung abzuverlangen. Wenn sich das Problem viel anschaulicher als Gleichbehandlung verdeutlichen lässt, warum soll dieser argumentative Weg versperrt bleiben?[343]

Nicht in jedem Fall lässt sich außerdem eine problematische Behandlung aus dem gegebenen Vergleichskontext herauslösen und auf beliebige andere Vergleichsgruppen beziehen. Dies gilt insbesondere für den hinsichtlich der Rechtsfortbildung relevanten Fall, in welchem sich der Grundrechtsträger dagegen wehrt, von dem Anwendungsbereich einer Regelung erfasst und insofern gegenüber den anderen erfassten Personen gleich behandelt zu werden. Sein Ziel wird regelmäßig darin bestehen, eine Ausnahmeregelung für seinen speziellen Fall zu erreichen, und dafür ist er auf den argumentativen Bezug zu den anderen, ebenfalls erfassten Fällen und den relevanten Unterschieden angewiesen, zumindest solange noch keine Ausnahmeregelung existiert. Die Ungleichbehandlung, die sich aus dem „Herausgenommen-Werden“ aus dem Anwendungsbereich der problematischen Norm ergibt, lässt sich nicht sinnvoll in eine Gleichbehandlung mit den anderen Normadressaten umdeuten.

Die Lösung von Kempny und Reimer, nach welcher formale Gleichbehandlungen durch die Nutzung relativer Prädikate in Ungleichbehandlungen umformuliert werden sollen, löst das Problem dabei nur in formaler Hinsicht auf. Denn durch die Nutzung relativer Prädikate zur Beschreibung der Behandlung wird der vergleichsbezogene Aspekt bereits in die Definition der staatlichen Behandlung integriert. Dies ist vor allem dann problematisch, wenn dieser Aspekt in erhöhtem Maße wertungsabhängig ist, denn eigentlich

---

[341] *Kempny/Reimer*, Die Gleichheitssätze, S. 69.

[342] Begriff bei *Kingreen*, in: Kahl u. a., Bonner Kommentar zum Grundgesetz, Art. 3 Rn. 287.

[343] Kritik bei *Huster*, in: Friauf/Höfling, Berliner Kommentar zum Grundgesetz, Art. 3 Rn. 68.

sollte die Beschreibung der staatlichen Behandlung wertungsneutral möglich sein.[344]

So sei in einer hypothetischen Rechtsordnung, die Kindern wie Erwachsenen volle Geschäftsfähigkeit einräume, letztlich auch eine Ungleichbehandlung von Kindern und Erwachsenen zu erkennen, wenn man die staatliche Behandlung relativ als „gewährt (jemandem) Geschäftsfähigkeit in seine altersbedingt zu vermutende Verständigkeit überforderndem Maße" beschreibt.[345] Dabei wird das Problem aber gleichsam von der Vergleichs- auf die Behandlungsebene verlagert.

Das Problematische an dieser Beispielsregelung ist ja, dass die Unterschiede zwischen Kindern und Erwachsenen nicht hinreichend berücksichtigt werden. Auch wenn man den wesentlichen Unterschied als einen Teil der staatlichen Behandlung formuliert (was im Übrigen deswegen problematisch ist, weil es für die Rechtfertigung ja gerade auf die Frage ankommt, ob Kinder tatsächlich überfordert sind, und diese Frage nicht in der Definition der Behandlung vorweggenommen werden sollte),[346] bleibt es dabei, dass sich der Staat für die Übergehung dieses *Unterschiedes* zu verantworten hat.

Durch die Nutzung des relativen Prädikats wird die Gleichbehandlung zwar sprachlich zu einer Ungleichbehandlung gemacht, dafür entfällt aber auch der Bedarf für einen Vergleich, weil das adressierte Problem nun nicht mehr komparativ, sondern individualisiert formuliert wird. Diese Individualisierung ist viel eher ein „Fremdkörper"[347] in der vergleichenden Struktur des Gleichheitssatzes als die Anerkennung von verbotenen Ungleichbehandlungen. Denn in dem Moment, wo die Adäquanzanforderung in die Formulierung der Einzelbehandlung integriert wird, bringt der Vergleich von verschiedenen Personen keinen Mehrwert mehr, die Verschiedenheit der so definierten Behandlungen wird gewissermaßen ganz unproblematisch; das Problem ist von einem Gleichheits- zu einem Behandlungsproblem individualisiert worden.

e) Argument gesetzgeberischer Überforderung

Wenn gegen ein im Gleichheitssatz enthaltenes Differenzierungsgebot schließlich eingewendet wird, daraus ergäben sich „unzählige Gesetzgebungsaufträge, denn die gleichmäßige Nichtbehandlung ungleicher Tatbestände

[344] Vgl. dazu auch *Kingreen*, in: Kahl u. a., Bonner Kommentar zum Grundgesetz, Art. 3 Rn. 288.

[345] Beispiel bei *Kempny/Reimer*, Die Gleichheitssätze, S. 70.

[346] Vgl. auch *Huster*, in: Friauf/Höfling, Berliner Kommentar zum Grundgesetz, Art. 3 Rn. 55 (Fn. 99).

[347] Vgl. *Kempny/Reimer*, Die Gleichheitssätze, S. 71, wo die „verbotene Gleichbehandlung" als Fremdkörper bezeichnet wird.

würde gegen den Gleichheitssatz verstoßen",[348] so wird dabei insbesondere das Anpassungspotenzial richterlicher Rechtsfortbildung verkannt.

Richtig ist zwar, dass jede Gesetzesnorm für sich betrachtet zu einer unüberschaubaren Vielzahl von „gleichmäßigen Nichtbehandlungen" außerhalb ihres Anwendungsbereichs führt. Zu Gesetzgebungsaufträgen führt dies aber noch nicht, da bei der Prüfung des Art. 3 Abs. 1 GG nicht eine isolierte Gesetzesnorm, sondern die Adäquanz einer konkreten Behandlung zu beurteilen ist. Insofern müssen alle anwendbaren Gesetze für den fraglichen Fall beachtet werden.

Art. 3 Abs. 1 GG verbrieft dagegen kein Recht auf eine bestimmte Behandlung, auch nicht im Rahmen des Ungleichbehandlungsgebots.[349] Wenn ein Gesetz gegen das Differenzierungsgebot verstößt, folgt daraus ebenso wie im Falle des Gleichbehandlungsgebots nur, dass die Gleichbehandlung aufzulösen ist, aber nicht, wie dies zu geschehen hat.[350]

In der gleichheitsrechtlichen Betrachtung existieren keine „Nichtbehandlungen", jeder einzelne Fall wird auf eine bestimmte Weise behandelt, und sei es allein im Wege einer unterlassenen Regelung. Im Rahmen des Art. 3 Abs. 1 GG – sowohl in der Ausformung als Gleichbehandlungs- als auch als Ungleichbehandlungsgebot – lassen sich daher nicht „zahllose" Behandlungen einfordern, sondern jeweils nur eine konkrete Behandlung mit einer anderen vergleichen.

Verfassungswidrige Gleichbehandlung durch den Gesetzgeber, die einen „Gesetzgebungsauftrag" nach sich ziehen würde, kommt gerade nicht durch „gleichmäßige Nichtbehandlung" in Betracht, denn mit einer „Nichtbehandlung" kann man im Rahmen des Art. 3 Abs. 1 GG keinen Vergleich anstellen. Vielmehr sind es die gesetzgeberischen Gleichbehandlungen im Wege der einheitlichen Erfassung durch dasselbe Gesetz, d.h. die positive Anordnung einer einheitlichen Rechtsfolge für verschiedenen Sachverhalte, die zu einer verfassungswidrigen Gleichbehandlung führen kann. Hier entsteht aber kein neuer Gesetzgebungsauftrag, sondern es wird lediglich die verfassungskonforme Ausübung bereits genutzter Gesetzgebungskompetenz eingefordert.

Soweit diese konkret problematischen Gleichbehandlungen unwillkürlich sind, ist der Gesetzgeber durch die richterliche Rechtsfortbildung entlastet.

---

[348] *Rüfner*, in: Festschrift für Martin Kriele, S. 271 (279).

[349] Anders aber *Rüfner*, in: Festschrift für Martin Kriele, S. 271 (279).

[350] BVerfG, Beschluss vom 02.07.91 – 1 BvR 468/91 = DtZ 1991, 376: „Aus Art. 3 I GG ergibt sich kein Verfassungsauftrag, der Ungleichheit von Sachverhalten gerade durch bestimmte abweichende Regelungen Rechnung zu tragen; vielmehr ist es grundsätzlich Sache des Gesetzgebers, auf welche Weise er eine gebotene Gleich- oder Ungleichbehandlung durchführt." (3. LS).

Sie nimmt ebenjene Aufgabe wahr, konkrete Regelungen in Bezug auf zu weit oder zu eng geratene Anwendungsbereiche zu modifizieren, soweit dies in Anbetracht des Art. 3 Abs. 1 GG erforderlich ist.

f) Symmetrischer Gleichheitssatz und symmetrische Rechtsfortbildung

Daher ist an der symmetrischen Struktur des Gleichheitssatzes festzuhalten. Sie erlaubt es nicht nur, das adressierte Problem auf verschiedenen Wegen zu beschreiben (was als Vorteil verstanden werden sollte), sondern verdeutlicht, dass der Staat Unterschiede und Gemeinsamkeiten gleichermaßen zu berücksichtigen hat. Art. 3 Abs. 1 GG ist eben nur seiner Formulierung nach ein Gleichheits-, der Sache nach aber ein Adäquanzsatz.[351]

Dass Art. 3 Abs. 1 GG so einseitig formuliert und effektuiert wurde, lässt sich gut aus dem historischen Zusammenhang heraus erklären. Der zum Entstehungszeitpunkt des Gleichheitssatzes augenscheinliche Fall inadäquater Behandlung war die überkommene Privilegierung gesellschaftlicher Stände, worauf letztlich auch die Formulierung des Art. 3 Abs. 1 GG zurückgeht.[352] Übermäßige staatliche Gleichbehandlungen waren schlicht kein relevantes Problem. Dass die Anfangszeit des Gleichheitssatzes stark von ungerechtfertigten Ungleichbehandlungen geprägt war, ist jedoch kein Grund, seine Reichweite auf diese zu beschränken. Das Pendel kann nämlich durchaus auch zu der anderen Seite ausschlagen, wenn staatlicherseits real existierende Unterschiede nicht angemessen berücksichtigt werden. Eine solche Entwicklung ist mit Blick auf eine immer weitreichendere Ausdifferenzierung und Pluralisierung der Gesellschaft sogar durchaus zu erwarten.

Relevanz kommt dem gleichheitsrechtlichen Differenzierungsgebot heute jedenfalls bei der richterlichen Rechtsfortbildung zu. Denn auch wenn sich diese Seite des Gleichheitssatzes in der Verfassungsrechtsprechung aus verschiedenen Gründen als nur wenig bedeutsam erwiesen hat, so ist sie bei der Modifikation gesetzlicher Tatbestände doch ebenso bedeutsam wie das Gleichbehandlungsgebot. So wie die Analogie ein Instrument zur Effektivierung des Gleichbehandlungsgebots bei zu engen gesetzlichen Tatbeständen ist, so ist spiegelbildlich dazu die Restriktion ein Mittel zur Verwirklichung

[351] Vgl. dazu *Konrad*, Gleichheit und Differentiation, S. 259 – „Im verfassungsrechtlichen Kontext geht es hier also um eine Kritik der politischen Gestaltung im Wege eines Kurzschlusses mit der Umwelt nach Maßgabe einer Adäquanz.“; dazu bereits vorstehend Punkt C. II. 4. c).

[352] Siehe zu Art. 137 Abs. 3 der Paulskirchenverfassung von 1849 („Alle Deutschen sind vor dem Gesetze gleich.“) *Kingreen*, in: Kahl u. a., Bonner Kommentar zum Grundgesetz, Art. 3 Rn. 9.

gebotener Ungleichbehandlung. Die „symmetrische Form“[353] des Gleichheitssatzes, an welchen die Rechtsprechung gebunden ist, führt zu einer in gleicher Weise symmetrischen Form der Rechtsfortbildung.

III. Grenzen vergleichender Rechtsfortbildung

Die internen Grenzen der Rechtsfortbildung bestimmen sich nach ihrem verfassungsmäßigen Zweck. Ein bedeutsamer Zweck, der im Rahmen dieser Arbeit untersucht wurde, ist die Realisierung von verfassungsrechtlich gebotenen Gleich- oder Ungleichbehandlungen durch richterliche Modifikation gesetzlicher Tatbestände. Die Bindung des Richters an den Gleichheitssatz beschränkt demnach von vornherein, was dieser im Wege der Rechtsfortbildung überhaupt erreichen kann. Diese internen Grenzen betreffen dabei zum einen die Argumente, die zur Begründung einer Rechtsfortbildung überhaupt zulässig sind, zum anderen aber auch die Frage, in welchem Umfang seine Modifikation Geltung beanspruchen kann.

1. Primat gesetzgeberischer Entscheidung

Das Primat der gesetzgeberischen Entscheidung nimmt dabei eine Sonderstellung ein: Zum einen ist es der für die Kompetenzfrage entscheidende Aspekt, weil nur die Verfassungsgerichte Entscheidungen gegen den Willen des Gesetzgebers treffen können; zum anderen dient die Rechtsfortbildung nicht dem Zweck, alle möglichen Gleichheitsprobleme zu lösen, sondern nur jene, die durch keine gesetzgeberische Intention getragenen werden.

Hat der Gesetzgeber eine inadäquate Behandlung in einem durch das Gericht zu entscheidenden Fall intendiert, darf der Richter dies nicht mittels eigener Rechtsfortbildung umgehen. An der Frage, ob eine politische Entscheidung des Gesetzgebers der Rechtsfortbildung entgegensteht, entscheidet sich aber nicht, ob der Fachrichter überhaupt tätig werden darf, sondern nur wie; d. h. insbesondere ob er selbst die notwendige Modifikation vornehmen oder das Gesetz dem Bundesverfassungsgericht zur Entscheidung vorlegen muss. Wenn die Analogie allein an der „Planwidrigkeit“ der gegebenen „Regelungslücke“ scheitert und die „Interessenlage“ vergleichbar ist, muss das Gesetz demnach vorgelegt werden. Ob das Verfassungsgericht dann entgegen dem gesetzgeberischen Willen modifizieren darf, ist eine andere Frage. Nach der hier vertretenen Ansicht gilt das Primat der gesetzgeberischen Entscheidung

[353] *Pietzcker*, in: Merten/Papier, Handbuch der Grundrechte in Deutschland und Europa, § 125 Rn. 16 ff.

auch gegenüber den Verfassungsgerichten, sie können diese Entscheidung daher nur verwerfen, aber nicht inhaltlich abändern.[354]

Es ist bereits herausgestellt worden, dass das Konzept eines gesetzgeberischen Willens eine Fiktion darstellt, die der Realität parlamentarischer Willensbildungsprozesse kaum gerecht wird.[355] Die in diesem Zusammenhang aufgezeigten Bedenken sind hier erneut anzubringen. Als Begrenzung taugt das Konzept des gesetzgeberischen Willens jedoch für solche Fälle, in denen eine positive Entscheidung im Sinne einer Beachtung der Fallkonstellation aus den zur Verfügung stehenden Materialen hinreichend ersichtlich ist, etwa wenn der Fall ausweislich der Protokolle diskutiert wurde oder dem Gesetzgeber das Wissen um diesen Fall zuzurechnen ist. Insofern ist auch bei nicht ausdrücklich erwähnten Konstellationen von einer gesetzgeberischen, die Rechtsfortbildung verbietenden Entscheidung ausgehen, wenn der Fall sich mit hinreichender Klarheit aufdrängt und der Gesetzgeber ihn daher mit an Sicherheit grenzender Wahrscheinlichkeit vorausgesehen haben muss.

Zu beachten ist, dass die „Beweislast" insofern bei dem rechtsfortbildenden Richter liegt. Er muss, um seine Kompetenz in konkreten Fall zu begründen, darlegen, dass der Fall gerade nicht von einer gesetzgeberischen Entscheidung umfasst wird. Dies stellt einen Unterschied gegenüber einer Rechtsfortbildungskonzeption dar, welche die Modifikation als eine Ausprägung des vom Gesetzgeber „eigentlich Gewollten" darzustellen versucht, was das Unterschieben eigener Wertungen begünstigt.

Die Rechtsfortbildungskompetenzen der Judikative sollen dem Umstand Rechnung tragen, dass der Gesetzgeber aus strukturellen Gründen keine vollkommen adäquaten Gesetze produzieren kann. Dazu fehlen ihm notwenige Informationen, die erst bei der Rechtsanwendung zu Tage treten.[356] Legitimer Zweck der Rechtsfortbildung ist es daher, Gleich- bzw. Ungleichbehandlungsprobleme zu lösen, die aus dieser mangelnden Information sowie den Grenzen der Sprache in Bezug auf abstrakt-generelle Regelungen entstanden sind. Nur insofern kann Art. 3 Abs. 1 GG als Rechtsfortbildungsgleichheit dem (im Ausgangspunkt zur Modifikation unbefugten) Richter überhaupt die Kompetenz einräumen, geltendes Recht an den zu entscheidenden Fall anzupassen. Für Fallkonstellationen, die der Gesetzgeber bereits kannte, ergibt sich aber kein (struktureller) Fortbildungsbedarf, weil die Rechtsfortbildung nicht die allgemeine Gesetzeskorrektur zum Ziel haben kann.

Das bedeutet indes nicht, dass gesetzgeberisch intendierte Ungleichbehandlungen weniger problematisch wären. Diese Gleichheitsprobleme führen aber

---

[354] Dazu bereits vorstehend Punkt C. II.

[355] Dazu vorstehend Punkt C. I. 2. c).

[356] Siehe dazu vorstehend Punkt C. II. 2. c).

zu einer Verfassungswidrigkeit, die eben nicht mehr durch richterliche Modifikation „geheilt" werden kann. Die erforderliche Modifikation darf in diesen Fällen nur der Gesetzgeber selbst vornehmen. Zugleich ist damit seine politische Verantwortlichkeit für verfassungswidrige Regelungsentscheidungen gewährleistet.[357]

2. Begrenzung auf die Wirksamkeit im Einzelfall

Weitere Begrenzung erfährt die Rechtsfortbildung, indem ihre Wirkung auf den Einzelfall reduziert ist. Kein Gericht kann das Gesetz auf abstrakt-genereller Ebene verändern, mit Ausnahme verfassungsgerichtlicher Entscheidungen, soweit diesen (durch gesetzliche Anordnung, vgl. § 31 BVerfGG) Gesetzeskraft zukommt.

Zumindest fachrichterliche Rechtsfortbildung wirkt daher stets nur in Bezug auf den entschiedenen Einzelfall, Dritte sind daran nicht gebunden. Dies ergibt sich aus der Gleichheitsbindung des Richters insofern, als zur Lösung des Gleichbehandlungsproblems in dem zu entscheidenden Fall auch nur eine Modifikationswirkung in diesem Fall erforderlich ist.

Nichts anders gilt letztlich auch für höchstrichterliche Rechtsprechung.[358] Zwar mag es verschiedene Pflichten zur Beachtung höchstrichterlicher Entscheidungen geben, richterliche Modifikationen werden dadurch aber noch nicht zum Gesetzesinhalt, Rechtsprechungsänderungen nicht zu Gesetzesänderungen. Vielmehr können insbesondere die Instanzgerichte lediglich zu einer gleichförmigen Wiederholung der Rechtsfortbildung in vergleichbaren Fällen verpflichtet sein. Diese Pflicht besteht allerdings ohnehin, soweit man Rechtsfortbildung als Konsequenz der richterlichen Gleichheitsbindung begreift, und endet dementsprechend dort, wo die Sachverhalte nicht mehr vergleichbar (d. h. nicht mehr ähnlich genug) sind.

Die Regelungsadressaten müssen dagegen in keinem Fall Rechtsprechungsakte beachten, die nicht an sie persönlich adressiert sind. Insofern gilt etwa § 618 Abs. 3 BGB für die Parteien des Werkvertrags eben nicht, auch kann von „entsprechender Geltung" keine Rede sein.[359] Die Regelung wird lediglich immer wieder analog auf sie angewendet. Für jede einzelne Modifikation stellt sich daher die Frage nach ihrer Verfassungsmäßigkeit aufs Neue, und

---

[357] Zu dem Problem der politischen Verantwortlichkeit siehe vorstehend Punkt B. II. 3.

[358] Zu den Besonderheiten der höchstrichterlichen Rechtsfortbildung siehe *Chr. Schönberger*, in: VVDStRL 71, S. 296 (318).

[359] Zu dem Beispiel der analogen Anwendung des § 618 Abs. 3 BGB siehe vorstehend Punkt B. II. 3. d).

dem Verweis auf das Präjudiz kann stets das Argument sich verändernder Verhältnisse entgegengehalten werden.

Mit der Begrenzung auf den Einzelfall geht einher, dass auch lang tradierte Rechtsfortbildungen den gesetzlichen Modifikationsbedarf nicht befriedigen können. Dies vermag nur der Gesetzgeber selbst zu bewerkstelligen. Auch allgemein be- und anerkannte Rechtsfortbildungen entbinden den Gesetzgeber daher nicht von seiner Nachbesserungspflicht, weil durch die Rechtsfortbildung das Gesetz gerade nicht geheilt, sondern lediglich immer wieder aufs Neue (ggf. in gerechtfertigter Weise) „missachtet" wird.

3. Begrenzung auf den Vergleich

Die zweite Grenze der Rechtsfortbildung ist eine methodische: Der rechtsfortbildende Richter ist bei seiner durch Art. 3 GG veranlassten Modifikation auf die Methode des Vergleichens und in der Konsequenz auf die Erweiterung oder Verengung des problematischen Tatbestands reduziert. Seine Rechtsfortbildung kann daher von vornherein auch nur tatbestandsbezogen sein, die Rechtsfolge ist zumindest im Rahmen einer gleichheitsrechtlich gebotenen Rechtsfortbildung unantastbar.

Dadurch sind der Kreativität und damit auch dem Missbrauchspotenzial richterlicher Rechtsfortbildung erhebliche Schranken gesetzt. Der Richter darf nicht selbst entscheiden, was eine sinnvolle, angemessene oder zweckdienliche Behandlung wäre, sondern „lediglich" beeinflussen, ob eine bestimmte Person eine bereits feststehende Behandlung erhalten bzw. nicht erhalten soll.

Zugleich muss er seine Tatbestandsmodifikation gerade mit dem Vergleich zwischen dem vorliegenden und einem geregelten Fall begründen können, was die Entscheidung nicht nur rationalisiert und auch verfassungsrechtlich nachprüfbar macht, sondern die zulässigen, seine Rechtsfortbildung stützenden Argumente von vornherein wesentlich begrenzt. Die Vergleichsmasse, aus welcher der Richter solche Argumente ableiten kann, verengt sich auf einen realen, ihm zur Entscheidung vorliegenden Sachverhalt sowie die von der fortzubildenden Regelung ansonsten erfassten, d.h. abstrahiert-modellhaften Fälle. Die Vergleichsgruppen sind dem rechtsfortbildenden Richter in diesem Sinne bereits vorgegeben, ebenso wie der Umstand, ob eine Gleich- oder Ungleichbehandlung vorliegt; denn gilt nach dem Gesetz für beide die gleiche Rechtsfolge, liegt eine gesetzliche Gleichbehandlung vor, gilt die Rechtsfolge dagegen nur für die Vergleichsperson, so liegt eine Ungleichbehandlung vor.

Ebenfalls determiniert ist insofern die Wahl, wie das Gleichheitsproblem aufgelöst werden kann, weil sich die Modifikationsmöglichkeiten des Richters von vornherein auf den ihm zur Entscheidung anvertrauten Fall beschränken. Er hat also, anders als regelmäßig der Gesetzgeber, keine Auswahl, auf welchem Wege die notwendige Gleichbehandlung erwirkt werden soll.[360]

Aus dem Umstand, dass bei der Rechtsfortbildung stets ein realer Sachverhalt mit einem juristischen, nur in der tatbestandlichen Abstraktion existierenden und daher modellhaften Fall verglichen wird, ergeben sich weitere besondere Einschränkungen der Rechtsfortbildung. Denn während der reale Fall ja tatsächliche Eigenschaften besitzt, die von der betreffenden Person vorgetragen und vom Richter als faktische Umstände erkannt werden können, existiert der Vergleichsfall nur in einer tatbestandlichen Beschreibung.

Während also bei der Prüfung einer Gleichbehandlungsverpflichtung des Gesetzgebers zwei reale Fälle (oder besser: Personen) verglichen werden, d. h. Unterschiede und Gemeinsamkeiten in Hinblick auf tatsächliche Eigenschaften ermittelt werden können, muss der rechtsfortbildende Richter die „Eigenschaften" des geregelten Falles erst durch Auslegung konstruieren. Seine Beschreibung des Vergleichsfalles ist dabei zugleich eine Interpretation des Gesetzes.

Dadurch wirkt eine doppelte Begründungslast; zum einen muss der Richter seine Auslegung des Gesetzes begründen, d. h. welche Eigenschaften er dem „geregelten Fall" zuschreibt, und zum anderen muss er die Ähnlichkeit (aber gerade nicht die Identität) zwischen dem zu entscheidenden und dem geregelten Fall begründen. Die Festlegung auf die vergleichende Argumentation zwingt ihn gewissermaßen, in einem ersten Schritt gegen die Anwendbarkeit des Gesetzes zu argumentieren, denn wenn er die Eigenschaften des geregelten Falles so konstruierte, dass diese mit dem zu entscheidenden Falle identisch sind, entfiele ja die Notwendigkeit der Rechtsfortbildung.

Erst in einem zweiten Schritt begründet der rechtsfortbildende Richter dann die Modifikation. Der Umstand, dass der Vergleichsfall bei der Rechtsfortbildung nicht real ist, begrenzt dabei aber die Menge an Eigenschaften, die für einen Vergleich zur Verfügung stehen. Das vielbesagte tertium comparationis – dessen Bedeutung für die Gleichheitsdogmatik im Allgemeinen umstritten sein mag[361] – erlangt in Bezug auf die Rechtsfortbildung einen spezifisch disziplinierenden Charakter, weil tatbestandlich beschriebene Sachverhalte eben keine realen Merkmale besitzen. Deswegen kann die Vergleichbarkeit der Fälle hier von vornherein nur hinsichtlich solcher Eigenschaften bestehen, die dem Gesetz als Tatbestandsvoraussetzungen zu entnehmen sind. Nur in

[360] Zu der „Alternativstruktur" der gleichheitsrechtlichen Verpflichtungen siehe etwa *Kempny/Reimer*, Die Gleichheitssätze, S. 158.

[361] Kritisch *Kischel*, AöR 1999, 174 (183); siehe auch *Kempny/Lämmle*, JuS 2020, 22 (26), Fn. 55 – „für die praktische Anwendung weder erforderlich noch brauchbar"; dagegen für die Bedeutung in Bezug auf die Analogie *Kriele*, Theorie der Rechtsgewinnung, S. 206 f.

Hinblick auf diese kann der rechtsfortbildende Richter überhaupt Ähnlichkeiten feststellen und sich argumentativ zu Nutze machen. Er bleibt daher auch bei seiner Modifikation strukturell an die Tatbestandskonstruktion des Gesetzgebers gebunden.

So kann etwa argumentiert werden, der Dienstvertrag sei ein dem Werkvertrag so ähnliches Schuldverhältnis, dass eine analoge Anwendung des § 618 Abs. 3 BGB geboten ist. Es wären auch weitere Analogien zugunsten anderer, ebenfalls ähnlicher Schuldverhältnisse denkbar. Begrenzt wird die Menge an möglichen Rechtsfortbildungen aber dadurch, dass jedenfalls ein Schuldverhältnis vorliegen muss, welches dann auf seine Ähnlichkeit hin untersucht werden kann.

In der Gesamtschau sind die durch vergleichende Rechtsfortbildung eingeräumten richterlichen Spielräume somit nicht unerheblich dezimiert: Der Richter hat weder eine echte Wahl, welche Fälle verglichen werden, noch in Bezug auf was. Es kommt ihm auch keine Auswahl bei den denkbaren „Erfüllungsalternativen" nach Feststellung der Ähnlich- bzw. Unähnlichkeit zu. Zudem muss er, weil die Rechtsfortbildung allein über die Gemeinsamkeiten und Unterschiede der verglichenen Fälle begründet werden kann, seine Wertungen offenlegen und damit einer Überprüfung zugänglich machen. Schließlich beschränken sich seine Modifikationsmöglichkeiten auf den Tatbestand der Regelungen, weil der Gleichheitssatz nur einen Vergleich der Behandelten, nicht der Behandlungen vorsieht.

Insbesondere in der anerkannten Methodik der Analogie sind diese Begrenzungen bereits angelegt. Gleichwohl führen die zum Teil unbestimmten Formulierungen der Analogievoraussetzungen bzw. die bisher nicht vorhandene Identifikation mit der Gleichheitssatzdogmatik zu unnötigen Unschärfen. Abgesehen von der problematischen Vorstellung einer „planwidrigen Regelungslücke", die ehrlicherweise als „Unanwendbarkeit ohne feststellbare gesetzgeberische Intention" verstanden werden sollte,[362] gilt dies vor allem in Hinblick auf den vergleichenden Teil der Analogievoraussetzungen. Hier bleiben die Vergleichsgegenstände und der Vergleichsmaßstab oft unklar. So ist etwa die diffuse Formulierung der „vergleichbaren Interessenlage"[363] eine allgemein anzutreffende Nebelkerze. Selbst wenn man darüber hinweggeht, dass bei dem einen, realen Fall ein Interesse tatsächlich vorliegt und bei dem anderen, nur tatbestandlich konstruierten Fall ein Interesse nur geschützt werden soll, und die „Interessenlagen" daher von vornherein nicht sinnvoll verglichen

362 Dazu vorstehend Punkt C. II. 1. c).

363 Die Voraussetzung so bezeichnend etwa *Danwerth*, ZfPW 2017, 230 (233); *Kuhn*, JuS 2016, 104 (104 f.); von „Wertungsgleichheit" spricht *Reimer*, Juristische Methodenlehre, Rn. 577 ff.; vgl. auch *Kramer*, Juristische Methodenlehre, S. 148, wo „teleologische Entsprechung" gefordert wird.

werden können, bleibt noch, dass das „Interesse-Schützen-Sollen“ als Aspekt des Regelungszwecks der Modifikation nähersteht als der Interpretation.

Mit einem realen Sachverhalt sinnvoll verglichen werden kann nicht, was der Gesetzgeber wohl regeln wollte, sondern höchstens, was er tatsächlich geregelt hat. Insofern bringt die Identifizierung der Analogievoraussetzungen mit den Voraussetzungen des Art. 3 GG durchaus einen Zugewinn an Klarheit: Zum einen wird deutlich, dass die realen bzw. tatbestandlich formulierten Eigenschaften der Fälle zu vergleichen sind, nicht deren Interessen, und zum anderen wird auch der Vergleichsmaßstab in dem Maße deutlich, wie es der Dogmatik des Art. 3 Abs. 1 GG entspricht.

Dieses Begründungsmuster lässt sich auch auf die anderen tatbestandsmodifizierenden Rechtsfortbildungsinstrumente übertragen, deren methodische Voraussetzungen teilweise weit weniger entwickelt sind. Zu nennen sind neben der Restriktion, die ebenfalls als Ergebnis richterlicher Bindung an Art. 3 Abs. 1 GG begriffen werden sollte und bei der es entsprechend auf die Unterschiede von realem und geregeltem Fall ankommt, etwa der Erst-Recht-Schluss, der wie die Analogie eine Tatbestandserweiterung zur Folge hat und insofern identisch begründet werden muss.[364]

4. Keine Rechtsfortbildungsgleichheit im Unrecht

Allgemeine, gleichheitsdogmatische Einschränkungen gelten auch für die vergleichende Rechtsfortbildung. Relevant ist dabei vor allem die bekannte „Ausnahme“, dass eine Gleichbehandlung mit einer rechtswidrigen Behandlung nicht erfolgreich verlangt werden kann.[365] Gleichheitsdogmatisch begründen lässt sich dies – worauf etwa Kempny und Reimer überzeugend hinweisen – mit Blick auf die möglichen Erfüllungsalternativen eines Gleichbehandlungsanspruches, d.h. mit Blick auf die Rechtsfolgen.[366]

Richtigerweise ist der Vergleich mit einem rechtswidrig geregelten Fall durchaus im Ausgangspunkt zulässig. Der durch den Gleichheitssatz Verpflichtete vermag sich insofern nicht mit dem Argument zu wehren, die Behandlung der Vergleichsperson sei rechtswidrig, solange er dem Verlangen nach Gleichbehandlung durch eine Änderung ebendieser Behandlung entsprechen kann.[367]

---

364 Siehe allgemein zu den „einfachen“ Formen der Rechtsfortbildung *Möllers*, Juristische Methodenlehre, S. 229 ff.

365 Siehe dazu nur *Reimer*, RW 2017, 1; *Randelzhofer*, JZ 1973, 536.

366 *Kempny/Reimer*, Die Gleichheitssätze, S. 169.

367 *Reimer*, RW 2017, 1 (15); anders aber wohl *Huster*, in: Friauf/Höfling, Berliner Kommentar zum Grundgesetz, Art. 3 Rn. 129 ff. mit dem Verweis darauf, dass durch die illegale Besserbehandlung primär ein „Interesse der Allgemeinheit an der Rechts-

Für den rechtsfortbildenden Richter ergibt sich hier allerdings die Besonderheit, dass seine Kompetenzen von vornherein nur für eine Modifikation der gesetzlichen Behandlung des Falles ausreichen, der ihm zur Entscheidung vorliegt. Auf den Regelungsinhalt im Ganzen hat er keinen Einfluss, was eine der beiden Erfüllungsalternativen a priori ausschließt.

Somit ist in Fällen, wo eine Rechtsfortbildung auf die Erweiterung einer rechtswidrigen Behandlung hinauslaufen würde, keine der denkbaren Erfüllungsalternativen für den Richter legal, das Problem mithin nicht im Wege der Rechtsfortbildung lösbar. Insofern gibt es, unabhängig von der Verortung des Problems in der allgemeinen Grundrechtsdogmatik, jedenfalls keine Rechtsfortbildungsgleichheit im Unrecht in dem Sinne, dass daraus ein Anspruch auf richterliche Modifikation abgeleitet werden könnte.

5. Bindung an höherrangiges Recht

Wenngleich der Gleichheitssatz richterliche Modifikationen dem Grunde nach zu rechtfertigen vermag, so bleibt der Richter dabei doch vollumfänglich an das gesamte höherrangige Recht gebunden. Seine Fortbildungskompetenz stellt ihn nicht von seiner Verfassungsbindung im Übrigen frei.

Wie sich die sonstigen Bindungen des rechtsfortbildenden Richters auf die Verfassungsmäßigkeit seiner Modifikation auswirken, hängt ganz wesentlich davon ab, ob diese für den Betroffenen begünstigend oder belastend ist. Der rechtsfortbildende Richter bleibt vor allem an das verfassungsrechtliche Rechtsfortbildungsverbot des Art. 103 Abs. 2 GG gebunden.[368] Unklar ist allerdings der Umfang dieser Sperre; neben dem evident bestehenden Rechtsfortbildungsverbot in Bezug auf Straf- und Ordnungswidrigkeitenrecht[369] stellt sich vor allem die Frage, ob sonstige belastende Regelungen des öffentlichen Rechts analogiefähig sind (oder ob begünstigende Regelungen im Wege der Restriktion unangewendet bleiben dürfen).[370]

Eine kategorische Trennung zwischen öffentlichem Recht und Privatrecht ist dabei aber wenig sinnvoll, weil beide Rechtsgebiete zum einen nicht kate-

---

treue der Verwaltung“ betroffen sei (Rn. 131). Ob aus diesem Allgemeininteresse ein im Sinne des Gleichheitssatzes beachtliches Individualinteresse wird, hängt nach der hier vertretenen Ansicht aber gerade von den Unterschieden und Gemeinsamkeiten der verglichenen Sachverhalte und dem insofern anzuwendenden Prüfungsmaßstab des Art. 3 Abs. 1 GG ab, nicht aber von der rechtlichen Bewertung der einzelnen Behandlungen.

368 Dazu vorstehend Punkt C. I. 2. a).

369 Statt vieler nur *Schulze-Fielitz*, in: Dreier, Grundgesetz, Art. 103 Abs. 2 Rn. 46 ff.; *Nolte/Aust*, in: Mangoldt u. a., Grundgesetz Art. 103 Rn. 105.

370 Dazu bereits vorstehend Punkt C. I. 2. a).

gorisch abgegrenzt werden können[371] und zum anderen gleichermaßen belastende Rechtsnormen enthalten. Den Bürger lediglich begünstigende Analogien sind tatsächlich eher im Verwaltungsrecht denkbar, da sich hier regelmäßig Staat und Bürger als Streitparteien gegenüberstehen. Eine Rechtsfortbildung zulasten des Staates ist aus grundrechtlicher Perspektive regelmäßig rein begünstigend, weil der Bürger dabei entweder von einer Pflicht befreit wird oder ein Recht erhält.

Im Zivilprozess erweist sich die Rechtsfortbildung dagegen regelmäßig als für eine der Prozessparteien belastend, weil die Anwendung einer gesetzlichen Anspruchsgrundlage zu Gunsten der einen Partei zwangsläufig zulasten der anderen erfolgt. An potenziell belastenden zivilrechtlichen Regelungen mangelt es dabei nicht, weil letztlich jede die Vertragsfreiheit einschränkende, indisponible Regelung freiheitsbegrenzend ist, ebenso wie etwa zivilrechtliche Inhalts- und insbesondere Schrankenbestimmungen des Eigentums.

Insofern erscheint es wenig sinnvoll, nach der Vor- oder Nachteilhaftigkeit sowie der Zugehörigkeit der fortzubildenden Gesetze zu einem Rechtsgebiet zu unterscheiden. Geht man von einer am Gleichheitssatz orientierten Rechtsfortbildung aus, erledigen sich überdies viele problematische Fälle „von selbst". Denn jedenfalls im Staat-Bürger-Verhältnis kann Art. 3 Abs. 1 GG von vornherein keine Rechtsfortbildung zugunsten des Staates legitimieren, weil die Nachteiligkeit der Ungleichbehandlung für den Behandelten zum Tatbestand des Gleichheitssatzes gehört.[372] Daher kommt eine Rechtsfortbildung nach der hier vertretenen Konzeption ohnehin nur bei Fallen in Betracht, in denen es um die Verhinderung nachteiliger gesetzlicher Behandlungen von Grundrechtsberechtigten geht.

Zu beachten ist allerdings, dass das geregelte Rechtsgebiet durchaus einen Einfluss auf die anzunehmende Tragweite der politischen Entscheidung des Gesetzgebers haben kann. Dies betrifft insbesondere die Frage, wie ein Schweigen des Gesetzgebers oder eine unklare Formulierung zu interpretieren ist. Gerade wegen des Prinzips der Gesetzmäßigkeit der Verwaltung und Art. 103 Abs. 2 GG muss dem Gesetzgeber vor Augen stehen, dass es im Bereich des Straf- und Ordnungswidrigkeitenrechts sowie der Eingriffsverwaltung in besonderem Maße auf die Ausdrücklichkeit der Regelungen ankommt. Die Bewertung der politischen Entscheidung in Bezug auf die Ausformung des Tatbestands hat insofern unter besonderer Berücksichtigung des Umstands zu erfolgen, dass der Gesetzgeber wissen musste, dass in unklaren Fällen keine Rechtsfolge eintreten wird. Der gesetzgeberischen Entscheidung ist daher in diesen Zusammenhängen in erhöhtem Maße auch das Ungesagte zuzurechnen.

---

371 *Krüper*, in: VVDStRL 79, S. 43 (89); *Becker*, NVwZ 2019, 1385 (1392).

372 *Kempny/Reimer*, Die Gleichheitssätze, S. 71 ff. m. w. N.

D. Zusammenfassung in Thesen

1. Bei der Gesetzesanwendung treten Probleme auf, wenn das einschlägige Gesetz den zu entscheidenden Lebenssachverhalt nicht adäquat regelt (Adäquanzprobleme, siehe Abschnitt C. II. 2. g)). Richterliche Rechtsfortbildung kann als ein Mechanismus verstanden werden, diese Adäquanzprobleme zu überwinden.

2. Adäquanzprobleme finden ihre systematische Ursache in der Informationsasymmetrie zwischen Legislative und Judikative, welche mit der Trennung dieser Staatsgewalten einhergeht. Die Rechtsprechung erhält durch ihre Anwendungspraxis Informationen über einzelne Anwendungsfälle des Gesetzes, welche durch den Gesetzgeber nicht vorhergesehen werden konnten. Der Anwendungsbereich einer Norm kann den unvorhergesehenen Fall erfassen und eine inadäquate Rechtsfolge anordnen; oder eine angemessene Rechtsfolge zwar bereithalten, ohne aber den unvorhergesehenen Fall tatbestandlich zu erfassen (siehe Abschnitt C. II. 2. c)).

3. Adäquanzprobleme ergeben sich nicht (nur) aus einer Bewertung der Rechtsfolge unter Berücksichtigung des zu entscheidenden Falls, sondern insbesondere (auch) aus einer vergleichenden Betrachtung des zu entscheidenden und des gesetzlich geregelten Falls. Der reale Sachverhalt kann dem tatbestandlich umschriebenen Fall wertungsmäßig gleichkommen (lat. adaequare: vergleichen/gleichkommen) oder sich von diesem unterscheiden (siehe Abschnitt C. II. 2. c)).

4. Adäquanzprobleme können eine tatbestandliche Modifikation des Gesetzes erforderlich machen. Das Gesetz muss insbesondere veränderten Gegebenheiten angepasst werden, die zum Auftreten neuer, unvorhergesehener Sachverhalte führen. Diese neuen Sachverhalte müssen entweder aus dem Anwendungsbereich des Gesetzes herausgenommen (Restriktionsbedürfnis) oder dort hinzugefügt werden (Analogiebedürfnis). Diese Anpassungsleistung wird seit jeher als Aufgabe der Rechtsprechung begriffen (siehe Abschnitt B. I. 1. c) sowie C. II. 2. c)).

5. Aus richterlicher Sicht ergeben sich verschiedene Wege, die notwendige Anpassung herbeizuführen. In Bezug auf ihre Auswirkungen auf das Gesetz stehen diese Wege in einem abgestuften Verhältnis.

   a) Stufe 1 – Auslegung: Der unvorhergesehene Fall wird im Wege der Auslegung berücksichtigt. Das Gesetz wird dabei so interpretiert, dass der unvorhergesehene Fall bedarfsgerecht erfasst beziehungsweise nicht erfasst wird. Die Begründung der gerichtlichen Entscheidung beruht dann auf dem einschlägigen Gesetz (siehe Abschnitt B.I.1.a)).

b) Stufe 2 – Rechtsfortbildung: Das Gericht kommt nach Auslegung des Gesetzes zu dem Ergebnis, dass der unvorhergesehene Fall nicht (adäquat) erfasst ist. Der Anwendungsbereich des Gesetzes wird sodann durch den Richter bedarfsgerecht angepasst, wobei offengelegt wird, dass das einschlägige Gesetz eigentlich einen anderen Inhalt hat. Die Begründung der gerichtlichen Entscheidung basiert hier nicht mehr auf dem Gesetz, sondern auf Anforderungen, welche der Richter an das Gesetz stellt. Diese Anforderungen können insbesondere praktischer oder verfassungsrechtlicher Natur sein (siehe Abschnitt B.I.1.c)).

c) Stufe 3 – Verwerfung: Das Gericht legt das modifikationsbedürftige Gesetz einem Verfassungsgericht zur Kontrolle vor. Eine Entscheidung auf Grundlage des aktuellen Gesetzes wird vermieden, da das Ausgangsverfahren bis zur Entscheidung über die verfassungsrechtliche Frage ausgesetzt wird (vgl. etwa § 81 BVerfGG). Neben einer zukünftigen Anpassung durch den Gesetzgeber wird dadurch auch eine verfassungsrichterliche Modifikation veranlasst, an welche das Fachgericht gebunden ist (siehe Abschnitt C.II.3.a)).

6. Besondere verfassungsrechtliche Probleme wirft die Rechtsfortbildung (Stufe 2) auf, da die gerichtliche Entscheidung hier nicht mehr ohne weiteres mit einer Bindung des Gerichts an das Gesetz (wie bei der Auslegung) oder an eine Entscheidung eines Verfassungsgerichts (wie bei der Verwerfung) begründet werden kann (siehe Abschnitt B.II.).

7. Bei belastenden richterlichen Rechtsfortbildungsakten ist eine Rechtsweggarantie nach Art. 19 Abs. 4 GG ausnahmsweise anzuerkennen. Die Gefahr einer endlosen Rechtsschutzschleife besteht bei Rechtsschutz gegen richterliche Rechtsfortbildung nicht, da die Kontrolle von Rechtsfortbildung nicht zwangsläufig selbst Rechtsfortbildung darstellt (siehe Abschnitt B.II.4.).

8. Mit Blick auf die verfassungsrechtlichen Probleme steht die Rechtmäßigkeit richterlicher Rechtsfortbildung unter verschiedenen Gesichtspunkten in Frage:

a) Aus staatsorganisationsrechtlicher Sicht greift die richterliche Rechtsfortbildung in den Kompetenzbereich des Gesetzgebers ein. Im Grundsatz obliegt allein diesem die Änderung, also auch die Anpassung von Gesetzen. Das Gericht ist nach Art. 20 Abs. 3, 97 Abs. 1 GG an das Gesetz in seiner inadäquaten Form gebunden und hat es grundsätzlich anzuwenden (siehe Abschnitt B. II. 1. a)).

b) Aus grundrechtlicher Sicht stellt sich die Frage nach der Gesetzmäßigkeit der Fortbildung und dem Vorbehalt des Gesetzes. Insbesondere bei belastender Rechtsfortbildung fehlt es an einer Grundlage im geschriebenen Recht (anders als bei der Auslegung). Bei einer nachträglichen, auf richterlicher Rechtsfortbildung beruhenden Entscheidung eines bereits abgeschlossenen Sachverhalts treten daher unter anderem Rückwirkungsprobleme auf (siehe Abschnitt B. II. 2.).

9. Die Bindung an das „Recht" im Sinne des Art. 20 Abs. 3 GG ist als Legitimationsquelle für richterliche Rechtsfortbildung untauglich, weil diese Bindung allein als Reserve gegen aus moralischen Gründen verwerfliche Gesetze (Unrecht) zu verstehen ist. Die Rechtsbindung lässt sich jedenfalls nicht zu einer generellen Fortbildungskompetenz der Judikative umdeuten (siehe Abschnitt C. I. 1. d)).

10 Die richterliche Rechtsfortbildung hat das Primat der gesetzgeberischen Entscheidung zu berücksichtigen. Sie kann insbesondere nicht gegen den erkennbaren Willen des Gesetzgebers erfolgen (siehe Abschnitt C. III. 1.).

11. Zugleich erweist sich der gesetzgeberische Wille beziehungsweise das sogenannte Regelungskonzept abseits klar erkennbarer Fälle als zur Begrenzung richterlicher Modifikationsmacht wenig geeignet. Jene Sachverhalte, für welche das Gesetz keine adäquate Lösung bereithält und für die eine Rechtsfortbildung erforderlich wird, sind typischerweise vom Gesetzgeber gerade nicht bedacht worden. Da im parlamentarischen Gesetzgebungsprozess aber regelmäßig kein einzelnes, kohärentes Konzept verfolgt, sondern zahlreiche, sich teilweise widersprechende Interessen und Konzepte in einem Kompromiss vereinigt werden, lassen sich kaum belastbare Aussagen darüber treffen, was der Gesetzgeber in dem unvorhergesehenen Fall geregelt hätte (siehe Abschnitt C. I. 3. c)).

12. In der Rechtsprechung des Bundesverfassungsgerichts werden die verfassungsrechtlichen Probleme nicht gelöst, sondern die Zulässigkeit der richterlichen Rechtsfortbildung schlicht postuliert. Das Gericht hat allerdings verschiedene Begrenzungen entwickelt, die auf beide Problembereiche abzielen, wobei der staatsorganisationsrechtliche Zugriff auf das Problem im Vordergrund steht (siehe Abschnitt B. II. am Anfang, B. II. 4. b) sowie C. I. 1. d)).

13. Die in der Literatur vertreten Positionen variieren zwischen einer weiträumigen Akzeptanz richterlicher Rechtsfortbildung (etwa bei Karl Larenz) und umfänglicher Ablehnung (etwa bei Christian Hillgruber). Gemeinsam ist den Positionen, dass sie im Wesentlichen um die richterliche Gesetzes-

bindung kreisen und darum streiten, welche Konsequenzen aus dem Widerspruch von Gesetzesbindung und Rechtsfortbildungspraxis zu ziehen sind (siehe Abschnitt C. I. 1.).

14. Bei der Diskussion wird insbesondere nicht hinreichend berücksichtigt, dass die Gesetzesbindung des Richters nicht allein das einschlägige einfache Recht umfasst, sondern auch das gesamte Verfassungsrecht. Soweit verfassungsrechtliche Gründe einer Anwendung des einfachen Rechts entgegenstehen, wird die Gesetzesbindung in sich widersprüchlich. Dieser Widerspruch kann durch Rechtsfortbildung aufgelöst werden; sie kann für den Richter durch die Verfassung geboten sein (siehe Abschnitt C. I. 4. sowie C. II. 1.).

15. Die verfassungsrechtlichen Bindungen des Richters gehen mit entsprechenden Ansprüchen der Prozessparteien einher. Insbesondere besteht ein Anspruch auf Gleichbehandlung, wenn ihr Sachverhalt mit dem gesetzlich geregelten Fall in wesentlichen Merkmalen vergleichbar ist. Spiegelbildlich dazu hat eine Prozesspartei einen Anspruch auf Ungleichbehandlung, wenn ihr Sachverhalt erhebliche Unterschiede gegenüber dem gesetzlich geregelten Fall aufweist. Diese Rechtsposition würde bei unmodifizierter Gesetzesanwendung übergangen; eine Rechtsfortbildung lässt sich dann mit der verfassungsrechtlichen Bindung an Art. 3 Abs. 1 GG begründen (siehe Abschnitt C. II. 2.).

16. Entsprechend zu der symmetrischen Struktur des allgemeinen Gleichheitssatzes lässt sich somit bei der richterlichen Rechtsfortbildung zwischen gleichbehandelnder und differenzierender Rechtsfortbildung unterscheiden, je nachdem, ob der zu entscheidende Sachverhalt in die Regelung miteinbezogen (und insofern gleichbehandelt) oder aus dieser ausgenommen (und insofern anders behandelt) wird (siehe Abschnitt C. II. 4.).

17. Der allgemeine Gleichheitssatz verpflichtet den Richter zu einer Gleichbehandlung von gesetzlich geregeltem Fall und tatsächlich zu entscheidendem Sachverhalt. Zwar liegt eine Behandlung durch den Richter selbst nur in Bezug auf den zu entscheidenden Sachverhalt vor. Als Rechtsprechungsorgan muss er sich jedoch die im Gesetz angelegte Behandlung des „geregelten Falles“ zurechnen lassen. Im Verhältnis der Legislative zur Judikative sieht die Verfassung gerade keine voneinander getrennten Kompetenzbereiche vor, die einer Anwendung des allgemeinen Gleichheitssatzes entgegenstehen könnten (siehe Abschnitt C. II. 2. b)).

18. Diese besondere richterliche Gleichheitsbindung, die sowohl Aspekte der sogenannten Rechtsanwendungs- wie auch der sogenannten Rechtssetzungsgleichheit vereint, kann als Rechtsfortbildungsgleichheit bezeichnet werden (siehe Abschnitt C. II. 2. h)).

19. Der Richter muss das einschlägige Gesetz nicht zwangsläufig einem Verfassungsgericht vorlegen, sodass insbesondere Art. 100 GG einer richterlichen Rechtsfortbildung nicht prinzipiell entgegensteht. Vielmehr zielt das Verwerfungsmonopol der Verfassungsgerichte auf den Schutz des gesetzgeberischen „Willens“ ab. Soweit der Gesetzgeber jedoch Anwendungsfälle nicht vorhergesehen hat, konnte er auch keine Entscheidung treffen, welche durch ein Verwerfungsmonopol geschützt werden müsste. Für die typischen Rechtsfortbildungskonstellationen greift Art. 100 GG daher seinem Sinn und Zweck nach nicht. Eine Monopolisierung richterlicher Modifikationskompetenz insbesondere beim Bundesverfassungsgericht sieht das Grundgesetz nicht vor (siehe Abschnitt C. II. 3.).

20. Der allgemeine Gleichheitssatz ist zugleich Grund und Grenze der Rechtsfortbildung.

    a) Der Richter kann zur Begründung seiner Rechtsfortbildung nicht auf die vergleichsweise unsichere Deutung des gesetzgeberischen Willens zurückgreifen, sondern hat auf Unterschiede und Gemeinsamkeiten des zu entscheidenden Sachverhalts und des geregelten Falls Bezug zu nehmen. Dieser Vergleich bildet insofern die Basis für Begründung von Rechtsfortbildungsakten. Dies erleichtert die Kontrolle von Rechtsfortbildung, weil die zugrundeliegenden Wertungen offengelegt werden müssen (siehe Abschnitt C. III. 3.).

    b) Im Rahmen einer vergleichenden Rechtsfortbildung ist der Richter darauf beschränkt, bereits geregelte Rechtsfolgen an- oder nicht anzuordnen. Er kann jedoch keine neuen Rechtsfolgen entwickeln (siehe Abschnitt C. III. 3.).

    c) Wegen der auf den konkreten Sachverhalt ausgerichteten Vergleichsperspektive wird deutlicher, dass die Rechtsfortbildung allein inter partes gilt und keine gesetzesgleiche, abstrakt-generelle Wirkung hat (siehe Abschnitt C. III. 2.).

Literaturverzeichnis*

Albers, Marion, Referat: Höchstrichterliche Rechtsfindung und Auslegung gerichtlicher Entscheidungen, in: VVDStRL 71, Berlin 2012, S. 257 ff.

Alexy, Robert, Theorie der Grundrechte, Frankfurt am Main 2006.

Alexy, Robert, Theorie der juristischen Argumentation: die Theorie des rationalen Diskurses als Theorie der juristischen Begründung, 8. Aufl., Frankfurt am Main 2015.

Alleweldt, Ralf, Bundesverfassungsgericht und Fachgerichtsbarkeit, Tübingen 2006.

Aust, Helmut/*Meinel*, Florian, Entscheidungsmöglichkeiten des BVerfG – Tenor, Systematik und Wirkungen, JuS 2014, 113.

Badura, Bernhard, Sprachbarrieren: zur Soziologie der Kommunikation, 2. Aufl., Stuttgart 1973.

Badura, Peter, Die verfassungsrechtliche Pflicht des gesetzgebenden Parlaments zur „Nachbesserung" von Gesetzen, in: Eichenberger, Kurt/Müller, Georg (Hrsg.), Staatsorganisation und Staatsfunktionen im Wandel: Festschrift für Kurt Eichenberger zum 60. Geburtstag, Basel 1982, S. 481 ff.

Baldus, Christian/*Theisen*, Frank/*Vogel*, Friederike (Hrsg.), „Gesetzgeber" und Rechtsanwendung: Entstehung und Auslegungsfähigkeit von Normen, Tübingen 2013.

Barczak, Tristan, Rechtsgrundsätze – Baupläne für die normative Einheits- und Systembildung, JuS 2021, 1.

Basedow, Jürgen, Das Zeitelement in der richterlichen Rechtsfortbildung – Einleitung zum Symposium, RabelsZ 2015, 237.

Beaucamp, Guy, Zum Analogieverbot im öffentlichen Recht, AöR 2009, 83–105.

Becker, Christian/*Martenson*, Jule, Asche zu Asche, Staub zu Staub – Wortlaut, möglicher Wortsinn und Sprachspielabhängigkeit von Bedeutung, JZ 2016, 779.

Becker, Florian, Öffentliches und Privates Recht, NVwZ 2019, 1385.

Benda, Ernst/*Klein*, Eckard/*Klein*, Oliver, Verfassungsprozessrecht, 4. Aufl., Heidelberg 2020.

Bertschi, Martin (Hrsg.), Demokratie und Freiheit, Stuttgart 1999.

Böckenförde, Ernst-Wolfgang, Die Methodik der Verfassungsinterpretation – Bestandsaufnahme und Kritik, NJW 1976, 2089.

Bork, Reinhard, Allgemeiner Teil des Bürgerlichen Gesetzbuchs, 4. Aufl., Tübingen 2016.

---

* Hinsichtlich der verwendeten Abkürzungen wird auf das Verzeichnis bei *Kirchner*, Abkürzungsverzeichnis der Rechtssprache, 10. Aufl., Berlin 2021, verwiesen.

Brocker, Lars, Rechtsprechungsänderung und Vertrauensschutz, NJW 2012, 2996.

Brüggemann, Jürgen, Die richterliche Begründungspflicht: verfassungsrechtliche Mindestanforderungen an die Begründung gerichtlicher Entscheidungen, Berlin 1971.

Brunhöber, Beatrice, In dubio pro libertate: die Strafbarkeit der Präimplantationsdiagnostik als rechtsstaatliches Problem, HRRS 2010, 412.

Brunner, Georg, Kontrolle in Deutschland – eine Untersuchung zur Verfassungsordnung in beiden Teilen Deutschlands, Köln 1972.

Bruns, Alexander, Zivilrichterliche Rechtsschöpfung und Gewaltenteilung, JZ 2014, 162.

Bumke, Christian, Einführung in das Forschungsgespräch über die richterliche Rechtsarbeit, in: Bumke, Christian (Hrsg.), Richterrecht zwischen Gesetzesrecht und Rechtsgestaltung, Tübingen 2012, S. 1 ff.

Bumke, Christian, Verfassungsrechtliche Grenzen fachgerichtlicher Rechtserzeugung, in: Bumke, Christian (Hrsg.), Richterrecht zwischen Gesetzesrecht und Rechtsgestaltung, Tübingen 2012, S. 33 ff.

Bumke, Christian/*Voßkuhle*, Andreas, Casebook Verfassungsrecht, 8. Aufl., Tübingen 2020.

Bundesverfassungsgericht, Bericht des Berichterstatters an das Plenum des Bundesverfassungsgerichts zur „Status"-Frage, JöR 1957, 120.

Burkart, Roland/*Hömberg*, Walter (Hrsg.), Kommunikationstheorien: ein Textbuch zur Einführung, 8. Aufl., Wien 2015.

Busse, Dietrich, Juristische Semantik: Grundfragen der juristischen Interpretationstheorie in sprachwissenschaftlicher Sicht, Berlin 1993.

Bydlinski, Franz, Juristische Methodenlehre und Rechtsbegriff, 1991.

Canaris, Claus-Wilhelm, Die Feststellung von Lücken im Gesetz: eine methodologische Studie über Voraussetzungen und Grenzen der richterlichen Rechtsfortbildung praeter legem, 2. Aufl., Berlin 1983.

Canaris, Claus-Wilhelm, Verstöße gegen das verfassungsrechtliche Übermaßverbot im Recht der Geschäftsfähigkeit und im Schadensersatzrecht, JZ 1987, 993.

Canaris, Claus-Wilhelm, Die verfassungskonforme Auslegung und Rechtsfortbildung im System der juristischen Methodenlehre, in: Honsell, Heinrich/Kramer, Ernst A. (Hrsg.), Festschrift für Ernst A. Kramer, 2004, S. 141 ff.

Casper, Matthias, Geschäfte des täglichen Lebens – kritische Anmerkungen zum neuen § 105a BGB, NJW 2002, 3425.

Christensen, Ralph, Die Paradoxie richterlicher Gesetzesbindung, in: *Lerch*, Kent D. (Hrsg.), Recht verhandeln: Argumentieren, Begründen und Entscheiden im Diskurs des Rechts, Berlin 2005, S. 1 ff.

Christensen, Ralph/*Kübbeler*, Christian, Wortlautgrenze und Wörterbuch, ZERL 2011 (doi: 10.18716/ojs/zerl/2011.0.609).

Classen, Claus Dieter, Gesetzesvorbehalt und Dritte Gewalt, JZ 2003, 693.

Danwerth, Christopher, Analogie und teleologische Reduktion – zum Verhältnis zweier scheinbar ungleicher Schwestern, ZfPW 2017, 230.

Denninger, Erhard/*Hoffmann-Riem*, Wolfgang/*Schneider*, Hans-Peter/*Stein*, Ekkehart (Hrsg.), Kommentar zum Grundgesetz für die Bundesrepublik Deutschland, 3. Aufl., Neuwied 2001.

Depenheuer, Otto, Der Wortlaut als Grenze: Thesen zu einem Topos der Verfassungsinterpretation, Heidelberg 1988.

Desens, Marc, Was folgt prozessual aus dem Verstoß gegen den allgemeinen Gleichheitssatz (Art. 3 Abs. 1 GG) durch Gesetze?, in: Kempny, Simon/Reimer, Philipp (Hrsg.), Gleichheitssatzdogmatik heute, Tübingen 2017, 133.

Deutscher Bundestag/Bundesarchiv/Stelzl, Hans-Joachim/*Weber*, Hartmut (Hrsg.), Der Parlamentarische Rat: 1948-1949; Akten und Protokolle, Band 13/2, München 2002.

Deutscher Ethikrat (Hrsg.), Präimplantationsdiagnostik: Stellungnahme, Berlin 2011.

Di Fabio, Udo, Gewaltenteilung, in: Isensee, Josef/Kirchhof, Paul (Hrsg.), Handbuch des Staatsrechts der Bundesrepublik Deutschland, 3. Aufl., Heidelberg 2004, § 27 (S. 613 ff.).

Di Fabio, Udo, Grenzen der Rechtsfortbildung in Europa, Bonn 2012.

Diner, Dan/*Benhabib*, Seyla (Hrsg.), Zivilisationsbruch: Denken nach Auschwitz, Frankfurt am Main 1988.

Dreier, Horst (Hrsg.), Grundgesetz: Kommentar, 3. Aufl., Tübingen 2013.

Durantaye, Katharina de la, Erklärung und Wille, Tübingen 2020.

Dürig, Günter, Gesammelte Schriften 1952–1983, Berlin 2019.

Dürig, Günter/*Herzog*, Roman/*Scholz*, Rupert/*Herdegen*, Matthias/*Klein*, Hans H. (Hrsg.), Grundgesetz: Kommentar, 95. EL, München 2021.

Düwel, Martin, Kontrollbefugnisse des Bundesverfassungsgerichts bei Verfassungsbeschwerden gegen gerichtliche Entscheidungen: zu einem Kooperationsverhältnis von Fach- und Verfassungsgerichtsbarkeit, Baden-Baden 2000.

Effer-Uhe, Daniel/*Mohnert*, Alica, Psychologie für Juristen, Baden-Baden 2019.

Eichberger, Michael, Die Rechtsschutzgarantie vor Bundesverwaltungs- und Bundesverfassungsgericht – Aspekte eines Kooperationsverhältnisses anhand der Beispiele von Beurteilungsspielraum und Vollprüfungsanspruch, NVwZ-Beilage 2013, 18.

Engel, Christoph/*Halfmann*, Jost/*Schulte*, Martin (Hrsg.), Wissen, Nichtwissen, unsicheres Wissen, Baden-Baden 2002.

Engels, Andreas, Verfassung und Arbeitskampfrecht: verfassungsrechtliche Grenzen arbeitsgerichtlicher Arbeitskampfjudikatur, Berlin 2008.

Engels, Andreas, Die Feststellungsklage – Entgrenzungen einer Klageart am Beispiel der atypischen Feststellungsklage, NVwZ 2018, 1001.

Epping, Volker/*Hillgruber*, Christian (Hrsg.), Beck'scher Online-Kommentar Grundgesetz, 50. Edition, München 2022.

Erbguth, Wilfried/*Masing*, Johannes (Hrsg.), Die Bedeutung der Rechtsprechung im System der Rechtsquellen: Europarecht und nationales Recht; Referate und Diskussionsbeiträge des XIII. Deutsch-Polnischen Verwaltungskolloquiums von 17. – 20. September 2003 an der Universität Rostock, Stuttgart 2005.

Erbs, Georg/*Kohlhaas*, Max/*Häberle*, Peter (Hrsg.), Strafrechtliche Nebengesetze, 233. EL, München 2020.

Esser, Josef, Richterrecht, Gerichtsgebrauch und Gewohnheitsrecht, in: Esser, Josef/ Thieme, Hans (Hrsg.), Festschrift für Fritz von Hippel, Tübingen 1967, S. 95 ff.

Esser, Josef, Vorverständnis und Methodenwahl in der Rechtsfindung: Rationalitätsgrundlagen richterlicher Entscheidungspraxis, Frankfurt am Main 1972.

Esser, Josef, In welchem Ausmaß bilden Rechtsprechung und Lehre Rechtsquellen?, ZVglRWiss 1976, 67.

Esser, Josef, Grundsatz und Norm in der richterlichen Fortbildung des Privatrechts: rechtsvergleichende Beiträge zur Rechtsquellen- und Interpretationslehre, 4. Aufl., Tübingen 1990.

Fassbender, Bodo, Wissen als Grundlage staatlichen Handelns, in: Isensee, Josef/ Kirchhof, Paul (Hrsg.), Handbuch des Staatsrechts der Bundesrepublik Deutschland, 3. Aufl., Heidelberg 2006, § 76 (S. 243 ff.).

Fechner, Frank, Die Rechtswidrigkeitsfeststellungsklage – Sachentscheidungsvoraussetzungen verwaltungsgerichtlichen Rechtsschutzes gegen Verwaltungsakte, die sich vor Klageerhebung erledigt haben, NVwZ 2000, 121.

Feix, Stefan, Maßstäbe für eine gelungene richterliche Rechtsfortbildung: grundlegende Untersuchung anhand der gesellschaftsrechtlichen Rechtsprechung zum Delisting, Berlin 2020.

Felder, Ekkehard/*Vogel*, Friedemann (Hrsg.), Handbuch Sprache im Recht, Berlin/ Boston 2017.

Fischer, Christian, Topoi verdeckter Rechtsfortbildungen im Zivilrecht, Tübingen 2007.

Forsthoff, Ernst, Die Bindung an Gesetz und Recht (Art. 20 Abs. 3 GG), DÖV 1959, 41.

Friauf, Karl Heinrich, Zur Rolle der Grundrechte im Interventions- und Leistungsstaat, DVBl 1971, 647.

Friauf, Karl Heinrich, Möglichkeiten und Grenzen der Rechtsfortbildung im Steuerrecht, in: Tipke, Klaus (Hrsg.), Grenzen der Rechtsfortbildung durch Rechtsprechung und Verwaltungsvorschriften im Steuerrecht, Köln 1982, 53.

Friauf, Karl Heinrich/*Höfling*, Wolfram (Hrsg.), Berliner Kommentar zum Grundgesetz, 79. EL, Berlin 2022.

Fries, Martin, Staatsexamen für Roboteranwälte? – Optionen für die Regulierung von Legal-Tech-Dienstleistern, ZRP 2018, 161.

Froese, Judith, Der Eigentumsentzug ohne Güterbeschaffung als Enteignung „light“?, NJW 2017, 444.

Frommel, Monika, Die Hermeneutik-Diskussion – überholt oder unbewältigt?, ARSP 1987, 519.

Gillis, Fritz, Die Billigkeit – eine Grundnorm des freien Rechts, Berlin 1914.

Gönner, Nikolaus Thaddäus, Handbuch des deutschen gemeinen Prozesses – in einer ausführlichen Erörterung seiner wichtigsten Gegenstände, 2. Aufl., Erlangen 1805.

Gosepath, Stefan/*Hinsch*, Wilfried/*Rössler*, Beate (Hrsg.), Handbuch der politischen Philosophie und Sozialphilosophie, Berlin 2008.

Götz, Andreas, Die verfassungskonforme Auslegung: zugleich ein Beitrag zu ihrer Stellung im System der juristischen Methodenlehre, StudZR 2010, 21.

Grosche, Nils, Rechtsfortbildung im Unionsrecht: eine Untersuchung zum Phänomen richterlicher Rechtsfortbildung durch den Gerichtshof der Europäischen Union, Tübingen 2011.

Grundling, Lukas C., Ein Naturrechtseinfluss auf das Grundgesetz?: Eine kommentierte Rekonstruktion der Naturrechtsdiskussion im Parlamentarischen Rat 1948–1949, Berlin 2016.

Grunsky, Wolfgang, Grenzen der Rückwirkung bei einer Änderung der Rechtsprechung, Karlsruhe 1970.

Gützl, Clara, Subsumtionsautomaten und -maschinen – Rechtshistorische Anmerkungen zu einem beliebten Vorwurf, JZ 2019, 180.

Häberle, Peter, Verfassungsprozeßrecht als konkretisiertes Verfassungsrecht – im Spiegel der Judikatur des BVerfG, JZ 1976, 377.

Habermas, Jürgen, Eine Art Schadensabwicklung, Frankfurt am Main 1987.

Hager, Günter, Rechtsmethoden in Europa, Tübingen 2009.

Hau, Wolfgang/*Poseck*, Roman (Hrsg.), Beck'scher Online-Kommentar Bürgerliches Gesetzbuch, 61. Edition, München 2022.

Heck, Philipp, Gesetzesauslegung und Interessenjurisprudenz, Tübingen 1914.

Heckmann, Dirk, Geltungskraft und Geltungsverlust von Rechtsnormen: Elemente einer Theorie der autoritativen Normgeltungsbeendigung, Tübingen 1997.

Heidel, Thomas/*Hüßtege*, Rainer/*Mansel*, Heinz-Peter/*Noack*, Ulrich (Hrsg.), Kommentar BGB Allgemeiner Teil/EGBGB, 4. Aufl., Baden-Baden 2021.

Heinold, Alexander, Die Prinzipientheorie bei Ronald Dworkin und Robert Alexy, Berlin 2011.

Hemke, Katja, Methodik der Analogiebildung im öffentlichen Recht, Berlin 2006.

Hergenröder, Curt Wolfgang, Zivilprozessuale Grundlagen richterlicher Rechtsfortbildung, Tübingen 1995.

Herresthal, Carsten, Die richtlinienkonforme und die verfassungskonforme Auslegung im Privatrecht, JuS 2014, 289.

Hesse, Konrad, Grundzüge des Verfassungsrechts der Bundesrepublik Deutschland, 20. Aufl., Heidelberg 1999.

Heusch, Andreas, Der Präsident des Bundesverfassungsgerichts als Hüter und Reformer der Verfassung, NVwZ 2010, 209.

Hilgendorf, Eric (Hrsg.), Das Gesetzlichkeitsprinzip im Strafrecht: ein deutsch-chinesischer Vergleich, Tübingen 2013.

Hillgruber, Christian, „Neue Methodik" — Ein Beitrag zur Geschichte der richterlichen Rechtsfortbildung in Deutschland, JZ 2008, 745–755.

Hinrichs, Ulrike, Die verfassungsrechtlichen Grenzen der Auslegung des Tatbestandsmerkmals „Erschleichen" in § 265a I Alt. 3 StGB („Schwarzfahren"), NJW 2001, 932.

Hirsch, Günter, Rechtsanwendung, Rechtsfindung, Rechtsschöpfung: der Richter im Spannungsverhältnis von Erster und Dritter Gewalt, Heidelberg 2003.

Hirsch, Günter, Im Namen des Volkes: Gesetz – Recht – Gerechtigkeit, ZRP 2012, 205.

Höfling, Wolfram, „Sittlichkeit" und Freiheit, JuS 2017, 617.

Höfling, Wolfram, Bedrohte Grundrechte? „Wir sind nicht auf dem Weg in den Repressionsstaat", Berliner Zeitung 16.02.2021.

Höfling, Wolfram/*Rixen*, Stephan, Verfassungsfragen der Transplantationsmedizin: Hirntodkriterium und Transplantationsgesetz in der Diskussion, Tübingen 1996.

Holterhus, Till Patrik/*Mittwoch*, Anne-Christin/*El-Ghazi*, Mohamad, Die Einwirkung internationalen und ausländischen Rechts in die deutsche Rechtsordnung, JuS 2018, 313.

Hömig, Dieter/*Wolff*, Heinrich Amadeus (Hrsg.), Grundgesetz für die Bundesrepublik Deutschland: Handkommentar, 13. Aufl., Baden-Baden 2022.

Honsell, Heinrich, Die rhetorischen Wurzeln der juristischen Auslegung, ZfPW 2016, 106.

Höpfner, Clemens, Anmerkung zu BGHZ 179, 27, EuZW 2009, 155.

Höpfner, Clemens, Gesetzesbindung und verfassungskonforme Auslegung im Arbeits- und Verfassungsrecht, RdA 2018, 321.

Hövel, Markus van den, Die Urteils-Verfassungsbeschwerde als einzig erforderliche Verfassungsbeschwerde in der Rechtspraxis?, NVwZ 1993, 549.

Huber, Peter M., Rechtsprechung und Rechtswissenschaft, JZ 2022, 1.

Hüpers, Bernd, Karl Larenz – Methodenlehre und Philosophie des Rechts in Geschichte und Gegenwart, Berlin 2010.

Huster, Stefan, Rechte und Ziele: zur Dogmatik des allgemeinen Gleichheitssatzes, Berlin 1993.

Ipsen, Jörn, Richterrecht und Verfassung, Berlin 1975.

Jacobi, Christoph Alexander, Methodenlehre der Normwirkung: die Normwirkung als Maßstab der Rechtsgewinnung, Baden-Baden 2008.

Jahn, Matthias, Zurück in die Zukunft – Die Diskurstheorie des Rechts als Paradigma des neuen konsensualen Strafverfahrens, GA 2004, 272.

Jahn, Matthias/*Müller*, Martin, Der Widerspenstigen Zähmung – Aktuelle Gesetzgebungsvorschläge zu den Urteilsabsprachen im Strafprozess, JA 2006, 681.

Jahn, Matthias/*Müller*, Martin, Das Gesetz zur Regelung der Verständigung im Strafverfahren – Legitimation und Reglementierung der Absprachenpraxis, NJW 2009, 2625.

Jarass, Hans D./*Pieroth*, Bodo, Grundgesetz für die Bundesrepublik Deutschland: Kommentar, 17. Aufl., München 2022.

Jestaedt, Matthias, Grundrechtsentfaltung im Gesetz: Studien zur Interdependenz von Grundrechtsdogmatik und Rechtsgewinnungstheorie, Tübingen 1999.

Jestaedt, Matthias, Wie das Recht, so die Auslegung – Die Rolle der Rechtstheorie bei der Suche nach der juristischen Auslegungslehre, ZÖR 2000, 133.

Jestaedt, Matthias, Richterliche Rechtssetzung statt richterliche Rechtsfortbildung. Methodologische Betrachtungen zum sog. Richterrecht, in: Bumke, Christian (Hrsg.), Richterrecht zwischen Gesetzesrecht und Rechtsgestaltung, Tübingen 2012, 49.

Jocham, Felix, Die Grenzen der richterlichen Rechtsfortbildung im Privatrecht, Berlin 2021.

Joerden, Jan C., Logik im Recht – Grundlagen und Anwendungsbeispiele, 3. Aufl., Berlin 2018.

Kahl, Manfred, Grenzen der Umdeutung rechtsgeschäftlicher Erklärungen (§ 140 BGB), Münster 1985.

Kahl, Wolfgang/*Waldhoff*, Christian/*Walter*, Christian (Hrsg.), Bonner Kommentar zum Grundgesetz, 214. EL, Heidelberg 2021.

Kähler, Lorenz, Strukturen und Methoden der Rechtsprechungsänderung, 2. Aufl., Baden-Baden 2011.

Kelsen, Hans, Wer soll Hüter der Verfassung sein?, Die Justiz 1930, 676.

Kelsen, Hans, Reine Rechtslehre: mit einem Anhang: das Problem der Gerechtigkeit, Studienausgabe der 2. Auflage 1960, Tübingen 2017.

Kempny, Simon/*Lämmle*, Martina, Der „allgemeine Gleichheitssatz" des Art. 3 I GG im juristischen Gutachten – Teil 1: Persönlicher Anwendungsbereich, JuS 2020, 22.

Kempny, Simon/*Reimer*, Philipp, Die Gleichheitssätze: Versuch einer übergreifenden dogmatischen Beschreibung ihres Tatbestands und ihrer Rechtsfolgen, Tübingen 2012.

Kindhäuser, Urs/*Neumann*, Ulfrid/*Paeffgen*, Hans-Ullrich, Strafgesetzbuch, 5. Aufl., Baden-Baden 2017.

Kingreen, Thorsten/*Poscher*, Ralf, Grundrechte: Staatsrecht II, 37. Aufl., Heidelberg 2021.

Kirchhof, Ferdinand, Der Richter als Kontrolleur, Akteur und Garant der Rechtsordnung, NJW 2020, 1492.

Kirchhof, Gregor, Höchstrichterliche Rechtsfindung und Auslegung gerichtlicher Entscheidungen, DVBl 2011, 1069.

Kirchhof, Paul, Rechtsphilosophische Fundierung des Richterrechts: Die Idee des Rechts, in: Bumke, Christian (Hrsg.), Richterrecht zwischen Gesetzesrecht und Rechtsgestaltung, Tübingen 2012, S. 71 ff.

Kischel, Uwe, Systembindung des Gesetzgebers und Gleichheitssatz, AöR 1999, 174.

Kischel, Uwe, Die Begründung: zur Erläuterung staatlicher Entscheidungen gegenüber dem Bürger, Tübingen 2003.

Klatt, Matthias, Theorie der Wortlautgrenze: semantische Normativität in der juristischen Argumentation, Baden-Baden 2004.

Knittel, Wilhelm, Zum Problem der Rückwirkung bei einer Änderung der Rechtsprechung – Untersuchung zum deutschen und US-amerikanischen Recht, Bielefeld 1965.

Koch, Hans-Koachim, Das Postulat der Gesetzesbindung im Lichte sprachphilosophischer Überlegungen: Aus Anlaß der Tagung „Recht und Sprache" der bundesdeutschen IVR-Sektion vom 3. bis 5.10.1974 in Mainz, ARSP 1975, 27.

Kodek, Georg, Richterliche Rechtsfortbildung – Möglichkeiten und Grenzen, in: Torggler, Ulrich (Hrsg.), Richterliche Rechtsfortbildung und ihre Grenzen, Wien 2019, S. 1 ff.

Konrad, Ulli Andreas, Gleichheit und Differentiation: die Duale Einkommensteuer und der Gleichheitssatz, Berlin 2016.

Kramer, Ernst A., Juristische Methodenlehre, 6. Aufl., München 2019.

Kriele, Martin, Theorie der Rechtsgewinnung – entwickelt am Problem der Verfassungsinterpretation, 2. Aufl., Berlin 1976.

Krüper, Julian, Referat: Kategoriale Unterscheidung von Öffentlichem Recht und Privatrecht?, in: VVDStRL 79, Berlin 2020, S. 43 ff.

Kruse, Frauke, Die verfassungsrechtlichen Grenzen richterlicher Rechtsfortbildung: zur Gesetzmäßigkeit der Rechtsprechung unter dem Grundgesetz, Tübingen 2019.

Kudlich, Hans/*Christensen*, Ralph, Wortlautgrenze: Spekulativ oder pragmatisch?, ARSP 2007, 128.

Kuhn, Thomas, Argumentation bei Analogie und teleologischer Reduktion in der zivilrechtlichen Klausurpraxis, JuS 2016, 104.

Kulhanek, Tobias Oliver, Im Namen des Volkes – Leerformel, Fiktion oder Realität?, ZRP 2015, 155.

Kuntz, Thilo, Die Grenze zwischen Auslegung und Rechtsfortbildung aus sprachphilosophischer Perspektive, AcP 2015, 387.

Langhein, A. W. Heinrich, Das Prinzip der Analogie als juristische Methode: ein Beitrag zur Geschichte der methodologischen Grundlagenforschung vom ausgehenden 18. bis zum 20. Jahrhundert, Berlin 1992.

Larenz, Karl, Über Gegenstand und Methode des völkischen Rechtsdenkens, Berlin 1938.

Larenz, Karl, Methodenlehre der Rechtswissenschaft, 1. Aufl., Berlin 1960.

Larenz, Karl, Methodenlehre der Rechtswissenschaft, 6. Aufl., Berlin/New York 1991.

Larenz, Karl/*Canaris*, Claus-Wilhelm, Methodenlehre der Rechtswissenschaft, Berlin 1995.

Lauf, Niclas/*Birck*, Leon, Minderjährige als Partei des Behandlungsvertrags, NJW 2018, 2230.

Lechner, Hans/*Zuck*, Rüdiger, Bundesverfassungsgerichtsgesetz: Kommentar, 8. Aufl., München 2019.

Leibholz, Gerhard, Die Gleichheit vor dem Gesetz – Eine Studie auf rechtsvergleichender und rechtsphilosophischer Grundlage, Berlin 1959.

Lem, Stanisław, Solaris, 1. Aufl., Hamburg 1972.

Lembke, Ulrike, Einheit aus Erkenntnis? Zur Unzulässigkeit der verfassungskonformen Gesetzesauslegung als Methode der Normkompatibilisierung durch Interpretation, Berlin 2009.

Lennartz, Jannis, Dogmatik als Methode, Tübingen 2017.

Lenz, Christofer/*Hansel*, Ronald, Bundesverfassungsgerichtsgesetz: Handkommentar, 3. Aufl., Baden-Baden 2020.

Lepsius, Oliver, Die maßstabsetzende Gewalt, in: Jestaedt, Matthias/Lepsius, Oliver/Möllers, Christoph/Schönberger, Christoph (Hrsg.), Das entgrenzte Gericht: eine kritische Bilanz nach sechzig Jahren Bundesverfassungsgericht, Berlin 2011, S. 159 ff.

Lerche, Peter, Übermass und Verfassungsrecht, Köln 1961.

Lindner, Josef Franz, Die Kompensationsfunktion der Fortsetzungsfeststellungsklage nach § 113 I 4 VwGO, NVwZ 2014, 180.

Linsenmaier, Wolfgang, „Das Richterrecht bleibt unser Schicksal" – Zur Rechtsfortbildung durch das BAG, RdA 2019, 157.

Looschelders, Dirk/*Roth*, Wolfgang, Juristische Methodik im Prozess der Rechtsanwendung: zugleich ein Beitrag zu den verfassungsrechtlichen Grundlagen von Gesetzesauslegung und Rechtsfortbildung, Berlin 1996.

Lorenz, Stephan, Grundwissen – Zivilrecht: Rechts- und Geschäftsfähigkeit, JuS 2010, 11.

Löwer, Wolfgang, Zuständigkeiten und Verfahren des Bundesverfassungsgerichts, in: Isensee, Josef/Kirchhof, Paul (Hrsg.), Handbuch des Staatsrechts der Bundesrepublik Deutschland, 3. Aufl., Heidelberg 2005, § 70 (S. 1258 ff.).

Maetzel, Wolf Gogumil, Prozessuale Fragen zum Verfahren vor dem „Großen Senat", MDR 1966, 453.

Mangoldt, Hermann von/*Klein*, Friedrich/*Starck*, Christian/*Huber*, Michael/*Voßkuhle*, Andreas (Hrsg.), Grundgesetz-Kommentar, 7. Aufl., München 2018.

Maultzsch, Felix, Streitentscheidung und Normbildung durch den Zivilprozess: eine rechtsvergleichende Untersuchung zum deutschen, englischen und US-amerikanischen Recht, Tübingen 2010.

Maurer, Hartmut, Kontinuitätsgewähr und Vertrauensschutz, in: Isensee, Josef/Kirchhof, Paul (Hrsg.), Handbuch des Staatsrechts der Bundesrepublik Deutschland, 3. Aufl., Heidelberg 2006, § 79 (S. 395 ff.).

Merkl, Adolf, Gesammelte Schriften, Berlin 1993.

Michael, Lothar, Der allgemeine Gleichheitssatz als Methodennorm komparativer Systeme: methodenrechtliche Analyse und Fortentwicklung der Theorie der „beweglichen Systeme" (Wilburg), Berlin 1997.

Michael, Lothar, Verfassungsrechtliche Grenzen richtlinienkonformer Rechtsfortbildung, Der Staat 2015, 349.

Minwegen, Romano, Im Namen des Volkes: Gesetz – Recht – Gerechtigkeit (zu Hirsch, ZRP 2012, 205), ZRP 2013, 62.

Moll, Wilhelm, Wie unbefangen ist der „politische" Richter? – Anmerkungen zum Fall Krauss ./. Hoechst, ZRP 1985, 244.

Möllers, Christoph, Gewaltengliederung: Legitimation und Dogmatik im nationalen und internationalen Rechtsvergleich, Tübingen 2005.

Möllers, Christoph, Nachvollzug ohne Maßstabbildung, JZ 2009, 668.

Möllers, Christoph, Legalität, Legitimität und Legitimation des Bundesverfassungsgerichts, in: Jestaedt, Matthias/Lepsius, Oliver/Möllers, Christoph/Schönberger, Christoph (Hrsg.), Das entgrenzte Gericht: eine kritische Bilanz nach sechzig Jahren Bundesverfassungsgericht, Berlin 2011, S. 281 ff.

Möllers, Thomas M. J., Richterliche Rechtsfortbildung als Teil einer modernen Methodenlehre – Zur Neubestimmung der Contra-legem-Grenze bei der Berücksichtigung europäischen Rechts, in: Torggler, Ulrich (Hrsg.), Richterliche Rechtsfortbildung und ihre Grenzen, Wien 2019, S. 77 ff.

Möllers, Thomas M. J., Juristische Methodenlehre, 4. Aufl., München 2021.

Möllers, Thomas M. J./*Möhring*, Alexandra M. J., Recht und Pflicht zur richtlinienkonformen Rechtsfortbildung bei generellem Umsetzungswillen des Gesetzgebers, JZ 2008, 919.

Montesquieu, Charles-Louis de Secondat, Baron de La Brède et de, Der Geist der Gesetze, Görlitz 1804.

Morlok, Martin/*Köbel*, Ralf/*Launhardt*, Agnes, Recht als soziale Praxis, Rechtstheorie 2000, 15.

Morlok, Martin/*Michael*, Lothar, Staatsorganisationsrecht, 5. Aufl., Baden-Baden 2021.

Muckel, Stefan, Kriterien des verfassungsrechtlichen Vertrauensschutzes bei Gesetzesänderungen, Berlin 1989.

Müller, Friedrich, Juristische Methodik, 2. Aufl., Berlin 1976.

Müller, Friedrich, „Richterrecht": Elemente einer Verfassungstheorie IV, Berlin 1986.

Müller, Friedrich/*Christensen*, Ralph, Juristische Methodik – Grundlegung für die Arbeitsmethoden der Rechtspraxis, 11. Aufl., Berlin 2013.

Müller, Georg, Bericht: Der Gleichheitssatz, in: VVDStRL 47, Berlin 1989, S. 37 ff.

Münch, Ingo von/*Kunig*, Philip (Hrsg.), Grundgesetz-Kommentar, 7. Aufl., München 2021.

Mund, Dorothea, Das Recht auf menschliche Entscheidung – Freiheit in Zeiten der Digitalisierung und einer automatisierten Rechtsanwendung, in: Greve, Ruth/Gwiasda, Benjamin/Kemper, Thomas/Moir, Joshua/Müller, Sabrina/Schönberger, Arno/Stöcker, Sebastian/Wagner, Julia/Wolff, Lydia (Hrsg.), Der digitalisierte Staat – Chancen und Herausforderungen für den modernen Staat. 60. Assistententagung Öffentliches Recht Trier 2020, Baden-Baden 2020, S. 177 ff.

Ogorek, Regina, Gefährliche Nähe? Richterliche Rechtsfortbildung und Nationalsozialismus, in: Herzog, Felix/Hassemer, Winfried/Bae, Jong dae (Hrsg.), Festschrift für Winfried Hassemer zum 70. Geburtstag am 17. Februar 2010, Heidelberg 2010, S. 159 ff.

Ossenbühl, Fritz, Versammlungsfreiheit und Spontandemonstration, Der Staat 1971, 53.

Ossenbühl, Fritz, Vorrang und Vorbehalt des Gesetzes, in: Isensee, Josef/Kirchhof, Paul (Hrsg.), Handbuch des Staatsrechts der Bundesrepublik Deutschland, Heidelberg 2007, § 101 (S. 183 ff.).

Osterkamp, Thomas, Juristische Gerechtigkeit: Rechtswissenschaft jenseits von Positivismus und Naturrecht, Tübingen 2004.

Paas, Susanne Karoline, Das bewegliche System: zur Karriere einer juristischen Denkfigur, Tübingen 2021.

Papier, Hans-Jürgen, Richterliche Unabhängigkeit, in: Merten, Detlef/Papier, Hans-Jürgen (Hrsg.), Handbuch der Grundrechte in Deutschland und Europa, Heidelberg 2013, § 130 (S. 1161 ff.).

Payandeh, Mehrdad, Rechtlicher Schutz vor rassistischer Diskriminierung, JuS 2015, 695.

Payandeh, Mehrdad, Judikative Rechtserzeugung: Theorie, Dogmatik und Methodik der Wirkungen von Präjudizien, Tübingen 2017.

Peukert, Güterzuordnung als Rechtsprinzip., Tübingen 2012.

Picker, Eduard, Richterrecht und Rechtsdogmatik. Zur rechtsdogmatischen Disziplinierung des Richterrechts, in: Bumke, Christian (Hrsg.), Richterrecht zwischen Gesetzesrecht und Rechtsgestaltung, Tübingen 2012, 85.

Pieroth, Bodo/*Aubel*, Tobias, Die Rechtsprechung des Bundesverfassungsgerichts zu den Grenzen richterlicher Entscheidungsfindung, JZ 2003, 504.

Pietzcker, Jost, Der allgemeine Gleichheitssatz, in: Merten, Detlef/Papier, Hans-Jürgen (Hrsg.), Handbuch der Grundrechte in Deutschland und Europa, Heidelberg 2013, § 125 (S. 883 ff.).

Pöschl, Magdalena, Gleichheit vor dem Gesetz, Wien 2008.

Potacs, Michael, Rechtstheorie, 2. Aufl., Wien 2019.

Rabe, Patricia, Das Verständigungsurteil des Bundesverfassungsgerichts und die Notwendigkeit von Reformen im Strafprozess, Tübingen 2017.

Radbruch, Gustav, Gesetzliches Unrecht und übergesetzliches Recht, SJZ 1946, 105.

Raisch, Peter, Juristische Methoden: vom antiken Rom bis zur Gegenwart, Heidelberg 1995.

Raiser, Thomas, Richterrecht heute, ZRP 1985, 111.

Ramm, Thilo, Drittwirkung und Übermaßverbot, JZ 1988, 489.

Randelzhofer, Albrecht, Gleichbehandlung im Unrecht? – Zur Problematik eines Anspruchs auf Beibehaltung rechtswidrigen Verwaltungshandelns, JZ 1973, 536.

Rauber, Jochen, Strukturwandel als Prinzipienwandel: theoretische, dogmatische und methodische Bausteine eines Prinzipienmodells des Völkerrechts und seiner Dynamik, Berlin 2018.

Rauscher, Thomas/*Krüger*, Wolfgang (Hrsg.), Münchener Kommentar zur Zivilprozessordnung: mit Gerichtsverfassungsgesetz und Nebengesetzen, 6. Aufl., München 2020.

Reckwitz, Andreas, Die Gesellschaft der Singularitäten: zum Strukturwandel der Moderne, Berlin 2020.

Redeker, Konrad, Legitimation und Grenzen richterlicher Rechtsetzung, NJW 1971, 409.

Reimer, Franz, Juristische Methodenlehre, 2. Aufl., Baden-Baden 2020.

Reimer, Franz, Gerechtigkeit als Methodenfrage, Tübingen 2020.

Reimer, Philipp, „Keine Gleichheit im Unrecht“: dogmatische Rekonstruktion eines Verfassungssprichworts, RW 2017, 1.

Reiß, Marc, Eine Zellentnahme ohne Berührung – Zutreffendes und Widersprüchliches in der Entscheidung des BGH zur Strafbarkeit der Präimplantationsdiagnostik, HRRS 2010, 418.

Renzikowski, Joachim, Die strafrechtliche Beurteilung der Präimplantationsdiagnostik, NJW 2001, 2753.

Rhinow, René A., Rechtsetzung und Methodik: rechtstheoretische Untersuchungen zum gegenseitigen Verhältnis von Rechtsetzung und Rechtsanwendung, Basel 1979.

Riedel, Joachim, Das Postulat der Unparteilichkeit des Richters – Befangenheit und Parteilichkeit – im deutschen Verfassungs- und Verfahrensrecht, Berlin 1980.

Robbers, Gerhard, Rückwirkende Rechtsprechungsänderungen, JZ 1988, 481.

Röhl, Klaus F./*Röhl*, Hans Christian, Allgemeine Rechtslehre: ein Lehrbuch, 3. Aufl., Köln 2008.

Rollecke, Gerd, Aufgabe und Stellung des Bundesverfassungsgerichts in der Gerichtsbarkeit, in: Isensee, Josef/Kirchhof, Paul (Hrsg.), Handbuch des Staatsrechts der Bundesrepublik Deutschland, 3. Aufl., Heidelberg 2005, § 68 (S. 1221 ff.).

Rosenkranz, Frank, Gerichtlicher Vertrauensschutz gegen Rechtsprechung: Das Zusammenspiel von Unions- und nationalem Recht, ZfPW 2016, 351.

Rückert, Joachim/*Seinecke*, Ralf (Hrsg.), Methodik des Zivilrechts – von Savigny bis Teubner, 2. Aufl., Baden-Baden 2012.

Rüfner, Wolfgang, Der allgemeine Gleichheitssatz als Differenzierungsgebot, in: Ziemske, Burkhardt/Langheid, Theo/Wilms, Heinrich/Haverkate, Görg (Hrsg.), Staatsphilosophie und Rechtspolitik – Festschrift für Martin Kriele zum 65. Geburtstag, München 1997, S. 271 ff.

Rüthers, Bernd, Methodenfragen als Verfassungsfragen, Rechtstheorie 2009, 253.

Rüthers, Bernd, Personenbilder und Geschichtsbilder – Wege zur Umdeutung der Geschichte? Anmerkungen zu einem Larenz-Portrait, JZ 2011, 593.

Rüthers, Bernd, Die heimliche Revolution vom Rechtsstaat zum Richterstaat: Verfassung und Methoden, 2. Aufl., Tübingen 2016.

Rüthers, Bernd, Die unbegrenzte Auslegung: zum Wandel der Privatrechtsordnung im Nationalsozialismus, 8. Aufl., Tübingen 2017.

Rüthers, Bernd/*Fischer*, Christian/*Birk*, Axel, Rechtstheorie mit Juristischer Methodenlehre, 12. Aufl., München 2021.

Sachs, Michael, Der Gleichheitssatz, NWVBl 1988, 295.

Sachs, Michael, Ist es sinnvoll, von Gleichheitssätzen „in Verbindung mit" anderen Vorschriften (insbesondere Freiheitsgrundrechten) zu sprechen?, in: Kempny, Simon/Reimer, Philipp (Hrsg.), Gleichheitssatzdogmatik heute, Tübingen 2017, S. 107 ff.

Sachs, Michael (Hrsg.), Grundgesetz, 9. Aufl., München 2021.

Sachs, Michael/*Jasper*, Christian, Der allgemeine Gleichheitssatz – Das Eingriffsmodell zu Art. 3 I GG als Abwehrrecht, JuS 2016, 769.

Säcker, Franz Jürgen, Freiheit durch Recht: Abhandlungen zur Dialektik von freiheitsgewährleistenden und freiheitsbegrenzenden Normen in sozialstaatlich geprägten Privatrechtsordnungen aus den Jahren 1966 bis 2016, Baden-Baden 2016.

Säcker, Franz Jürgen, Richterliche Unabhängigkeit – Der Kern der Gewaltenteilung, NJW 2018, 2375.

Säcker, Franz-Jürgen/*Rixecker*, Roland/*Oetker*, Hartmut/*Limperg*, Bettina (Hrsg.), Münchener Kommentar zum Bürgerlichen Gesetzbuch, 9. Aufl., München 2021.

Sacksofsky, Ute, Präimplantationsdiagnostik und Grundgesetz, KJ 2003, 274.

Schenke, Wolf-Rüdiger, Die Bedeutung der verfassungsrechtlichen Rechtsschutzgarantie des Art. 19 Abs. 4 GG, JZ 1988, 317.

Scherer, Holger, Eine neue Norm im Recht der Geschäfts(un)fähigkeit – Auslegung und dogmatische Einordnung des § 105a BGB, StudZR 2004, 85.

Schlaich, Klaus/*Korioth*, Stefan, Das Bundesverfassungsgericht: Stellung, Verfahren, Entscheidungen, 12. Aufl., München 2021.

Schleif, Thorsten, Endlich richtig entscheiden – Der Richter verrät seine besten Strategien, München 2020.

Schmid, Chistoph U., Rechtsfolgen einer möglichen Verwerfung des Berliner Mietendeckels als grundgesetzwidrig durch das Bundesverfassungsgericht, WuM 2020, 745.

Schmidt, Anke, Richterliche Rechtsfortbildung in Deutschland und der Schweiz: Plädoyer für ein methodisches Vorgehen auf Grundlage des Legitimitätsgedankens, Berlin 2017.

Schmidt-Bleibtreu, Bruno/*Klein*, Franz/*Bethge*, Herbert (Hrsg.), Bundesverfassungsgerichtsgesetz: Kommentar, 61. EL, München 2021.

Schöbener, Burkhard/*Knauff*, Matthias, Allgemeine Staatslehre, 4. Aufl., München 2019.

Schönberger, Christoph, Referat: Höchstrichterliche Rechtsfindung und Auslegung gerichtlicher Entscheidungen, in: VVDStRL 71, Berlin 2012, S. 296 ff.

Schönke, Adolf/*Schröder*, Horst (Hrsg.), Strafgesetzbuch: Kommentar, 30. Aufl., München 2019.

Schott, Clausdieter, Rechtsgrundsätze und Gesetzeskorrektur: ein Beitr. z. Geschichte gesetzl. Rechtsfindungsregeln, Berlin 1975.

Schroeder, Friedrich-Christian, Der Bundesgerichtshof und der Grundsatz „nulla poena sine lege", NJW 1999, 89.

Schulze, Reiner (Hrsg.), Bürgerliches Gesetzbuch: Handkommentar, 11. Aufl., Baden-Baden 2022.

Schuppert, Folke, Richterrecht und Verfassung – Einige Bemerkungen zur gleichnamigen Schrift Jörn Ipsens, Der Staat 1976, 114.

Schürnbrand, Jan, Die Grenzen richtlinienkonformer Rechtsfortbildung im Privatrecht, JZ 2007, 910.

Schütz, Peter, Der neue Art. 80 IV GG – Gesetzgebung an Verordnungs Statt, NVwZ 1996, 37.

Schützeichel, Rainer, Soziologische Kommunikationstheorien, 2. Aufl., Konstanz 2015.

Sodan, Helge/*Ziekow*, Jan (Hrsg.), Verwaltungsgerichtsordnung, 5. Aufl., Baden-Baden 2018.

Starck, Christian, Bundesverfassungsgericht und Grundgesetz – Festgabe aus Anlaß des 25jährigen Bestehens des Bundesverfassungsgerichts, Tübingen 1976.

Staub, Hermann, Die positiven Vertragsverletzungen, Berlin 1904.

Steiner, Udo, Der Richter als Ersatzgesetzgeber, NJW 2001, 2919.

Stern, Klaus, Verfassungskonforme Gesetzesauslegung – Anmerkung zu BVerfG, Beschluß vom 11.6.1958 – 1 BvL 149/52, NJW 1958, 1435.

Stern, Klaus, Das Staatsrecht der Bundesrepublik Deutschland, München 2011.

Strauß, Kathrin, Wer ist Autor einer Rechtsnorm?, RW 2020, 191.

Thrun, Felix, Worum kämpft die wehrhafte Verfassung?, DÖV 2019, 65.

Tipke, Klaus/*Lang*, Joachim, Steuerrecht, 24. Aufl., Köln 2021.

Tschentscher, Axel, Demokratische Legitimation der dritten Gewalt, Tübingen 2006.

Vásquez, Jorge Luis León, Verfassungsgerichtsbarkeit, Verfassungsprozessrecht und Pluralismus: zugleich ein Beitrag zu Peter Häberles Theorie der Verfassungsgerichtsbarkeit als gesellschaftliche Funktion und des Verfassungsprozessrechts als Pluralismus- und Partizipationsrecht, Berlin 2016.

Voigt, Liselotte, Entscheidungen gegen den klaren Wortlaut des Gesetzes, Göttingen 1976.

Voßkuhle, Andreas, Rechtsschutz gegen den Richter: zur Integration der Dritten Gewalt in das verfassungsrechtliche Kontrollsystem vor dem Hintergrund des Art. 19 Abs. 4 GG, München 1993.

Voßkuhle, Andreas, Der Wandel der Verfassung und seine Grenzen, JuS 2019, 417.

Voßkuhle, Andreas, Karlsruhe Unlimited? – Zu den (unsichtbaren) Grenzen der Verfassungsgerichtsbarkeit, BayVBl 2020, 577.

Voßkuhle, Andreas/*Kaufhold*, Ann-Katrin, Grundwissen – Öffentliches Recht: Das Rechtsstaatsprinzip, JuS 2010, 116.

Voßkuhle, Andreas/*Sydow*, Gernot, Die demokratische Legitimation des Richters, JZ 2002, 673.

Walter, Christian/*Grünewald*, Benedikt (Hrsg.), Beck'scher Online-Kommentar Bundesverfassungsgerichtsgesetz, 10. Edition, München 2021.

Wank, Rolf, Grenzen richterlicher Rechtsfortbildung, Berlin 1978.

Wank, Rolf, Die Auslegung von Gesetzen, 6. Aufl., München 2015.

Wank, Rolf, Juristische Methodenlehre: Methodenlehre in der Anwendung, München 2020.

Weber-Fas, Rudolf, Wörterbuch zum Grundgesetz, Stuttgart 1993.

Weinriefer, Gertrud, Die Entmündigung wegen Geisteskrankheit und Geistesschwäche: Bestandsaufnahme und Versuch einer begrifflichen Klärung, Berlin 1987.

Wessels, Johannes/*Beulke*, Werner/*Satzger*, Helmut, Strafrecht Allgemeiner Teil: die Straftat und ihr Aufbau, 51. Aufl., Heidelberg 2021.

Westerhoff, Rudolf, Die Elemente des Beweglichen Systems, Berlin 1991.

Wetterling, Tilman, Freier Wille und neuropsychiatrische Erkrankungen: ein Leitfaden zur Begutachtung der Geschäfts- und Testierfähigkeit, 2. Aufl., Stuttgart 2020.

Wiedemann, Herbert, Richterliche Rechtsfortbildung, NJW 2014, 2407.

Wieser, Eberhard, Verstößt § 105 BGB gegen das verfassungsrechtliche Übermaßverbot?, JZ 1988, 493.

Wilburg, Walter, Entwicklung eines beweglichen Systems im bürgerlichen Recht, Wien 2000.

Windscheid, Bernhard, Lehrbuch des Pandektenrechts, 6. Aufl., Frankfurt am Main 1887.

Wolff, Heinrich Amadeus, Nullem crimen, nullam poena sine lega, in: Merten, Detlef/Papier, Hans-Jürgen (Hrsg.), Handbuch der Grundrechte in Deutschland und Europa, Heidelberg 2013, § 134 (S. 1373 ff.).

Zippelius, Reinhold, Bericht: Der Gleichheitssatz, in: VVDStRL 47, Berlin 1989, 7–36.

Zippelius, Reinhold, Juristische Methodenlehre, 12. Aufl., München 2012.

Zuck, Rüdiger, Das Recht der Verfassungsbeschwerde, 5. Aufl., München 2017.

Stichwortverzeichnis